高等院校会计专业教材

资产评估学

（第二版）

苏淑欢　朱健仪　编著

中山大学出版社

·广州·

版权所有　翻印必究

图书在版编目(CIP)数据

资产评估学/苏淑欢,朱健仪编著. —2版. —广州:中山大学出版社,2003.11
ISBN 978 – 7 – 306 – 01977 – 6

Ⅰ. 资… Ⅱ. ①苏… ②朱… Ⅲ. 资产评估—高等教材 Ⅳ. F393

中国版本图书馆 CIP 数据核字(2002)第 063673 号

责任编辑:李文　封面设计:湘羊　责任技编:黄少伟　责任校对:陈敏

中山大学出版社出版发行
(地址:广州市新港西路135号　邮编:510275
电话:020—84111998,84037215)
广东新华发行集团股份有限公司经销
佛山市浩文彩色印刷有限公司印刷
787 毫米×1092 毫米　16 开本　21.25 印张　460 千字
2002 年 9 月第 1 版　2003 年 11 月第 2 版
2018 年 8 月第 13 次印刷
印数:60001—62000 册　定价:38.00 元
如发现因印装质量问题影响阅读,请与出版社发行部联系调换

内容提要

本书主要介绍资产评估学的基本理论和基本方法,以及各类资产评估方法的具体运用,并结合案例分析加以说明。每章后均附有大量的综合练习及案例分析。

本书适合于高等院校本科财务会计类专业及其他经济类专业作教材,也适合于从事资产评估实务工作作参考用书。对自学者有参考价值。

第二版前言

资产是市场交易的标的,如何确定其价值(价格)是买卖双方最为关注的问题。《资产评估学》一书出版以来,因其内容较新、体系较完整、案例分析较细致而深受读者好评。

值该书再版之际,我们根据反馈意见对该书进行修订。为教学和自学方便,增加了全书的参考答案。

在广州市广播电视大学的支持下,南方网的协助下,我们开发了与该书配套使用的《资产评估案例分析CAI光盘》。主要模拟南方汽车公司收购海华机械工业公司属下全资子公司——科达机械加工厂,委托东明注册资产评估事务所评估科达机械加工厂案例主要全过程。

2003年9月于广州

第一版前言

市场经济是源于商品经济发展而出现的一种资源配置方式。在市场经济中,产品、劳务和各种生产资料乃至所有权都成为商品,都被投入到市场中进行买卖交换。市场中商品的买卖交换,核心问题就是其价值(价格)的确定,而其交换价格处于变动之中。尤其是生产资料的交换,因其可能使用一段时间或是其他原因,如物价变动,其交换价格难以确定。这就需要根据客观、公允、科学原则对这些资产进行评估,以求获得买卖双方愿意接受的公允价值。

本书由苏淑欢副教授、朱健仪副教授共同撰写。苏淑欢负责撰写第一、二、三、四、五、六、七、九章;朱健仪负责撰写第八、十章。本书在写作过程中,参考了大量文献,得到了广州市广播电视大学有关部门的大力支持协助,并得到了广州市广播电视大学杨作新教授和周健中校长、暨南大学宋献忠教授、中山大学杨卫华教授和祁军副教授、广州金融专科学校陈文照教授、广东省资产评估协会曾永夫秘书长、新中南会计师事务所孙一注册资产评估师、吕劲生注册资产评估师等专家的支持,专家们对本书的问世提出了许多宝贵的意见,在此表示深深的谢意。

由于我国进行市场经济体制的时间不长,资产评估还是新生事物,我们还正在学习、探讨之中,书中难免存在不妥之处,恳请读者指正。

2002 年 7 月 31 日于广州

E-mail:shuhuans@21cn.com(苏淑欢)
E-mail:gzddzjy@163.net(朱健仪)

目 录

第一章　总论 (1)
- 第一节　资产与资产评估 (1)
- 第二节　资产评估的前提条件与原则 (7)
- 第三节　资产评估的产生和发展 (9)
- 综合练习 (11)

第二章　资产评估基础 (15)
- 第一节　货币的时间价值与收益现值法 (15)
- 第二节　资产价值构成与成本法 (33)
- 第三节　市场供求关系与市价法 (43)
- 第四节　企业终止与清算价格法 (48)
- 第五节　资产评估方法比较及选择 (50)
- 综合练习及案例分析 (53)

第三章　资产评估结果的会计处理 (61)
- 第一节　资产评估与会计处理 (61)
- 第二节　对外投资资产评估的会计处理 (63)
- 第三节　企业兼并资产评估的会计处理 (68)
- 第四节　股份制改组资产评估的会计处理 (73)
- 综合练习及案例分析 (79)

第四章　流动资产评估 (87)
- 第一节　流动资产评估的特点和程序 (87)
- 第二节　货币性流动资产评估 (89)
- 第三节　非货币性流动资产评估 (93)
- 综合练习及案例分析 (100)

第五章　固定资产评估(一)：机器设备评估 (105)
- 第一节　固定资产评估的特点和程序 (105)
- 第二节　机器设备的评估 (107)
- 综合练习及案例分析 (124)

第六章　固定资产评估(二)：房地产评估 (133)
- 第一节　房地产评估的特点和程序 (133)
- 第二节　土地使用权评估 (137)
- 第三节　建筑物评估 (153)
- 综合练习及案例分析 (159)

第七章 其他长期资产评估 (170)
- 第一节 长期投资评估 (170)
- 第二节 无形资产评估 (177)
- 第三节 长期待摊费用评估 (185)
- 综合练习及案例分析 (186)

第八章 人力资源评估 (195)
- 第一节 人力资源的特点 (195)
- 第二节 人力资源评估方法 (199)
- 综合练习及案例分析 (201)

第九章 企业整体价值评估 (204)
- 第一节 企业整体价值评估的特点 (204)
- 第二节 企业整体价值评估的收益现值法 (206)
- 第三节 企业整体价值评估的其他方法 (213)
- 第四节 负债的评估与审核 (215)
- 第五节 企业整体价值评估与商誉 (216)
- 综合练习及案例分析 (220)

第十章 资产评估报告 (225)
- 第一节 资产评估的操作程序 (225)
- 第二节 资产评估报告书的撰写 (231)
- 第三节 资产评估报告书的应用 (241)
- 综合练习及案例分析 (243)

附录Ⅰ 综合练习及案例分析参考答案 (256)
附录Ⅱ 复利系数公式和复利系数表 (277)
附录Ⅲ 国有资产评估管理办法 (317)
附录Ⅳ 国有资产评估管理办法施行细则 (321)
附录Ⅴ 名词解释索引 (330)
参考文献 (332)

第一章 总　　论

第一节　资产与资产评估

根据我国 2001 年 1 月 1 日实施的《企业会计制度》所作的定义,资产是指过去的交易或事项形成并由企业拥有或者控制的资源,该资源预期会给企业带来经济利益。

一、资产的特征

1. 资产的实质是经济资源

这种经济资源能够为企业提供未来的经济利益。资产之所以是一种经济资源,是因为它是企业通过过去或现在的生产和交换而取得的对它的使用权和支配权,而且通过对它的有效使用,能够为企业提供未来经济效益。例如,利用货币购买材料,就是把资产当作一种购买力来使用;销售产品,货款未收,但已取得索取货款的债权,这对资产就是一种要求付款的权利;对房屋建筑物和机器设备、汽车等的使用,可以为企业提供服务或效益。如果一项资产已失去其有用性的特征,不能再为企业带来经济利益时,就不能再作为资产,而应转为当期的费用。例如一台设备如果失去有用性,就应进行报废。

资产可以是有形的,也可以是无形的。资产可以是实物,如材料、包装物、厂房、设备、货币等实物;也可以是一种权利,如专利权、商标权、专有技术等。判断一项财产是否属于资产,关键在于它能否为企业提供未来的经济利益,如果一项资产丧失了提供未来经济利益的能力,它就不能再列为资产,而应转为费用或损失。例如,材料因腐烂变质无法使用;过时的商品无法再销售;因债务人破产或死亡而无法收回的应收账款,以及无法再继续使用的房屋和设备等。

作为企业的资产的取得可能是有偿的,也可能是无偿的。由于资产的基本特征是能够为企业带来经济效益的经济资源,因而不能以是否有偿取得作为企业资产的判断标准。例如企业接受了某外商捐赠的一台生产流水线设备,虽然是无偿的,但这台生产流水线设备仍属于企业的资产。

2. 资产必须是为企业所拥有或控制的

拥有是指资产的所有权归企业所有,企业所拥有的这项资产能产生的利益只能归属于本企业,从而限制了其他主体对这一利益的取得。控制是指尽管企业尚未获得所有权,但已取得其控制使用权,如果一些资产虽然不属于企业所有,但这些资产所提供的未来经济利益却归属于该企业,那么,这些资产就属于该企业的资产。例如企业以分期付款方式购买一台设备,价值 500 000 元,首期支付 100 000 元,其余分 5 年分期支付。在这种情况下,企业待把全部货款支付完毕后才能拥有这台设备的所有权,但企业在支付首期货款时便拥有使用这台设备的使用权利,在进行资产评估处理时,就将其作为企业的资产处理。

3. 资产必须是能够以货币计量的

货币计量是资产评估的重要特征,如果由企业所拥有或控制的一项经济资源不能用货币来计量的话,就不能作为企业的资产。

一般地，资产的价格是由其使用价值和劳动含量而决定。

在我国，资产中的大部分是商品，是劳动产品，具有使用价值和价值，价格是价值的货币表现。但资产中也有一部分，如土地和其他自然资源，并非劳动产物，按理说不是商品，亦无价值可言，但由于它们属于国家或集体所有，为了合理开发、充分利用这些自然资源，必须采用有偿使用的办法。例如土地，国家按照所有权与使用权分离的原则，实行城镇土地使用权出租、抵押、有偿出让和转让制度。在这些经济行为中，土地使用权以货币形式计量，无价值却有价格，所以土地使用权是一项资产。

二、资产的种类

1. 资产是由各个具体资产项目组成的

按资产可变为现款的难易程度可把资产分为流动资产、长期投资、固定资产、无形资产、长期待摊费用、其他资产等。

流动资产是指可以在一年内或者超过一年的一个营业周期内变现或者耗用的资产。流动资产按其变为现款的难易程度又再细分为货币资金、短期投资、应收款项、预付款项、存货等。

长期投资是指不准备一年内变现的投资，包括长期股权投资和长期债权投资。长期股权投资是指通过购买股票或联营投资以取得其他企业所有权的投资；长期债券投资是指为获取利息收入而购买其他企业或国家发行的债券的投资。

固定资产是指使用年限在一年以上，单位价值在规定的标准以上，并在使用中始终保持原物质形态的资产，包括房屋及建筑物、机器设备、运输设备、工具器具等。

无形资产是指企业长期使用而没有实物形态的资产，包括专利权、非专利技术、商标权、著作权、土地使用权、商誉等。

长期待摊费用是指不能全部计入当年损益，应当在以后年度内分期摊销的各项费用，包括开办费、租入固定资产的改良支出等。

其他资产主要包括特种储备物资、冻结物资、冻结存款以及诉讼中的财产等。

2. 按资产存在形态分类，可以分为有形资产和无形资产

有形资产是指那些具有实体的资产，包括机器设备、房屋建筑物、流动资产等。由于这类资产具有不同的功能和特性，在评估时应分别进行。无形资产是指那些没有实物形态，但在很大程度上制约着企业物质产品生产能力和生产质量，直接影响企业经济效益的资产，主要包括专利权、商标权、非专利技术、土地使用权、商誉等。

3. 按资产是否具有综合获利能力分类，可以分为单项资产和整体资产

单项资产是指单台、单件的资产；整体资产是指由一组单项资产组成的具有获利能力的资产综合体。

在进行单项资产的评估中，我们可以确切地评估出厂房、机器设备的价值，可以评估确定某项技术专利等无形资产的开发或购置成本以及获利能力。以单项资产为对象的评估，称为单项资产评估。将单项资产评估价值汇总起来，可以求得作为资产综合体的企业的总资产的价值。但是，如果不是变卖单项资产，而是把企业或单独的生产车间作为商品进行买卖时，一般要进行整体资产评估。企业的整体资产不是企业各单项可确指资产的汇集，其价值也不等于各单项可确指的资产价值的总额，因为企业整体

资产评估所考虑的是它作为一整体的生产能力或获利能力,所以,其评估价值除了包括各单项可确指的资产价值以外,还包括不可确指的资产,即商誉的价值。

4. 按资产能否独立存在分类,可以分为可确指的资产和不可确指的资产

可确指的资产是指能独立存在的资产,前面所列示的有形资产和无形资产,除商誉以外都是可确指的资产;不可确指的资产是指不能脱离企业有形资产而单独存在的资产,如商誉。商誉是由于企业地理位置优越、信誉卓著、生产经营出色、劳动效率高、历史悠久、经验丰富、技术先进等原因,所获得的投资收益率高于一般正常投资收益率所形成的超额收益。

三、资产评估的必要性

资产评估是指在市场经济条件下,由专业机构和人员,依据国家有关规定,根据特定的目的,运用科学方法确定某一时点资产价值的行为。

资产评估与人类社会资产交易行为同时产生。没有交易行为,资产评估没有必要;没有资产评估,人类社会的资产交易就不能顺利进行。因此可以说,资产评估是人类资产交易的需要和前提,而资产交易是资产评估的目的和进一步发展的基础。随着人类社会资产交易的产生和发展,必然由商品交易过渡到生产商品的资产的交易,资产评估也随之产生并得到发展。人类从原始社会后期资产交易产生以来,资产交易的范围、规模、方式及其对人类的影响都得到发展和扩大。随着市场经济体制的产生、发展和完善,资产交易也不断得到发展,交易的科学性和合理性也大大得到提高。

市场经济的核心问题是交易,既包括商品的交易,也包括生产商品的资产的交易,而且后者往往更为重要。在市场经济下,资产持有人的经济活动十分复杂,他们可以将自己的资产全部转让,也可以部分转让;交易的资产可以是机器设备、厂房、汽车、材料等有形资产,也可以是商标、技术等无形资产;甚至可以转让所持有的股权,如国有资产股权的转让。而转让的关键在于资产的合理价格,因为进行交易的资产由于使用一段时期或其他原因,其合理价格需要重新评估。例如,甲乙两人各出资50万元筹办了A公司,三年后丙欲投资加入A公司而成为A公司的股东。因为A公司已营运三年,其资产可能产生增值或减值,丙应出资多少才能取得A公司三分之一的股权呢?这就要靠评估的结果。

四、资产评估的特点

1. 资产评估的主体为具有资产评估资格的中介机构和注册评估师

根据我国《国有资产评估管理办法》第九条规定:"资产评估公司会计师事务所、审计事务所、财务咨询公司,必须获得省级以上国有资产管理部门颁发的国有资产评估资格证书,才能从事国有资产评估业务,对其他所有制企业的资产评估,也要比照《国有资产评估管理办法》的规定执行。"

注册资产评估师是具备资产评估、经济管理和财务会计等专业知识并通过考试或认定,取得资产评估资格,并依法向评估管理部门注册,从事资产评估业务的人员。注册资产评估师的执业行为遵循有关的法律和行政法规。资产评估报告书应由至少两名注册资产评估师签字。注册资产评估师只能在一个资产评估机构执业,独立行使签字权利,不得允许他人以本人名义签字。注册资产评估师对签署的资产评估报告书的

真实性、客观性、公正性负责,并承担相应的法律责任。

注册资产评估师在执业中应恪守独立、客观、公正的原则,与客户存在以下利害关系时,应予以回避:

(1) 曾在委托单位任职,离职后未满两年;
(2) 持有客户的股票、债券或与客户有其他经济利益关系;
(3) 与客户的负责人或委托事项的当事人有利害关系;
(4) 其他可能直接或间接影响执业的利害关系。

注册资产评估师应当维护职业形象,在本行业中应团结协作,维护行业信誉。不得以下列不正当手段争揽业务:

(1) 诋毁、贬损同行信誉;
(2) 利用回扣、提成等手段;
(3) 借助行政机关的权力,垄断行业、地区、系统的评估业务;
(4) 胁迫、欺诈、利诱等方式;
(5) 其他不正当手段。

此外,注册资产评估师不得向客户或通过客户索取服务费以外的不正当利益;不得对其执业能力进行夸张、虚假以及容易引起误解的宣传。

2. 以法定资产转让为评估客体

根据我国现行制度规定,对占有国有资产的单位发生下列经济行为时需要评估:

(1) 资产转让。资产转让是指国有资产占有单位有偿转让超过百万或占全部固定资产原值 20% 以上的非整体性资产的经济行为。

(2) 企业兼并。企业兼并是指一个企业以承担债务、购买、股份化和控股等形式有偿接收其他企业的产权,使被兼并方丧失法人资格或改变法人实体。

(3) 企业出售。企业出售是指独立核算的企业或企业内部的分厂、车间及其他整体资产产权出售行为。

(4) 企业联营。企业联营是指国内企业、单位之间以固定资产、流动资产、无形资产及其他资产投入组成各种形式的联合经营实体的行为。

(5) 股份经营。股份经营是指国有资产占有单位实行股份制经营方式的行为,包括法人持股、内部职工持股、向社会发行不上市股票和上市股票。

(6) 中外合资、合作。中外合资、合作是指国有资产占有单位与外商在我国境内举办合资或合作经营企业的行为。

(7) 企业清算。包括破产清算、终止清算和结业清算。

(8) 抵押。抵押是指国有资产占有单位以本单位的资产作为物质保证进行抵押而获得贷款的经济行为。

(9) 担保。担保是指国有资产占有单位以本企业的资产为其他单位的经济行为担保,并承担连带责任的行为。

(10) 企业租赁。企业租赁是指国有资产占有单位或上级单位在一定期限内,以收取租金的形式,将企业全部或部分资产的经营使用权转让给其他经营使用者的行为。

对于上述经济行为,前 7 种属于必须评估的范围,后 3 种则可根据具体情况选择是否需要评估。

3. 以重置成本、现行市价、收益现值和清算价格为价值类型

对同一项资产,以其不同的价值形式表示,则有不同的价值。例如,一台设备,5年前购置,购置成本为10万元,可使用10年,若现从市场重新购进需15万元,若继续使用该设备5年,每年可获现金净流量为4万元。设利率为10%。

则该设备的原始价值为10万元,市价为7.5万元[15万×(1-50%)](50%为成新率),收益现值为15.16万元(4万×年金现值系数3.7908)。

可见,必须根据不同的评估目的,确定其价值类型,以确定所采用的评估方法。

(1)历史成本。历史成本是指会计记录的资产原值。

(2)重置成本。重置成本是指在现时条件下,按功能重置资产并使资产处于在用状态所耗费的成本。重置成本的构成与历史成本一样,也是反映资产购建、运输、安装、调试等建设过程中全部费用的价格,只不过它是按现有技术条件和价格水平计算的。重置成本适用的前提是资产处于在用状态,一方面反映资产已经投入使用,另一方面反映资产能够继续使用,对所有者具有使用价值。决定重置成本的两个基本因素是重置完全成本及其损耗(或称为贬值)。

(3)现行市价。现行市价是资产在公平市场上的售卖价格。现行市价源于公平市场,具有如下规定性:有充分的市场竞争、买卖双方没有垄断和强制、双方都有足够的时间和能力了解实情、具有独立的判断和理智的选择。决定现行市价的基本因素有:

①基础价格,即资产的生产成本价格。一般情况下,一项资产的生产成本高低决定其价格的高低。

②供求关系,资产价格与需求量成正比例关系,与供应量成反比例关系。当一项资产有多个买主竞买时,资产价格就会上升,反之则会下降。

③质量因素,是指资产本身的功能、精度等技术参数。优质优价是市场经济的法则,在资产评估的质量因素对资产价值的影响必须予以充分考虑。

(4)收益现值。收益现值是指根据资产未来预期获利能力的大小,按照"将本求利"——"以利索本",以适当的折现率或资本化率将未来收益折成的现值。可见,收益现值是指为获得资产以取得预期收益的权利所支付的货币总额。收益现值适用的前提条件是资产投入使用,同时,投资者投资的直接目的是为了获得预期收益。

(5)清算价格。清算价格是指在非正常市场上限制拍卖的价格。清算价格一般低于现行市价,这是由市场供求状况决定的。第一,因经营失利而导致破产的企业,必然会急于将资产转让或拍卖;第二,这种交易活动主要取决于买方,占有主动权的买方必定会极力压低成交价格,以从中获取利益。

一般来说,在市场机制比较健全的情况下,资产价值会因竞争而趋于合理,以市场售价评定其清算价格仍有一定意义。尽管如此,资产的清算价格也往往会低于其现行市场价格。有些市场上不需要的资产,其清算价格甚至会低于账面价值。因此,清算价格一般取决于下列几个因素:

①资产的通用性。专用设备的清算价格一般会较大幅度地低于其市场价格。一个具有某一特殊属性(使用价值)的财产对于所有者来讲并不具特殊价格。

②清算时间的限制。一般地,清算时间越长,在市场上讨价还价的余地越大,清算价格会越高。

另一种表述将价值类型归纳为市场和非市场价值两种。市场价值是自愿买方与自愿卖方在评估基准日进行正常的市场营销之后,所达成的公平交易中某项资产应当进行交易的价值估计数额,当事人双方应自主谨慎行事,不受任何强迫压制。非市场价值是指不满足市场成立条件的资产在非公开市场条件下实现的价值。

对于资产评估价值类型的选择,必须与资产经济行为的发生密切结合起来,不同的经济行为,所要求资产评估价值的内涵是不一样的。如果不区别资产经济行为确定评估价值类型,或者笼统地确定资产评估值,就会失去评估价值的科学性。实际工作中,资产评估的经济行为是多种多样的,要求充分理解资产评估价值类型的涵义和适用前提,选择科学合理的价值类型。

资产评估价值类型说明的是资产评估价值的内涵,具有质的规定性,而评估方法则是资产评估价值的量化过程,这是两个既相联系又有区别的概念。价值类型对评估方法的选用具有约束性,在价值类型确定的前提下,尽管各种方法之间具有替代性,但不能以方法的可替代性模糊价值类型的惟一性,更不能以评估方法代替类型。同时,价值类型与作为评估结果的评估价值不是相同的概念。评估价值是价值类型与评估方法即评估价值质的规定和量化过程共同作用的结果。影响评估价值的因素很多,诸如特定目的、市场条件及指标参数等,但决定价值类型的则是特定目的。价值类型相同的情况下,价值类型约束下的评估方法应用中,市场条件和指标参数等均会对其产生影响,最终影响评估价值。进一步说,引起评估价值差异的因素,既有价值类型不同的原因,也有方法运用差异的原因。科学选择资产评估价值类型是资产评估具有科学性和有效性的根本前提。

4. 资产评估与会计计价的区别

(1) 两者发生的前提条件不同。会计学中的资产计价严格遵循历史成本原则,同时以企业会计主体不变和持续经营为假设前提的,谨慎原则的应用也只是在一定范围内。而资产评估则是于发生产权变动,会计主体变动或者作为会计主体的企业生产经营活动中断,以持续经营为前提的资产计价无法反映企业资产价值时的估价行为。

(2) 两者目的不同。会计学中的资产计价就是资产论资产,使货币量能够客观地反映资产的实际价值量。资产评估则是就资产论权益,资产评估价值反映资产的信用,并以此作为取得收入和确定它在新的组织、实体中的权益的依据。同时,会计学中的资产计价的目的是为投资者、债权人和经营管理者提供有效的会计信息,而资产评估价值则是为资产的交易和投资提供公平的价值尺度。

(3) 执行操作者不同。会计资产计价是由本企业的财务人员来完成,只要涉及与资产有关的经营业务均需计价,即进行确认与计量,是一项经常的、大量的工作。资产评估则是由独立于企业以外的具有资产评估资格的社会中介机构完成的。

5. 资产评估具有政策性、时效性和公证性的特征

我国对资产评估的政策规定,主要有国务院发布的《国有资产管理办法》、《资产评估操作规范意见(试行)》等,对资产评估范围、组织管理、原则、程序、方法及其法律责任等都作了明确的规定。由于我国生产力水平还较低,市场尚未完全发育,关于资产评估价格难以完全以市场确定,有些产品的价格在很大程度上受国家规定的税费影响,这就使之更具有政策性。

一个企业的资产数额和结构都不可能是静止不变的，特别是物价经常出现波动，评估结果只能说明一个企业在某一时点的资产状况，随着时间的推移，其价值（价格）必然发生变化，因此，资产评估的结果只能在一定时期内有效。如我国规定是从基准日起一年内有效。

资产评估的公证性体现在两个方面：一是资产评估是根据法定的准则和规程进行的；二是评估人员应为与评估业务没有直接经济利害关系的第三人。

第二节 资产评估的前提条件与原则

如前所述，资产评估是在企业发生产权变动，会计主体变动或会计主体的生产经营活动中断时对资产的计价，以持续经营为前提的资产计价无法反映企业资产价值变动时的估价行为。因此，必须研究资产评估的前提条件，即基本假设。

一、继续使用假设

1. 继续使用假设

从资产评估角度看，继续使用假设是指资产将按现行用途继续使用，或转换用途继续使用。对这类资产的评估，就要从继续使用的假设出发，不能按资产拆零出售所得收入之和进行估价。比如一台机床用作制造产品时，其估价可能是6万元，而将其拆成发动机、床身等零部件分别出售时，可能仅值3万元，同一资产按不同的假设用作不同目的，其价格是不一样的。再如，就一个企业而言，它是由众多的机器设备、流动资产、房屋及其建筑物和无形资产组成的整体，在继续经营条件下评估，其价值（估价）是1 000万元，如果因破产而强制清算拍卖时，其价值就会远远低于1 000万元。

在确认继续使用的资产时，必须充分考虑以下条件：

(1) 资产能以其提供的服务或用途，满足所有者经营上期望的收益；

(2) 资产尚有显著的剩余使用寿命；

(3) 资产所有权明确，并保持完好；

(4) 资产从经济、法律上允许转作他用；

(5) 资产的使用功能完好或较为完好。

2. 公开市场假设

公开市场是指充分发达与完善的市场条件。公开市场假设，是假设在市场上交易的资产，或拟在市场上交易的资产，资产交易双方彼此地位平等，彼此都有获取足够市场上交易信息的机会和时间，以便对资产的功能、用途及其价值等作出理智的判断。

公开市场假设是基于市场客观存在的现实，即资产在市场上可以公开买卖。不同类型的资产，其性能、用途不同，市场程度也不一样，用途广泛的资产一般比用途狭窄的资产市场活跃，而不论资产的买者或卖者都希望得到资产最大最佳效用。

所谓最大最佳效用，是指资产在可能的范围内，用于最有利又可行和法律上允许的用途。这种资产的最大最佳效用可以是现时的，也可以是潜在的。在评估资产时，按照公开市场假设处理或作适当的调整，才有可能使资产效用最大。资产的最大最佳效用，由资产所在地区、具体特定条件以及市场供求规律所决定。

3. 清算（清偿）假设

清算（清偿）假设是指资产所有者在某种压力下，或经协商，或以拍卖方式将其资产被强制在公开市场上出售。这种情况下的资产评估具有一定的特殊性，适应强制出售中市场均衡被打破的实际情况，资产评估价值大低于继续使用或公开市场条件下的评估值。

在资产评估中，由于资产未来效用有别而形成了"三种假设"。在不同假设条件下，评估结果各不相同。在继续使用假设前提下，要求评估资产的继续使用价值；在公开假设前提下，要求评估资产的公平市场价值；在清算（清偿）假设前提下，要求评估资产的清算价格。因此，我们在评估业务活动中要充分分析了解、判断认定被评估资产最可能的效用，以便得出有效结论。

二、资产评估的原则

资产评估的原则是调节资产评估委托者、评估业务承担者以及资产业务有关权益各方在资产评估中的相互关系，规范评估行为和业务的准则。它包括两个层次的内容，即资产评估的工作原则和资产评估的经济原则。

1. 资产评估的工作原则

（1）独立性原则。独立性原则要求在资产评估过程中摆脱资产业务当事人利益的影响，评估工作始终坚持独立的第三者立场。评估机构是独立的社会中介性机构，在评估中处于独立地位，不能为资产业务各方的任何一方所左右，评估工作不应受外界干扰和委托者意图的影响。评估机构和评估人员不应与资产业务有任何利益上的联系。

（2）客观性原则。客观性原则是指评估结果应以充分的事实为依据。评估人员要从实际出发，认真进行调查研究，在评估过程中排除人为因素的干扰，坚持客观、公正的态度和采用科学的方法。评估的指标具有客观性，评估过程中的预测、推理和逻辑判断等只能建立在市场和现实的基础资料上。

（3）科学性原则。科学性原则是指在资产评估过程中必须根据评估的特定目的，选择适用的价值类型和方法，制定科学的评估实施方案，使资产评估结果科学合理。资产评估工作的科学性，不仅在于方法本身，更重要的是必须严格与价值类型相匹配。价值类型的选择要以评估的特定目的为依据，它对评估方法具有约束性，而不能以方法取代价值类型，以技术方法的多样性和可替代性模糊评估价值的惟一性，影响评估结果的合理性。

科学性原则还要求资产评估程序科学合理。资产评估业务不同，其评估程序也有繁简的差异。在评估工作中，应根据评估本身的规律性和国家有关规定，结合资产评估的实际情况，确定科学的评估程序。这样做，既有利于节约人力、物力和财力，降低评估成本，又有利于提高评估效率，保证评估工作顺利进行。

（4）专业性原则。专业性原则要求资产评估机构必须是提供资产评估服务的专业技术机构。资产评估机构必须拥有一支由懂资产评估业务和工程、技术、营销、财务会计、法律、经济管理等多学科的专家组成的资产评估专业队伍，这支专业队伍的成员必须具有良好的教育背景、专业知识和丰富的经验，这是确保资产评估方法正确、评估结果公正的技术基础。此外，专业性原则还求资产评估行业内部存在专业技术竞争,以便为委托方提供广阔的选择余地。这是确保资产评估公平的市场条件。

2.资产评估的经济原则

(1)贡献原则。贡献原则是指某一资产或资产的某一构成部分的价值,取决于其他相关的资产或资产整体的价值贡献,或者根据当缺少它时对整体价值下降的影响程度衡量确定。贡献原则要求在评估一项多个资产构成的整体资产的价值时,必须综合考虑该项资产在整体资产构成中的重要性,而不是孤立地确定该项资产的价值。

(2)替代原则。替代原则是指当同时存在几种效能相同的资产时,最低价格的资产需求最大。这是因为有经验的买方对某一资产不会支付高于能在市场上找到相同效用替代物的费用。评估时,某一资产的可选择性有无替代性是需要考虑的一个重要因素。

(3)预期原则。预期原则是指在资产评估过程中,资产的价值可以不按照过去的生产成本或销售价格决定,而是基于对未来收益的期望值决定。资产评估价值的高低,取决于现实资产的未来效用或获利能力。一项资产取得时的成本很高,但对购买者来说,其效用不高,评估值就不会很大。预期原则要求在进行资产评估时,必须合理预测其未来的获利能力以及拥有获利能力的有效期限。

资产评估的各经济原则是相互联系的,在评估过程中应综合运用这些原则,以保证资产评估工作效率的提高和评估结果的合理性。

应当说明的是,被评估资产的价值,客观存在的是一个量,而人们对它的评估又是一个量。资产评估就是要通过对资产的全面认识和判断,来反映其客观价值。但是,一般来说,要使评估值与资产客观价值完全一致,那是非常困难的,资产评估人员的任务就是要努力缩小其差距。

第三节 资产评估的产生和发展

一、国外资产评估的产生和发展

资产评估作为一种专职工作,在发达的资本主义国家已有较长的历史。

资产的价值是指资产、货物及服务等的货币价值,是未来取得的收益现值,以一物易一物所能取得该物的价值量。从历史上看,价值和商品经济一出现,评估工作就受到人们的广泛重视。起初,评估是发生在个人之间,在个人作出购买决策时,如购买古董、艺术珍品,特别是在购买房地产时,购买者往往要对所购买的对象进行一番审定,这时充当评估工作的往往是当事人的熟人。后来,伴随着商品经济的发展,公司之间发生资产买卖的可能性逐渐增大。当一笔资产发生买卖时,买卖双方对资产价格的期望是不同的,这就需要专职资产评估机构或人员来协调双方的意见。特别是当资产交易中买方需要向银行贷款或向保险公司购买保险时,使得银行或保险公司需对买方抵押的财产进行评估,这种资产交易的发展,使得资产评估变得更加经常化。

国外资产评估之所以起以步较早、发展较快,还有如下一些原因:一是为了纳税必须进行资产评估。美国税法规定,每进行一项资产交易都必须向政府交纳财产转移税,纳税额的多少直接取决于交易资产的价值额。二是会计处理的规则也是推动资产评估工作迅速发展的一个重要原因。各公司或企业在会计记账时要有一个统一的规则。

一般地，会计记账用的都是资产的历史价值，如果不进行资产评估，就无法得出资产的现值，也就无法进行企业内部的会计核算。三是企业合资经营对于合资各方来说，每一方投入的资产到底值多少钱，这就需要对合资各方的资产进行评估，以确定其股份及未来权益的大小。

随着评估业务的不断扩大，评估的各种方法、规则和程序也日趋规范，专业评估公司和人员也在不断增加，目前已经形成一套完整的资产评估体系和工作规则。

在国外，资产评估工作一般是由民办的资产评估公司或挂牌开业的评估师来承担。当客户对某项资产进行评估时，可以在众多的公司或评估师中，选择自己认为最合适的，委托其进行该项资产的评估，然后按照工作量的大小，向其支付一定数量的服务费。一般说来，评估服务费的收取，要以保证评估公司工作的独立性、公正性和正确性为标准，并不取决于被评资产自身的价值额。

在西方资本主义国家中，美国是商品经济和资产交易最发达的国家，资产评估业务历史悠久，较为规范。

美国资产评估业有100多年的历史，是世界上评估业发展较快的国家之一。例如美国最大的评估公司——美国资产评估联合公司，创立于1896年，在全球设有50多个办事处，年评估资产总值逾千亿美元。目前资产评估行业既有专营评估的公司，也有兼营评估的公司。资产评估公司在向综合化和专业化两极发展：一类是综合性资产评估公司，服务范围可覆盖全部需评估的资产业务，其特点是公司规模较大、网点多。另一类是专业性的评估公司，业务范围的某种业务技术领域为基点，如专业化的房地产评估公司，其特点是专业技术服务水准较高。还有一类是应用专门的途径来评估，例如只用市场法和收益法评估，其特点是按专业方法的需要网罗人才、收集信息。

美国的资产评估，一般采用成本法、现行市价法和收益现值法，其总的指导思想都是以现行市场公平价格和资产的未来收益作为资产评估的定价依据。在具体进行资产评估时，这三种方法往往是共同使用的，对每一种结论加以分析、判断和调整，最后确定被评估资产的价值。

二、我国资产评估工作的发展

长期以来，我国对宏观经济和微观经济的管理都采取了单一计划调控、排挤市场规律的做法，致使商品经济极其落后，市场机制的发育缓慢，与市场密切相关的资产交易和资产评估远远落后于西方发达资本国家。但是尽管如此，建国以来为了摸清国有资产的家底，取得真实的资产价值资料，发现经营管理中的薄弱环节，挖掘国有企业内部潜力，开展经济核算，促进财力和物力的有效利用，国家曾进行过四次大规模的清产核资工作，为资产评估的开展奠定一定基础。

随着经济体制改革的深入和对外开放政策的实施，企业的重新组合和改组、经营承包制和股份制、租赁和拍卖、中外合资经营等形式逐渐增多，国有资产的产权关系变更相当频繁，进行新形势下的清产核资和资产评估已刻不容缓。正因如此，党的十三届五中全会《关于进一步治理整顿和深化改革的决定》中明确提出了"认真进行清产核资"的任务，"八五"期间花三年左右的时间在全国范围内有准备、有计划、有步骤地开展大规模的清产核资。通过这次清产核资，要核实和登记各地区、各部门、各单位占用和使用的国有资产价值总量，并建立按国有资产价值总量考核资产盈亏、负债、利润的办法，界定产权，明确那些边界模糊资产的归属，防止国有资产的流失。

从有关资料看，自1985年开始，中国正式出现了资产评估业务，经过几年的探索和完善，资产评估工作形成一定的规模，全国各省、市和自治区基本上都建立起相应的机构，有的城市不仅成立了专门的评估机构，而且开展了大量的资产评估工作。

1988年国家作出了改革国有资产管理体制的决定，成立了国有资产管理局，开始了我国社会主义产权制度的建设和产权管理。鉴于社会经济活动的实际需要，一些善于把握时机的专业资产评估机构、会计师事务所和审计事务所，在主管部门的支持下大胆迈出了开展资产评估业务的步伐。1989年5月在大连召开了八省、市国有资产评估工作座谈会，在交流各地初步开展资产评估工作做法和经验的基础上，讨论了国有资产管理局起草的《国有资产评估暂行条例（送审稿）》，并于当年6月21日印发了《八省、市国有资产评估工作座谈会纪要》。同年9月21日，国有资产管理局颁发了《在国有资产产权变动时必须进行资产评估的若干暂行规定》。

按照国务院批准的国有资产管理局的工作职能，1989年10月，国有资产管理局经人事部批准正式成立了资产评估中心，行使全国资产评估的管理监督工作。

资产评估中心成立以来，按照国务院和国有资产管理局的要求积极开展资产评估各项管理工作。一方面进行评估理论方法研究；另一方面积极制定资产评估的各项规章。

资产评估是市场经济的产物，改革开放使资产评估行业得以迅猛发展。资产评估机构这一社会中介服务组织严格按照客观、公正、科学的原则，积极维护国家和产权所有者的权益，为发展社会主义市场经济作出了重要贡献，它一经诞生就显示出强大的生命力，在较短的时间内从无到有、从小到大迅速发展起来。为维护国家和其他产权主体的所有权益，促进产权交易正常、健康、顺利进行发挥了重要作用；为促进社会资源的优化配置和国民经济的结构调整，推动改革开放事业的深入发展和社会主义市场经济体制的建立和发育起到了重要作用。

综合练习

一、单项选择题

1. 资产评估是通过对资产某一（　　）价值的估算，从而确定其价值的经济活动。
   A. 时期　　　　　　　　　　B. 时点
   C. 时区　　　　　　　　　　D. 阶段

2. 资产评估机构作为中介服务机构，进行资产评估时，实行（　　）。
   A. 有偿服务　　　　　　　　B. 无偿服务
   C. 有偿服务和无偿服务相结合　D. 由财政部门拨款

3. 资产的效用或有用程度越大，其评估值就（　　）。

A. 越大　　B. 越小　　C. 无关系

4. 根据我国现行制度规定，占有国有资产的单位发生( )资产行为时应该评估。
   A. 股份经营　　　　　　　　B. 为其他企业担保
   C. 抵押贷款　　　　　　　　D. 固定资产足额补偿

5. 根据现行规章制度，各资产评估机构在从事资产评估工作时，应坚持( )。
   A. 真实性、科学性、可行性　　B. 独立性、客观性、科学性、专业性
   C. 统一领导、分级管理　　　　D. 独立性、相关性、客观性

6. 按资产是否具有综合获利能力，资产可分为( )。
   A. 流动资产与固定资产　　　　B. 整体资产与单项资产
   C. 设备与房地产　　　　　　　D. 无形资产与有形资产

7. 在现时条件下，按功能重置资产并使资产处于在用状态所耗费的成本称为( )。
   A. 历史成本　　　　　　　　B. 现行成本
   C. 重置成本　　　　　　　　D. 收益成本

8. 一般地，清算价格往往( )市场价格。
   A. 低于　　B. 高于　　C. 不一定

9. 某项资产或资产的某一构成部分的价值，取决于其他相关资产或资产整体的价值贡献，称为( )。
   A. 贡献原则　　　　　　　　B. 替代原则
   C. 预期原则　　　　　　　　D. 配比原则

10. 某企业为了向银行申请贷款，以一台设备作为担保物。对该设备的评估基准日为2002年1月10日，则评估结果在( )以内有效。
    A. 半年　　B. 1年　　C. 2年　　D. 3年

二、多项选择题

1. 属于必须进行资产评估的经济行为是( )。
   A. 企业经营、库存商品出售　　B. 资产转让、企业清算
   C. 中外合资、合作、股份合营　D. 企业兼并、企业联营、企业出售
   E. 企业所有权与经营权分离

2. 适用资产评估的假设有( )。
   A. 清算(清偿)假设　　　　　B. 资产收益率波动假设
   C. 继续使用假设　　　　　　D. 公开市场假设
   E. 资产无形损耗假设

3. 资产评估与会计计价的区别主要是( )。
   A. 会计计价基于会计主体不变，而资产评估基于产权变动
   B. 会计计价以持续经营为前提，而资产评估以中断生产经营为前提
   C. 会计计价是就资产论权益，而资产评估是就资产论资产
   D. 会计计价为投资者、债权人、经营者提供信息，资产评估为资产交易和投资提供价值尺度
   E. 会计计价由企业会计人员完成，而资产评估由社会中介机构完成

4. 根据我国现行制度规定，国有企业发生( )行为时必须评估。
   A. 企业租赁   B. 企业联营
   C. 抵押   D. 企业兼并
   E. 股份经营

5. 确定评估基准日的目的是( )。
   A. 确定评估对象计价的时间
   B. 确定评估机构的工作日程
   C. 将动态下的企业资产固定为某一时期
   D. 将动态下的企业资产固定为某一时点
   E. 确定评估有效期

6. ( )是资产评估应遵循的工作原则。
   A. 客观性原则   B. 替代性原则
   C. 独立性原则   D. 预期原则
   E. 科学性原则

7. 下列原则中，( )是资产评估的经济原则。
   A. 替代原则   B. 预期原则
   C. 客观性原则   D. 贡献原则
   E. 科学性原则

8. 按资产能否独立存在为标准分类，下列资产中，属于可确指的资产是( )。
   A. 机器设备   B. 商誉和商标
   C. 专利权   D. 人事管理权
   E. 土地使用权

9. 资产评估的特点是( )。
   A. 资产评估的主体为具有资产评估资格的中介机构和注册评估师
   B. 资产评估的客体为法定资产转让
   C. 资产评估以历史成本为主要的价值类型
   D. 资产评估具有政策性特征
   E. 资产评估不具有公证性

10. 在确认继续使用的资产时，必须充分考虑( )。
    A. 资产的使用能满足所有者经营上期望的收益
    B. 资产尚有显著的剩余使用寿命
    C. 资产使用权明确
    D. 资产从经济上、法律上允许转作他用
    E. 资产的使用功能完好或较为完好

三、判断题
( )1. 资产包括有形资产，废品虽然无修复价值，但是一项有形资产。
( )2. 企业整体价值与单项资产价值总和的差额就是商誉。
( )3. 如果没有市场交易行为，资产评估无必要进行。

(   )4. 注册资产评估师可以在两个或两个以上的资产评估机构执业。
(   )5. 李强原为A企业办公室主任，三年前离职到某资产评估事务所担任注册资产评估师，李强可以接受A企业的资产评估。
(   )6. 国有企业以某项资产作为抵押向银行申请贷款，必须进行资产评估。
(   )7. 某企业拥有一栋房产，既可用于公寓，又可用于办公楼。若由于该房产位于某大学附近，用作学生公寓比用作办公楼合算，则评估时应按办公楼评估。
(   )8. 我国资产评估中心是在1988年正式批准成立的。
(   )9. 目前，我国资产评估已处于成熟时期。
(   )10. 一般地，资产价格与需求量成正比例关系，与供应量成反比例关系。

第二章 资产评估基础

第一节 货币的时间价值与收益现值法

货币的时间价值是指货币经历一定时间的投资和再投资所增加的价值。这是因为货币投入生产经营过程后,其价值随着时间的持续不断增长。企业资金循环和周转的起点是投入货币资金,通过购买原材料、厂房、设备等所需的资源,然后生产出新的产品,产品出售时得到的货币量大于最初投入的货币量。资金的循环和周转以及因此而实现的货币增值,需要一定的时间,每完成一次循环,货币就增加一定数额,周转次数越多,增值额也越大。因此,随着时间的延续,货币总量在循环和周转中按几何级数增长,使该货币具有时间价值。例如某人用 100 元投资于股票、国库券或者存入银行,设收益率为 10%,那么一年后就会产生投资收益 10 元,即今年的 100 元在效用上等于明年的 110 元。其中增加的 10 元,就是 100 元的时间价值。

由此可见,货币因投资和再投资产生时间价值。今天可用来投资的一笔资金,比起将来同等数额的资金,即使不考虑通货膨胀和风险因素,也更有价值。因为现存资金有可能在将来获得更多的货币量。一方面,货币的时间价值是在社会资金的循环周转中实现的,从量上看,货币的时间价值等于无风险、无通货膨胀条件下的社会平均资金利润率;另一方面,只要资金在不断运动,社会财富在不断积累,货币就具有时间价值。在资产评估中运用货币的时间价值,主要用于收益现值法。例如某企业以独自研制的一台设备对外投资,研制成本 10 万元,已使用 2 年,尚可使用 5 年,根据目前情况,预计今后每年可获利(现金)4 万元。如果不考虑货币的时间价值,该设备的评估价值为 20 万元(4 万元 × 5);但如果考虑货币的时间价值,该设备的评估价值应低于 20 万元,假设社会平均资金利润率为 10%,那么 5 年内每年 4 万元,总额 20 万的现值应为 15.16 万元(4 万 × 3.7908,年金现值系数 $i = 10\%$,$n = 5$),故该设备的评估价值应为 15.16 万元。

由于货币会随时间的延续而增值,现在的 1 元钱与将来的 1 元钱在经济上是不相等的。也就是说,现在的 1 元钱与将来的 1 元钱经济上不等值。由于不同时间单位货币的价值不相等,所以,不同时间的货币收入不宜直接进行比较,需要把它们换算到相同的时间基础上,然后才能进行大小的比较和比率的计算。

货币时间价值的计算有单利法和复利法两种。

一、单利的计算

单利法是指只对本金计算利息,而不将以前计算期的利息累加到本金中去,即利息不再生息。

1. 单利利息计算公式

$$I = p \times i \times n$$

式中:

I——利息；

P——本金，又称期初金额或现值；

i——利率，通常指每年利息与本金之比；

n——时间，常以年为单位。

[例1] 某甲在工商银行以活期存款的方式存入1 000元，储蓄利率为3.15%，则两年的利息为：

$$I = 1\,000 \times 3.15\% \times 2 = 63（元）$$

2．单利终值计算

本金与利息之和就称为本利和或终值，我们用符号F表示。于是，单利终值的计算公式为：

$$\begin{aligned}F &= p + i \\ &= p + p \times i \times n \\ &= p(1 + i \times n)\end{aligned}$$

根据上例的条件，可以计算出某甲存款两年后的本利和，即终值为：

$$F = 1\,000 \times (1 + 2 \times 3.15\%) = 1\,063（元）$$

3．单利现值计算

在现实经济生活中，往往需要根据终值来确定其现在的价值，即现值。例如财政部发行的国库券，有时采用贴现发行的方式，即以低于面值的价格发行，到期时按面值偿付，其差额即为购买入的利息收益。这时国库券的面值就相当于终值，面值与发行价之间的差额即为利息，发行价格即为现值。发行价格的决定，就是已知终值和利率求现值的过程。

单利现值的计算公式为：

$$\begin{aligned}P &= F - I \\ &= F - F \times i \times n \\ &= F(1 - i \times n)\end{aligned}$$

例如，财政部发行半年期的贴现国债，假设月贴现率为10‰，那么面值为1 000元的国库券在发行之初的价格为：

$$P = 1\,000 - 1\,000 \times 10‰ \times 6 = 940(元)$$

二、复利的计算

复利法是本金与前一期的利息累计并计算后一期的利息，即利滚利地计算本利和。我们称相邻两次计息的时间间隔为计息期，如年、月、日等。除非特别指明，计算以年为单位。货币的时间价值通常是按复利计算的，所以复利是个重要的概念。

1．复利终值

[例2] 假设某人年初将100元存入银行，存款年利率为10%，经过1年时间的期终金额为：

$$\begin{aligned}F &= P + P \times i \\ &= P \times (1 + i) \\ &= 100 \times (1 + 10\%)\end{aligned}$$

$$= 110（元）$$

若此人并不提走现金，将110元继续存在银行，则第2年本利和为：

$$F = [P \times (1+i)] \times (1+i)$$
$$= P \times (1+i)^2$$
$$= 100 \times (1+10\%)^2$$
$$= 121（元）$$

同理，第3年的期末金额为：

$$F = P \times (1+i)^3$$
$$= 100 \times (1+10\%)^3$$
$$= 133.10（元）$$

依此类推，第n年的期末金额为：

$$F = P(1+i)^n$$

此式即为复利终值的一般公式，其中$(1+i)^n$被称为复利终值系数或1元的复利终值，用符号$(F/P, i, n)$表示。如$(F/P, 10\%, 5)$表示利率为10%的5期复利终值系数。于是复利终值计算公式亦可写为如下形式：

$$F = (F/P, i, n) \times P$$

为简化计算手续，可以直接查阅1元的复利终值表，亦称"复利终值系数表"（见书后附录1），查表可知：$(F/P, 10\%, 5) = 1.6105$。即指：在货币时间价值为10%的情况下，现在的1元和5年后的1.6105元在经济上等效，根据这个系数可以把现值换算成终值。

该表的作用不仅在已知i和n时查找$(F/P, i, n)$，而且可在已知$(F/P, i, n)$和n时查找i，或已知$(F/P, i, n)$和i时查找n。即已知其中任意两项，查找第三项。

[例3] 甲企业现有资金1 200元，欲在9年后使其达到原来资金的2倍，选择投资机会时最低可接受的报酬率为多少？

解：

$$F = 1\,200 \times 2 = 2\,400$$
$$F = 1\,200 \times (1+i)^9$$
$$2\,400 = 1\,200 \times (1+i)^9$$
$$(F/P, i, 9) = 2$$

查"复利终值系数表"，在$n=9$的行中寻找2，接近的值为：

$$(F/P, 8\%, 9) = 2$$

所以$i = 8\%$。即投资机会的最低报酬率为8%。

2. 复利现值

复利现值是复利终值的对称概念，系指未来一定时间的特定货币按复利计算的现在价值，或者说是为取得将来一定本利和，现在所需要的本金。

复利现值的计算是复利终值的逆运算，即已知F，i，n，求P。

我们已知复利终值的计算公式：

$$F = P \times (1+i)^n$$

17

所以：
$$P=\frac{F}{(1+i)^n}=F\times(1+i)^{-n}$$

上式中的 $(1+i)^{-n}$ 是把终值折算为现值的系数，称复利现值系数，或1元的复利现值，用符号 $(P/F, i, n)$ 表示。为简化计算手续，可以直接查阅1元的"复利现值系数表"（见书后附录1）。

[例4] 银行存款利率为8%，某人要想在3年后得到400元，问现在应存入多少钱？

解：
$$P=F\times(P/F, i, n)$$
$$=400\times(P/F, 8\%, 3)$$
$$=400\times0.7938$$
$$=317.52(元)$$

3.复利息

本金 P 的 n 期复利息等于：
$$I=F-p$$

[例5] 本金1 000元，投资5年，利率8%，每年复利1次，则本利和与复利息为多少？

解：
$$F=1\ 000\times(1+8\%)^5$$
$$=1\ 000\times1.469$$
$$=1\ 469(元)$$
$$I=1\ 469-1\ 000=469(元)$$

4.名义利率与实际利率

复利的计息期可以是年、季、月或日，当利息在1年内要复利几次时，给出的年利率就叫名义利率。

[例6] 若本金1 000元，投资期5年，利率8%，每季复利1次，则
$$每季度利率=8\%\div4=2\%$$
$$复利次数=5\times4=20$$
$$F=1\ 000\times(1+2\%)^{20}$$
$$=1\ 000\times1.486$$
$$=1\ 486(元)$$
$$I=1\ 486-1\ 000=486(元)$$

此例的利息486元，高出上例的利息 17元(486-469)。即此例的实际利率高于8%，其计算如下：
$$F=P\times(1+i)^n$$
$$1\ 486=1\ 000\times(1+i)^5$$
$$(1+i)^5=1.486$$

查表得：
$$(F/P, 8\%, 5)=1.469$$

$$(F/P, 9\%, 5) = 1.538$$

用插值法求得实际利率：

$$\frac{1.538 - 1.469}{9\% - 8\%} = \frac{1.486 - 1.469}{i - 8\%}$$

$$i = 8.25\% > 8\%$$

可见，当一年内复利几次时，实际得到的利息要比按名义利率计算的利息高。

设：r 为名义利率；M 为每年复利次数；i 为实际利率。

我们知道：

其中利息为

$$F = P \times \left(1 + \frac{r}{M}\right)^M$$

$$F - P = P \times \left(1 + \frac{r}{M}\right)^M - P$$

按利率定义得：

$$i = \frac{S - P}{P}$$

$$= \frac{P \times \left(1 + \frac{r}{M}\right)^M - P}{P}$$

$$= \left(1 + \frac{r}{M}\right)^M - 1$$

这就是实际利率和名义利率之间的关系。

[例7] 年利率为12%，按季计息，试求实际利率。

解：

$$i = \left(1 + \frac{r}{M}\right)^M - 1$$

$$= \left(1 + \frac{12\%}{4}\right)^4 - 1$$

$$= 1.1255 - 1$$

$$= 12.55\%$$

三、复利年金的计算

上面介绍了一次性收付款项，除此之外，在现实经济生活中，还存在一定时期内多次收付的款项，即系列收付款项，如果每次收付的金额相等，则这样的系列收付款项便称为年金。简言之，年金是指一定时期内每次等额收付的系列款项，通常记作A。

年金按其每次收付发生的时点不同，可分为普通年金、先付年金、递延年金和永续年金等。

普通年金是指发生在各期期末收付的年金，由于这是现实经济最常见的收付方式，例如利润、租金、股息、银行存贷款等，故被称为普通年金。先付年金是指发生在各期期初收付的年金。两者的区别在于年金发生的时间不同：普通年金的收支生在期末，而先付年金则发生在期初。

1. 普通年金终值是指其最后一次收付的本利和,它是每期时支付的复利终值之和普通年金的收付发生在期末,设利率=10%,5年期,$A=1$元。

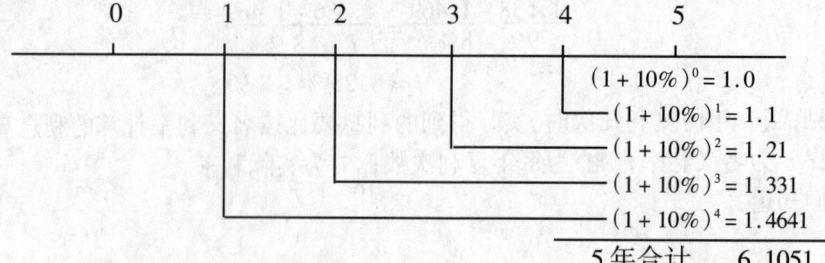

如果年金的期数很多,用上述方法计算终值相当繁琐,我们可以利用下式算出,当利率为i,n期后到期的普通年金(A)的终值为:

$$FV = A + A(1+i) + A(1+i)^2 + \cdots + A(1+i)^{n-1} \quad ①$$

等式两边同乘($1+i$),得:

$$(1+i)FV = A(1+i) + A(1+i)^2 + A(1+i)^3 + \cdots + A(1+i)^n \quad ②$$

上述②式减①式:

$$(1+i)FV - FV = A(1+i)^n - A$$

$$FV = \frac{A(1+i)^n - A}{(1-i)-1} = \frac{A(1+i)^n - 1}{i}$$

[例8] 某企业承租一台设备,按合同规定每年年终要支付租金1 000元,5年付清,则5年租金总额应为多少?利率为10%。

解:

$$FV = 1\,000 \times \frac{(1+10\%)^5 - 1}{10\%} = 6105.1(\text{元})$$

2. 普通年金现值是指为在每期期末取得相等收支款项现在需要投入的金额设利率=10%,$A=1$元,5年期,则普通年金现值解析图如下:

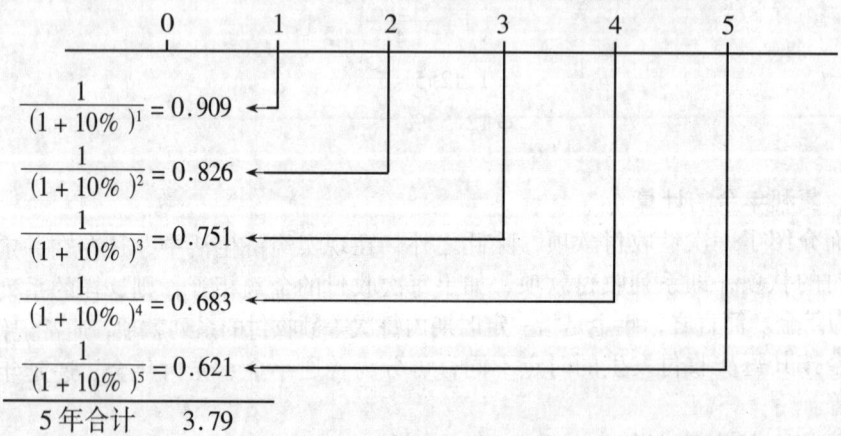

如果年金的期数很多,用上述方法计算显然不方便,我们可以利用下式算出,当利率为i,n期发生的年金(A)的现值为

$$PV = A(1+i)^{-1} + A(1+i)^{-2} + \cdots + A(1+i)^{-n} \quad ①$$

等式两边同乘（$1+i$）得：
$$PV(1+i) = A + A(1+i)^{-1} + \cdots + A(1+i)^{-(n-1)} \quad ②$$

②式减①式：
$$PV(1+i) - PV = A - A(1+i)^{-n}$$
$$PV = A \cdot \frac{1-(1+i)^{-n}}{i} = A \cdot \frac{1}{i}[1-(1+i)^{-n}]$$

[例9] 某企业有一项投资项目，需投资100万元，投资该项目后每年可获净利润（现金流量）25万元，预计项目寿命为5年，若社会无风险报酬率为10%，则应否投资该项目？

解：投资该项目，每年可获净利润（现金流量）25万元，5年总额为125万元，原始投资额为100万元，如果不考虑资金时间价值，也不考虑资金的其他用途，该项目应投资。但考虑到资金的机会成本和资金的时间价值，则应进行分析计算。

5年获得的净利润（现金流量）的现值为：

$$PV(A) = A \cdot \frac{1}{i}[1-(1+i)^{-n}] = 25 \times \frac{1}{10\%}[1-(1+10\%)^{-5}] = 94.77(万元)$$

即尽管5年内取得的收益总额为125万元，大于原始投资额，但由于5年收益是不同时点上取得的，而其总额的现值仅94.77万元，小于原始投资，因而不应投资该项目。

3. 先付年金是指发生在各期期初收付的年金，其终值指经过若干期后的本利和

设利率=10%，$A=1$元，5年期，则先付年金终值解析图如下：

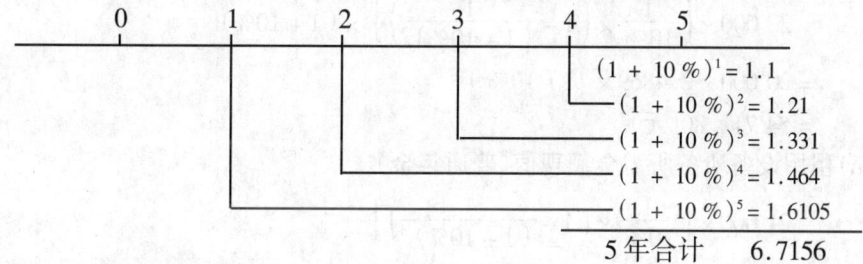

将上述计算结果与普通年金终值相比较，可以看出，先付年金终值比普通年金终值多计算一期，计算公式为：

先付年金终值 = 普通年金终值 × （$1+i$）

[例10] 某企业因业务发展，向汽车公司租用运输卡车5辆，合同约定租期5年，每年初支付租金每辆2 000元。则租金共多少？设利率为10%。

解：
$$\text{先付年金终值} = \text{普通年金终值} \times (1+i)$$
$$= 2\,000 \times [(1+i)^n - 1]/i \times (1+i)$$
$$= 2\,000 \times [(1+10\%)^5 - 1]/10\% \times (1+10\%)$$
$$= 13\,431.22(元)$$

4. 先付年金现值是指为在每期期初取得相等收支金额现在需要投入的金额

设利率=10%，$A=1$，5年期，则先付年金现值解析图为：

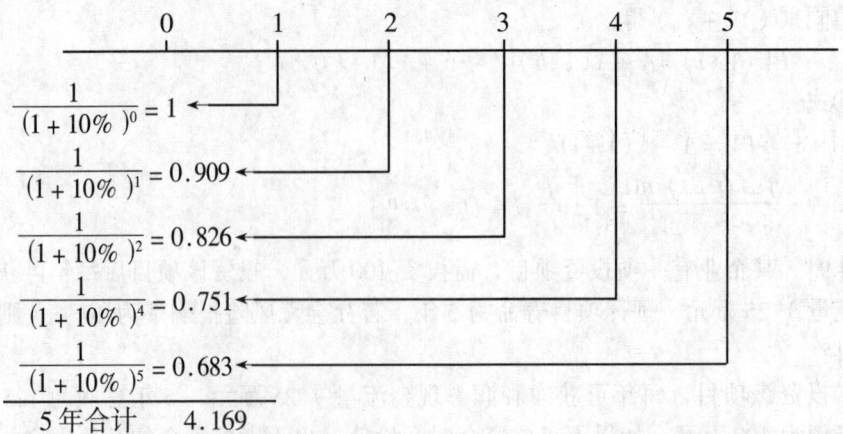

将上述计算结果与普通年金现值比较,可以看出先付年金比普通年金现值多一期 $(1+i)$ 利息,即 $4.169 = 3.79 \times (1+10\%)$

因此,可以利用普通年金现值计算先付年金现值,计算公式为:

先付年金现值 = 普通年金现值 × $(1+i)$

[例11] 某企业欲购置一台设备,当时银行利率为 10%,供应商欲以分期付款方式支付,每年初支付 20 000 元,3 年期。若不购置还可向甲企业租用,租金每年末支付 21 000 元,3 年期,应如何决策?

解:i) 购置设备所需金额现值(先付年金)

$$20\,000 \times \left[\frac{1}{10\%} \times \left(1 - \frac{1}{(1+10\%)^3}\right)\right] \times (1+10\%)$$

$= 20\,000 \times 2.4869 \times (1+10\%)$

$= 54\,711.80(元)$

ii) 租用设备所备所需金额现值(普通年金)

$$21\,000 \times \left[\frac{1}{10\%} \times \left(1 - \frac{1}{(1+10\%)^3}\right)\right]$$

$= 21\,000 \times 2.4869$

$= 52\,224.90(元)$

可见,租用设备比购置设备少 2 486.90 元(52 224.90 − 54 711.80),应选择租用方案。

5. 延期年金也称递延年金,是指最初的年金现金流发生在若干期后的年金。

(1) 终值计算。

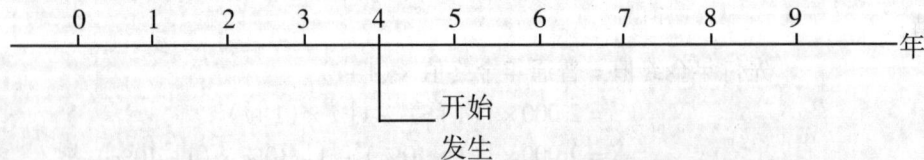

[例12] 某企业出租仓库,租期 9 年,合同约定前 3 年不用付租。第 4 至第 9 年末支付每年租金 10 000 元,则租金总额应为多少?(设利率为 10%)

解:递延年金的终值大小与延期无关,故计算方法与普通年金终值相同:

$$FV = A[(1+i)^n - 1]/i$$
$$= 10\,000[(1+10\%)^6 - 1]/10\%$$
$$= 77\,156.1(元)$$

延期年金的现值计算应分两步进行：
第一步：求出年金现值总额。
第二步：将年金现值总额再折算为现值。

```
 0   1   2   3   4   5   6   7   8   9
 |───|───|───|───|───|───|───|───|───|────年
         ①
            10 000 10 000 10 000 10 000 10 000 10 000
     
     ②现在价值？现值总和？
```

[例13] 某企业承租仓库，租期9年，前三年不用付租，第4至第9年年末支付租金10 000元，若不承租而购置仓库，需支付35 000元，问应承租还是购置为佳？（设贴现率为10%）若承租仓库需在第4至第9年年初支付租金10 000元呢？

解：i) 承租仓库现值：（普通年金）
① 第4至第9年年金现值总额为：

$$FV = 10\,000 \times \left[\frac{1}{i} \times \left(1 - \frac{1}{(1+i)^n}\right)\right]$$
$$= 10\,000 \times \left[\frac{1}{10\%} \times \left(1 - \frac{1}{(1+10\%)^6}\right)\right]$$
$$= 43\,552.61(元)$$

② 第4至第9年年金现值总额的现值为：（折现期为3年）

$$PV = FV \cdot \frac{1}{(1+i)^n}$$
$$= 43\,552.61 \times \frac{1}{(1+10\%)^3}$$
$$= 32\,721.72(元) < 35\,000(元)$$

可见，在第4至第9年年末租金的条件下，采用承租仓库方案较好。

ii) 承租仓库现值为（先付年金）
① 第4至第9年年金现值总额同上，为 $43\,552.61 \times (1+10\%) = 47\,907.87(元)$
② 第4至第9年年金现值总额的现值为（折现期为2年）

$$47\,907.87 \times \frac{1}{(1+10\%)^2} = 39\,593.28(元) > 35\,000(元)$$

因此，在该条件下，则应选择购置为宜。

通过上述分析，我们可以看到，在递延年金条件下，普通年金现值与先付年金现值的区别在于将年金总和与折现时的折现期不同。普通年金总值再折现时，由于该总值是假设在第3年年终发生的，因此，再折现时的折现期限应为3年；先付年金总值再折现时，由于该总值是假设发生在第3年年初，因此，再折现时的折现期限应为2年。

6. 永久年金是指无限期发生的年金，即 $n \to +\infty$

永久年金的特点是没有终值，没有期限，而且每期定额发生。其现值计算公式为：
$$\text{永久年金} PV = A/i$$

[例14] 某企业预计未来5年收益额分别为12万元、15万元、13万元、11万元和14万元。假定从第6年起，以后各年收益均为14万元。则：

i）该企业的评估价值应为多少？（设折现率为10%）

ii）若该企业未来经营期为20年，则评估价值应为多少？

iii）若该企业未来5年收益额均为15万元，经营期尚有10年，评估价值应为多少？

iv）若该企业未来收益均为15万元，没有限定经营期，则评估价值应为多少？

解： i）① 从题目看，该企业没有规定的经营期，应视为可永久持续经营，即第6年后的收益现值应为永久年金现值。

第6年至永远的年金现值 = 14/10% = 140（万元）（在第6年）

将该年金现值再折为现在时点现值 = $140 \times \dfrac{1}{(1+10\%)^5}$ = 86.929（万元）

②由于该企业未来5年收益每年各不相同，应分别进行折现五年收益现值

$$\frac{12}{(1+10\%)^1} + \frac{15}{(1+10\%)^2} + \frac{13}{(1+10\%)^3} + \frac{11}{(1+10\%)^4} + \frac{14}{(1+10\%)^5}$$

= 49.2442（万元）

③该企业的评估价值应为：
$$86.929 + 49.2442 = 136.17（万元）$$

可见，这种方法将收益分段计算其现值，故又称为分段法。

ii）若该企业的经营期为20年，则第6年至20年的年金现值为递延年金现值

$$14 \times \frac{10\%}{1+10\%}\left[1 - \frac{1}{(1+10\%)^{20-5}}\right] \times \left(\frac{1}{(1+10\%)^5}\right)$$

= $14 \times (P/A, 10\%, 15) \times (P/F, 10\%, 5)$

= $14 \times 7.606 \times 0.6209$

= 66.1159（万元）

评估价值为 49.2442 + 66.1159 = 115.36（万元）

iii）评估价值 = $15 \times (P/A, 10\%, 10)$

= 15×6.1446 = 92.17（万元）

iv）评估价值 = $\dfrac{15}{10\%}$ = 150（万元）

四、货币时间价值理论在资产评估中的应用

资产的三个属性是收益性、流动性和安全性。资产持有人总是希望自己持有的资产能够具有较高的收益率、较好的流动性和安全性。收益性以资产的平均收益率来衡量，收益率越高，资产的收益值越好。流动性用资产变现的速度和变现中的损失大小来衡量，变现速度越快同时损失越小，资产的流动性越好。安全性以遭受损失的可能性来衡量，遭受损失（概率）越小，资产的安全性越好。流动性和安全性为一定时，资产的价值将主要取决于其收益率大小。

一项资产为其持有人带来的收益一般不是一次性的，而是一个连续的过程，即在一定时期内连续不断地为持有人制造收益。例如，企业的设备、汽车或无形资产每年或每月甚至每天都在为企业制造收益。根据货币时间价值理论，不同时点上的相同数量的收益，其价值是不同的。因此，如果采用收益来衡量资产现时价值时，就必须先对不同时点上的一系列收益分别进行折现处理，将其变为现值才能进行比较。资产为其持有人带来不同年份的一系列收益叫收益流（一般以现金流量表示），只有把收益流折现，才能准确度量资产的收益水平，从而准确评估资产的现时价格。折现后的现值就是被评估资产的现行市值。

当然，在进行资产评估时，还必须考虑资产的流动性和安全性。一般地，货币资产的流动性强于股票、债券等金融资产，后者的流动性强于房地产等不动产。

五、收益现值法

收益现值法是指通过估算被评估资产未来预期收益并折算成现值，借以确定被评估资产价值的一种资产评估方法。这种方法是立足于资产购买者的角度，所购买的一项资产所付出的代价应低于该项资产能为其带来的收益。

资产购买者在购买某项资产时，他支付的价格不会超过该资产未来预期收益折算成的现值，这是资产售价的最高限价，同时也是买主购买资产预期获利的最低要求。因此，与资产售价相等的未来收益折现额，是资产购买者投资的盈亏平衡点。

但是，资产购买者不仅要求资本增值，而且还要补偿由于投资而带来的其他方面的损失。这些损失主要有：①机会成本，即由于投资，使资金失去了另作他用的机会，在这些其他用途中所能获得的最高收益，就是该项投资的机会成本；②灵活偏好成本，即由于投资，使资金丧失因持有现金而可以自由使用的机会；③交易成本，即投资所增加的有关投资业务处理成本，如谈判、申请登记、产权转让等；④风险成本，即投资增加了投资者的风险，因为资本可能亏损甚至完全丧失。

在用收益现值法评估资产价值时，必须认真考虑上述有关因素，并将这些因素在未来收益的折现率和资本化率等指标中体现出来，否则会导致对资产价值的高估或低估。

中华人民共和国《国有资产评估管理办法实施细则》第三十条规定，收益现值法是指"将被评估资产剩余寿命期间每年(或每月)的预期收益，用适当的折现率折现，累加得出评估基准日的现值，以此估算资产价值的评估方法"。

由以上分析可知，收益现值法的基本理论公式可表述为：

$$资产的现行市场 = 该资产预期收益现值总额$$

1. 收益现值法的前提条件及其适用范围

采用收益现值法对一项资产进行评估，必须满足一定的条件，这些条件主要是：①被评估资产必须是经营性资产，而且具有继续经营的能力并不断获得收益，企业的非经营性资产，如附属学校的资产、医院的资产、职工的福利住房等都不能采用收益现值法评估；②被评估资产在继续经营中的收益能够而且必须用货币金额来表示；③影响被评估资产未来经营风险的各种因素能够转化为数据加以计算，具体体现在折现率和资本化率中。以上三个条件必须同时满足，缺一不可。

能采用收益现值法评估的资产必须是现金产出单元。现金产出单元是指为从持续使用中产生的现金流入基本上独立于其他资产或资产组合产生的现金流入的最小的资产组合。例如某矿业企业拥有一条专用铁路以支持其采矿生产，该铁路只能以报废价值出售，该铁路的持续使用不可以产生基本上独立于矿业企业其他资产所产生现金流入的现金流入。因此，该铁路为非现金产出单元，评估该铁路不能采用收益现值法。但若评估整个矿业企业的价值，则可视其为独立的现金产生单元而可采用收益现值法。

又如A工厂生产甲产品，所需的一种重要材料是从同一企业的B工厂购进的中间产品。B的产品以成本加毛利的转移价格出售给A工厂。A最终产品的80%出售给整个企业以外的客户，B产品的70%出售给A工厂，30%出售给整个企业以外的客户。这该如何确定现金产出单元？由于B工厂生产的B产品的大部分出售给A工厂，即内部使用，B工厂的现金流依赖于A工厂对B产品的需求，故B工厂没有基本上独立于A工厂的现金流入。因此对B工厂的评估，不能采用收益现值法。对A、B工厂的组合评估则可用收益现值法。

再如某评估机构对一家制造业公司进行评估。该公司拥有一幢完全自用的总部大楼。该公司规模缩小后，大楼的一半自用，另一半出租给第三方，与承租人签定的租赁协议的期限为五年。评估机构能否对该大楼采用收益现值法进行评估？由于大楼的首要目的是作为公司的一项资产，支持制造业公司活动。因此，不能以为该大楼作为一个整体能产生基本上独立于企业整体的现金流入。对大楼而言，现金产出单元很可能是制造业公司整体，而不是大楼本身。因此，对该大楼的评估，不能采用收益现值法，只有对该制造业公司作整体评估时，才能采用收益现值法。

综上所述，收益现值法的适用范围是对企业整体价值评估以及对作为现金产出单元的单项资产评估。

2. 折现率和资本化率的确定

所谓折现率，是指将未来资金或收益换算为现值的比率，一般用于一系列有限时间内的现金流的变现。所谓资本化比率，是指应用于永续现金流（即没有期限）的变现。

折现作为一个时间优先的概念，认为将来的收益低于现在的同样收益，即货币有时间价值，并且随着收益时间向将来推迟的程度而有系统地降低价值。同时，折现作为一个算术过程，是把一个特定比率应用于一个预期的收益流，从而得出当前的价值。从折现率本身而言，它是一种特定条件下的收益率，说明资产取得该项收益的收益率水平。收益率越高，资产评估值越低。因为在收益一定的情况下，收益率越高，意味着单位资产增值率高，所有者拥有资产价值就低。

折现率的确定是运用收益法评估资产时比较棘手的问题。折现率必须谨慎确定，折现率的微小差异，会带来评估值数以万计的差异。确定折现率，不仅应有定性分析，还应寻求定量分析方法。折现率与利率不完全相同，利率是资金的报酬，折现率是管理的报酬。利率只表示资产（资金）本身的获利能力，而与使用条件、占用者和使用用途没有直接联系，折现率则与资产以及所有者使用效果有关。一般来说，折现率应包括无风险利率、风险报酬率和通货膨胀率。无风险利率是指产生在一般条件的获利水平，风险报酬率则是指冒风险取得的报酬与资产的比率。每一种资产投资，由于其使用条件、用途不同，行业不同，风险也不一样，因此，折现率也不相同。它要由评估人员根据社会、行业、企业和评估对象的资产收益水平综合分析确定。选择折现率时还要注意所选收益的计算口径应与折现率的口径保持一致。

资本化率与折现率在本质上是没有区别的，只是适用场合不同。折现率是将未来有限期的预期收益折算成现值的比率，用于有限期收益还原。资本化率则是将未来永续性预期收益折算成现值的比率。

一般而言，折现率应包括无风险利率、风险报酬率和通货膨胀率：

$$折现率 = 无风险利率 + 风险报酬率 + 通货膨胀率$$

其中，无风险利率一般为短期国库券利率或国有银行活期贷款利率；风险报酬率是指冒险取得的报酬与资产的比率。

资本化率一般比折现率高，这是因为资本化风险比一般情况大。

3．收益额的确定

确定资产未来收益是收益现值法的关键。收益额是指由被评估资产在使用过程中产生的超过其自身价值的溢余额，对于收益额的确定，应把握两点：

(1) 收益额指的是资产使用带来的未来收益期望值，是通过预测分析获得的。无论是资产的出售者或购买者，判断该项资产是否有价值，首先应判断该项资产是否有收益。评估时对其收益的判断，不仅仅是看其现在的收益能力，更重要的是预测未来的收益能力。

(2) 收益额必须是由被评估资产直接形成的，不是由该项资产形成的收益分离出来，不能张冠李戴。

关于收益额的构成，目前有几种观点：税后利润、利润总额现金流量。我们认为，在利用收益现值法对资产进行评估时，其收益额应为现金流量而非税后利润或利润总额。这是因为税后利润或利润总额是根据权责发生制确定，而资产评估中确认的收益是应以收付实现制确认的现金流。

①整个投资有效年限内，利润总计与现金流量总计是相等的，所以，现金净流量可以取代利润作为评价净收益的指标。

[例15] 某个项目投资额1 000万元，分5年在年初支付工程款，2年后开始投产，有效期限为5年。投产开始时垫付流动资金200万元，结束时收回。每年销售收入1 000万元，付现成本700万元。该项目的现金流量见表2－1，假设现金流出在年初支付，现金流入在年末取得。通过表2－1可以看出，在整个投资年限内利润合计与现金净流量合计均为500万元。

表2-1   单位：万元

时间(年末)	0	1	2	3	4	5	6	7	合计
投资	(200)	(200)	(200)	(200)	(200)				(1 000)
销售收入				1 000	1 000	1 000	1 000	1 000	5 000
直线法折旧时：									
付现成本				700	700	700	700	700	3 500
折　旧				200	200	200	200	200	1 000
利　润				100	100	100	100	100	500
快速法折旧时：									
付现成本				700	700	700	700	700	3 500
折　旧				300	250	200	150	100	1 000
利　润				0	50	100	150	100	500
营业现金流量				300	300	300	300	300	1 500
流动资金			(200)					200	0
现金净流量	(200)	(200)	(400)	100	100	300	300	500	500

② 利润在各年的分布受折旧方法等人为因素的影响，而现金流量的分布不受这些人为因素的影响，可以保证评价的客观性。例如在表2-1中，采用直线法计提折旧时的利润与采用快速法折旧时不同，但它们的营业现金流量却是相同的。影响利润的人为因素不仅限于折旧方法的选择，还有存货计价方法、间接费用分配方法、成本计算方法等。在考虑时间价值的情况下，早期的收益与晚期的收益有明显区别。收益的分布应当具有客观性，不受人为选择的影响，现金流量分布可以满足这种要求。

③ 在资产评估分析中，现金流动状况比盈亏状况更重要。有利润的年份不一定能产生多余的现金用来进行其他项目的再投资。一个项目能否维持下去不取决于一定期间是否盈利，而取决于有没有现金用于各种支付。现金一旦支出，不管是否消耗，都不能用于别的目的，只有将现金收回后才能进行再投资。因此，在资产评估中要重视现金流量的分析。

在资产评估分析中使用净现金流量的根本原因在于现金流量能科学地反映货币的时间价值，因此，评估各种资产价值时就不但要考虑投资成本和投资报酬的数额，更要考虑每笔预期收入与支出款所发生的时间，才能作出正确的评估价值。很明显，会计利润不考虑资金收付的时间，是不能用以衡量资产价值优劣的。

4. 现金流量的预测

[例16] 某食品制品有限公司已开发出一种新的饮料，要求对该项目进行评估。评估人员根据预测，如果产品的价格定在每盒10元，则年销售量可达到32万盒，年销售额为320万元。根据工程部的报告，该项目需要增添一座新厂房，可花90万元购买这样一座厂房，另花60万元购买项目所需的机器、设备（包括运输、安装费）。此外，企业将增加在流动资产上的投资，减去流动负债的上升额，流动资产净增加48万元，

以上这些支出均发生在第一年（$n=0$）。

项目将在第二年（$n=1$）开始投产，估计经济年限为5年，厂房和设备从第二年开始采用直线折旧法进行折旧，项目终结时设备将全部折旧完毕，无残值收入。但预计厂房可以按30万元的价格出售。在项目投产的5年中，每年固定成本（除折旧外）为40万元，每年的可变成本为192万元，企业的所得税率为30%。且假定所有收入和支出均发生在各年年底。

为计算该项目的现金流量，先计算每年项目固定资产的折旧费及项目终结时的残值收入。

设备每年折旧费 = 600 000 ÷ 5 = 120 000(元)

厂房每年折旧费 = (900 000 − 300 000) ÷ 5 = 120 000(元)

每年折旧额共 240 000(元)

项目终结时厂房的账面价值 = 市场价值 = 900 000 − 120 000 × 5 = 300 000(元)

项目固定资产残值收入 = 厂房的残值收入 + 设备的残值收入 = 300 000 + 0 = 300 000(元)

该项目现金流量的估算如表2-2所示：

表2-2　　　　　　　　　　　　　　　　　　　　　　　　　　　　　　　　单位：元

年	0	1	2	3	4	5
1.初始现金流量						
①厂房	(900 000)					
②设备	(600 000)					
③流动资产净增额	(480 000)					
2.营业现金流量						
④销售收入		3 200 000	3 200 000	3 200 000	3 200 000	3 200 000
⑤可变成本		1 920 000	1 920 000	1 920 000	1 920 000	1 920 000
⑥固定成本		400 000	400 000	400 000	400 000	400 000
⑦折旧		(240 000)	(240 000)	(240 000)	(240 000)	(240 000)
⑧总成本		(2 560 000)	(2 560 000)	(2 560 000)	(2 560 000)	(2 560 000)
⑨税前利润		(640 000)	(640 000)	(640 000)	(640 000)	(640 000)
⑩税收		(192 000)	(192 000)	(192 000)	(192 000)	(192 000)
⑪税后利润		(448 000)	(448 000)	(448 000)	(448 000)	(448 000)
⑫净营业现金流量 ④−⑤−⑥−⑩ 或者 ⑪+⑦		688 000	688 000	688 000	688 000	688 000
3.终结现金流量						
⑬固定资产残值收入						300 000
⑭流动资产回收						480 000
4.项目净现金流量	(1 980 000)	688 000	688 000	688 000	688 000	1 468 000

5. 收益期限的确定

收益期限是指资产收益的期间，通常指收益年期。收益期限由评估人员根据未来获利情况、损耗情况来确定，可以根据法律、契约和合同规定来确定。

6. 收益现值法的评估步骤

(1) 搜集验证与评估对象有关的经营、财务状况的资料，通过对历史数据的分析比较，预测未来的发展趋势；

(2) 搜集并分析市场上相似资产的有关信息资料，根据市场供求状态等因素，预测评估对象潜在的收益；

(3) 分析确定被评估对象的剩余经济寿命；

(4) 分析确定适用本金化率；

(5) 根据各项参数，选择适宜的收益现值计算方法确定被评估资产的评估价值。

[案例分析1] 某企业欲出售某商场，该商场地处繁华市区，占地面积 2 000 m²，场地使用期不限（即可永久使用）；现有营业面积 1 000 m²，但经营不景气，出现亏损，试评估其出售价格。

第一步：分析商场出现亏损原因，主要是因为经营动力机制不键全，员工积极性差，以及商场布局、装修和经营方面严重过失造成的。根据对类似地段经营较好的商场情况调查，一个营业面积为 1 000 m² 的商场，年净现金流量在 1 000 万元左右，高于旅馆、饭庄、饭店等其他营业用途的房地产报酬率，因而应以继续经营商业为前提进行评估。

第二步：预测确定未来每年的收益。经调查分析，可确信该商场通过花费一定投资，重新装修和增加商品资金投入，同时改革用工制度和收入分配办法后，实行现代化经营，完全可成为该地段最有竞争力的企业，而且通过与有意者充分讨论，并参照其他类似企业经验，预计今后各年扣除追加投资收益后的净现金流量，第1年到第5年分别为：−10万元、750万元、1 120万元、1 280万元、1 260万元；第6年以后将稳定在1 270万元，如无特殊情况，不会有太多波动，故可用分段法评估其收益现值。

第三步：确定适用本金化率。根据调查分析，商场同行业资金利润率基本上在12%～13%范围内波动，考虑到该商场的竞争优势，取其高限，13%作为适用本金化率。

第四步：确定评估值：

$$P = [\frac{-10}{(1+13\%)^1} + \frac{750}{(1+13\%)^2} + \frac{1\,120}{(1+13\%)^3}$$

$$+ \frac{1\,280}{(1+13\%)^4} + \frac{1\,260}{(1+13\%)^5}] + \frac{1\,270}{13\%}[\frac{1}{(1+13\%)^5}]$$

$$= -10 \times 0.885 + 750 \times 0.7831 + 1\,120 \times 0.6931$$

$$+ 1\,280 \times 0.6133 + 1\,260 \times 0.5428 + 1\,270 \times 0.5428 \times \frac{1}{0.13}$$

$$= 5\,302.74(万元)$$

所以，该商场转让价格可为 5 302.74 万元。

7. 收益现值法计算公式的归纳

由于采用收益现值法进行资产评估时资产的未来收益和收益年期并非都是一成不变，而是处于不断变化之中，因此，收益现值法就会有较多的变化公式。归纳如下：

(1) 在每年收益不变，且无期限时：

$$评估价值 = \frac{每年收益}{资本化率} = \frac{A}{i}$$

(2)在每年收益不变,且有期限时:

$$评估价值 = 每年收益 \times 年金现值系数 = A \cdot \frac{1}{i} \left[1 \times \frac{1}{(1+i)^n} \right]$$

(3)年收益在若干年后保持不变,且无期限时:

$$评估价值 = \frac{每年收益}{资本化率} \times \frac{1}{(1+折现率)^n} = \frac{1}{i} \times \frac{1}{(1+i)^n}$$

[例 17] A 企业拥有一块油田,预计 4 年后每年可获纯收益(净现金流量)50 万元,资本化率与折现率均为 10%,则该油田的评估价值为:

$$\frac{50}{10\%} \times \frac{1}{(1+10\%)^4} = 341.5(万元)$$

[例 18] B 企业拥有一项无期限的专有技术,未来 5 年可获纯收益(净现金流量)为:20 万元、18 万元、16 万元、15 万元、10 万元,预计第 6 年后每年可获的纯收益稳定在 8 万元。资本化率及折现率均为 8%,则该项专有技术的评估价值为多少?

解:i)未来 5 年收益现值:

$$20 \times \frac{1}{1+18\%} + 18 \times \frac{1}{(1+18\%)^2} + 16 \times \frac{1}{(1+18\%)^3} + 15 \times \frac{1}{(1+18\%)^4} + 10 \times \frac{1}{(1+18\%)^5}$$
$$= 64.48(万元)$$

ii)第 6 年后收益现值:

$$\frac{8}{8\%} \times \frac{1}{(1+8\%)^5} = 68.06(万元)$$

iii)评估总值:

$$64.48 + 68.06 = 132.54(万元)$$

(4) 年收益在若干年后保持不变,但有期限时:

$$评估价值 = 年收益 \times 现值系数 \times \frac{1}{(1+折现率)^{递延年限}}$$
$$= A \times \frac{1}{i}\left[1 - \frac{1}{(1+i)^{n-1}}\right] \times \frac{1}{(1+i)^n}$$

值得注意的是,这里年金现值系数的 n 应为第若干年至最后一年(t) 的期限,而递延年限则为第若干年的年限。

[例 19] 沿用例 18 资料,只是预计该项专有技术可使用 10 年,折现率为 8%,则该项专有技术的评估价值为多少?

解:i)未来 5 年收益现值为 64.48 万元(计算同上)。

ii) 第 6 年后收益现值:

$$8 \times \frac{1}{8\%}\left[1 - \frac{1}{(1+8\%)^{10-5}}\right] \times \frac{1}{(1+8\%)^5} = 21.74(万元)$$

iii) 评估总值:

$$64.48 + 21.74 = 86.22(万元)$$

(5) 年收益按等差级数变化时:

①年收益按等差级数递增,且无期限,这里以逐年递增收益额为 B:

$$评估价值 = \frac{年收益}{资产本化率} + \frac{逐年递增收益额}{资本化率^2} = \frac{A}{i} + \frac{B}{i^2}$$

②年收益按等差级数递增,但有期限时:

$$评估价值 = \left(\frac{A}{i} + \frac{B}{i^2}\right)\left[1 - \frac{1}{(1+i)^n}\right] - \frac{B}{i} \times \frac{n}{(1+i)^n}$$

[例20] 某企业拥有一条地铁经营权,经营期为20年,目前地铁年纯收益(净现金流量)为60万元,预计每年增加收益8万元,若折现率为6%,该地铁评估价值为:

$$\left(\frac{60}{6\%} + \frac{8}{6\%^2}\right) \times \left[1 - \frac{1}{(1+6\%)^{20}}\right] - \frac{8}{6\%} \times \frac{20}{(1+6\%)^{20}} = 1\,390.48(万元)$$

③年收益按等差级数递减,且无期限时:

$$评估价值 = \frac{A}{i} - \frac{B}{i^2}$$

④年收益按等差级数递减,但有期限时:

$$评估价值 = \left(\frac{A}{i} - \frac{B}{i^2}\right)\left[1 - \frac{1}{(1+i)^n}\right] + \frac{B}{i} \times \frac{n}{(1+i)^n}$$

[例21] 沿用例20资料,但假设地铁纯收益每年递减3万元,其他条件同上,则地铁评估价值为:

$$\left(\frac{60}{6\%} - \frac{3}{6\%^2}\right) \times \left[1 + \frac{1}{(1+6\%)^{20}}\right] + \frac{3}{6\%} \times \frac{20}{(1+6\%)^{20}} = 426.5\,(万元)$$

(6) 年收益按等比级数变化时:

①年收益按等比级数递增,且无期限时(这里以S表示逐增比率):

$$评估价值 = \frac{A}{i-s}$$

②年收益按等比级数递增,但有期限时:

$$评估价值 = \frac{A}{i-S}\left[1 - \left(\frac{1+S}{1+i}\right)^n\right]$$

[例22] 某企业拥有一块地产,未来第1年的纯收益(现金净流量)为20万元,预计以后各年的纯收益会按3%的递增比率增加。该地产的折现率为10%。

要求: i)若该地产可无期限使用,评估其现时价值。

ii)若该地产土地使用权出让年限为40年,评估时已使用5年,评估其现时价值。

解: i)无期限时的评估价值:

$$\frac{20}{10\% - 3\%} = 285.71(万元)$$

ii)剩余使用年限为35年时的评估价值:

$$\frac{20}{10\% - 3\%}\left[1 - \left(\frac{1+3\%}{1+10\%}\right)^{35}\right] = 257.1(万元)$$

③年收益按等比级数递减,且无期限时:

$$评估价值 = \frac{A}{i+S}$$

④年收益按等比级数递减,但有期限时:

$$评估价值 = \frac{A}{i+S}\left[1 - \left(\frac{1-S}{1+i}\right)^n\right]$$

[例23] 沿用例22资料,只是预计以后各年的纯收益会按1%的递减比率减少,则

　　i)无期限时的评估价值:

$$\frac{20}{10\% + 1\%} = 181.82(万元)$$

　　ii)剩余使用年限为35年时的评估价值:

$$\frac{20}{10\% + 1\%}\left[1 - \left(\frac{1-1\%}{1+10\%}\right)^{35}\right] = 177.27(万元)$$

8. 收益现值法的优缺点

(1) 收益现值法评估资产的优点:①能真实和较准确地反映企业本金化的价值;②与投资决策相结合,应用此法评估的资产价值,易为买卖双方所接受。

(2) 收益现值法评估资产的缺点:预期收益额预测难度较大,受较强的主观判断和未来不可预见因素影响。

第二节　资产价值构成与成本法

资产评估所以是对资产的现时价格进行评定估算的过程,由于资产的现时价格与其历史价值密切相关,所以对资产价值构成进行分析是资产评估的重要手段。在市场经济条件下,企业生产的商品是用于交换的商品,而生产商品的资产如设备本身也是一种商品,只不过这种商品是能够生产其他商品的特殊商品。因此,资产价值的构成在本质上与商品价值的构成是相同的。当不易计算资产未来收益或难以取得市场参照物时,资产价值的衡量就是资产的成本构成的耗费。

一、资产的价值

资产的价值取决于资产的成本。资产的原始成本越高,资产的原始价值越大,反之则越小。两者在质和量的内涵是相同的。但由于物价的变动,在不同时点上取得相同资产的价格却不相同。在现时取得资产的价格称为重置成本,即按现行市场条件下重新购建一项全新资产所支付的全部货币总额。重置成本与原始成本的内容构成是相同的。两者所不同的是反映的物价水平不同,前者反映的是资产评估日期的市场物价水平,后者反映的是当初购建资产时的物价水平。在其他条件一定时,资产的重置成本越高,其重置价值越大。

资产的价值是一个变量。资产的价值随资产本身的运动和其他因素的变化而相应变化。影响资产价值量变化的因素,除了市场价格外,还有以下三方面:

(1) 资产投入使用后,由于使用磨损和自然力的作用,其物理性能就会不断下降,价值会逐渐减少。这种损耗一般称为资产的物理损耗或有形损耗,也称实体贬值。

(2) 技术的推广和运用,使得企业原有资产与社会上普遍推广和运用的资产相比较,在技术上明显落后,性能降低,其价值也就相应减少。这种损耗称为资产的功能性损耗,也称功能性贬值。

(3) 由于资产以外的外部环境因素(如政治因素、国家政策)变化引致资产价值降低。例如，政府实施新的经济政策或发布新的法规限制了某些资产的使用，使得资产价值下降，这种损耗一般称为资产的经济性损耗，也称经济性贬值。比如某企业用于生产空调机的设备，采用氟里昂为致冷剂(雪种)，由于该材料对环境造成较大污染，国家规定限制使用，这就会导致这台设备评估价值下降。

二、资产耗费的补偿

企业要维持正常的生产，就必须及时对已消耗的生产要素进行补偿，否则下一期的生产经营活动就难以正常进行。例如某企业流动资产 500 万元，固定资产 1 000 万元。在企业的生产经营中，这两部分资产应按一定的比例及时得到补偿。从销售收入中首先扣除流动资产、耗费，如销售商品的销售成本、期间费用等，但固定资产的补偿则比较复杂。由于固定资产是一项跨年度(通常使用期限在 1 年以上)的资本性支出，其消耗不是一次性，而是在多时期中逐渐消耗。若该企业固定资产总体上在 10 年内消耗完毕，则每年应该提取一定的费用对消耗掉的部分进行补偿。如果每年提取 10% 即 100 万元的折旧费，10 年后原购置的固定资产报废，但折旧的累积也是 1 000 万元，企业就可以重新购置 1 000 万元的固定资产，更新企业固定资产，以实现资产的持续经营。

因此，在进行资产评估时，被评估资产的现时价值是经过了一系列补偿后的资产价值，这一价值取决于被评估资产的补偿程度。补偿程度越大，被评估资产的现时价格就越高，否则就越低。补偿程度是历史的积累，积累越多，补偿程度越高，反之则越低。

另外，不同的资产有不同的补偿特点，资产评估时应根据不同的补偿特点采用不同的评估方法。例如，对机器设备等固定资产进行评估时，针对其补偿通过计提折旧的特点，选择重置成本法评估；对专利等无形资产的评估，由于其补偿程度难以确定，因此一般应选择收益现值法进行评估；而当企业破产或清算时，资产补偿程度就显得不太重要，因此应选择清算价格法。在采用特殊方法对资产进行评估时，可将资产的补偿程度作为评估结果的矫正和补充。例如在对企业某项专项设备进行评估时，先通过补偿程度测算，推算出设备的剩余价值和剩余年限，再测算设备的补偿程度，然后再确定设备的现行市价。

三、成本法

成本法是指根据资产价值构成，扣除其各项损耗以确定其评估价值的方法。按资产价值不同时点的价格，可分为历史成本法和重置成本法。

1. 历史成本法

任何一项资产的取得，都以购进当时实际发生的成本计算，资产价值一经入账，以后就按其实际成本减去以该实际成本为基础提取的损耗(减值)后的余额作为资产的价值，这就是所谓的"历史成本原则"。历史成本法就是根据该项原则对资产进行评估的方法，也是资产评估中最简单的一种方法。

这种方法的特点是以资产的历史成本为评估资产的依据。优点是具有可检验性和可靠性，有会计记录为依据，评估价值不受评估人员判断的影响。但缺点是没有考虑货币的时间价值和通货膨胀等因素的影响，不能反映市场变化的实际情况。因此，这种方法一般只适用于没有通货膨胀或通货膨胀率极低的条件下，以及对于购进量不大的流动性资产的评估。这种评估方法的适用范围是：

(1) 资产的流动性好，价格变动不大的单项资产。

(2) 购进期短，其购进价格接近或等于市场现行价格的资产。

(3) 较特殊且有专门用途的非标准化的原材料、半成品和配套件资产，这类材料配件一般是由购买方直接向生产方订购，一般不通过市场买卖，很难找到可以类比的市场价格，而重置成本也难以计算。这类资产的现行市价为购进价格与采购费用之和。若资产已发生减值还应从其历史成本中扣除。即历史成本法如下：

$$资产评估价值 = 资产账面价值 - 减值$$

[例24] 某企业在评估时点的一个月前购进原材料100吨，单价200元/吨，运杂费700元；两个月前购进的修理用配件300件，单价100元/件，运杂费400元。资产评估时，经盘点核实，尚有原材料30吨，修理用配件100件，没有发现各种损耗原材料和配件，近期价格基本稳定，则该两项资产的评估价值为：

$$原材料：30 \times \left(200 + \frac{700}{100}\right) = 6\,210(元)$$

$$配\quad件：100 \times \left(100 + \frac{400}{300}\right) = 10\,133.33(元)$$

2. 重置成本法

重置成本法是指按被评估资产的现时重置成本扣减其各项损耗价值来确定被评估资产价值的方法。

采用这种方法与历史成本法大致相同，所不同的是历史成本以当初购进资产时发生的实际支出为依据，而重置成本法则以现时资产重置的实际支出为依据。

(1) 采用重置成本法的前提条件。

①应当具备可利用的历史资料。重置成本法的应用是建立在历史资料基础上的，许多信息资料、指标需通过历史资料获得。同时，现时资产与历史资产具有相同性或可比性。

②形成资产价值的耗费是必须的。耗费是形成资产价值的基础，但耗费包括有效耗费和无效耗费。采用重置成本评估资产，首先要确定这些耗费是必须的，而且应体现社会或行业平均水平。

(2) 重置成本法运用的形式及其各项指标的估算。

根据重置成本法的定义，其基本计算公式可以表述为：

$$被评估资产评估值 = 重置成本 - 实体性贬值 - 功能性贬值 - 经济性贬值$$

$$被评估资产估值 = 重置成本 \times 成新率$$

(3) 重置成本及其估算。

重置成本一般可分为复原重置成本和更新重置成本。复原重置成本是指运用原来相同的材料、建造或制造标准、设计、格式及技术等，以现时价格复原购建这项全新资产所发生的支出。更新重置成本是指利用新型材料，并根据现代标准、设计及格式，以现时价格生产或建造具有同等功能的全新资产所需的成本。

选择重置成本时，在同时可获得原重置成本和更新重置成本的情况下，应选择更新重置成本,在无更新重置成本时可采用复原重置成本。一般来说,复原重置成本大于更新重置成本,但由此引致的功能性损耗也大。之所以应采用更新重置成本,是因为一方面随着科学技术的进步和劳动生产率的提高,新工艺、新设计被社会所普遍接受;另一方面,新型设计、工艺制造的资产无论其使用性能还是成本耗用方面都会优于旧的资产。

更新重置成本和复原重置成本的相同之处在于采用的都是资产的现时价格,不同的在于技术、设计、标准方面的差异。对于某些资产,其设计、耗费、格式几十年一贯制,更新重置成本与复原重置成本是一样的。应该注意的是,无论更新重置成本还是复原重置成本,资产本身的功能不变。例如,评估一台486型电子计算机,就不能以586型电子计算机作为更新重置成本。

重置成本的估算一般可以采用下列方法:

① 重置核算法。是指按资产成本的构成,把以现行市价计算的全部购建支出按其计入成本的形式,将总成本区分为直接成本和间接成本来估算重置成本的一种方法。

直接成本是指直接可以构成资产成本支出的部分,如房屋建筑物的基础、墙体、屋面、房内装修项目;机器设备类资产的购价、安装调试费、运杂费、人工费等项目。直接成本应按现时价格逐项加总。

间接成本是指为建造、购买资产而发生的管理费、总体设计制图等支出。实际工作中,间接成本可以通过下列方法计算。

A. 按人工成本比例法计算,计算公式为:

$$间接成本 = 人工成本总额 \times 成本分配率$$

其中:

$$成本分配 = \frac{间接成本额}{人工成本额} \times 100\%$$

B. 单位价格法,计算公式为:

$$间接成本 = 工作量(按工日或工时) \times 单位价格/工日或工时$$

C. 直接成本百分率法,计算公式为:

$$间接成本 = 直接成本 \times 间接成本占直接成本百分率$$

[例25] 重新购置设备一台,现行市场价格每台5.4万元,运杂费1 000元,直接安装成本800元,其中原材料300元,人工成本500元。根据统计分析,计算求得安装成本中的间接成本为每人工成本0.8元,该机器设备重置成本为:

直接成本	55 800元
其中:买价	54 000元
运杂费	1 000元
安装成本	800元
其中:原材料	300元
人工	500元
间接成本(安装成本)	400元
重置成本合计	56 200元

② 物价指数法。这种方法是在资产历史成本基础上,通过现时物价指数确定其重

置成本，计算公式为：

$$\text{资产重置成本} = \text{资产历史成本} \times \frac{\text{资产评估时物价指数}}{\text{资产购建时物价指数}}$$

或：

$$\text{资产重置成本} = \text{资产历史成本} \times (1 + \text{物价变动指数})$$

公式中资产历史成本要求真实、准确，并符合社会平均的合理成本。资产评估时物价指数指的是评估基准日（或能够代表评估基准日）的物价指数，而且应是资产的类别或个别物价指数。

[例26] 某项被评估资产1993年购建，账面原值为10万元，2001年进行评估，已知1993年和2001年的该类资产物价指数分别为100%和150%，则被评估资产重置成本为：

$$\text{被评估资产重置成本} = 100\,000 \times \frac{150\%}{100\%} = 150\,000(元)$$

或：

$$\text{被评估资产重置} = 100\,000 \times (1 + 50\%) = 150\,000(元)$$

物价指数法与重置核算是重置成本估算较常用的方法。但两者具有明显的区别，表现在：

第一，物价指数法估算的重置成本仅考虑了价格变动因素，因而确定的是复原重置成本；而重置核算法既考虑了价格因素，也考虑了生产技术进步和劳动生产率的变化因素，因而可以估算复原重置成本和更新重置成本。

第二，物价指数法建立在不同时期的某一种或某类甚至全部资产的物价变动水平上；而重置核算法建立在现行价格水平与购建成本费用核算的基础上。

明确物价指数法和重置核算法的区别，有助于重置成本估算中方法的判断和选择。一项科学技术进步较快的资产，采用物价指数法估算的重置成本往往会偏高。当然，物价指数法和重置核算法也有其相同点，都是建立在利用历史资料基础上。因此，应注意判断、分析资产评估时重置成本的口径与委托方提供的历史资料（如财务资料）的口径差异。

③ 功能价值法，也称生产能力比例法。这种方法是寻找一个与被评估资产相同或相似的资产作为参照物，计算其每一单位生产能力价格或参照物与被评估资产生产能力的比例，据以估算被评估资产的重置成本。计算公式为：

$$\text{被评估资产重置成本} = \frac{\text{被评估资产年产量}}{\text{参照物年产量}} \times \text{参照物重置成本}$$

[例27] 某厂重置全新的一台机器设备价格为5万元，年产量为5 000件，现知被评估资产年产量为4 000件，由此可以确定其重置成本：

$$\text{被评估资产重置成本} = \frac{4\,000}{5\,000} \times 50\,000 = 40\,000(元)$$

这种方法运用的前提条件和假设是资产的成本与其生产能力成线性关系，生产能力越大，成本越高，而且是成正比例变化。应用这种方法估算重置成本时，首先应分析资产与生产能力之间是否存在这种线性关系，如果不存在这种关系，就不可以采用这种方法。

④ 规模经济效益指数法。通过不同资产的生产能力与其成本之间关系的分析可以发

现,许多资产的成本与其生产能力之间不存在线性关系,当资产 A 的生产能力比资产 B 的生产能力大一倍时,其成本却不一定大一倍。也就是说,资产生产能力和成本之间只呈同方向变化,而不是等比例变化,这是由于规模经济效益作用的结果。两项资产的重置成本和生产能力相比较,其关系用下列公式表示:

$$\frac{被评估资产的重置成本}{参照物资产的重置成本} = \left(\frac{被评估资产的产量}{参照物资产的产量}\right)^x$$

即:

$$被评估资产的重置成本 = 参照物资产的重置成本 \times \left(\frac{被评估资产的产量}{参照物资产的产量}\right)^x$$

公式中的 X 是一经验数据,称为规模经济效益指数。在美国,这个经验数据一般在 0.4~1 之间,如加工工业一般为 0.7,房地产行业一般为 0.9;我国到目前为止尚未有统一的经验数据,评估过程中要谨慎使用这种方法。公式中的参照物,一般可选择同类资产中的标准资产。

上述四种方法均可用于确定在成本法运用中的重置成本。至于选用哪种方法,应根据具体的评估对象和可以搜集到的资料确定。这些方法中,对某项资产可能同时都能用,有的则不然,运用时必须注意分析运用的前提条件,否则将得出错误的结论。

另外,在用成本法对企业整体资产及某一相同类型资产进行评估时,为了简化评估业务,节省评估时间,还可以采用统计分析法确定某资产的重置成本,这种方法运用的步骤是:

第一步,在核实资产数量的基础上,把全部资产按照适当标准划分为若干类别,如房屋建筑物按结构划分为:钢结构、钢筋混凝土结构等;机器设备按有关规定划分为专用设备、通用设备、运输设备、仪器、仪表等。

第二步,在各类资产中抽样选择适量具有代表性的资产,应用功能价值法、物价指数法、重置核算法或规模经济效益法等方法估算重置成本。

第三步,依据分类抽样估算资产的重置成本额与账面历史成本,计算出分类资产的调整系数,其计算公式为:

$$K = R'/R$$

式中: K ——资产重置成本与历史成本的调整系数;
R' ——某类抽样资产的重置成本;
R ——某类抽样资产的历史成本。

根据调整系数 K 估算被评估资产的重置成本,计算公式为:

$$被评估资产重置成本 = K \sum 某类资产账面历史成本$$

某类资产账面历史成本可从会计记录取得。

[例 28] 评估某企业某类通用设备,经抽样选择具有代表性的通用设备 8 台,估算其重置成本之和为 30 万元,而该 8 台具有代表性通用设备的历史成本之和为 20 万元,该类通用设备账面历史成本之和为 500 万元。则:

$$K = 30/20 = 1.5$$

该类通用设备重置成本 $= 1.5 \times 5\,000 = 7\,500$(元)

3. 实体性贬值及其估算

资产的实体性贬值是资产由于使用和自然力作用形成的贬值，实体性贬值的估算，一般可以采取以下几种方法：

(1) 观察法，也称成新率法。是指对被评估资产，由具有专业知识和丰富经验的工程技术人员对资产的实体各主要部位进行技术鉴定，并综合分析资产的设计、制造、使用、磨损、维护、修理、大修理、改革情况和物理寿命等因素，将评估对象与其全新状态相比较，考察由于使用磨损和自然损耗对资产的功能、使用效率带来的影响，判断被评估资产的成新率，从而估算实体性贬值。其计算公式为：

$$资产实体性贬值 = 重置成本 \times (1 - 成新率)$$

(2) 公式计算法。其计算公式为：

$$资产的实体性贬值 = \frac{重置成本 - 预计残值}{总使用年限} \times 实际已使用年限$$

公式中：

① 预计残值是指被评估资产在清理报废时净收回的金额。在资产评估中，通常只考虑数额较大的残值，如果残值数额较小，可以忽略不计。

② 总使用年限指的是实际已使用年限与尚可使用年限之和。计算公式为：

$$总使用年限 = 实际已使用年限 + 尚可使用年限$$

$$实际已使用年限 = 名义已使用年限 \times 资产利用率$$

由于资产在使用中负荷程度的影响，必须将资产的名义已使用年限调整为实际已使用年限。名义已使用年限是指资产从购进使用到评估时的年限。名义已使用年限可以通过会计记录、资产登记簿、登记卡查询确定。实际已使用年限是指资产在使用中实际损耗的年限。实际已使用年限与名义已使用年限的差异可以通过资产利用率来调整。资产利用率计算公式为：

$$资产利用率 = \frac{截止评估日资产累计实际利用时间}{截止评估日资产累计法定利用时间} \times 100\%$$

当资产利用率大于 1 时，表示资产超负荷运转，资产实际已使用年限比名义已使用年限要长；当资产利用率等于 1 时，表示资产满负荷运转，资产实际已使用年限等于名义已使用年限；当资产利用率小于 1 时，表示开工不足，资产实际已使用年限小于名义已使用年限。

[例29] 某资产 1990 年 2 月购进，2000 年 2 月评估时，名义已使用年限是 10 年。根据该资产技术指标，正常使用情况下，每天应工作 8 小时，该资产实际每天工作 7.5 小时。由此可以计算资产利用率：

$$资产利用率 = 10 \times 360 \times 7.5 / (10 \times 360 \times 8) \times 100\% = 93.75\%$$

由此可确定其实际已使用年限为 9.4 年。

实际评估过程中，由于企业基础管理工作较差，再加上资产运转的复杂性，资产利用率的指标往往很难确定。我们应综合分析资产的运转状态，诸如资产开工情况、大修间隔期、原材料供应情况、电力供应情况、是否季节性生产等各方面因素分析确定。

尚可使用年限是根据资产的有形损耗因素，预计资产的继续使用年限。

4. 功能性贬值及估算

功能性贬值是由于技术相对落后造成的贬值。估算功能性贬值时，主要根据资产的效用、生产加工能力、工耗、物耗、能耗水平等功能方面的差异造成的成本增加或效力降低，相应确定功能贬值额。同时，还要重视技术进步因素，注意替代设备、替代技术、替代产品的影响，以及行业技术装备水平现状和资产更新换代速度。

通常情况下，功能性贬值的估算可以按下列步骤进行：

第一步，将被评估资产的年营运成本与功能相同但性能更好的新资产的年营运成本进行比较。

第二步，计算两者的差异，确定净超额营运成本。由于企业支付的营运成本是在税前扣除的，企业支付的超营运成本导致税前利润额下降，所得税额降低，使得企业负担的营运成本远远低于其实际支付额。因此，净超额营运成本是超额营运成本扣除所得税以后的余额。

第三步，估计被评估资产的剩余寿命。

第四步，以适当的折现率将被评估资产在剩余寿命内每年的超额营运成本折现，这些折现值之和就是被评估资产功能性损耗（贬值），计算公式为：

$$被评估资产功能性贬值额 = \sum（被评估资产净超额营运成本 \times 折现系数）$$

[例30] 某企业拥有某种机器设备，技术先进的设备比原有的陈旧设备生产效率高，节约工资费用，有关资料及计算结果如下表：

项 目	技术先进设备	技术陈旧设备
月产量	10 000 件	10 000 件
单件工资	0.80 元	1.20 元
月工资成本	8 000 元	12 000 元
月差异额		12 000 - 8 000 = 4 000 元
年工资成本超支额		4 000 × 12 = 48 000 元
减：所得税（税率33%）		15 840 元
扣除所得税后年净超额工资		32 160 元
资产剩余使用年限		5 年
假定折现率10%，5年年金折现系数		3.7908
功能性贬值额		121 912.128 元

[案例分析2] 某家电企业要求评估一台生产控制装置，其正常运行需6名操作人员。目前同类新式控制装置所需的操作人员定额为3名。假定被评估控制装置与参照物在运营成本的其他项目支出方面大致相同，操作人员平均年工资福利费约为6 000元，被评估控制装置尚可使用3年，所得税税率为33%，适用的折现率为10%。

要求：根据上述数据资料，计算被评估控制装置的功能性贬值。

i) 评估思路：由于新式控制装置所需操作人员3名，而被评估装置需操作人员6名，存在功能性贬值。

ii) 计算评估生产装置的年超额营运成本额：

$$(6 - 3) \times 6 000 = 18 000（元）$$

iii) 测算被评估控制装置的年超额营运成本净额：

$$18\ 000 \times (1 - 33\%) = 12\ 060(元)$$

iv)将被评估控制装置在剩余使用年限内的每年超额营运成本净额折现累加,估算其功能性贬值额:

$$12\ 060 \times (P/A, 10\%, 3) = 12\ 060 \times 2.4869 = 29\ 992(元) \approx 30\ 000(元)$$

应当指出,新老技术设备的对比,除生产效率影响工资成本超额支出外,还可对原材料消耗、能源消耗以及产品质量等指标进行对比,计算其功能性贬值。

此外,功能性贬值的估算还可以通过超额投资成本的估算进行,即超额投资成本可视同为功能性贬值,计算公式为:

$$功能性贬值 = 复原重置成本 - 更新重置成本$$

5. 经济性贬值及其估算

经济性贬值是由于外部环境变化造成资产的贬值。计算经济性贬值时,主要是根据由于产品销售困难而开工不足或停止生产,形成资产的闲置,价值得不到实现等因素确定贬值额。我们应根据资产的具体情况加以分析确定。当资产使用基本正常时,不计算经济性贬值。

[例31] 沿用案例分析2资料。如果家电生产企业不降低生产量,保持市场占有率,就必须降价销售家电商品。假定原商品售价为2 000元/台,要使10万台商品能够卖掉,商品售价需降至1 900元/台,每台商品损失毛利100元,经估测,该生产线还可以继续使用3年,企业所在行业的投资报酬率为10%,试估算该生产线的经济性贬值额。

$$\begin{aligned}
经济性贬值额 &= (100 \times 100\ 000) \times (1 - 33\%) \times (P/A, 10\%, 3) \\
&= 6\ 700\ 000 \times 2.4869 \\
&= 16\ 662\ 230(元)
\end{aligned}$$

6. 成新率及其估算

成新率反映评估对象的现行价值与其全新状态重置价值的比率。它是综合使用各类损耗以后确定的。在成新率分析计算过程中,应充分注意资产的设计、制造、实际使用、维护、修理、大修理和改造情况,以及设计使用年限、物理寿命、现有性能、运行状态和技术进步等因素的影响。通常,成新率的估算方法有以下几种:

(1) 观察法。即由具有专业知识、丰富经验的工程技术人员对资产的实体各主要部位进行技术鉴定,以判断确定被评估资产的成新率。与上文中所述实体贬值确定中所称成新率不同,这一成新率是在综合考虑实体性损耗、功能性损耗和经济性损耗等基础上确定的,而不只是考虑使用磨损和自然损耗的影响。

(2) 使用年限法。即根据资产预计尚可使用年限与其总使用年限的比率确定成新率,计算公式为:

$$成新率 = \frac{预计尚使用年限}{实际已作用年限 + 预计尚使用年限} \times 100\%$$

(3) 修复法。即通过估算资产恢复原有全新功能所需要的修复费占该资产的重置成本(再生产价值)的百分比确定成新率,计算公式为:

$$成新率 = 1 - \left(\frac{修复费用}{重置成本}\right) \times 100\%$$

值得注意的是，成新率不等于会计上计提的固定资产折旧，这是因为：

(1) 折旧是由损耗决定的，但折旧并不就是损耗，折旧是高度政策化了的损耗。资产使用过程中价值的运动依次经过价值损耗、价值转移和价值补偿，折旧作为转移价值，是在损耗基础上确定的。但会计学上的折旧率或折旧年限是对某一类资产作出的会计处理的统一标准，是一种高度集中的理论系数或常数，对于该类资产中的每一项资产虽然带有普遍性、同一性和法定性，但不具有实际磨损意义上的个别性或特殊性。实际上，它表现在以下几方面特征：第一，折旧年限是一个平均年限，对于同一类型中的任何一项资产均适用；第二，它在考虑损耗的同时，又考虑社会技术经济政策和生产力发展水平，有时基于把它作为经济杠杆，体现对某类资产的鼓励或限制生产政策；第三，它是以同类资产中各项资产运转条件均相同的假定条件为前提的。在这种情况下，同类型的资产，无论其所在地如何，保养维护情况、运行状况如何，均采用同一的折旧年限。而评估中的成新率则是根据资产的具体运转状态、使用频率、工作环境等确定的，具有特殊性和个别性特征。

(2) 会计折旧年限的确定，是为了保证资产正常运转为前提的。由于运转条件、保养、维修条件不同，其损耗以及实际运用功能也不相同。许多资产提前报废或超龄服役，无不与其保养、修理和运转状况有关。可见，资产的维修在保证资产正常运转的同时，具有更新的性质，可以增加资产的效用和功能，资产评估更注重资产运转的实际效能。需要说明的是，在评估时，尽管维修费用的发生会增大资产价值，延长资产使用寿命，从而影响其成新率，但成新率的确定不是资产运转中费用增减的反映，并非发生修理费越多，成新率就越高，而是运转过程中更新、修理费用发生结果在资产性能、使用期限等方面结果的体现。

当然，并不是所有的维护修理都是有效的，从评估角度看，应注意区分可修复性损耗和不可修复性损耗。可修复性损耗是指为了改进(改造)效用而花费的成本，低于所能由此得到的收益回报；不可修复性损耗则是指由于一项资产的改进成本超过了改进带来的收益，而不能弥补改进的资产贬值和价值损失。因此，只有为可修复性损耗而发生的费用支出从而影响成新率变化才是应予考虑的。

(3) 折旧年限的确定与评估中成新率确定的基础——损耗本身差异性。确定折旧年限的损耗包括有形损耗(实体贬值)和无形损耗；而评估中确定成新率的损耗，包括实体性贬值、功能性贬值和经济性贬值。其中，功能性贬值只是无形损耗的一种形式，而不是无形损耗的全部。经济性贬值则是资产外原因引起的，为评估过程所特有。

(4) 在资产评估过程中，如果一些评估机构和评估人员据实地勘察鉴定的结果，确定的使用年限与折旧年限完全相同，这时当然可以采用折旧年限。但这仅仅是偶然性结果，并不具必然性。而且这是经过分析、比较、判断后的结果，恰恰说明成新率的确定应根据实地勘察确定，而不能将折旧年限拿来就用。

三、运用成本法评估资产的步骤及其优缺点

1. 运用成本法评估资产的步骤

(1) 确定被评估资产，并估算重置成本；

(2) 确定被评估资产的使用年限；

(3) 估算被评估资产的损耗或贬值;
(4) 计算确定被评估资产的价值。

2. 成本法的优缺点

成本法的优点是:

(1) 比较充分地考虑了资产的损耗,评估结果更趋于公平合理;
(2) 有利于单项资产和特定用途资产的评估;
(3) 在不易计算资产未来收益或难以取得市场参照物的条件下可广泛地应用;
(4) 有利于企业资产保值。

采用成本法的缺点是工作量较大。而且它是以历史资料为依据确定目前价值,必须充分分析这种假设的可行性。另外,经济性贬值也难以全面准确计算。

第三节 市场供求关系与市价法

经济学理论认为,和商品或劳务一样,生产要素的交易也形成了生产要素市场,在这个市场上,供求双方通过竞价决定着生产要素的市场价格,这就是由市场决定的生产要素报酬。例如,在劳动力市场,即所谓的人才交易市场上,作为劳动供给方的劳动者和作为劳动需求方的企业通过谈判,达成彼此都能接受的工资率,而工资就是企业在生产周期结束后支付给劳动者的劳动报酬,尽管这种支付一般都发生在生产周期之前。同样,企业在资金市场上通过谈判取得这些生产要素,并向这些生产要素所有者支付报酬,这就是价值;企业在企业家市场上通过谈判得到知识、技术和技能,并向这些生产要素所有者支付报酬。经济学认为,只有政府提供的公共产品具有强制性,即无论愿意与否,企业都必须使用并按照政府规定的固定比率交纳税收,而其他的市场行为应为自愿公平的交易。这样,在一个生产周期完成后,企业的收益要首先满足上述生产要素各自的报酬分配(当然应该也必须有分配顺序),如果还有剩余,这就是所谓的超额利润,超额利润应该归企业的投资者即股东所有。

按照市场供求决定规律,任何生产要素(公共产品除外)都是通过市场来进行配置分配,市场机制决定了生产要素的供给方和需求方通过讨价还价来达到均衡状态。当价格一定时,生产要素的供给由生产要素的生产成本和其他相关因素决定,而生产要素的需求则由生产要素为购买者带来的经济利益和其他相关因素决定。因此,市场供求决定规律的背后还是一个生产要素市场的供求问题。

在生产要素市场上,有许多的买者和卖者,大量买者和卖者形成两股基本的市场力量,共同决定生产要素的市场价格,即生产要素分配的比例:某种生产要素的市场价格高,说明其在生产过程中发挥的作用重要,因此较其他生产要素得到较大的分配比例。可见,市场供求规律的实质是由生产要素市场上众多的需求者和供给者通过市场集体决定生产要素的分配比例。

一、市场供求决定规律在资产评估中的作用

资产评估是对资产的现时价格进行评定估算的过程,将被评估资产置于资产市场中来考察资产的现时价格,是较为客观的。因为资产评估服务于资产业务,特别是服

务于资产的市场交易，而市场交易的核心问题是制定公开合理的市场价格，这一市场能够由市场确定，则可以避免由主观因素决定的资产价格与实际中的市场价格脱节，从而影响资产业务的正常开展，这样，经济生活中经常出现的因资产评估值不恰当而导致资产无法交易的现象就可以得到避免。

市场供求决定规律说明，只要存在有效的竞争性，通过生产要素市场决定的资产的价格是大量经济主体集体决策的结果，大量经济主体的各自主观决策，就形成了最后的客观效果往往比主观评价更加符合实际情况。在资产评估中，如果能够形成被评估资产有效的交易市场，则应该根据市场规律由市场来决定资产的现时价格。当然，在一定情况下也需进行主观判断：一是在无法形成有效的资产竞争市场时，就必须通过资产评估机构的主观评估来确定资产的现时价格；二是在有效的资产竞争市场可以形成时，先由资产评估机构进行主观评估，以此评估价格作为拍卖的起价，在资产拍卖市场上公开进行拍卖，最后的成交价格更能反映资产的真实价值。

市场供求决定规律应用到资产评估中的一个必然性推论是，应该充分尊重资产交易双方对资产的评价，即只要双方能按照一定的市场价格有效地达成交易，则这样的交易就应该被认为是有效率的，即资产的定价是合理的。

二、现行市价法

现行市价法是指通过市场调查，选择一个或几个与被评估资产相同或类似的资产作为比较对象，分析比较对象的成交价格和交易条件，进行对比调整，估算资产价值的方法。

现行市价法要求充分搜集市场，所寻找的参照资产应尽量相同，实在不能相同，则至少也应相近。

1. 现行市价法的前提条件

(1) 该类或该项资产的市场发育相当成熟，不存在市场分割，而且资产的市场定价合理；

(2) 参照资产的一些技术指标，经验数据易于观察和处理；

(3) 参照资产和被评估资产在技术指标、资产性能等方面必须相同或相近。

2. 适用范围

现行市价法主要用于单项生产要素的评估，如对生产设备、原材料等的评估以及投资参股、合作经营、确定遗产税、财产税的税基时的评估等。在具体运用时，由于现行市场价格具有不同形式，应注意以下几点：

(1) 承包、全民所有制企业的联营、兼并，转让、保险应以现行采购价格为准；

(2) 参股、投资、担保时，对同一资产无论其原来购置价格如何，都应采用市场价格，抵押和质押业务及破产清算应采用资产的可变现价格；

(3) 不同所有制企业的上述经济行为以及租赁经营应以市场价格为准；

(4) 中外合资、合作企业应以市场价格为基准并参考国际市场价格作必要调整。

在对企业进行整体资产评估时，一般不用现行市价法，因为不可能或不容易找到一个相同或相似的企业整体资产。

3. 参照物调整

运用现行市场法进行资产评估，应因市场条件的差异和参照物的不同，采用不同的方式。一般地,在市场上如能找到与被评估资产完全相同的参照物,就可以把参照物价格直接作为被评估资产的评估价值。这是现行市价法运用最简单、直观的方式。但是,资产评估过程中,完全相同的参照物几乎是不存在的,即使是同一个工厂出产的相同规格、型号的设备,在不同企业中使用,由于维护保养条件、操作使用水平以及利用率高低等多种因素的影响,其实体损耗也不可能是同步的。更多的情况下获得的是相类似的参照物价格,需要进行价格调整。因此,现行市价法是指一项被评估资产需要评估时,在公开市场上找不到与之完全相同的资产,但在公开市场上能找到与之相类似的资产,以此为参照物,并依其价格再作相应的差异调整,确定被评估资产价值。参照物差异调整因素主要包括:

(1) 时间因素。时间因素是指参照物交易时间与被评估资产评估基准日相差时间所影响的被评估资产价格的差异,不同的时间条件下,资产价格不同,应特别注意时间因素导致的价格变化。

(2) 地域因素。地域因素是指资产所在地区或地段条件对资产价格的影响差异。地域因素对房地产价格影响尤为突出。

(3) 功能因素。功能因素是指资产实体功能过剩和不足对价格的影响差异。如一座房屋或一台机器设备,就特定资产实体而言,效能较高,用途广泛,但购买者使用时并不需要如此高的效能;反之,购买者也可能有超出特定资产现有条件的要求,因而产生实体功能对价格的影响。一般情况下,功能越高,售价越高,但买主未来若对资产特定效能没有需求,就不愿意多花钱去购买这项资产,特殊功能的资产对所有者来讲并没有特殊价值。

4. 现行市价法的评估程序

运用现行市价法评估资产时,一般按下列步骤进行:

(1) 明确评估对象。

(2) 进行公开市场调查,收集相同或相类似资产的市场基本信息资料,寻找参照物。

(3) 分析整理资料并验证其真实性,判断选择参照物。对收集到的资料,应认真分析其可信程度、交易条件和背景,并选择三个或三个以上的可比参照物。

(4) 把被评估资产与参照物比较。

(5) 分析调整差异,作出结论。

一般地,市场越活跃,现行市价法运用的空间越大,评估结论准确程度越高。

5. 现行市价法的评估方法

(1) 市价折扣法。它是以相同资产在全新情况下的市场价格为基础,减去按现行市场价格计算的已使用年限的累计折旧额,从而得到被评估资产的现行市价。

评估公式为:

被评估资产的现行市价 = 相同的全新资产的市价 – 应计折旧

= 相同的全新资产的市价 –(相同全新资产市价 – 残值)× 已使用年限/法定使用年限

其中,相同的全新资产的市价可以在市场上搜寻得到,残值是指被评估资产报废后的价值,法定使用年限是指规定的被评估资产的总使用年限。

[例32] 甲企业与乙企业进行联营,甲企业投入专用设备一套,规定使用年限为15年,已使用4年,要求按现行市价法进行评估作价。

经调查，目前同样设备的全新现行市价为 120 000 元，预计残值为 12 000 元。

该专用设备的现行市价 = 120 000 – (120 000 – 12 000) × 4/15 = 91 200(元)

应用市价折扣法评估资产时应当注意的问题是：①参照资产必须是与被评估资产完全相同的资产；②如果市场分割使参照资产有几个不同的价格，则必须根据资产市场供求状况和资产取得时的市场实际价格，并结合国家有关政策，准确参照资产的市场标准价格；③要分析被评估资产有无非正常损耗，如果有，则除扣除折旧以外，还应该根据非正常损耗情况酌情扣减；④已使用年限为实际年限，它与名义使用年限的关系为：

$$实际已使用年限 = 名义已使用年限 \times 开工率$$

(2) 市价比较法。市价比较法是指在资产市场上找不到与被评估资产完全相同的资产，但在市场上可以找到类似的资产作为参照资产，以类似资产的成交价格为基础，再对差异因素做必要调整，从而确定被评估资产的现行市价。

评估公式为：

$$现行市价 = [相似全新市价 - (相似全新资产市价 - 残值) \times 已使用年限/法定使用年限] \times 调整系数 K$$

公式中的调整 K 不易确定，通常是根据经验来确定。一般来说，影响 K 值的主要因素是：

①时间因素。按照资产成交时间与被评估资产的评估基准日之间的时间差异来调整所导致的价格差异。这里就需要考虑通货膨胀率的影响，时间差越小越好。

②地域因素。参照资产所处地区或地段与被评估资产所处地区或地段的差异这一因素对房地产评估最为敏感。

如图 3–1 所示，位于角地的房地产 A 的价值通常优于位于街道中段的房地产 B，而处于袋地的房地产 C 的价值则最低。

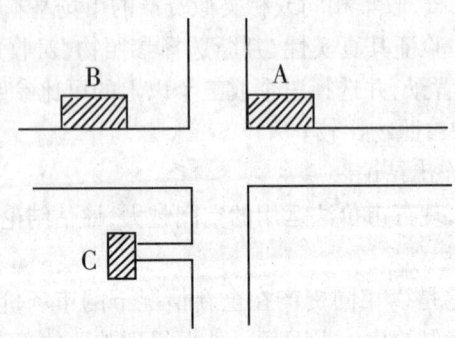

图 3–1 地域不同对调整系数的影响

③资产的功能。它是指资产功能过剩和不足对资产价格的影响。比如，如果机器设备的功能不能满足购买者的要求，购买者需要对该资产追加投资进行改进，则对该购买者而言，相比于同类但功能更高的资产，该设备的估价就要低一些。

采用市价比较法关键是选择参照资产，应根据待评估资产的特点来选取参照资产，参照资产可以是一个，也可以是数个。

运用市价比较法评估资产时，应该注意的问题是：①选择的参照资产必须尽可能与被评估资产相类似，否则参照资产的价格就会与评估资产的价格有较大的出入；②合

理确定调整系数 K，全面分析被评估资产与参照资产在性能、使用收益、技术水平等方面的差异；③参照资产必须是全新的资产。

[例33] 如上例中，目前市场上没有全新相同的设备，但有类似设备，全新价格为70 000元，预计残值为7 000元，通过比较两者的性能、使用收益、技术水平等因素确定的调整系数为1.7。则被评估资产的现行市价为：

$$[70\,000 - (70\,000 - 7\,000) \times 4/15] \times 1.7 = 90\,440(元)$$

(3)物价指数法。它是指利用物价指数来估算被评估资产的现行市价的一种方法。它用物价指数来调整被评估资产的账面价值，从而求得资产的现行价格。在这种方法下，通常采用定基物价指数，基年最好与被评估资产的购置日期相同。评估公式为：

$$现行市价 = 账面原价 \times 评估定基物价指数 - 差异贬值$$

与前面几种方法相比，这种方法的特点是考虑了物价上涨因素，它在高通货膨胀时期较为适用。

[案例分析3] 甲企业有一待估宗地G需评估，现收集到与待估宗地条件类似的6宗地，具体情况如表2-3所示。

表2-3　　　　　　　　　　　　　　　　　　　　　　　　　　　　　单位：元/m²

宗地	成交价	交易时间	交易情况	容积率	区域因素	个别因素
A	680	1995	+1%	1.3	0	+1%
B	610	1995	0	1.1	0	-1%
C	700	1994	+5%	1.4	0	-2%
D	680	1996	0	1.0	-1%	-1%
E	750	1997	-1%	1.6	0	+2%
F	700	1998	0	1.3	+1%	0
G		1998	0	1.1	0	0

该城市地价指数表如下：

时间	1992	1993	1994	1995	1996	1997	1998
指数	100	103	107	110	108	107	112

另据调查，该市此类用地容积率与地价的关系为：当容积率在1~1.5之间时，容积率每增加0.1，宗地单位地价比容积率为1时的地价增加5%；超过1.5时，超出部分的容积率每增长0.1，单位地价比容积率为1时的地价增加3%。对交易情况、区域因素、个别因素的修正，都是案例宗地与待估地比较，表中负号表示案例条件比待估宗地差，正号表示案例宗地条件优于待估宗地，数值大小代表对一宗地地价的修正幅度。

试根据以上条件，评估该宗土地1998年的价格。

评估思路：

i)建立容积率地价指数表，如下表所示：

容积率	1.0	1.1	1.2	1.3	1.4	1.5	1.6
地价指数	100	105	110	115	120	125	128

ii)案例修正计算。

计算公式为:

$$评估值 = 参照物成交价 \times \frac{待估设备时间指数}{参照物时间指数} \times \frac{待估设备交易情况}{参照物交易情况}$$
$$\times \frac{待估设备容积率指数}{参照物容积率指数} \times \frac{待估设备区域因素}{参照物区域因素} \times \frac{待估设备个别因素}{参照物个别因素}$$

A. $680 \times \dfrac{112}{110} \times \dfrac{100}{101} \times \dfrac{105}{115} \times \dfrac{100}{100} \times \dfrac{100}{101} = 620 (元/m^2)$

B. $610 \times \dfrac{112}{110} \times \dfrac{100}{100} \times \dfrac{105}{105} \times \dfrac{100}{100} \times \dfrac{100}{99} = 627 (元/m^2)$

C. $700 \times \dfrac{112}{107} \times \dfrac{100}{105} \times \dfrac{105}{120} \times \dfrac{100}{100} \times \dfrac{100}{98} = 623 (元/m^2)$

D. $680 \times \dfrac{112}{108} \times \dfrac{100}{101} \times \dfrac{105}{100} \times \dfrac{100}{99} \times \dfrac{100}{99} = 755 (元/m^2)$

E. $750 \times \dfrac{112}{107} \times \dfrac{100}{99} \times \dfrac{105}{128} \times \dfrac{100}{100} \times \dfrac{100}{102} = 638 (元/m^2)$

F. $700 \times \dfrac{112}{112} \times \dfrac{100}{100} \times \dfrac{105}{115} \times \dfrac{100}{101} \times \dfrac{100}{100} = 633 (元/m^2)$

iii)评估结果。

案例 D 的值为异常值,应予剔除。其他结果较为接近,其平均值作为评估结果。因此,待估宗地 G 的评估结果为:

$$(620 + 627 + 623 + 638 + 633) \div 5 = 628(元/m^2)$$

6. 现行市价法的优缺点

现行市价法是资产评估中最简单、最有效的方法。其优点为:能够客观反映资产目前的市场情况,其评估的参数、指标直接从市场获得,评估值更能反映市场现实价格;评估结果易于被各方面理解和接受。其缺点为:需要有公开活跃的市场作为基础,有时因缺少可对比数据而难以应用;不适用于专用机器设备和大部分无形资产以及受到地区、环境等严格限制的一些资产的评估。

第四节　企业终止与清算价格法

在市场经济下存在激烈的竞争,企业由于破产或其他原因,如因章程规定而终止,或自愿停业,或因抵押不能按期偿债等原因,会终止企业的营运。

企业发生终止时,其企业或资产必须在一定时期内变现,要求评估在企业清算之

2. 收益现值法与现行市价法的比较

这两种方法的区别较明显,主要有:

(1) 两种方法的本质不同。现行市价法是以该资产在现行市场上可变现价格为依据来评定资产的价值;而收益现值法是以资产未来收益本金化为依据和思路来评估资产价值。

(2) 两者评估的具体原理与方法不同。

(3) 两者适用范围与口径有所不同。现行市价法主要适用于单项资产的评估,资产业

日预期出卖资产可收回的快速变现价格,这一价格称为清算价格。一般地,该评估价格低于其他方法的评估价格。

清算价格法是指以清算价格标准对被评估资产现行市价进行评估的一种方法。

一、采用清算价格法的前提条件
1. 评估委托方应出具具有法律效力的破产处理文件或抵押合同及其他有效文件。
2. 资产以不整体或折零方式在市场上可以快速出售。

二、清算价格法的适用范围
1. 企业破产

企业破产是指当债务人不能清偿到期债务时,法院以其全部财产依法清偿其所欠的各种债务,不足部分不再清偿。我国《国有资产评估管理细则》第四十一条明确规定:依照《中华人民共和国企业破产法》规定,经人民法院宣告破产的企业的资产评估,适用清算价格法。

2. 抵押

抵押是以所有资产作抵押物进行融资的一种经济行为,合同当事人一方用自己特定的财产向对方保证履行合同义务的担保形式。提供财产的一方为抵押人,接受财产的一方为抵押权人,抵押人不履行合同时,抵押权人有权将抵押财产在法律允许的范围内变卖,从变卖抵押物价款中优先受偿。在这种情况下,要对资产进行评估时,也适用清算价格法。

3. 清理

清理是指企业由于经营不善导致严重亏损,已临近破产的边缘或因其他原因将无法继续经营下去,为弄清企业财务现状,对全部财产进行清点,整理和查核,为经营决策(破产清算或继续经营)提供依据,以及因资产损毁、报废行而进行清理、拆除等的经济行为,为清理资产的目的而进行的资产评估,其资产价格同样适用清算价格法。

三、清算价格法的评估方法
1. 整体评估法

整体评估法是指对一项资产或一个整体进行估价。应用这种方法,首先评估资产或企业能否继续经营使用。其次再视其具体情况进行估价,能持续经营使用者,可以应用现行市价法、重置成本法或收益现值法进行评估;不再继续经营使用者,只能按重置、体积或材质估计其残值。比如对一个企业采用清算价格法进行评估,应该以评估日实有资产数量及资产净值为基础,并结合分折影响清算价格的主要因素,采用统计分析法估算或在市场上找到相适应的参照资产,据以确定其清算价格。

2. 市价折扣法

市价折扣法是指在清理资产中,首先在市场上寻找一个与被清理资产相适应的参照资产,然后根据快速变现原则估确定一个折扣率,据以确定其清算价格。如一台设备,同类型全新设备现行市价为40万元。假若清算资产是全新的,根据市场销售情况调查,折价15%便可立即出售。该全新设备清算价格为40万元×(1−0.15) = 34万元;若该设备是使用过的旧设备,经技术鉴定其成新率为30%,则其清算价格为40万元×

$0.3 \times (1 - 0.15) = 10.2$ 万元。

3. 模拟拍卖法

模拟拍卖法也称意向价法。这种方法是根据向被评估资产的潜在购买者询价，从而取得市场信息，最后经评估人员分析确定其清算价格的一种方法。用这种方法确定的清算价格受供需关系影响很大，要尽可能充分地搜寻较多的潜在购买者，并考虑其提供的价格信息是否真实。

第五节 资产评估方法比较及选择

如前所述，资产评估方法很多，各种方法都有其各自的特征。同时，这些方法都是相联系、相互渗透的。

一、资产评估方法之间的联系

从整体上说，评估方法是由相互关联的、内在相关的、不可分割的技巧和程序组成的，其共同目标就是获得令人信服的可靠的评估价值。成本和市场销售数据的分析通常是收益法运用中不可缺少的部分；同样，现行市价法中也经常运用折现和资本金化方法。例如，现行市价法中分析和调整参照价格与被评估资产价格的差异因素，会利用折现和资本化的技巧；在成本法中，对功能性贬值的确定也要采用折现和资本金化的方法。一般地，成本法、收益法的运用都是建立在现行市价基础之上，只是它们的运用不像现行市价法运用表现得那么直接而已。

二、不同评估方法之间的比较

1. 收益现值法与重置成本法的比较

作为两种最常用的也是最重要的评估方法，收益现值法与重置成本法既有区别又有联系，两者的主要区别是：

(1) 两种方法的本质不同。重置成本法是从资产重置成本角度评估资产价值的一种方法，评估出的价格是资产的"投入"价格。而收益现值法是从资产收益折现的角度来评估资产的价值，评估出的价格是资产获利能力的量化与现值化，是资产的"产出"价格。

(2) 两种方法的本质性差异决定了两种方法在评估原理与计算模型上存在明显差异。这一点从前几点可看出。

(3) 两者的目的有所不同。资产重置成本评估法主要适应于以资产保值为目的的资产业务，以及资产补偿业务。如企业专利权的抵押。

(4) 两者的影响因素不同。重置成本主要受重置成本全价、多种损耗与成新率影响，收益现值法主要受未来收益和本金化率影响。

但是，两者也有一定的联系。它们都是评估资产价值或价格的方法，都以资产的继续经营与使用为前提之一，而且从经济运行内在机制来说，收益现值法与重置成本法在一些指标间存在着一定的联系。如可用重置成本净价加上超额收益资本化来推算收益现值等。

2．收益现值法与现行市价法的比较

这两种方法的区别较明显，主要有：

(1)两种方法的本质不同。现行市价法是以该资产在现行市场上可变现价格为依据来评定资产的价值；而收益现值法是以资产未来收益本金化为依据和思路来评估资产价值。

(2)两者评估的具体原理与方法不同。

(3)两者适用范围与口径有所不同。现行市价法主要适用于单项资产的评估，资产业务可以是联营、兼并、参股与担保，侧重于考虑资产的现行价值；而收益现值法则主要适用于全体资产评估，以投资为目的的资产评估，侧重于考虑资产的未来收益能力。

(4)两者的制约因素不同。现行市价主要受被评估市场发育程度、形成成本、供求关系和质量影响；而收益现值法主要受未来收益与折现系数的影响。当然，一项资产的现行市价可能会受到该资产潜在的获利能力影响，而不是与未来收益或收益现值绝对没有联系的。

3．重置成本法与现行市价法的比较

重置成本法与现行市价法的区别在某些方面是很明显的，但在某些方面则难以界定。概括起来主要有：

(1)两者的出发点或者说评估角度不同。重置成本法是从资产已处的空间角度，把完全相同的资产再度重新"放置"到目前的空间上所需要的成本角度评估资产价值；而现行市价法是从设想把相同的资产"放置"到市场空间上所能具有的价格角度来评估资产价值。

(2)从资产交易的角度来看，重置成本法是从买方的角度来衡量与测算资产的价值，评估的结果代表资产的投放价值，即为了重新形成一项相同的资产所需的成本，包括该资产的现行市价，加上运输费、安装调试费等；而现行市价法是从卖方角度来测算资产的价值，是资产的可变现价值，可以说是资产的市场交易价格，理论上还应减去运输费等变现费用。从这一点来说，重置成本净值通常大于现行市价净值，当然，对于自己建造的资产重置成本估价例外。

(3)很显然，现行市价法受市场约束程度要比重置成本法大。

(4)两者的计算方法、影响因素与适用范围也有所不同。

三、资产评估方法的选择

如此所述，可用于资产评估的方法主要有成本法、现行市价法、收益现值法、清算价格法等多种方法。资产评估方法的多样性，为评估人员提供了适当选择评估途径、有效完成评估任务的现实可能。选择合适的资产评估方法，有利于简捷、合理确定资产评估价值。资产评估方法的选择主要应考虑下面因素。

1．资产评估方法的选择必然与资产评估价值类型相适应

资产评估的价值类型决定了应评估的价格类型，资产评估方法作为获得特定价值尺度的技术规程，必须与评估价值类型相适应。资产评估值类型与资产评估方法是两个不同层次的概念。资产评估价值类型说明"评什么"，是资产评估价值的质的规定，具有排他性，对评估方法具有约束性；资产评估方法说明"如何评"，是资产评估价值量的

确定，具有多样性和替代性，并服务于评估价值类型。资产评估价值确定类型的准确性与科学性相匹配的资产评估方法，是资产评估价值具有科学性和有效性的重要保证。

2. 资产评估方法必须与评估对象相适应

评估对象是单项资产还是整体资产，具有形资产还是无形资产等，往往是求不同的评估方法与之相适应。同时，资产评估对象的状态不同，所要求的评估方法也往往不同。例如，一台市场交易很活跃的旧机器设备可以采取市场类比法进行评估，而旧的专用设备的评估，通常只能采用成本法进行。

3. 评估方法的选择还要受可搜集数据和信息资料的制约

各种方法的运用都要根据一系列数据、资料进行分析、处理和转换，没有相应的数据和资料，方法就会失灵。资产评估的过程实际上也就是搜集资料的过程。比如在方法运用过程中，西方评估机构采用更多的是现行市价法。但在我国，由于市场发育不完全、不完善的限制，现行市价运用无论从广度，还是从使用效率方面看，都远远落后于其他成熟的市场经济国家的水平。因此，我们应根据可获资料，以及经努力能搜集到的资料满足程度来选择适当的方法。就资产评估来说，方法的科学性依赖于方法运用中指标的确定。

4. 选择评估方法应统筹考虑

在同一评估值类型约束之下，由于方法的替代性，可能会有几种方法都可以使用，在选择方法时，一是充分考虑资产评估工作的效率、选择简便易行的方法；二是充分考虑资产评估人员的特长。一般来说，方法的选择应在评估开始之前予以确定。当然，也可以分别采取几种方法进行评估，分析比较结果的科学性。

有时，一项资产同时采用两种或两种以上的方法评估，会得出两种或两种以上不同的结论。这种情况是很常见的。这时，我们一般不能用各种方法得出的评估结果进行简单平均或加权平均得出评估结论，应该根据评估价值类型以及不同评估结果对市场的适用性，判断选择一种评估结果作评估结论。

资产评估方法的选择，还应该结合评估目的，选用恰当的价格标准。

下面以表2-4、2-5归纳资产业务一般适用的价格标准和评估方法以及常用资产评估方法的比较。

表2-4　　　　　　　　　资产业务一般适用的价格标准和评估方法

资产业务	价格标准	基本方法
资产补偿	重置成本	重置成本法
资产纳税	现行市价	现行市价法
所有权转让	收益现值	收益现值法
使用权转让	收益现值	收益现值法
资产抵押	清算价格	清算价格法
破产清理	清算价格	清算价格法

表 2-5　　　　　　　常用资产评估方法的比较（类似的资产）

价格标准	评估方法	主要评估公式	主要适用范围	主要优点	主要缺点	比较适用的资产业务
历史成本标准	历史成本法（成本法）	估值＝账面净值＝原值－折旧	1.物价变动不大 2.期限短、新购置	1.方法简单 2.工作量小	准确性较差	1.清产核资 2.资产补偿 3.流动资产评估
重置成本标准	重置成本法（成本法） 1.复原重置成本法 2.更新重置成本法	估值＝重置成本－有形损耗－无形损耗＝重置成本×（1－折旧率）＝重置成本×（1－综合损耗率）	1.通货膨胀率较大 2.无形损耗较大 3.技术改造使资产使用效果大大提高 4.账实不符（财务管理混乱）	1.实用性强，应用广泛 2.考虑因素比较全面	1.工作量大 2.计算复杂	1.比较广泛，资产补偿最具代表性 2.设备评估
收益现值标准	收益现值法 1.有限年限法（折现法） 2.无限年限法 A.年金法 B.分段法	估值＝Σ未来收益×折现系数	1.能继续使用的生产经营性资产 2.其他因素可量化 3.对整体资产最具代表性	1.结果较准确 2.易为双方接受	范围有限，收益率、贴现率和资本化率难确定	1.产权转让 2.所有权转让 3.整体企业评估 4.无形资产评估
现行市价标准	现行市价法 1.市价折扣法 2.市价比较法 3.物价指数法	估值＝相同全新资产市价－应计折旧额 估值＝（相似全新资产市价－应计折旧）×调整系数	1.产权交易 2.投资参股 3.税基评估中，重置成本法、收益现值法应用困难时，采用此法	1.结果准确 2.计算较简单	1.资料和数据不易搜集 2.参照资产难寻找	1.税基评估和其他相关评估 2.房地产评估
清算价格标准	清算价格法 1.整体评估法 2.市价折扣法 3.模拟拍卖法	估值＝现行市价－清算费用＝拍卖价格－清算费用	1.破产清算 2.抵押（质押、担保） 3.重整、停业清算	1.方法较简单 2.工作量较小	准确性难以把握	与适用范围同

综合练习及案例分析

一、单项选择题

1. 资产在全新状态下，其重置成本和历史成本是（　　）的。
   A. 等额　B. 不等额　C. 没有关系

2. 用物价指数法估算的资产成本是资产的（　　）。
   A. 更新重置成本
   B. 复原重置成本
   C. 既可以是更新重置成本，也可以是复原重置成本
   D. 既不是更新重置成本，也不是复原重置成本

3. 某资产可以持续使用，年收益额为50万元，适用资本化率为20%，则其评估值为（　　）。
   A. 200万元　B. 250万元　C. 300万元　D. 350万元

4. 折现率本质上是( )。
   A. 平均收益率　　　　　　B. 无风险报酬率
   C. 超额收益率　　　　　　D. 个别收益率
5. 政府实施新的经济政策或发布新的法规限制了某些资产的使用,造成资产价值降低,这是一种( )。
   A. 功能性贬值　　　　　　B. 经济性贬值
   C. 实体性贬值　　　　　　D. 非评估考虑因素
6. 由于外部环境而不是资产本身或内部因素所引起的达不到原有设计获利能力而导致的贬值,是( )。
   A. 实体性贬值　　　　　　B. 功能性贬值
   C. 经济性贬值　　　　　　D. 非评估考虑因素
7. 用现行市价法进行资产评估时,应当参照相同或者类似的( )评定重估价值。
   A. 重置成本　　　　　　　B. 市场价格
   C. 清算价格　　　　　　　D. 收益现值
8. 对被评估的机器设备进行模拟重置,按现行技术条件下的设计、工艺、材料、标准、价格和费用水平进行核算,这样求得的成本称为( )。
   A. 更新重置成本　　　　　B. 复原重置成本
   C. 完全复原成本　　　　　D. 实际重置成本
9. 收益现值法中所用收益指的是( )。
   A. 未来预期收益　　　　　B. 评估基准日收益
   C. 被评估资产前若干年平均收益　　D. 行业平均收益
10. 选择重置成本时,在同时可得复原重置成本和更新重置成本的情况下,应选用( )。
    A. 复原重置成本　　　　　B. 更新重置成本
    C. 任选一种　　　　　　　D. 历史成本
11. 某被评估资产1985年购建,账面原值10万元,账面净值2万元,1995年进行评估,已知1985年和1995年该类资产定基物价指数分别为130%和180%,由此确定该资产的重置完全成本为( )。
    A. 138 462元　　　　　　B. 27 692元
    C. 80 000元　　　　　　 D. 180 000元
12. 已知资产的价值与功能之间存在线性关系,重置全新机器设备一台,其价值为5万元,年产量为500件,现知被评估资产年产量为400件,其重置成本应为( )。
    A. 4万元　　　　　　　　B. 5万元
    C. 4~5万元之间　　　　　D. 无法确定
13. 清算价格的评估适用于( )的假设。
    A. 清算　　　　　　　　　B. 继续使用
    C. 公开市场　　　　　　　D. 企业主体
14. 设备成新率是指( )。

A.设备综合性陈旧贬值率的倒数
B.设备有形损耗率的倒数
C.设备现时状态与设备重置成本的比率
D.设备有形损耗率与1的差额

15.某设备的年收益为80万元,适用资本化率为16%,则该设备的收益现值为( )。
A.500万元 B.92.8万元
C.80万元 D.600万元

16.对被评估的机器设备进行模拟重置,按原有技术条件下的设计、工艺、材料、标准但按现行价格和费用水平进行核算,这样求得的成本称为( )。
A.更新重置成本 B.复原重置成本
C.完全重置成本 D.实际重置成本

17.收益现值法中的折现率一般应包括( )。
A.资产收益率和行业平均收益率
B.超额收益率和通货膨胀率
C.银行贴现率
D.无风险利率、风险报酬率和通货膨胀率

18.收益现值法运用的基本依据是:资产成交后能为新所有者带来一定的期望收益,为此所支付的货币量( )该项资产的期望收益折现值。
A.等于 B.必须超过
C.不会超过 D.不一定

19.资产评估中所用的无风险利率一般是指( )。
A.银行利率 B.政府发行的国库券利率
C.企业发行的债券利率 D.资金的市场利率

20.利用收益现值法评估,未来收益应是( )。
A.利润总额 B.净利润
C.现金流入 D.现金净流量

21.采用收益现值法评估资产时,各指标间存在的关系是( )。
A.资本化率越高,收益现值越低
B.资本化率越高,收益现值越高
C.资产未来收益期对收益现值没影响
D.资本化率与收益现值无关

22.年收益额/资本化率公式,是适用于( )情况下的收益法公式。
A.未来收益有期限且非为年金
B.未来收益有期限且为年金
C.未来收益无期限且非为年金
D.未来收益无期限且为年金

23.运用功能价值法确定重置成本时,其前提条件是( )。
A.资产的成本与其生产能力成线性关系

B. 资产的成本与其生产能力无关

C. 资产的成本与其生产能力存在规模经济效益作用

D. 资产的成本与其未来收益存在线性关系

24. 收益现值法应用中收益额的选择，必须是（　　）。

　　A. 净利润　　　　　　　　B. 营业利润

　　C. 利润总额　　　　　　　D. 口径上与折现率一致

25. 资产的实体性贬值是（　　）形成的。

　　A. 因技术相对落后　　　　B. 因使用和自然力作用

　　C. 因营运成本大于现行新设备　D. 因国家政策变化

26. 采用重置成本法的优点之一是比较充分地考虑了资产的各种损耗，评估结果更趋于（　　）。

　　A. 公平合理　　　　　　　B. 一致

　　C. 保值增值　　　　　　　D. 强弱结合

27. 采用现行市价法评估资产价值时，需要以类似或相同资产为参照物，选择的参照物应该是（　　）。

　　A. 全新资产　　　　　　　B. 旧资产

　　C. 与被评估资产的成新率相同的资产　D. 全新资产，也可以是旧资产

28. 某被评估资产1980年购建账面价值为50万元，1989年进行评估，已知1980年与1989年该类资产的定基物价指数分别为120%与170%，则被评估资产重置全价为（　　）。

　　A. 50万元　　　　　　　　B. 70.83万元

　　C. 35.29万元　　　　　　D. 85万元

29. 一优先股每年股利为60元，资本化率为8%，这些股利收入的现值为（　　）元。

　　A. 4.8　　B. 55.2　　C. 600　　D. 750

30. A企业持有B企业股票，是6年前以每股20元购进，共购进100股。现对B企业股票进行评估，市价为每股30元，则投资年收益率为（　　）。

　　A. 7%　　B. 25%　　C. 33%　　D. 150%

二、多项选择题

1. 资产的三个属性是（　　）。

　　A. 收益性　　B. 流动性

　　C. 安全性　　D. 营运性　　E. 稳定性

2. 可运用收益现值进行评估的是（　　）。

　　A. 中山医科学院的资产　　B. 某化工企业职工宿舍

　　C. 某机械企业一台车床　　D. 某机电公司

　　E. 某可用于出租的公寓

3. 收益额应以现金流量来衡量的原因是（　　）。

　　A. 整体投资有效年限中，现金流量总计与利润相等

　　B. 整体投资有效年限中，现金流量总计大于利润

C. 利润在各年的分布受折旧方法等人为因素影响，而现金流量则不受这些人为因素约束
   D. 现金流动状况比盈利状况更为重要
   E. 盈利状况比现金流量状况更为重要

4. 历史成本法一般只适用于（ ）的资产评估。
   A. 流动性强，价格变化不大的单项资产
   B. 流动性弱，价格变化较大的单项资产
   C. 购进期短，购进价格接近市场现行价格的材料
   D. 购进期长，购进价格脱离市场现行价格的材料
   E. 较特殊且有专门用途的非标准化材料

5. 运用现行市价法必须具备的前提条件是（ ）。
   A. 必须具有与被评估资产相同或相类似的全新资产价格
   B. 必须具有参照物
   C. 可以搜集到被评估资产与参照物可相比较的指标和技术参数
   D. 需要有一个充分发育活跃的资产市场
   E. 必须有可供参考的历史成本资料

6. 资产评估时采用的物价指数，一般应是（ ）。
   A. 综合物价指数   B. 分类（或个别）物价指数
   C. 评估基准日物价指数   D. 年平均物价指数
   E. 资产取得日物价指数

7. 收益现值法中的收益额的界定情况应注意（ ）。
   A. 收益额指的是被评估资产未来收益额
   B. 收益额是由被评估资产直接形成的
   C. 收益额必须是税后利润
   D. 收益额必须是营业利润
   E. 收益额不能是现金流量

8. 造成资产经济性贬值的主要原因是（ ）。
   A. 该项资产技术落后   B. 该项资产生产的产品需求减少
   C. 社会劳动生产率提高   D. 自然力作用加剧
   E. 政府公布淘汰该类资产的时间表

9. 资产购买者不仅要求资本增值，而且还要求补偿由于投资而带来的其他方面的损失，这些损失包括（ ）。
   A. 机会成本   B. 历史成本
   C. 交易成本   D. 风险成本
   E. 灵活偏好成本

10. 成新率的估算方法包括（ ）。
    A. 观察法   B. 使用年限法
    C. 修复费用法   D. 贬值法
    E. 折旧法

11. 成本法的优点是( )。
    A. 比较充分考虑资产的损耗
    B. 工作量较小
    C. 有利于单项资产和特定用途资产的评估
    D. 有利于企业投资资产保值
    E. 便于计算经济性贬值
12. 运用现行市价法时,参照物差异调整因素包括( )。
    A. 时间因素　　　　B. 价格因素
    C. 地域因素　　　　D. 使用因素
    E. 功能因素
13. 清算价格法的适用范围( )。
    A. 企业破产　　　　B. 企业兼并
    C. 企业联营　　　　D. 抵押
    E. 清算
14. 属于清算价格法的评估方法是( )。
    A. 整体评估法　　　B. 市价折扣法
    C. 物价指数法　　　D. 模拟拍卖法
    E. 市价比较法
15. 资产评估方法的选择应考虑的因素为( )。
    A. 应与资产评估价值类型相适应
    B. 应与评估对象相适应
    C. 不受可搜集数据和信息资料的制约
    D. 受可搜集数据和信息资料的制约
    E. 选择评估方法应统筹考虑

三、判断题

(　)1. 货币因投资和再投资产生时间价值。
(　)2. 递延年金终值的大小与递延期无关,故计算方法和普通年金终值相同。
(　)3. 永续年金可以视为期限趋于无穷的普通年金。
(　)4. 资本化率与折现率本质上是不同的。
(　)5. 运用收益现值法进行资产评估时,收益额就是指评估基准日资产的收益。
(　)6. 资产评估中确定的收益应以收付实现制确认的现金流量为衡量标准。
(　)7. 若企业年收益按等比级数递增,且无期限,则评估价值应为:
$$\frac{年收益额}{折现率+增长率}$$
(　)8. 运用重置成本法对某企业的一台设备进行评估,其成新率是指会计的折旧率。

(　　)9. 现行市价法的前提条件之一是必须能在市场上寻找到与被评估资产完全相同的资产。

(　　)10. 某企业以一栋厂房作抵押向银行借款100万元,5年期。但到期时,该企业无法偿还贷款和利息。银行要求对该厂房进行评估,此时应采用清算价格法。

四、案例分析

[案例1] 某企业拥有一项地产,未来第一年的纯收益(现金流量)为20万元,预计以后各年的纯收益会按2%的递增比率增加。该地产的折现率为10%,土地使用权出让年限为40年,评估时已使用5年。要求:

(1)什么是收益现值法?其适用的条件是什么?

(2)收益额的确定应以净利润还是以现金流量为宜?为什么?

(3)评估该地产现时价值。

(4)若该地产可以无期限永久使用,评估该地产价值。

(5)若该地产预计以各年纯收益金按1.5%的比率递减,其他条件不变,评估该地产价值。

[案例2] 某企业进行评估,其拥有非上市普通股股票20万元,持有股票期间,每年股票收益率在12%左右,据调查了解到,股票发行单位每年以净利润的60%发放股利,其他40%用于追加投资。根据评估人员对企业经营状况的调查分析,认为该行业具有发展前途,有进一步发展的潜力,经发展趋势分析,确定出其将保持3%的经济发展速度,净资产利润率将保持在16%的水平,无风险报酬率为10%(国库券利率),风险报酬率为4%。要求:

(1)折现率应由什么组成?

(2)计算该企业的折现率。

(3)计算该股票评估价值,设净利润与现金流量相等。

[案例3] 某企业对其拥有的一台车床进行评估。该车床是1991年5月购进,评估基准日为2001年5月。该车床在正常使用情况下每天使用8小时,但过去10年中,实际平均每天工作7小时。经测定,该设备尚可使用5年。经调查,在市场重新购置该车床的价格为8万元,年产量为10 000件。被评估车床年产量为8 000件。要求:

(1)什么是重置成本法?有哪些前提条件?

(2)复原重置成本与更新重置成本有何区别?

(3)运用功能价值法计算该企业车床的重置成本。

(4)成新率与会计上计提的固定资产折旧有何不同?

(5)计算该车床的成新率。

(提示:先计算该车床资产利用率,求出已使用年限)

(6)用重置成本法计算该车床的评估价值。

[案例4] A企业欲与B外商进行合资经营。A企业投入一台生产流水线，规定使用年限为10年，已使用3年。经调查，目前同样生产流水线的全新现行市价为1 000 000元，预计残值100 000元。要求：

(1)什么是现行市价法？其前提条件是什么？

(2)现行市价法与重置成本法都要通过市场寻找参照物，两者有何不同？

(3)运用现行市价法的市价折扣法对A企业生产流水线进行评估。

(4)若在市场上无法找到与A企业生产流水线完全相同的设备，但有类似的生产流水线，全新价格为1 100 000元，预计残值110 000元，通过比较两者的性能、使用权益、技术水平等因素，确定调整系数为0.9。评估A企业生产流水线现时价值。

第三章 资产评估结果的会计处理

第一节 资产评估与会计处理

我国对资产的会计核算是以历史成本作为计价基础,而且一旦入账后,一般情况下不调整资产的账面价值。历史成本虽然具有客观性、可操作性等优点,但在市场经济条件下,由于资产价格的变动,历史成本有时不能反映真实的资产价值。因此,当企业发生产权变动,或国务院统一规定进行清产核资,或发生抵押、担保等非产权变动,需要确定资产的实际价值时,就必须对资产进行评估。国有资产占有单位凡是发生产权变动或经营主体变动时,必须对资产进行评估。

资产评估的对象主要是发生产权变动或经营主体变动的资产存量,即固定资产、流动资产、无形资产和其他资产,也包括企业整体价值。

一、资产评估的资产与会计的资产的差别

资产评估的资产与会计的资产存在着如下差别:①资产评估的资产是企业现实意义上的资产,而会计资产强调的是有实际资金投入的资产。②资产评估的资产可以是单项资产,也可以是企业的整体资产,而会计资产强调的是单项资产。③资产评估的资产注重按其现实价值或公允价值反映,为此可以采用收益现值法、重置成本法、现行市价法、清算价格法等方法,而会计资产强调按历史成本原则核算,反映的是资产的原始价值。由于资产原始价值与其公允价值的差异,导致资产评估价值与原资产的账面价值往往不一致,可能评估价值是大于原账面价值,也可能评估价值小于原账面价值。不论评估价值是大于账面价值,还是小于账面价值,会计核算依据账实相符的原则,都应根据不同的评估目的对资产评估结果进行会计处理。

虽然评估资产与会计资产有差别,但资产评估与会计却有着千丝万缕的联系。会计核算资料是资产评估的基础,它对于准确、高效地进行评估,选择评估方法,确定评估结果都有重要意义。可以说,资产评估在很大程度上依据会计核算资料进行评估,资产评估以后,会计应根据评估目的及其评估结果作相应的会计调整。资产评估结果的会计处理是依据有关的会计准则、会计制度等,依据资产评估目的,对资产评估结果进行会计核算和报表揭示。只有通过资产评估结果的会计处理,才能将资产评估结果落到实处,实现评估的目的。

二、资产评估结果的会计处理方法

凡是需要进行资产评估的单位,应对被评估的资产进行清查,做到账账、账表、账实相符,以备评估。有评估资格的机构对被评估单位的资产进行评估后,应根据评估结果向资产所有权管理部门提交评估报告。资产所有权管理部门在对资产评估机构提交的评估报告加以确认后,以文件形式向被评估单位下达确认通知书。被评估单位根据评估的目的和确认通知书,进行相应的会计处理。

对资产评估结果如何进行会计处理,应根据评估的目的确定。如果评估的目的是

为了确定企业实际资产的价值,应依据评估结果调整会计账簿;如果评估的目的是为了确定某一资产的公允价值,则不需进行会计账簿的调整。由此形成资产评估结果的三种会计处理方法,即账项调整法、附注说明法和报表说明法。

1. 账项调整法

账项调整法是指根据资产评估结果调整相应的账簿记录和报表信息的方法。当企业进行资产评估的目的是根据资产评估结果确定所有者的权益,确定利润分配的比例,评价企业的经营业绩确定承包基数时,要求根据评估结果进行账面调整,以便依据调整后的会计信息作为界定所有者权益的基础,作为利润分配的前提条件。

资产评估价值大于原资产账面价值的差额是未实现的,在性质上属于资本公积,不应确认为任何一种形式的已实现的损益;而且资产评估的增值也不可能产生现实的损益,因此一般情况下资产评估增值作为资本公积处理。资产评估价值小于原资产账面价值的差额虽然也是未实现的,但已经完成了赚取利润的全过程,按照稳健性原则,应将评估减值作为当期损益处理。

评估价值与原账面价值的差额,无论是作为资本公积处理,还是作为当期损益处理,一般是将当期确认的总差额一并进行调整。此后该项资产在使用过程中发生折旧、摊销时,如涉及到按评估价值计提折旧或摊销,还是按原账面价值计提折旧或摊销。如果按评估前的原账面价值计提折旧或摊销费用,应解决评估前资产账面价值与评估后资产账面价值之间差额应如何处理的问题,一般情况下,将其作为资本公积处理。如果企业按照评估后的账面原价计提折旧,或按照评估增值后的账面价值摊销费用,应解决因增加费用而减少纳税所得后应缴纳的所得税问题。对此,税法规定在计算应纳税所得额时,可按两种方法调整:一是据实逐年调整。企业因进行股份制改组发生的资产评估增值,每一纳税年度通过折旧、摊销等方式实际记入当期成本、费用的数额,在年度纳税申报的成本、费用项目中进行调整,相应调整增加应纳税所得额。借记"递延税款"科目,贷记"应交税金——应交所得税"科目。二是综合调整。对资产评估增值额不分资产项目,均在以后年度纳税申报的成本、费用项目中予以调整,相应调整增加每一纳税年度的应纳税所得额,调整期限最长不超过10年。其应交的所得税,借记"递延税款"科目,贷记"应交税金——应交所得税"科目。

2. 附注说明法

附注说明法是指将资产评估结果在会计报表附注中进行说明的方法。当企业进行资产评估的目的只是为了确定企业所拥有资产的实际价值,以便根据资产价值确定拍卖基数,确定承包基数,确定抵押借款金额,确定公司上市的折股数等时,资产评估价值只是有助于会计信息使用者作出正确决策,因此只需在会计报表附注或其他有关资料中进行说明,不需要调整评估资产的账簿记录。在会计报表附注中,应说明评估资产的项目、评估目的、评估价值、评估价值与账面价值的差额等内容。

3. 报表说明法

报表说明法是指将资产评估结果只在母公司会计报表中进行说明的方法。当子公司进行资产评估时,若发生增值或减值,子公司可以根据需要调整账簿资料,而母公司不需要在账簿资料中调整,只需在合并报表中反映评估的结果。

若企业进行评估的目的仅在于为会计信息使用者提供决策的有用信息，而且该项资产没有完成实质性的交易，其在性质上既不属于资本公积，也不属于当期实现的损益，则不需要调整账簿记录，只需在会计报表附注中加以说明。附注说明没有统一的标准，企业可以根据评估目的进行说明，因此本章主要说明需要调整账簿记录的资产评估结果的会计处理方法。

三、资产评估结果会计处理的基本要求

资产评估的会计处理是资产评估结果处理的基本环节，是一项政策性、技术性很强的工作，因此应遵循下列基本要求：

1. 会计处理方法应与评估目的一致

资产评估结果的会计处理方法有调整账簿资料、附注说明等方法。不同的评估目的，要求采用不同的会计处理方法，如股份制改组的资产评估要求对资产评估结果进行会计处理时，将资产评估结果重新过入新的账簿中；如果为抵押而进行资产评估，只需在会计报表中进行附注说明。总之，对资产评估结果采用何种会计处理方法，必须与资产评估目的一致。

2. 按现行会计准则或会计制度的规定进行资产评估结果的会计处理

现行的会计准则或会计制度中对资产评估结果的会计处理有明确规定，但规定也不是包括了各种资产评估结果的会计处理。凡是有明确规定的，规定应成为资产评估结果会计处理所遵循的依据；没有明确规定的，应按照会计核算原则进行会计处理。

3. 依据评估确认通知书进行资产评估结果的会计处理

对国有资产进行评估时，应由进行国有资产评估的单位，向国有资产管理部门提出资产评估申请书，经审核作出进行评估的决定，并准予立项；由进行评估的单位对拟进行评估的资产进行清查，编制会计报表以备进行评估；由有评估资格的评估机构采取有效的方法对资产实施评估，并提出评估报告，由委托单位交与批准立项的国有资产管理部门；国有资产管理部门对评估报告进行审核、验证、协商、确认、并向立项评估单位下达"确认通知书"。确认通知书是对资产评估结果进行会计处理的原始凭证，企业只有根据确认通知书才能进行会计处理，以保证会计核算的真实客观性。

第二节 对外投资资产评估的会计处理

对外投资是指企业除经营自身的主要业务外，以其资金投放到其他企业的行为。在竞争激烈的市场经济中，企业用部分资金进行对外投资可获得比银行存款更多的收益。由于企业的对外投资是一种直接投资，与银行存款这种间接投资相比，省却了中间利润，因而一般来说收益率也较高。此外，企业通过对其他企业的股权投资，以控制被投资企业，使它的经营有利于本企业的利益。长期投资还可以帮助企业实现长远的发展战略。

对外投资可分为股权投资和债权投资，按持有目的又可分为短期投资和长期投资，按其出资形式又可分为货币投资和非货币投资。企业以货币性资产投资，一般不涉及资产价值的评估，需进行资产评估的是非货币性资产。

我国于 1999 年 6 月 28 日公布了《企业会计准则——非货币性交易》（以下简称《非货币性交易准则》），并于 2000 年 1 月 1 日起在全国范围内施行。它的颁布、实施，对于进一步规范企业非货币性交易的会计核算以及相关信息的披露，推动我国证券市场乃至整个市场经济的发展，有着非常重要的作用。财政部根据实施后一年多的执行情况和经济环境的变化，于 2001 年 1 月 1 日对原非货币性交易会计准则进行了修订并在全国范围内施行。

根据《非货币交易准则》，非货币性交易是指交易双方以非货币性资产进行的交换（包括股权换股权，不包括企业合并中所涉及的非货币性交易）。这种交换不涉及或只涉及少量的货币性资产。

这里的货币性资产是指持有的现金及将以固定或可确定金额的货币收取的资产，包括现金、应收账款和应收票据以及准备持有至到期的债券投资等。非货币性资产是指货币性资产以外的资产，包括存货、固定资产、无形资产、股权投资以及不准备持有至到期的债券投资等。货币性资产是相对于非货币性资产而言的。货币性资产和非货币性资产主要的区别在于货币性资产给企业带来的经济利益是固定的或可确定的，而非货币性资产为企业带来的经济利益金额是不固定的或不可确定的。例如，企业持有固定资产的主要目的是为了用于生产经营过程，通过折旧方式将其磨损价值转移到产品成本中去，然后通过销售该产品获得利益，因此固定资产在未来能为企业带来的利益是不固定的或不可确定的，因而，固定资产是非货币性资产。

在非货币性交易中，有时也会涉及少量的货币性资产。这里的货币性资产称为补价。在涉及补价的情况下，如何界定一项交易是否属于非货币性交易，《非货币性交易准则》作出了专门的规定。准则规定在涉及补价的情况下，判断一项交易是否为非货币性交易的标准是：收到补价的企业，应当按照收到的补价占换出资产公允价值的比例等于或低于 25% 确定；支付补价的企业，应当按照支付的补价占换出资产公允价值加上支付的补价之和的比例等于或低于 25% 确定。一般来说，公允价值就是资产的评估价值，其计算公式如下：

收到补价的企业：收到的补价 ÷ 换出资产公允价值 ≤ 25%。

支付补价的企业：支付的补价 ÷（支付的补价 + 换出资产公允价值）≤ 25%

[例 1]　A 公司与 B 公司经协商进行一项资产交换，A 公司将其一项账面价值为 50 000 元的汽车交换 B 公司的一台机器设备，该固定资产的公允价值为 64 000 元，A 公司在收到 B 公司设备的同时，还收到现金 9 000 元。另外已知 B 公司设备的账面价值为 55 000 元，公允价值为 48 000 元。

上述交易是否为非货币性交易呢？

对 A 公司而言：9 000 ÷ 64 000 = 14% ≤ 25%

对 B 公司而言：9 000 ÷（9 000 + 48 000）= 16% ≤ 25%

对 A 公司而言，收到的补价占换出资产的公允价值的比例为 14%，小于 25%，因此属于非货币性交易。对 B 公司而言，支付的补价占支付补价和换出资产公允价值之和的比例也小于 25%，因此也属于非货币性交易。

[例2] 如果上述条件变为支付的补价为20000元，则

对A公司而言，20000 ÷ 64 000 = 31 % ≥ 25 %

对B公司而言，20000 ÷ (20000 + 48 000) = 29 % ≥ 25 %

因此，对A公司，收到的补价占换出资产的公允价值的比例为31 %，大于25 %，因此不属于非货币性交易。对B公司，支付的补价占支付补价和换出资产公允价值之和的比例也大于25 %，因此也不属于非货币性交易。

《非货币性交易准则》规定，在进行非货币性交易的核算时，无论是以一项资产换入一项资产，还是以一项资产同时换入多项资产，或者是以多项资产换入多项资产，均按换出资产的账面价值加上应支付的相关税费，作为换入资产入账价值。如果涉及补价，支付补价的企业，应当以换出资产账面价值加上补价和应支付的相关税费，作为换入资产入账价值。收到补价的企业，应当以换出资产账面价值减去补价，加上应确认的收益和应支付的相关税费，作为换入资产的入账价值。应按换出资产的账面净值，借记"固定资产清理"科目，贷记"固定资产"科目；按收到的补价，借记"银行存款"科目；将确认的收益，借记"固定资产清理"科目，贷记"营业外收入——非货币性交易收益"科目；支付的相关税费，借记"固定资产清理"科目，贷记"现金"或"银行存款"科目；按"固定资产清理"科目的金额，借记"固定资产"科目，贷记"固定资产清理"科目。换出资产应确认的收益按下列公式计算确定：

$$应确认的收益 = (1 - 换出资产账面价值 ÷ 换出资产公允价值) × 补价$$

这里所称的公允价值，是指在公平交易中，熟悉情况的交易双方，自愿进行资产交换或债务清偿的金额。

如果上述换入的资产为存货时，按上述规定确定的入账价值，还应减去可抵扣的增值税进项税额。

在非货币性交易中，如果同时换入多项资产，应当按照换入各项资产的公允价值与换入资产公允价值总额的比例，对换出资产的账面价值总额进行分配，以确定各项换入资产的入账价值。

[例3] 如上例，A公司与B公司发生资产换资产的交易，在第一种情况下，它们属于非货币性交易，另外已知在换入资产过程中A公司发生运输费500元。

A公司应确认的收益 = (1 - 50 000 ÷ 64 000) × 9 000 = 1 968.75(元)

A公司换入设备的入账价值 = 50 000 - 9 000 + 1 968.75 + 500 = 43 468.75(元)

A公司应作的会计分录为：

借：固定资产清理　　　　50 000
　　贷：固定资产——汽车　　　　　50 000
借：银行存款　　　　　　9 000
　　贷：固定资产清理　　　　　　　9 000
借：固定资产清理　　　　2 468.75
　　贷：现　金　　　　　　　　　　500
　　　　营业外收入——非货币性交易收益　1 968.75
借：固定资产——设备　　43 468.75
　　贷：固定资产清理　　　　　　　43 468.75

B公司换入汽车的入账价值 = 55 000 + 9 000 = 64 000(元)

借：固定资产清理　　　　　　　　64 000
　　贷：固定资产——设备　　　　　　　　　55 000
　　　　银行存款　　　　　　　　　　　　　9 000
借：固定资产——汽车　　　　　　64 000
　　贷：固定资产清理　　　　　　　　　　　64 000

同理，以非货币性交易换入的长期股权投资，按换出资产的账面价值加上应支付的相关税费，作为初始投资成本。涉及补价的，应按以下规定确定换入长期股权投资的初始投资成本：

(1) 收到补价的，按换出资产的账面价值加上应确认的收益和应支付的相关税费减去补价后的余额，作为初始投资成本(计算应确认的收益，可参见"短期投资"部分)；

(2) 支付补价的，按换出资产的账面价值加上应支付的相关税费和补价，作为初始投资成本。

[例4] C公司以一项固定资产(车床)从D企业换入一项长期股权投资和一部分现金。该项固定资产在C公司账面原价为700 000元，已提折旧200 000元，评估价值为520 000元。D企业另支付给C公司现金100 000元。C公司为此项业务支付相关费用3 000元。D企业长期股权投资的账面原值为600 000元，已计提长期投资减值准备150 00元。

针对上述业务，C公司应进行如下会计处理：

应确认的收益 = 100 000 - (500 000 ÷ 520 000) × 100 000 = 3 846.15(元)

借：固定资产清理　　　　　　　　500 000
　　累计折旧　　　　　　　　　　200 000
　　贷：固定资产——车床　　　　　　　　　700 000
借：银行存款　　　　　　　　　　100 000
　　贷：固定资产清理　　　　　　　　　　　100 000
借：固定资产清理　　　　　　　　3 000
　　贷：银行存款　　　　　　　　　　　　　3 000
借：固定资产清理　　　　　　　　3 846.15
　　贷：营业外收入——非货币性交易收益　　3 846.15
借：长期股权投资——其他股权投资　406 846.15
　　贷：固定资产清理　　　　　　　　　　　406 846.15

D企业则应作如下会计处理：

借：固定资产——车床　　　　　　550 000
　　长期投资减值准备　　　　　　150 000
　　贷：长期股权投资　　　　　　　　　　　600 000
　　　　银行存款　　　　　　　　　　　　　100 000

[例5] E企业2000年1月2日向F企业投出如下资产用以联营，双方确认以评估价值为投资额。见表3-1。

表 3－1　　　　　　　　　　　　　　　　　　　　　　　　　　　　单位：元

项目	原始价值	累计折旧	账面净值	评估价值
机床	500 000	150 000	350 000	460 000
汽车	450 000	50 000	400 000	420 000
土地使用权	150 000	—	150 000	150 000
合计	1 100 000	200 000	900 000	1 030 000

E企业的投资占F企业有表决权资本的70%，其初始投资成本与应享有F企业所有者权益份额相等。2000年F企业全年实际净利润550 000元；2001年4月宣告分派现金股利350 000元；2001年F企业全年净亏损2 100 000元；2002年F企业全年实际净利润850 000元。假设所得税率为33%。

根据上述资料，E企业的会计处理如下：

(1)投资时：

借：长期股权投资——F企业(投资成本)　　　　900 000
　　累计折旧　　　　　　　　　　　　　　　　200 000
　贷：固定资产　　　　　　　　　　　　　　　　　　950 000
　　　无形资产——土地使用权　　　　　　　　　　　150 000

(2)2000年12月31日：

借：长期股权投资——F企业(损益调整)　385 000(550 000×70%)
　贷：投资收益——股权投资收益　　　　　　　　　　385 000

(3)2000年末"长期股权投资——F企业"科目的账面余额 = 900 000 + 385 000
　　　　　　　　　　　　　　　　　　　　　　　= 1 285 000(元)

(4)2001年宣告分派股利：

借：应收股利——F企业　　　　245 000(350 000×70%)
　贷：长期股权投资——F企业(损益调整)　　　　245 000

　　宣告分派股利后"长期股权投资——F企业"科目的账面余额
　　　　　　　　　　= 1 285 000 − 245 000
　　　　　　　　　　= 1 040 000(元)

(5)2001年12月31日：

可减少"长期股权投资——F企业"账面价值的金额为1 040 000元[注]

借：投资收益——股权投资损失　　　　1 040 000
　贷：长期股权投资——F企业(损益调整)　　　　1 040 000

(6)2001年12月31日"长期股权投资——F企业"科目的账面余额为零。

(7)2002年12月31日：

可恢复"长期股权投资——F企业"科目账面价值 = 850 000×70% − 430 000
　　　　　　　　　　　　　　　　　　　　　 = 165 000(元)

借：长期股权投资——F企业(损益调整)　　　165 000
　贷：投资收益——股权投资收益　　　　　　　　　165 000

注：通常情况下，长期股权投资的账面价值减记至零为限，备查登记中应当记录未减记长期股权投资的金额为430 000元(2 100 000×70% − 1 040 000)。

F企业应作的会计分录如下:
借:固定资产——机床   460 000
       ——汽车   420 000
   无形资产——土地使用权   150 000
   贷:实收资本   1 030 000

第三节 企业兼并资产评估的会计处理

企业兼并是指通过一个企业与另一个企业的联合或获得对另一个企业净资产的控制和经营权,而将各自独立的企业组成一个经济实体。

企业兼并的形式主要有:①承担债务式,即在资产与债务等价的情况下,兼并企业以承担被兼并企业债务为条件接收其资产。②购买式,即兼并企业出资(主要是现金)购买被兼并企业的资产,获得被兼并方的整体产权。③吸收股份式,即被兼并企业的所有者将被兼并企业的净资产作为股份投入兼并方,成为兼并企业的一个股东。④控股式,即一个企业通过购买其他企业的股权,达到控股,实现兼并。承担债务式、吸收股份式及控股式等兼并方式的会计处理与对外投资会计处理基本相同,因此本节仅说明购买式兼并资产评估的会计处理。

企业购买式兼并的程序为:①企业兼并其他企业或被其他企业兼并前,应按照规定向主管部门提出书面报告,并报主管财政机关备案,其中涉及有关财务事项的,应报主管财政机关审批。兼并报告批准后,应寻找被兼并对象。②经批准被兼并的企业,应对固定资产、流动资产、无形资产、长期投资以及其他资产等进行全面清查登记,对各项资产损失以及债权债务等进行全面查实。在此基础上,被兼并企业编制资产负债表、利润表、利润分配表,连同财产清册报主管财政机关审批。③被兼并企业在财产清查的基础上,由具有资产评估资格的评估机构对资产进行评估,报国有资产管理部门审批、确认。评估的目的是将评估后的净资产作为核定企业产权转让的底价。被兼并企业转让产权的成交价最终由有关各方协商确认。如果成交价低于底价,必须报主管财政机关和国有资产管理机关审批、批准。④兼并成交后,兼并企业和被兼并企业签署产权转让协议,确定价款的支付方式、付款日期等。只有在兼并成交后,被兼并企业才对资产评估结果进行会计处理,并编制兼并成交日的财务报告;兼并企业接收被兼并企业的各项资产、债权、债务后,应及时组织入账,编制兼并成交日的财务报告。双方的兼并成交日财务报告均应报各自的主管财政机关备案。

一、被兼并企业的会计处理

经批准被兼并的企业,会计处理的内容如下:

(一)被兼并企业保留法人资格的会计处理

被兼并企业保留法人资格,意味着被兼并企业将持续经营下去,该股权的交易只是投资者的变更,而不影响该法人主体的资产、负债。因此,对于被兼并企业而言,无需变更资产负债表内的资产、负债项目,也就是说,资产评估结果不能作为被兼并企业的入账依据,而仅作为兼并成交价的依据。需要变更的只是所有者权益。因此,当保留被兼并企业法人资格的情况下，被兼并企业应到工商行政管理部门办理投资者变更手续，将所有者权益项目下的所有项目转到"实收资本——兼并企业"明细账。

(二)被兼并企业取消法人资格的会计处理

1. 财产清查

对固定资产、流动资产、无形资产、长期投资以及其他资产等进行全面清查登记，对各项资产损失以及债权债务等进行全面查实。财产清查中发现的账实不符，其会计处理与一般企业财产清查结果的处理基本相同，即批准前的资产盘盈、盘亏、毁损、报废等，通过"待处理财产损溢"科目核算，批准后，计入损益；确认为坏账损失的应收账款，经批准转销时，采用直接转销法的，计入管理费用，采用备抵法的，计入坏账准备；尚未处理的潜亏、库存商品清查损失和亏损挂账，报经主管财政机关审批后，冲减盈余公积、资本公积，不足部分冲销实收资本，借记"盈余公积"、"资本公积"、"实收资本"科目，贷记"待处理财产损溢"、"利润分配——未分配利润"科目。

2. 资产评估

国有企业被兼并企业的资产评估后，应将评估结果报国有资产管理部门审批、确认，根据其审批后的确认通知单，对资产评估结果进行会计处理。评估确认的流动资产、长期投资、无形资产价值与其原账面价值之间发生差额时，按照评估确认的价值与原账面价值的差额，借记或贷记有关资产科目，贷记或借记"资本公积"科目；评估确认的固定资产原值与原账面原值之间的差额，借记或贷记"固定资产"科目，按评估确认的固定资产净值与固定资产原账面原值之间的差额，贷记或借记"资本公积"科目，按两者之间的差额，贷记或借记"累计折旧"科目。如果评估资产部分未来应交所得税，还应将未来预计的所得税计入"递延税款"科目的贷方。

3. 结束旧账

被兼并企业在产权转让成交后，应及时办理结束手续，结束兼并前企业的账簿。丧失法人资格的企业结束旧账时，先按资产评估结果调整原有资产、负债项目，评估结果与原资产、项目不同时，差额计入资本公积。再借记所有的负债和所有者权益科目的余额，贷记所有资产科目的余额。

[案例分析1] A、B企业经协商并征得有关部门的同意，由A企业以银行存款100万元的有偿方式购买B企业，兼并后B企业丧失法人资格。购买前B企业进行财产清查，清查结果见表3-2，财产清查前的资产负债表见表3-3。

i)评估思路：应先进行财产清查账务处理，根据财产清查结果调整账面余额，编制财产清查后的资产负债表。在此基础上，再根据评估结果对账面余额作进一步调整，最后编制评估日的资产负债表。财产清查后编制资产负债表。在财产清查的基础上进行资产评估(设未来资产不必缴纳所得税)。

表3-2　　　　　　　　　　　　财产清查结果表　　　　　　　　　　单位：万元

项　目	账面价值	财产清查结果	备　注
应收账款	180	160	20万元的坏账损失，企业采取备抵法
库存商品	120	100	盘亏库存商品200 000元
固定资产	360	353	盘亏固定资产净值70 000元，原值10万元

表3-3 资产负债表（财产清查前） 单位：万元

资　产	金　额	负债及所有者权益	金　额
银行存款	7	短期借款	90
应收账款	180	应付账款	120
存货	200	应付票据	30
长期股权投资	50	长期借款	230
固定资产	363	实收资本	247
减：累计折旧	126	资本公积	10
固定资产净值	237	盈余公积	7
无形资产	20	未分配利润	-40
资产总额	694	负债及所有者权益总额	694

ii) 根据财产清查结果进行会计处理：

① 坏账损失的处理：

借：坏账准备　　　　　　　　200 000

　　贷：应收账款　　　　　　　　　　　　200 000

借：实收资本　　　　　　　　200 000

　　贷：坏账准备　　　　　　　　　　　　200 000

② 库存商品的处理：

借：盈余公积　　　　　　　　70 000

　　资本公积　　　　　　　　100 000

　　实收资本　　　　　　　　30 000

　　贷：库存商品　　　　　　　　　　　　200 000

③ 固定资产的处理：

借：待处理财产损溢　　　　　70 000

　　累计折旧　　　　　　　　30 000

　　贷：固定资产　　　　　　　　　　　　100 000

借：营业外支出　　　　　　　70 000

　　贷：待处理财产损溢　　　　　　　　　70 000

借：实收资本　　　　　　　　70 000

　　贷：营业外支出　　　　　　　　　　　70 000

④ 亏损的处理：

借：实收资本　　　　　　　　400 000

　　贷：利润分配　　　　　　　　　　　　400 000

iii) 编制财产清查后的资产负债表，见表3-4。

表 3-4　　　　　　　　　资产负债表(财产清查后)　　　　　　单位：万元

资产	金额	负债及所有者权益	金额
银行存款	7	短期借款	90
应收账款净额	160	应付账款	120
存货	180	应付票据	30
长期股权投资	50	长期借款	230
固定资产	353	实收资本	177
减：累计折旧	123	资本公积	
固定资产净值	230	盈余公积	
无形资产	20	未分配利润	
资产总额	647	负债及所有者权益总额	647

ⅳ)根据资产评估结果表(见表 3-5)编制评估日资产负债表，见表 3-6。

表 3-5　　　　　　　　　资产评估结果表　　　　　　　　　单位：万元

项　目	账面价值	评估价值
应收账款	160	120
存货	180	140
固定资产	353	400
累计折旧	123	150
无形资产	20	0

借：实收资本　　　　　　　　800 000
　　固定资产　　　　　　　　470 000
　贷：应收账款　　　　　　　　　　　400 000
　　　库存商品　　　　　　　　　　　400 000
　　　无形资产　　　　　　　　　　　200 000
　　　累计折旧　　　　　　　　　　　270 000

表 3-6　　　　　　　　　　评估资产负债表　　　　　　　　单位：万元

资产	金额	负债及所有者权益	金额
银行存款	7	短期借款	90
应收账款净额	120	应付账款	120
存货	140	应付票据	30
长期股权投资	50	长期借款	230
固定资产	400	实收资本	97
减：累计折旧	150	资本公积	
固定资产净值	250	盈余公积	
无形资产	0	未分配利润	
资产总额	567	负债及所有者权益总额	567

结束被购买企业的旧账：

借：短期借款	900 000	
应付账款	1 200 000	
应付票据	300 000	
长期借款	2 300 000	
实收资本	970 000	
累计折旧	1 500 000	
贷：银行存款		70 000
应收账款		1 200 000
存货(各科目的合计)		1 400 000
长期股权投资		500 000
固定资产		4 000 000

进行上述处理后，B企业的资产交与A企业，负债由A企业承担，B企业的产权被注销。

二、兼并企业的会计处理

企业兼并其他企业后，被兼并企业可能丧失法人资格，也可能仍然保留法人资格。被兼并企业是否保留法人资格，影响着兼并企业的会计处理。

1. 被兼并企业保留法人资格时兼并企业的会计处理

被兼并企业保留法人资格的，被兼并企业已经改变了实体，但是仍然实行独立核算，兼并企业不必将被兼并企业的资产、负债纳入本企业的会计核算系统，只需将支付的产权价款作为对外投资处理。在有偿兼并方式下，作为投资处理，借记"长期股权投资"科目，贷记"银行存款"等科目；在无偿划转兼并方式下，借记"长期股权投资"科目，贷记"实收资本"或"资本公积"科目。

2. 被兼并企业丧失法人资格时兼并企业的会计处理

公司兼并其他企业的全部股权，被兼并企业丧失法人资格时，因兼并付款方式不同，其会计处理也不同。

采取有偿方式兼并的，按被兼并企业资产、负债的账面价值记账。被兼并企业在产权转让前，已经进行了资产评估，报经国有资产管理部门批准，并进行了相应的会计处理，因此，兼并企业可以根据被兼并企业编制的兼并成交日的财务报告等有关资料登记入账。按资产的账面价值，借记所有的资产科目；按负债的账面价值，贷记负债科目；按成交价高于确认的净资产的差额，借记"无形资产——商誉"科目；按确定的成交价，贷记"专项应付款——应付兼并企业款"科目，企业支付价款时，借记"专项应付款——应付兼并企业款"科目，贷记"银行存款"科目。

采取无偿划转方式兼并的，按各项资产、负债评估确认的价值，借记所有资产科目，贷记所有负债科目，两者之间的差额，贷记"实收资本"或"资本公积"科目。

[例6] 沿用本章案例分析1资料，兼并企业进行的会计处理为：

借：银行存款	70 000	
应收账款	1 200 000	

存货(各科目的合计)	1 400 000
长期股权投资	500 000
固定资产	4 000 000
无形资产——商誉	30 000
贷：短期借款	900 000
应付账款	1 200 000
应付票据	300 000
长期借款	2 300 000
累计折旧	1 500 000
专项应付款——应付兼并企业款	1 000 000

三、会计报表

1. 被兼并企业

被兼并企业在办理产权转让手续期间，应按以下规定编制会计报表，分别报送主管部门、财政部门和国有资产管理部门：

(1) 开始清理财产时，应编制资产负债表、利润表和利润分配表。

(2) 清理财产工作完毕时，应向国有资产管理部门移交资产负债清册，并按有关规定编制资产负债表。

(3) 评估结束并按评估确认的价值调整账面价值后，编制资产负债表。

(4) 在产权转让成交后，应编制兼并日的资产负债表。

(5) 保留法人资格并持续经营的企业，在办理产权转让过程中，应按现行会计制度的规定编制会计报表。

2. 兼并企业

兼并企业在办理产权接受转让手续期间，应按以下规定编制会计报表，分别报送有关部门：

(1) 兼并企业接受被兼并企业，在被兼并企业保留法人资格的情况下，应编制兼并日的合并资产负债表。

(2) 兼并企业接受被兼并企业，在被兼并企业丧失法人资格的情况下，应按现行会计制度的规定编制兼并成交日的资产负债表，报送主管部门、财政部门和国有资产管理部门等。

第四节　股份制改组资产评估的会计处理

企业改组为股份制公司时，应对原企业的资产进行清理，委托资产评估机构、会计师事务所进行资产评估和验资，界定原有企业的净资产产权。在资产评估中对有关资产损失等进行处理。对于资产评估确认的资产价值与企业账面价值的差额，一方面调整资产的账面价值，另一方面计算未来应交所得税的余额，并作为资本公积处理。下面以国有企业的改组为例说明股份制改组的程序及内容。

国有资产占有单位改组为股份制企业（包括法人持股、内部职工持股、向社会发行股票不上市交易和向社会发行股票并上市交易）时，按照国家有关的法规规定，可以采取整体改组、分立式改组和合并改组等方式。

一、股份制改组的程序和内容

在改组过程中，应按照下列程序办理：

（1）对企业的固定资产、流动资产、无形资产、长期投资、其他资产及债权债务等全面进行清查核实，保证账实相符。在此基础上编制资产负债表、利润表、利润分配表等报表，连同财产清册报有关部门审批。

（2）在财产清查的基础上，由有评估资格的机构进行评估，并报国有资产管理部门立项确认。对评估结果的会计处理为：

①原按国家规定统一清理挂账而未处理的潜亏、亏损挂账、库存商品清查损失，报经主管财政机关审批后冲减盈余公积和资本公积，不足部分冲销资本。

②清理出的各项资产盘盈、盘亏、毁损、报废等，计入当期损益。

③已转入企业长期待摊费用挂账的长期借款利息以及其他待摊费用等，应区别不同改组方式处理：实行整体改组和合并改组方式的，由改组后的股份公司分期摊销；实行分立方式改组的，根据改组后的债务归属和费用性质分别由股份制企业和分离企业分期摊销。

④企业对占用的国有土地，经评估确认后，其会计处理为：将国有土地使用权作价入股、计入股份制企业总资产的，作为国家股处理；采取一次或分次付款方式支付土地出让金购买国有土地使用权的，在有效期内，其支付的土地出让金由主管财政机关审批后，按批准的使用期限摊销；经批准采取租赁方式取得的土地使用权，按评估后的价值，直接租赁给股份制企业。

改组企业经批准确认的资产评估价值自评估基准日起到股份制企业注册登记日止，一年内有效。超过有效期才注册登记的，或在有效期内被评估资产的价格发生重大变化的，须重新申请评估立项。在有效期内，原企业实现利润（或亏损）而增加（或减少）的净资产，应分别情况处理：属于增加净资产，原则上应上交主管财政机关，经主管财政机关批准，也可以列入股份制企业的资本公积；属于减少净资产，经主管财政机关批准，由股份制企业用以后年度国家股分得的股利补足。

（3）改组为股份制的企业应根据有关规定，按评估后的账面净资产折股。公司法规定，有限责任公司（含国有独资公司）依法经批准变更为股份制企业时，折合的股份总额应当等于公司的净资产总额。有限责任公司依法经批准变更为股份制公司，为增加资本向社会公开募集股份时，应按照公司法的规定，发行股票筹集资本。评估确认的净资产按规定折股后与企业实收资本如果有差额，作为资本公积处理。原国家专项拨款、各类建设基金投入以及按规定实行先征后退办法返还给企业的各项税收等形成的资本公积，转为国家股。

二、评估结果的会计处理

按照规定，企业改组为股份公司时，必须对企业的资产进行评估，并按资产评估确认的价值调整原企业的账面价值，即根据资产评估结果进行会计处理。会计处理内容包括：

1. 以评估基准日为调账日的会计处理

当资产评估的价值大于原账面价值时，应当按照评估确认的资产原价与原资产账面价值之间的差额，调整资产的账面价值，按照增加部分适用的税率计算的应交税款，作为递延税款处理，按照两者的差额增加企业的资本公积。当评估的资产价值小于原账面价值时，应当按照评估确认的资产价值与原资产账面价值之间的差额，作为营业外支出，计入当期损益，同时调整资产的账面价值；当评估确认价值等于原账面价值时，不进行账务调整。

[例7] 某国有企业改制为股份公司时，对固定资产进行评估。该固定资产的原始价值600万元，累计折旧100万元，评估确认的价值为600万元（该企业适用33%的所得税税率）。

根据评估结果进行的会计处理为：

借：固定资产　　　　　　　　　　　　　100（万元）
　　贷：递延税款　　　　　　　　　　　　33（万元）
　　　　资本公积——其他资本公积　　　　67（万元）

如果上述固定资产评估价值为300万元，进行的会计处理为：

借：营业外支出　　　　　　　　　　　　200（万元）
　　贷：固定资产　　　　　　　　　　　　200（万元）

2. 评估基准日与调账日不一致的会计处理

按照规定，国有企业改组为股份公司，应对企业的资产进行评估，并及时调整原企业的账面价值。资产评估的时效为一年，超过一年未调账的，应重新进行资产评估。对于评估基准日至调账日之间发生的资产变化应区别情况处理：如系进入股份公司的资产增值，应调整资产价值和资本公积，并在调账后补提因评估增值而应补提的折旧；对于已经发生的资产评估增减值采用追溯调整法，即按资产变化方向调整。

[例8] 某国有企业改制为股份公司，对固定资产进行评估，评估基准日为2002年5月31日。评估的固定资产的原始价值600万元，累计折旧100万元，预计使用6年，净残值为零，已使用一年，评估确认的价值为620万元。企业于2002年7月进行账务调整。

根据评估进行的会计处理为：

借：固定资产　　　　　　　　　　　　　120（万元）
　　贷：递延税款　　　　　　　　　　　　39.60（万元）
　　　　资本公积　　　　　　　　　　　　69.40（万元）

补提折旧时：

借：制造费用等　　　　　　　　　　　　5（万元）
　　贷：累计折旧　　　　　　　　　　　　5（万元）

企业改组为股份有限公司，在改组时按评估确认的价值调整了固定资产的账面价值的，在计提固定资产折旧时，应按以下规定分别情况处理：

（1）企业改组为股份有限公司时，如果评估增值部分已按规定折成股份的，在计提固定资产折旧时，应当按照评估后的固定资产原价计提折旧。

(2) 企业改组为股份有限公司时,如果按规定评估增值部分不折成股份的,在计提固定资产折旧时,可以按照固定资产原账面原价计提,也可以按照评估确认的固定资产原价计提,具体应按以下规定分别处理:

①按固定资产的账面原价计提折旧。

企业在改组为股份有限公司时,虽然按照评估确认的价值调整了固定资产账面价值,但计提固定资产折旧仍然按照固定资产原账面原价计提,公司应按固定资产原账面原价计提折旧,借记有关科目,贷记"累计折旧"科目;同时,按评估增值后的固定资产价值计提的折旧与按账面原价计提的折旧之间的差额,或按规定的期限平均转销的金额,借记"资本公积"科目,贷记"累计折旧"科目。

[例9] 某企业按年限平均法计提折旧,其一项固定资产原值100 000元,预计残值1 000元,2002年12月31日改组为股份有限公司时评估值为150 000元,假设折旧没有变化,则2002年计提折旧的会计处理方法为:(折旧率10%,所得税率33%)

借:制造费用(管理费用)　　　　　　　　　　9 900
　　贷:累计折旧　　　　　　　　　　　　　　　　　9 900

同时:
借:资本公积——资产评估增值准备　　　　　5 000
　　贷:累计折旧　　　　　　　　　　　　　　　　　5 000

②按评估确认后的固定资产价值计提折旧。

企业在改组为股份有限公司时,按照评估确认的价值调整了固定资产账面价值的,计提固定资产折旧时,按照调整后的固定资产账面价值计提。借记有关科目,贷记"累计折旧"科目,其应交的所得税,借记"递延税款"科目,贷记"应交税金——应交所得税"科目。

公司每年实现的资产评估净增值准备从"资本公积——资产评估增值准备"科目转入"资本公积——其他资本公积转入"。

[例10] 某企业按年限平均法计提折旧,其一项固定资产原值100 000元,可使用10年,预计残值1 000元,已使用5年,2002年12月31日改组为股份有限公司时评估值为150 000元,残值仍为100元,则2003年计提折旧时的会计处理方法为:(折旧率10%,所得税率33%)。

借:制造费用(管理费用)　　　　　　　　　　14 900
　　贷:累计折旧　　　　　　　　　　　　　　　　　14 900

同时:
借:递延税款　　　　　　　　　　　　　16 500 (50 000×33%)
　　贷:应交税金　　　　　　　　　　　　　　　　　16 500
借:资本公积——资产评估增值准备　　　　　33 500
　　贷:资本公积——其他资本公积转入　　　　　　3 350 0

3.股份制改组的处理方法

原有企业改组为股份制企业,改组后的公司可以继续沿用原企业账册,也可以结束旧账,另立新账。

（1）沿用原企业账册的会计处理。改组后的股份制公司应执行《企业会计制度》，如果原来运用的会计科目与股份公司会计制度一致，可以不作调整；如果原来运用的会计科目与股份公司会计制度不一致，应将原企业资产换取的股票登记入账，将净资产换取的股份总额和每股票面价值的乘积作为股本入账，同时注销原企业所有者权益，借记"实收资本"、"资本公积"等科目，贷记"股本"等科目。

（2）结束旧账另立新账的会计处理。改组后的股份分司结束旧账时，借记有关负债、所有者权益类科目，贷记资产类科目，以结束旧账。此后，按照《企业会计制度》的要求建立新账，借记有关资产类科目，贷记负债、股东权益类科目。

[案例分析2] G企业拟改组为股份制企业，改组前编制的资产负债表，见表3-7：

表3-7　　　　　　　　　　资产负债表　　　　　　　　　　单位：万元

资　产	金　额	负债及所有者权益	金　额
货币资金	4 675	短期借款	4 100
短期投资	7 430	应付账款	6 369
应收账款净额	8 757	未交税金	1 326
其他应收款	9 643	预提费用	924
存货	16 954	其他流动负债	605
待摊费用	1 896	长期借款	8 000
其他流动资产	1 950	应付债券	5 000
长期股权投资	3 600	实收资本	64 000
长期债权投资	2 400	资本公积	9 618
固定资产净值	36 690	盈余公积	5 866
在建工程	6 795	未分配利润	1 592
无形资产	6 610		
资产总额	107 400	负债及所有者权益总额	107 400

G企业聘请有评估资格的评估机构对企业的资产进行评估，评估结果为：

i）因土地价格上涨、房地产及建筑物的成本增加，企业固定资产净值为40 342.5万元；

ii）因汇率变动，使以外币计价的原材料等存货价值上升，存货价值为17 304.03万元；

iii）因工程物资价格上涨，在建工程成本增加，在建工程价值为7 134.75万元；

iv）长期股权投资评估值为3 600万元；

v）长期债权投资评估值为2 400万元；

vi）短期投资增加值为8 916万元；

vii）无形资产价值为5 273.4万元，以前年度该项资产评估为增值，而且增值额大于本次减值的金额。

根据上述资料编制资产评估价格差异表，见表3-8。

表 3-8　　　　　　　　　　资产评估价格差异表　　　　　　　　单位：万元

项　目	账面价值	评估净值	差　额
固定资产净值	36 690	40 342.5	3 652.5
存货	16 954	17 304.03	350.03
长期股权投资	3 600	3 600	0
长期债权投资	2 400	2 400	0
短期投资	7 430	8 916	1 486
在建工程	6 795	7 134.75	339.75
无形资产	6 610	5 273.4	-1 336.6

将评估报告报送国有资产管理部门，经审核后下达确定通知书。企业根据确认通知书进行评估结果的会计处理为：

资产评估结果的会计处理（设所得税税率为 33%）：

流动资产增值 = 3 500 300 + 14 860 000 = 18 360 300（元）

固定资产评估增值 = 36 525 000 + 3 397 500 = 39 922 500（元）

无形资产评估减值 = 13 366 000（元）

资产评估净增值 = 18 360 300 + 39 922 500 - 13 366 000 = 44 916 800（元）

资产增值的递延税款 = 44 916 800 × 33% = 14 822 544（元）

流动资产增值的资本公积 = 44 916 800 - 14 822 544 = 30 094 256（元）

借：原材料　　　　　　　　　　　　3 500 300
　　短期投资　　　　　　　　　　　14 860 000
　　固定资产　　　　　　　　　　　36 525 000
　　在建工程　　　　　　　　　　　3 397 500
贷：递延税款　　　　　　　　　　　　　　　　14 822 544
　　资本公积　　　　　　　　　　　　　　　　30 094 256
　　无形资产　　　　　　　　　　　　　　　　13 366 000

根据以上评估结果编制评估日的资产负债表，见表 3-9。

表 3-9　　　　　　　　　　　资产负债表　　　　　　　　单位：万元

资　产	金　额	负债及所有者权益	金　额
货币资金	4 675	短期借款	4 100
短期投资	8 916	应付账款	6 369
应收账款净额	8 757	未交税金	1 326
其他应收款	9 643	预提费用	924
存货	17 304	其他流动负债	605
待摊费用	1 896	长期借款	8 000
其他流动资产	1 950	应付债券	5 000
长期股权投资	3 600	递延税款贷项	1 482
长期债权投资	2 400	实收资本	64 000
固定资产净值	40 342	资本公积	12 627
在建工程	7 135	盈余公积	5 866
无形资产	5 273	未分配利润	1 592
资产总额	111 891	负债及所有者权益总额	111 891

G 企业的实收资本、资本公积、盈余公积、未分配利润等净资产为 84 085 万元。设企业以评估确认后且调账的企业账面净资产折为国家股，折股为 84 085 万股，每股 1 元。设该企业沿用旧账，仅对折股的净资产进行会计处理：

借：实收资本　　　　　　　　　　　640 000 000
　　资本公积　　　　　　　　　　　126 270 000
　　盈余公积　　　　　　　　　　　 58 660 000
　　未分配利润　　　　　　　　　　 15 920 000
　　贷：股本　　　　　　　　　　　　　　　　　840 850 000

综合练习及案例分析

一、单项选择题

1. 如果评估的目的是为了确定某一资产的公允价值，以便用作担保抵押物向银行申请贷款，应（　　）。

    A. 根据资产评估结果进行会计账簿的调整

    B. 无需进行会计账簿调整

    C. 可以调整会计账簿记录，也可以不调整

    D. 可以不调整会计账簿记录，但调整报表项目

2. 某 A 企业以一栋厂房对 B 企业投资，该厂房原值 1 000 万元，已提折旧 300 万元，经评估公司确认的现时价值为 800 万元。A 企业与 B 企业达成投资协议，双方以评估公司确认的价值为投资额，占 B 企业 10% 的股权，则 A 企业"长期

股权投资"账的入账价值为( )。
   A.1 000万元　B.300万元　C.700万元　D.800万元

3. 上题B企业的"实收资本"账入账金额应为( )。
   A.1000万元　B.300万元　C.700万元　D.800万元

4. 某企业急需资金周转，向银行申请贷款40万元，并以2辆汽车作担保物。2辆汽车原值共80万元，已提折旧30万元，经评估确认的价值为45万元。则该企业( )。
   A. 应在固定资产账中调整账面记录，将固定资产减记5万元
   B. 不作账面调整
   C. 应为累计折旧账中调整账面记录，将累计折旧减记5万元
   D. 应将固定资产净值调整为40万元

5. 甲企业被乙企业兼并，兼并时甲企业进行财产清查，发现存货盘亏20万元，甲企业应先冲减资本公积和盈余公积，不足部分应冲减( )。
   A. 实收资本　　　　　B. 待摊费用
   C. 预提费用　　　　　D. 未分配利润

6. 被兼并企业在产权转让成交后，保留法人资格的企业( )。
   A. 沿用旧账
   B. 结束兼并前旧账
   C. 可以沿用旧账，也可以结束兼并前旧账，另立新账
   D. 只能另立新账

7. 兼并企业接受被兼并企业，在被兼并企业保留法人资格的情况下，应编制( )。
   A. 资产负债表　　　　B. 利润表
   C. 利润分配表　　　　D. 现金流量表

8. 企业改组为股份公司时，若以评估基准日为调账日，对流动资产、长期资产、无形资产应按评估确认价值与账面价值之间的增加额，借记有关资产科目，贷记( )科目。
   A. 实收资本　　　　　B. 盈余公积
   C. 资本公积　　　　　D. 未分配利润

9. 某企业进行股份制改组时，对应收账款进行清查，清查的价值低于账面价值10万元(该企业采用备抵法核算坏账损失)。对此进行调整编制的会计分录为( )。
   A. 借：营业外支出　　　　　　　　100 000
          贷：应收账款　　　　　　　　　　　100 000
   B. 借：坏账准备　　　　　　　　　100 000
          贷：应收账款　　　　　　　　　　　100 000
   C. 借：资本公积　　　　　　　　　100 000
          贷：应收账款　　　　　　　　　　　10 000
   D. 借：管理费用　　　　　　　　　100 000
          贷：应收账款　　　　　　　　　　　100 000

10. 某企业进行股份制改组时，"利润分配——未分配利润"科目借方余额为800万元，"盈余公积——法定盈余公积"贷方余额为50万元，"资本公积"科目贷方余额为600万元，"实收资本"科目贷方余额为1 000万元。如果对亏损进行调整，调整后的"实收资本"科目的贷方余额为( )。

    A.1 000万元　　B.800万元　　C.850万元　　D.950万元

11. 某企业改组为股份制企业，按规定进行资产评估。该企业固定资产的账面原值为50万元，累计折旧为20万元，经评估确认的原值为75万元，净值为65万元。该企业按规定进行调账后，编制的会计分录为( )。

    A. 借：固定资产　　　　　　　　　　　　　250 000
    　　　贷：累计折旧　　　　　　　　　　　　　　100 000
    　　　　　资本公积　　　　　　　　　　　　　　150 000
    B. 借：固定资产　　　　　　　　　　　　　350 000
    　　　贷：累计折旧　　　　　　　　　　　　　　100 000
    　　　　　资本公积　　　　　　　　　　　　　　250 000
    C. 借：固定资产　　　　　　　　　　　　　250 000
    　　　累计折旧　　　　　　　　　　　　　　100 000
    　　　贷：资本公积　　　　　　　　　　　　　　234 500
    　　　　　递延税款　　　　　　　　　　　　　　115 500
    D. 借：固定资产　　　　　　　　　　　　　350 000
    　　　累计折旧　　　　　　　　　　　　　　100 000
    　　　贷：资本公积　　　　　　　　　　　　　　450 000

12. A企业兼并B企业；采用有偿兼并，兼并后被兼并企业丧失法人资格，兼并企业应将成交价高于被兼并企业净资产的差额，借记"( )"科目。

    A.资本公积　　　　　　B.实收资本
    C.递延税款　　　　　　D.无形资产——商誉

13. 某国有企业进行股份制改组时，其固定资产的原值为30 000元，累计折旧为14 000元，评估确认的固定资产原值为36 000元，净值为30 000元，则固定资产的净值应为( )元。

    A.16 000　　B.36 000　　C.30 000　　D.22 000

14. 某企业进行股份制改组时，对固定资产进行评估。固定资产的原账面价值1 000万元，评估价1 200万元。设该企业采用10%综合折旧率计提折旧，并无其他差异。该企业当年实现利润500万元，所得税税率为33%，则该企业当年应纳所得税为( )。

    A.165万元　　B.231万元　　C.171.6万元　　D.99万元

15. A企业对外投资前对流动资产进行清查，如果清查结果与账面价值不符，其差额应记入"( )"科目。

    A.资本公积　　　　　　B.营业外支出
    C.待处理财产损溢　　　D.长期股权投资

二、多项选择题

1. 原按国家规定统一清理挂账而未处理的盈亏、亏损挂账、库存商品清查损失，在进行股份制改组时，报经主管部门审批后，可以冲减（　　）。
   A. 盈余公积
   B. 未分配利润
   C. 资本公积
   D. 实收资本
   E. 本年利润

2. 资产评估的资产与会计的资产不同在于（　　）。
   A. 资产评估的资产是企业现实意义的资产，而会计资产强调的是实际资金投入的资产
   B. 会计评估的资产是企业现实意义的资产，而资产评估的资产强调的是实际资金投入的资产
   C. 会计的资产包括单项资产，也包括整体资产
   D. 会计强调的资产是单项资产
   E. 会计资产可以通过收益现值法、现行市价法计量

3. 资产评估结果的会计处理方法包括（　　）。
   A. 账项调整法
   B. 附注说明法
   C. 报表说明法
   D. 抵销法
   E. 备抵法

4. 下列应根据资产评估结果在会计报表附注中说明的项目有（　　）。
   A. 确定抵押借款金额
   B. 确定拍卖基数
   C. 确定承包基数
   D. 确定公司的折股数
   E. 确定所有者权益

5. 资产评估结果处理的基本要求是（　　）。
   A. 会计处理方法应与评估目的一致
   B. 按现行会计制度规定进行处理
   C. 按税法规定进行会计处理
   D. 依据评估确认通知书进行会计处理
   E. 依据评估业务约定书进行会计处理

6. 某企业以一项设备资产换入长期股权投资，应（　　）。
   A. 不涉及补价的，按评估价值加上应支付的相关税费，作为初始投资成本
   B. 涉及补价的，按评估价值加上应支付的相关税费，作为初始投资成本
   C. 不涉及补价的，按换出资产的账面价值加上应支付的相关税费，作为初始投资成本
   D. 收到补价的，按换出资产的账面价值加上应确认的收益和应支付的相关税费减去补价后的余额，作为初始投资成本
   E. 支付补价的，按换出资产的账面价值加上应支付的相关税费和补价，作为初始投资成本

7. 企业兼并的形式主要有（　　）。
   A. 承担债务式
   B. 购买式

C. 吸收股份式 D. 控股式
E. 分散式

8. A企业兼并B企业，可能的会计处理是（ ）。
   A. 被兼并企业保留法人资格的，兼并企业应将被兼并企业的资产、负债纳入企业会计核算系统
   B. 被兼并企业保留法人资格的，在有偿兼并方式下，借记"长期股权投资"科目，贷记"银行存款"等科目
   C. 被兼并企业丧失法人资格的，并采用有偿方式兼并的，按被兼并企业资产、负债价值记账，成交价高于确认的净资产的差额，应列为"无形资产——商誉"
   D. 被兼并企业丧失法人资格的，并采用有偿方式兼并的，借记"长期股权投资"科目，贷记"实收资本"科目
   E. 被兼并企业丧失法人资格的，并采用无偿划转方式兼并的，按各资产负债评估确认价值入账，两者之间的差额，贷记"实收资本"或"资本公积"科目

9. 企业改组为股份制公司时，应（ ）。
   A. 对原企业的资产进行清理
   B. 界定原有企业资产总额产权
   C. 界定原有企业资产净资产权
   D. 对于资产评估确认的资产价值与企业账面价值的差额，不得调账
   E. 对于资产评估确认的资产价值与企业账面价值的差额，一方面调整资产的账面价值，另一方面计算未来应交所得税的余额，并作为资本公积处理

10. 股份制改组时，对评估结果的会计处理为（ ）。
    A. 对亏损挂账，未处理的存货清查损失，应先冲减实收资本
    B. 对亏损挂账，未处理的存货清查损失，先冲减盈余公积和资本公积，不足部分冲销资本
    C. 已转入企业长期待摊费用挂账的长期借款利息及其他待摊费用，采用分立方式改组的，由改组后的股份公司分期摊销
    D. 已转入企业长期待摊费用挂账的长期借款利息及其他待摊费用，采用分立方式改组的，根据改组后的债务归属和费用性质分别由股份制企业和分离企业分期摊销
    E. 经批准采取租赁方式取得的土地使用权，按评估后的价值，直接租赁给股份制企业

三、判断题
（　）1. 资产评估的对象主要是发生产权变动或经营主体变动的资产存量。
（　）2. 如果评估目的是为了确定某一资产的公允价值，应依据评估结果调整会计账簿。
（　）3. 资产评估价值大于原资产价值的差额是已实现的价值。
（　）4. 如果评估目的是为了取得银行贷款，则不能依据评估结果调整会计账簿。
（　）5. 若评估基准日与调整账日不一致，如果资产增加，则增加部分应按取得资

产的实际价值,确认其账面价值。

( )6. 企业进行股份制改组发生的资产评估增值,不能调整账面价值。

( )7. 企业改组为股份有限公司时,如果资产评估增值部分已经折成股份,并按税法规定不再征税,评估增值计入资本公积的部分不再作其他处理。

( )8. 原有企业改组为股份制企业,改组后的公司可以继续沿用原企业账册,也可以结束旧账,另立新账。

( )9. 改组企业经批准确认的资产评估价值自评估基准日起,到股份制企业注册登记日止,两年内有效。

( )10. 改组为股份制的企业应根据有关规定,按评估的账面总资产折股。

四、案例分析

[案例1] 甲公司为一上市公司,乙公司为国有企业,甲、乙公司适用的所得税税率均为15%。2001年6月30日甲公司与乙公司签订收购协议,收购乙公司100%的股权,收购基准日为2001年9月30日,并以基准日乙公司资产、负债和所有者权益的评估价值作为股权收购价格的基础。乙公司2001年9月30日的资产负债表及其评估情况见下表:

资产负债表

编制单位:乙公司　　　　　　2001年9月30日　　　　　　单位:万元

资产	账面价值	评估价值	负债和所有者权益	账面价值	评估价值
货币资金	1 700	1 700	短期借款	5 150	5 150
应收账款净额	2 000	1 700	应付账款	200	200
存货	5 000	4 200	预收账款	150	150
长期股权投资	500	700	长期借款	3 500	3 550
固定资产原值	18 000	20 000	递延税款		50
减:累计折旧	6 000	6 800	实收资本	10 000	10 000
固定资产净值	12 000	13 200	资本公积	2 000	2 100
无形资产	600	500	未分配利润	800	800
资产总计	21 800	22 000	负债及所有者权益总计	21 800	22 000

2001年12月1日甲公司以银行存款16 000万元取得乙公司100%的股权,并且从2001年1月1日起享有乙公司的全部利润分配权。资产评估基准日到股权购买日,乙公司的资产和负债价值未发生变化,10~11月实现净利润300万元,12月实现净利润500万元,2002年4月甲公司收到乙公司分来利润1 000万元。收购后乙公司仍然保留其法人资格。要求:

(1)编制乙公司资产评估结果处理的会计分录。

(2)编制甲公司长期股权投资的相关会计分录(股权投资差额按10年摊销)。

提示:①乙公司可以沿用旧账,根据资产评估价值对原账面价值进行调整,其差额作为资本公积。②甲公司按2001年9月30日乙公司评估确认的所有者权益计算股权投资差额,2002年4月份收到乙公司的分红为2001年利润,属投资前的应冲减成本,属投资后的应列入损益调整。

[案例2] 某企业为进行股份制企业改组，2001年末对资产进行清查，清查结果见下表：

单位：元

项 目	账面数	实存数	备 注
原材料	240 000	239 000	材料成本差异率为 -1%
其中：原材料——A材料	50 000	51 000	增值税税率为17%
——B材料	32 000	30 000	原材料市价总值225 000元
			盘盈材料冲减管理费用
			盘亏材料作为管理费用列支
在产品——甲产品	18 000	135 000	其中原材料70 000元
			盘亏在产品作为管理费用
固定资产	4 800 000	4 770 000	
机器——小型汽车	62 000	0	已提折旧42 000元
设备——车床	0	32 000	四成新

企业将清查结果报给资产评估部门，由资产评估部门对企业的资产进行评估，其评估结果见下表：

单位：元

项 目	账 面 数	评 估 值
原材料	239 000	220 000
在产品	135 000	135 000
库存商品	240 000	210 000
固定资产	4 770 000	5 000 000
无形资产	350 000	400 000

要求：该企业所得税税率为33%，请根据上述资料编制有关资产清查和评估的会计分录。

[案例3] 某国有企业经批准改组为股份制企业，改组前资产、负债及所有者权益账面额及评估确认的价值见下表：

单位：万元

项 目	金 额		项 目	金 额
	评估前	评估后		
现金	3	3	短期借款	270
银行存款	50	50	应付账款	140
短期投资	50	52	其他应付款	40
应收账款	50	50	实收资本	700
减：坏账准备	3	3	资本公积	90
原材料	100	120	长期借款	800
库存商品	200	180	盈余公积	30
固定资产	2000	2 100	未分配利润	80
减：累计折旧	300	300		
合 计	2 150	2 252	合 计	2 150

所得税税率为33%，核定的股本总额为2 000万元，股份总额为2 000万股，每股1元。要求：

(1)编制评估结果处理的会计分录，并编制调整后的科目余额表；

(2)计算该企业应折合的股份数及对外发行的股份数；

(3)作结束旧账、另立新账的会计处理。

第四章 流动资产评估

第一节 流动资产评估的特点和程序

流动资产是指企业可以在一年内或者超过一年的一个营业周期内变现或者耗用的资产,包括现金及各种存款、存货、应收及预付款项、短期投资等。

一、流动资产的特点

1. 变现能力强

各种形态的流动资产都可以在较短的时间内出售和变卖,具有较强的变现能力,是企业对外支付和偿还债务的重要保证。变现能力强是企业中流动资产区别于其他资产的重要标志。但各种形态的流动资产,其变现速度是有区别的。按其变现的快慢排序,货币形态的流动资产本来就是随时可用的资金,其次是生产加工过程中的存货和近期可变现的债权性资产,再次是生产加工过程中的在产品及准备耗用的物资。一个企业拥有的流动资产越多,企业对外支付的偿还债务的能力越强,企业的风险性就越小。

2. 形态多样化

流动资产在周转过程中不断改变其形态,依次由货币形态开始,经过供应、生产、销售等环节,从一种形态转化为另一种形态,最后又变成为货币形态。各种形态的流动资产在企业中同时并存,分布于企业的各种环节。这些流动资产按其存在形态,可以归结为四种类型:货币类流动资产,包括现金和各项存款;实物类流动资产,包括各种材料、在产品、库存商品等;债权类流动资产,包括应收账款、预付账款等;其他流动资产等。

3. 周转速度快

流动资产在使用中经过一个生产经营周期,就改变其实物形态,并将其全部价值转移到所形成商品中去构成成本费用的组成部分,然后从营业收入中得到补偿。可见,判断一项资产是否是流动资产,不仅仅是看资产的表面形态,而应视其周转状况而定。

二、流动资产评估的特点与方法

(1) 必须选准流动资产评估的基准时间。流动资产与其他资产的显著不同在于其流动性和波动性。不同形态的流动资产随时都在变化,而评估则是确定其某一时点上的价值,不可能人为地停止流动资产的运转。因此,所选评估基准日应尽可能在会计期末,必须在规定的时点进行资产清查、登记和确定流动资产数量和账面价值,避免重复登记和遗漏登记现象的发生。

(2) 流动资产评估属单项评估,它是以单项资产为对象进行的资产评估。因此,它不需要以其综合获利能力进行综合性价值评估。

(3) 既要认真进行资产清查,同时又要分清主次,掌握重点。流动资产评估之前必须进行认真仔细的资产清查,否则影响评估结论的准确性。但是,流动资产一般具有数量大、种类多的特点,清查工作量很大,所以流动资产清查应考虑评估的时间要求和评估成本。对流动资产评估往往需要根据不同企业的生产经营特点和流动资产分布的情况,对流动资产分清主次、重点和一般，选择不同的方法进行清查和评估，做到突出重点，兼顾一般。清查采用的方法是抽查、重点清查和全面清查。当抽查核实中发现原始资料或清查盘点工作可靠性较差时，要扩大抽查面，甚至核查全部流动资产。

(4) 流动资产周转速度快，变现能力强，在价格变化不大的情况下，资产的账面价值基本上可以反映出流动资产的现值。因此，在特定情况下，也可以采用历史成本作为评估值。同时，与其他长期资产不同的是，评估流动资产时无需考虑资产的功能性贬值因素，而资产有形损耗（实体性损耗）的计算也只适用于低值易耗品以及呆滞、积压流动资产的评估。

三、流动资产评估的程序

(1) 确定评估对象和评估范围。进行流动资产评估前，首先要确定被评估资产的对象和范围，这是节约工作时间、保证评估质量的重要条件之一。被评估对象和评估范围应依据经济活动所涉及的资产范围而定。同时，应做好下列工作：①鉴定流动资产。弄清被评估流动资产的范围，必须注意划清流动资产与其他资产的界限，防止将不属于流动资产的机器设备等作为流动资产，也不得把属于流动资产的低值易耗品等作为其他资产，以避免重复评估和遗漏评估。②查核待评流动资产的产权。企业中存放的外单位委托加工材料、代保管的材料物资等，尽管存在于该企业中，但不得将其列入流动资产评估范围。此外，根据国家有关规定，抵押后的资产不得用于转让和再投资，如该企业的流动资产已作为抵押物，则不能将其转让或投资，这类流动资产也不得列入评估范围。③对被评估流动资产进行抽查核实，验证基础资料。一份准确的被评估资料清单是正确估价资产的基础资料，被评估资产的清单应以实存数量为依据，而不是以账面记载情况为标准。

(2) 对有实物形态的流动资产进行质量检测和技术鉴定。对企业需要评估的材料、半成品、库存商品等流动资产进行检测和技术鉴定，目的是为了了解这部分资产的质量状态，以便确定其是否尚有使用价值，并核对其技术情况和等级状态与被估资产清单的记录是否一致。对被估资产进行技术检测是正确估价资产价值的重要基础。特别是对那些有时效要求的各种存货，如有保鲜期要求的食品和有效期要求的药品、化学试剂等，技术检测尤为重要。存货在存放期内质量发生变化，会直接影响其市场价格。因此，评估必须考虑各类存货的内在质量因素。对各类存货进行技术质量检测，可由被评估企业的有关技术人员、管理人员与评估人员合作完成。

(3) 对企业的债权、票据、分期收款发出商品等基本情况进行分析。根据对被评估企业与债务人经济往来活动中的资信情况的调查了解和每一项债权资产经济的内容、发生时间的长短及未清理的原因等因素，综合分析确定这部分债务、票据等回收的可能性、回收的时间、回收时将要发生的费用及风险。

(4) 合理选择评估方法。评估方法的选择，主要是根据评估目的和不同种类流动资产的特点。如前所述，根据不同流动资产的特点，从评估角度将流动资产划分为四种类型，不同类型的流动资产在评估方法选择上有很大不同。对于实物类流动资产，可以采用现行市价法和成本法。对存货中价格变动较大的要考虑市场价格。对买价较低的要按现价调整，对买入价较高的，除考虑市场价格外，还要分析最终产品价格是否能够相应提高，或存货本身是否具有按现价出售的可能性。对于货币类流动资产，其清查核实后的价值本身就是现值,不需要采用特殊方法进行评估,只是对外币存款应按评估基准日的国家外汇牌价进行折算。对于债权类流动资产,只适用于按可变现值进行评估。对于其他流动资产,应分别不同情况进行,其中有物质实体的流动资产,则应视其价值情形,采用与机器设备等相同的方法进行。

(5) 评定估算流动资产,出具评估结论。

第二节　货币性流动资产评估

货币性流动资产,又称为货币性资产,是指持有的现金及将以固定或可确定金额的货币收取的资产,包括现金、应收账款和应收票据以及短期投资等。这里的现金包括库存现金、银行存款和其他货币资金。

货币性流动资产是相对于非货币性资产而言的。两者区分的主要依据是资产在将来为企业带来的经济效益,即货币金额,是否是固定的,或可确定的。如果资产在将来为企业带来的经济效益,即货币金额是固定的,或可确定的,则该资产为货币性资产;反之,如果资产在将来为企业带来的经济效益,即货币金额是不固定的,或不可确定的,则该资产为非货币性资产。一般地,资产负债表所列示的项目中属于货币性资产的项目有:货币资金、准备持有至到期的债券投资、应收票据、应收账款、应收利息、应收账款、应收补贴款、其他应收款等。

一、货币资金的评估

资产评估主要是对非货币性资产进行评估,货币资金不会因时间的变化而发生差异,因此,对现金和各项存款的评估,实际上就是对这些项目的清查确认。

(1) 核对库存现金日记账,银行存款日记账与总账的余额是否一致。

(2) 盘点库存现金,盘点一般应突击进行,盘点时必须有出纳员和会计主管参加。

(3) 取得并检查银行存款余额调节表,核实银行存款实有数。

(4) 以核实后的实有数额为货币资金的评估值。

二、应收账款及预付账款的评估

企业的应收账款和预付账款主要指企业在经营过程由于赊销原因而形成的尚未回收的款项,以及企业根据合同规定预付给供货单位的货款等。这些应收账款和预付款项属于企业债权性流动资产。但由于存在回收风险,因此,在对这些资产估算时,一般应从两方面进行:一是清查核实应收账款数额(这里主要说明应收账款评估,预付款项评估可比照进行);二是判断估计可能的坏账损失。确定应收账款评估值的基本公式表示为:

应收账款评估值 = 应收账款账面价值 - 已确定坏账损失 - 预计坏账损失

1. 确定应收账款账面价值

评估时可根据债权资产内容进行分类,即将外部债权、机构内部独立核算单位之间往来票据及其他债权分成几类,并根据其特点及内容,采取不同的方法进行核实。对外部债权,除了与账表核对外,一般尽可能地要求按户发函核对,查明各项应收账款的虚实和金额,以及每一笔账款是否具有合法、有效的记录,作为在评估时考虑其坏账损失的一种依据。对机构内部独立核算单位之间往来进行双向核对，避免重计、漏计及其他不真实的债权关系。

2. 确认已确定的坏账损失

已确定的坏账损失是指评估时债务人已经死亡或破产倒闭而确实无法收回的应收账款。对于已确定的坏账损失，应严格按有关规定进行处理。

3. 确定预计坏账损失

即对应收账款回收的可能性进行判断。一般可以根据企业与债务人的业务往来和债务人的信用情况，将应收账款分为几类进行账龄分析，并按分类情况估计应收账款回收的可能性。详细分类情况如下：

(1) 业务往来较多，对方结算信用好。这类应收账款一般能够如期全部收回。

(2) 业务往来少，对方结算信用一般。该类应收账款收回的可能性很大，但回收时间不确定。

(3) 一次业务往来，对方信用情况不太清楚。这类应收账款可能只收回一部分。

(4) 长期拖欠或对方单位已撤销，这类应收账款可能无法收回。

上述分类方法，既是对应收账款坏账损失可能性的判断过程，也是对预计坏账损失定量分析的准备过程。

对预计坏账损失定量分析的方法有：

(1) 坏账估计法。即按坏账的比例，判断不可回收的坏账损失的数额。坏账比例的确定，可以根据被评估企业前若干年（一般为三至五年）的实际坏账损失额与其应收账款发生额的比例确定。计算公式为：

$$\text{坏账比例} = \frac{\text{评估前若干年发生的坏账数额}}{\text{评估前若干年应收账款余额}} \times 100\%$$

当然，如果一个企业的应收项目如果多年未清理，账面找不到处理坏账的数额，也就无法推算出坏账损失率，在这种情况下就不能采用这种方法。

[例1] 对某企业进行整体资产评估，经核实，截止评估基准日的账面应收账款实有额为520万元，前5年的应收账款发生情况及坏账处理情况如表4-1所示。

由此计算前5年坏账占应收账款的百分比为：

$$(485\ 600/11\ 640\ 000) \times 100\% = 4.17\%$$

预计坏账损失额为：

$$520 \times 4.17\% = 21.684（万元）$$

表4-1　　　　　　　　　　　　　　　　　　　　　　　　　　　　　　　单位：元

	应收账款余额	处理坏账额	备注
第一年	1 500 000	200 000	
第二年	2 450 000	72 000	
第三年	2 500 000	120 000	
第四年	3 050 000	83 500	
第五年	2 140 000	10 100	
合计	11 640 000	485 600	

确定坏账损失比率时,还应该分析其特殊原因造成的坏账损失,这部分坏账损失产生的坏账比率有其特殊性,不能直接作为未来预计损失的依据。

(2) 账龄分析法。即按应收账款拖欠时间的长短,分析判断可收回的金额和坏账。一般来说,应收账款账龄越长,坏账损失的可能性越大。因此,可将应收账款按账龄长短分成几组,按组估计坏账损失的可能性,进而计算坏账损失的金额。

[例2] 某企业评估时,经核实企业应收账款实有额为 858 000 元,具体发生情况以及由此确定坏账损失情况如表 4-2、表 4-3 所示。

表 4-2　　　　　　　　　应收项目拖欠时间分析表　　　　　　　　　单位:元

应收账款项目	总金额	其中:未到期	其中:过期			
			半年	一年	两年	三年及三年以上
甲	487 000	202 000	85 000	160 000	40 000	
乙	176 000	80 000	40 000		10 000	46 000
丙	66 000			18 400	32 000	15 600
丁	129 000	22 000	18 000	24 000	25 000	40 000
合计	858 000	304 000	143 000	202 400	107 000	101 600

表 4-3　　　　　　　　　坏账计算分析表　　　　　　　　　单位:元

拖欠时间	应收金额	预计坏账率	坏账金额	备注
未到期	304 000	1%	3 040	
半年	143 000	10%	14 300	
一年	202 400	15%	30 360	
二年	107 000	25%	26 750	
三年以上	101 600	43%	43 688	
合　计	858 000	—	118 138	

应收账款评估值 = 858 000 - 118 138 = 739 862(元)

一般来说,应收账款被评估以后,账面上的"坏账准备"科目按零值计算,评估结果中没有此项目。对应收账款评估时,是按照实际可收回的可能性进行的。因此,应收账款评估值就不必再考虑坏账准备数额。

三、应收票据的评估

票据是具有一定格式的书面债据,是由债务人签发的在指定日期内由持票人向出票人(即签发人)或承兑人收回票面金额的书面证明。票据有记名的,也有不记名的;有带息的,也有不带息的;有由出票人支付的本票、银行本票或期票,也有按票面载明付款日期的定期票据。票据可以依照法律规定,经指定受款人在其背面签章后(即背书),将其转让他人;也可以把未到期的票据作为担保物向银行取得贷款(即贴现)。应收票据指企业持有的尚未兑现的各种票据。主要包括:①顾客交来的自己签发的本票;②顾客交来的他人签发背书的本票和汇票;③企业本身签发的、经付款人承兑的汇票。

由于票据有带息和不带息之分,所以对不带息票据,其评估值即是其票面额。对于带息票据,应收票据的评估值应由本金和利息两部分组成。本金是指出票人承诺的债务金额,利息则为债务到期时所应支付的资金使用成本。应收票据评估可采取下列两种方法:

(1) 按本金加利息确定计算公式为:

$$应收票据评估值 = 本金 \times (1 + 利息率 \times 时间)$$

[例3] 某企业拥有一张期限为一年的票据,本金75万元,月息为10‰,截止评估基准日离付款期尚差三个半月的时间。由此确定评估值为:

$$75 \times (1 + 10‰ \times 8.5) = 81.375(万元)$$

(2) 按应收票据的贴现值计算。指对企业拥有的尚未到期的票据,按评估基准日到银行可获得的贴现值计算确定评估值。计算公式为:

$$应收票据评估值 = 票据到期价值 - 贴现息$$
$$贴现息 = 票据到期价值 \times 贴现率 \times 贴现期$$

[例4] 某企业向甲企业售出一批材料,价款500万元,商定6个月收款,采取商业承兑汇票结算。该企业于4月10日开出汇票,并经甲企业承兑。汇票到期日为10月10日。现对该企业进行评估,基准日为6月10日。由此确定贴现日期为120天。贴现率按月息6‰计算。则有:

$$贴现息 = 500 \times 120 \times (1/30) \times 6‰ = 12(万元)$$

$$应收票据评估值 = 500 - 12 = 488(万元)$$

与应收账款相类似,如果被评估的应收票据是在规定的时间尚未能收回的票据,应按应收账款的评估方法,在分析调查其原因的基础上作坏账处理。

四、待摊费用、预付费用和短期投资的评估

1. 待摊费用和预付费用

待摊费用是指企业中已经支付或发生,但应由本月和以后各个月份负担的费用。费用本身不是资产,它是已耗用资产的反映,但它的支出可以形成一定形态的有形资产和无形资产。因此,要评估确定待摊费用的价值,实际上是确定其实体资产或某种权利的价值。

待摊费用形成的原因是:①属于预付费用性质,如预付保险费、预付租入固定资产租金、预付下年报刊费等。②属于均衡成本性质,如一次性大量领用低值易耗品,一次性支付数额较大的印花税等为均衡成本,按受益期限摊销。

预付费用之所以作为资产,是因为这类费用在评估日之前企业已经支出,但在评估日之后才能产生效益。如预付的报刊杂志费、预付保险金、预付租金等等。因而,可将这类预付费用看作是未来取得服务的权利。

预付费用的评估主要依据其未来可产生效益的时间。如果预付费用的效益已在评估日前全部体现,只因发生的数额过大而采用分期摊销的办法,这种预付费用不应在评估中作价。只有那些在评估日之后仍将发挥作用的预付费用,才是评估的对象。

对于待摊费用的评估,原则上应按其形成的具体资产价值来确定。例如,某企业待摊费用中,发生的待摊修理费用2万元,而在机器设备评估时,由于发生修理费用延长机器设备寿命或增加其功能,使机器设备评估值增大,因此,待摊费用2万元已在机器设备价值中得以实现,这部分反映在待摊费用中的价值无须体现。因此,这项待摊费用不能确认其评估价值。

又如某企业进行清算评估,其待摊费用中,有预付下年度报刊费,由于该项支出实际已发生,与未来的资产价值已没有联系,该待摊费用的评估价值应为零。

[案例分析] 某持续经营企业对预付费用进行单项评估,评估基准日为2001年9月30日。有关资料如下:企业截止评估基准日账面费用余额为86.78万元(不含车间在产品成本),其中有预付2001年全年的保险金7.56万元,已摊销1.89万元,余5.67万元;尚待摊销的低值易耗品余额39.71万元,市值为41.282万元;预付的房租租金25万元,已摊销5万元,余20万元。根据租约,始租时间为1999年9月30日,租约终止期为2004年9月30日;以前年度结转因成本高而未结转的费用21.4万元。

i)评估思路:由于该企业为持续经营企业,预付费用的现时价值应为未来取得的效用。

ii)预付保险金的评估,根据保险金全年支付数额计算每月应分摊数额为:75 600/12 = 6 300(元)

$$应预留保险金(评估值) = 6\ 300 \times 3 = 18\ 900(元)$$

iii)低值易耗品根据实物数量和现行市场价格评估,评估值为412 820元。

iv)租入固定资产的评估,按租约规定的租期和五年总租金计算,每年的租金为5万元,租赁的房屋尚有3年使用权。

$$评估值 = 5 \times 3 = 15(万元)$$

v)以前年度应结转费用由于是应转未转费用,因此评估值为零。评估结果为:18 900 + 412 820 + 150 000 = 581 720(元)。

2. 短期投资的评估

短期投资的目的是企业利用正常营运中暂时多余的资金,购入一些不是企业本身业务需要但能随时变现的有价证券。这样做既能保证企业现金支付需要,又可获得一定的收益。短期投资中对于公开挂牌交易的有价证券,可按评估基准日的收盘价计算确定评估值;不能公开交易的有价证券,可按其本金加持有期利息计算评估值。

第三节 非货币性流动资产评估

非货币流动资产是指实物类流动资产,其特点是金额是不确定的。包括各种材料、低值易耗品、包装物、在产品、库存商品等。就本质而言,资产评估主要是对非货币性资产所作的评估,因此,对非货币性流动资产的评估是流动资产评估的重要内容。

一、材料评估

1. 材料评估的内容与步骤

企业中的材料,可以分为库存材料和在用材料。在用材料在再生产过程中形成产品或半成品,已不再作为单独的材料存在,故材料评估是对库存材料评估。

库存材料包括各种主要材料、辅助材料、燃料、修理用备件、包装物、低值易耗品等。

库存材料的特点是：品种多、金额大，而且性质各异，计量单位、计价和购进时间、自然损耗各不相同。根据库存材料的特点，评估时可按下列步骤进行：

(1) 账、表与实物数量应相符，并查明有无霉烂、变质、毁损的材料，有无超储呆滞的材料等。

(2) 根据不同评估目的和待估资产的特点，选择适应的评估方法。在方法应用上，更多的是采用成本法、现行市价法。因为材料等流动资产，其功效高低取决于其自身，而且是生产过程中的"消费性"资产，所以，即使在发生投资行为情况下，仍可采用现行市价法和成本法。就这两种方法而言，如果在某种材料市场畅销，供求基本均衡的情况下，两者可以替代使用。但如不具备上述条件，则应分析使用。

(3) 运用企业库存管理的 ABC 管理法，按照一定的目的和要求，对材料排队，分清重点，着重对重点材料进行评估。

2. 材料评估的方法

对材料进行评估时，可以根据材料购进情况选择相适应的方法。

(1) 近期购进库存材料的评估。近期购进的材料库存时间短，在市场价格变化不大的情况下，其账面值与现行市价基本接近。评估时，可以采用历史成本法，也可采用现行市价法。

[例5] 企业某种材料是两个月以前从外地购进，数量 5 000kg，单价 400 元，当时支付的运杂费为 600 元。根据原始记录和清查盘点，评估库存尚有 1 500kg 材料。根据上述资料，可以确定该材料的评估值如下：

$$材料评估值 = 1\ 500 \times (400 + 600/5\ 000) = 600\ 180(元)$$

评估时对于购进时发生运杂费的处理，如果是从外地购进的原材料，因运杂费发生额较大，评估时应将由被评估材料分担的运杂费计入评估值；如果是本地市面上购进，运杂费发生额较少，评估时则可以不考虑运杂费。

(2) 购进批次间隔时间长、价格变化大的库存材料的评估。对这类材料评估时，可以采用最接近市场价格的材料价格或直接以市场价格作为其评估值。

[例6] 某企业要求对其库存的特种铝材进行评估。该特种铝材是分两批购进的，第一批购进时间是上年 10 月，购进 1 000 吨，每吨 3 800 元；第二批是今年 4 月购进的，数量 100 吨，每吨 4 500 元。今年 5 月 11 日评估时，经核实，去年购进的特种铝材尚存 500 吨，今年 4 月购进的尚未使用。因此，需评估特种铝材的数量是 600 吨，价格可采用 4 500 元计算，评估值为：

$$特种铝材评估值 = 600 \times 4\ 500 = 2\ 700\ 000(元)$$

本例的评估中，因评估基准日 5 月 1 日与今年 4 月购进时间较接近，直接采用 4 月购进材料价格。如果近期内该材料价格变动很大，或者评估基准日与最近一次购进时间间隔期较长，其价格变动很大，评估时应采用评估基准日的时价。另外，由于材料的分期购进，且购价各不相同，各企业采用核算方法不同，如先进先出法、后进先出法、加权平均法等，其账面余额就不一样。但核算方法的差异不应影响评估结果。评估时关键是核查库存材料的实际数量，并按最接近市场的价格计算确定其评估值。

(3) 购进时间早，市场已经脱销，没有准确现价的库存材料评估。这类材料的评估，可以通过寻找替代品的价格变动资料修正材料价格;也可以在市场供需分析的基础上,确定该项材料的供需关系,并以此修正材料价格;还可以通过市场同类商品的平均物价指数进行评估。

(4) 超储积压物资的评估。超储积压物资是指从企业库存材料中清理出,需要进行处理的那部分资产。由于长期积压,时间较长,可能会因为自然力作用和保管不善而造成使用价值的下降。对这类资产的评估,首先应对其数量和质量进行核实和鉴定,然后区别不同情况进行评估。对其中失效、变质、残损、报废、无用的,应通过分析计算,扣除相应的贬值额后,确定评估值。

根据会计账面反映的库存材料,还有盘盈、盘亏材料,评估时应以有无实物存在为原则进行评估,并选用相适应的评估方法。

3. 低值易耗品的评估

低值易耗品是指单项价值在规定限额以下或使用期限不满一年,但能多次使用而基本保持其实物形态的劳动资料。低值易耗品与固定资产都是企业的劳动资料,所不同的是固定资产是主要劳动资料。尽管财务制度规定了划分固定资产和低值易耗品的一般标准,但不同行业对两者划分却是不一样的。例如作为服装行业主要劳动资料的缝纫机,在机械工业企业中通常是作为低值易耗品看待。因此,在评估过程中判断劳动资料是否为低值易耗品,原则上视其在企业中的作用而定。一般可尊重企业原来的划分方法,同时,低值易耗品又是特殊流动资产,与典型流动资产相比,它具有周转时间长、不构成产品实体等特点。掌握低值易耗品的特点,是做好低值易耗品评估的前提。

低值易耗品种类很多,为了评估需要,可以对其进行分类。分类方法有两种:

(1) 按低值易耗品的用途分类,可以分为以下几类:一般工具,专用工具,替换设备,管理用具,劳动保护用品,其他。

(2) 按低值易耗品的使用情况分类,可以分为两类:在库低值易耗品;在用低值易耗品。

上述第一种分类的目的,在于可以按大类进行评估,简化评估工作;第二种分类则是考虑了低值易耗品的具体情况,直接影响评估方法的选用。

在库低值易耗品的评估,可以根据具体情况,采用与库存材料评估相同的方法。

在用低值易耗品的评估,可以采用成本法进行评估。计算公式为:

$$在用低值易耗品评估值 = 全新成本价值 \times 成新率$$

全新成本价值,可以直接采用其账面价值(价格变动不大),也可以采用现行市场价格,有时还可以在账面价值基础上乘以其物价变动指数确定。低值易耗品分外购和自制两种形式,确定评估价值时,在细节分析上有不同,评估时应视具体情况分析计算。

在对低值易耗品评估时,由于其使用期短于固定资产,一般不考虑其功能性损耗和经济性损耗,其成新率计算公式为:

$$成新率 = (1 - 低值易耗品实际已使用月数/低值易耗品可使用月数) \times 100\%$$

低值易耗品的价值采用摊销的方式。摊销的目的在于有效地计算成本、费用,基本不反映低值易耗品的实际损耗程度。在确定低值易耗品成新率时,应根据其实际损耗程度确定,而不能按照其原摊销方式确定。

[例 7] 某企业某项低值易耗品,原价 750 元,预计使用 1 年,现已使用 9 个月,该低值易耗品现行市价为 1 200 元,由此确定其评估值为:

在用低值耗品评估 = 1 200 × (1 - 9/12) × 100% = 300(元)

二、在产品评估

这部分流动资产包括制作过程中的在产品、已加工完成入库但不能单独对外销售的半成品(可直接对外销售的自制半成品视同库存商品评估,在此不作介绍)。在对这部分资产进行评估时,应结合其特点,按照重置时的合理费用进行估价。具体方法有以下两种:

1. 成本法

这种方法是根据技术鉴定和质量检测的结果,按评估时的相关市场价格、费用水平重置同等级在产品及自制半成品所需投入合理的料工费计算评估值。这种评估方法只适用于生产周期在半年以上或一年以上,仍需继续生产、销售并且盈利的在产品等的评估。对生产周期短的在产品,主要以其发生成本为计价依据,在没有变现风险的情况下,可根据其账面值进行调整。具体方法有以下几种:

(1) 按价格变动系数调整原成本。对生产经营正常,会计核算水平较高的企业在产品的评估,可参照实际发生的原始成本,根据到评估日的市场价格变动情况,调整成重置成本。评估的方法是:

①对被评估在产品进行技术鉴定,将其中超出正常范围的不合格在产品成本从总成本中剔除;

②分析原成本,将非正常的不合理费用从总成本中剔除;

③分析原成本中材料从其生产准备开始到评估日止市场价格变动情况,并测算出价格变动系数;

④分析原成本中的工资、燃料、动力等制造费用从开始生产到评估日,有无大的变动,是否作调整,并测算出调整系数;

⑤根据技术鉴定、原始成本的分析及价格变动系数的测算,调整成本,确定评估值,必要时还从变现的角度修正评估值。基本计算公式为:

某项或某类在产品、自制半成品评估值 = 原合理材料成本 × (1 + 价格变动系数)
+ 原合理工资、费用 × (1 + 合理工资、费用变动系数)

需要说明的是,在产品成本包括材料、工资和其他费用三部分。其他费用属间接费用,工资费用尽管是直接费用,但也同间接费用一样较难测算。因此评估时将工资和其他费用合为一项费用。

(2) 按社会平均工艺定额和现行市面上计算评估值。即按重置同类资产的社会平均成本确定被评估资产的价格。用这样的方法对在产品等进行评估需要掌握以下资料:

①被评估在产品的完工程度;

②被评估在产品有关工序的工艺定额;

③被评估在产品耗用物料的近期市场购买价格;

④被评估在产品的合理工时费率(这个数据采用正常情况下生产经营的工时费率)。

计算评估值的基本公式为:

$$某在产品评估值 = 在产品实有数量 \times (该工序单件材料工艺定额 \times 单位材料现行市价 + 该工序单件工时定额 \times 正常工资、费用)$$

对于工艺定额的选取,如果有行业的平均物料消耗标准的,可按行业标准计算;没有行业统一标准的,按企业现行的工艺定额计算。

(3) 按在产品的完工程度计算评估值。因为在产品的最高形式为产成品(库存商品),因此,计算确定在产品评估值,可以在计算产成品重置成本基础上,按在产品完工程度计算确定在产品评估值。计算公式为:

$$在产品评估值 = 产成品重置成本 \times 在产品约当量$$
$$在产品评估值 = 产成品重置成本 \times 在产品完工率$$

在产品约当量、完工率可以根据其完成工序与全部工序比例、生产完成时间与生产周期比例确定。当然,确定时应分析完成工序、完成时间与其成本耗费的关系。

2. 现行市价法

采用这种方法是按同类在产品和半成品的市价,扣除销售过程中预计发生的费用后计算评估值。这种方法适用于因产品下马,在产品和自产半成品只能按评估时的状态向市场出售情况下的评估。一般来说,被估资产通用性好,尚能用于产品配件更换或用于维修,评估的价值就比较高。对不能继续生产,又无法通过市场调剂出去的专用配件只能按废料回收价格进行评估。计算评估值的基本公式为:

$$某在产品评估值 = 该种在产品实有数量 \times 可接受的不含税的单位市场价格 - 预计在销售过程中发生的费用$$

如果在调剂过程中有一定的变现风险,还要考虑设立一个风险调整系数,计算可变现的评估值。

$$某报废在产品评估值 = 可回收废料的重量 \times 单位重量现行的回收价格$$

[例8] 某企业因产品技术落后而全面停产,准备并入另一家企业,现就这个企业的在产品进行评估。有关评估资料如下:

在产品原账面记载的成本为175万元。按在产品的状态及通用性的好坏分为三类:

一类:已从仓库中领出,但尚未进行加工的原料;

二类:已加工成部件,可通过市场调剂且流动性好的在产品;

三类:加工成的部件无法调剂出去,又不能继续加工,只能报废处理的在产品。

对于第一类在产品,可按实有数量、技术鉴定情况、现行市场价格计算评估值。第二类在产品可根据市场可接受现行价格、调剂过程中的费用、调剂的风险确定评估值。第三类在产品只能按废料的回收价格确定评估值。

根据评估资料可以确定评估结果,如表4-4、表4-5及表4-6所示。

表 4-4　　　　　　　　车间已领用尚未加工的原材料　　　　　　　　单位:元

材料名称	编号	计量单位	实有数量	现行单位市价	按市价计算的资产价格
黑色金属	甲001	t	150	1 600	240 000
有色金属	甲002	kg	3 000	18	54 000
有色金属	甲003	kg	7 000	112	784 000
合　计					1 078 000

表 4-5　　　　　　　车间已加工成部件并可直接销售的在产品　　　　　　单位:元

部件名称	编号	计量单位	实有数量	现行单位市价	按市价计算的资产价格
A	乙001	件	1 800	54	97 200
B	乙002	件	800	100	80 000
C	乙003	台	1 000	250	250 000
D	乙004	台	130	165	21 450
合　计					448 650

表 4-6　　　　　　　　　　　报废在产品　　　　　　　　　　　单位:元

在制品名称	计量单位	实有数量	单位可回收废料	可回收废料数量	单件回收价格	评估值
D001	件	5 000	35	175 000	0.4	70 000
D002	件	6 000	10	60 000	0.4	24 000
D003	件	4 500	2	9 000	6	54 000
D004	件	3 000	11	33 000	5	165 000
合　计						313 000

三、库存商品的评估

这部分流动资产包括完工入库和已完工并经过质量检验但尚未办理入库手续的库存商品等,应依据其变现的可能性和市场接受的价格进行评估,适用的方法有成本法和现行市价法。

1. 成本法

采用成本法对生产加工工业的库存商品评估,主要根据生产、制造该项库存商品全过程中发生的成本费用确定评估值。一般适用于产权不变的情况。具体应用过程中可分以下两种情况:

(1) 当评估基准日与库存商品完工时间较接近,成本升降变化不大时,可以直接按库存商品账面成本确定其评估值。计算公式为:

库存商品评估值 = 库存商品数量 × 单位库存商品账面成本

(2) 当评估基准日与库存商品完工时间相距较远,制造库存商品的成本费用变化较大时,库存商品评估值可按下列公式计算:

库存商品评估值 = 库存商品实有数量 ×(合理材料工艺定额 × 材料单位现行价格
　　　　　　　　+ 合理工时定额 × 单位小时合理工时工资、费用)

[例9] 某评估事务所对某企业进行资产评估。经核查,该企业库存商品实有数量为 16 000 件,根据该企业的成本资料,结合同行业成品耗用资料分析,合理材料工艺定额为 500kg/件,合理工时定额为 20 小时。评估时,由于生产该库存商品的材料价格上涨,由原来的 60 元/kg 涨至 62 元/kg,单位小时合理工时工资、费用不变,仍为 15 元/小时。根据上述分析和有关资料,可以确定该企业库存商品评估值为:

库存商品评估值 = 16 000 × (500 × 62 + 20 × 15) = 50 080(元)

[例10] 某企业库存商品实有数量 160 台,每台实际成本 58 元,根据会计核算资料,生产该商品的材料费用与工资、其他费用比例为 60∶40,根据目前价格变动情况和其他相关资料,确定材料综合调整系数为 1.15,工资、费用综合调整系数为 1.02。由此可以计算该库存商品的评估值为:

库存商品评估值 = 160 × 58 × (60% × 1.15 + 40% × 1.02) = 10 189.44(元)

2. 现行市价法

这种方法是指按不含价外税的可接受市场价格,扣除相关费用后计算被评估库存商品评估值的方法。这种方法尤其适用于产权变动的情况,其中工业企业的产品一般以卖出价为依据,商业企业的商品一般以买进价为依据。

应用现行市价法评估库存商品,在选择市场价格时应注意考虑下面几项因素:①库存商品的使用价值。根据对库存商品本身的技术水平和内在质量的技术鉴定,确定商品是否具有使用价值以及商品的实际等级,以便选择合理的市场价格;②分析市场供求关系和被评估库存商品的前景;③所选择的价格应是在公开市场上所形成的近期交易价格,非正常交易价格不能作为评估的依据;④对于产品技术水平先进,但商品外表存有不同程度的残缺的,可根据其损坏程度,通过调整系数予以调整。

采用现行市价法时,库存商品应以其评估目的而定。假如以库存商品出售为目的,就应直接以现行市场价格作为其评估值,而无须考虑扣除其销售费用的税金。理由是,任何以低于市场价格的评估值,对于卖方来说都是不能接受的。另外,对于交纳增值税的库存商品来说,其销项税额尽管向购买方收取,但并不构成库存商品价格。而且,对于买方来说,支付给卖方的销项税额即为自身的进项税,在它买进的库存商品再卖出时,所支付税款是销项税款与进项税款的差额,本身意味着税款的扣除。在对企业以投资为目的进行库存商品评估时,由于库存商品在新的企业中按市价销售后,流转税金和所得税等就要流出企业,追加的销售费用也应得到补偿;另一方面,库存商品评估折价后作为投资者权益,具有分配收益的依据,因此,在这种情况下,必须从市价中扣除各种税金和利润后,才能作为库存商品评估值。

在实际评估工作中对于畅销的商品,根据其出厂销售价格减去销售费用和全部税金确定评估值;对于正常销售的产品,根据其出厂销售价格减去销售费用、全部税金和适当数额的税后净利润确定评估值;对于勉强能销售出去的商品,根据其出厂销售价格减去销售费用、全部税金和税后净利润确定评估值。

[例11] 某空调机厂生产的分体空调机,账面价值为 2 160 000 元。评估中,根据空调机厂提供的年度会计报表以及评估人员的清查可知,评估基准日分体空调机的库存数量为 1 200 台,账面单价 1 800 元/台,出厂价 3 000 元/台(含增值税)。该商品的销售费用率为 2.33%。销售税金及附加占销售收入的比例为 1.4%,利润率为 14.48%。

分体空调机评估值 = 1200 × [3 000/(1 + 17%)] × (1 − 2.33% − 1.4% − 14.48% × 33%) = 2 815 126.15(元)

综合练习及案例分析

一、单项选择题

1. 对流动资产评估时,功能性贬值一般应( )。
   A. 无须考虑 B. 必须考虑
   C. 考虑一部分 D. 可以考虑,也可以不考虑

2. 某企业有一期限为10个月的票据,本金为50万元,月利息为10‰,截至评估基准日离付款期尚差三个半月的时间,则该应收票据的评估值为( )。
   A. 532 500元 B. 500 000元 C. 517 500元 D. 550 000元

3. 某被评估企业截至评估基准日止,经核实后的应收账款余额为200万元,该企业前5年的有关资料见下表:

某企业前五年应收项目坏账情况 单位:元

年 份	处理坏账额	应收项目余额	备 注
第一年	180 000	1 200 000	
第二年	50 000	1 480 000	处理坏账额中不
第三年	100 000	1 400 000	包括体制变动形
第四年	180 000	1 600 000	成的坏账额
第五年	200 000	1 520 000	
合 计	710 000	7 200 000	

根据上述资料,确定该企业应收账款的评估值最接近为( )。
   A. 1 802 777.77元 B. 2 000 000元
   C. 710 000元 D. 1 290 000元

4. 某企业向甲企业售出材料,价款800万元,商定6个月后收款,采取商业承兑汇票结算。该企业于5月10日开出汇票,并由甲企业承兑,汇票到期日为11月10日。现对该企业进行评估,基准日定为6月10日,由此确定贴现日期为150天,贴现率按月息6‰计算,因此,该应收票据的评估值为( )。
   A. 24万元 B. 800万元 C. 776万元 D. 80万元

5. 某项在用低值易耗品,原价750元,预计使用一年,现已使用6个月,该低值易耗品现行市价为1 200元,由此确定在用低值易耗品评估值为( )。
   A. 300元 B. 900元 C. 600元 D. 1 200元

6. 某企业库存商品实有数量180件,每件实际成本194元,该库存商品的材料费与工资、其他费用的比例为70∶30,根据目前有关资料,材料费用综合调整系数为1.20,工资、其他费用综合调整系数为1.08。该库存商品的评估值应接近于( )。

A.34 920元　　B.40 646.88元　　C.45 256.32元　　D.60 760.80元

7. 某企业3月初预付6个月的房屋租金90万元,当年6月1日对企业评估时,该预付费用评估值为( )。

　　A.35万元　　B.60万元　　C.45万元　　D.30万元

8. 应收账款评估以后,账面上的"坏账准备"科目应为( )。

　　A.零　　　　　　　　　　　B.应收账款的3‰~5‰
　　C.按账龄分析确定　　　　　D.按销售收入的10%

9. ( )是按应收账款拖欠的时间长短,分析判断可收回的金额和坏账损失。

　　A.坏账估计法　　　　　　　B.账龄分析法
　　C.市场法　　　　　　　　　D.信用分析法

10. 预付费用的评估依据是( )。

　　A.预付时支付的总费用
　　B.因数额过大而采用分期摊销
　　C.已摊销金额
　　D.未来可产生效益的时间

二、多项选择题

1. 评估应收账款时,其坏账的确定方法有( )。

　　A.坏账估计法(应收账款余额百分比法)　　B.账龄分析法
　　C.财务制度规定的3‰~5‰　　　　　　　　D.销售收入百分比法
　　E.与债务人商定

2. 对流动资产评估无需考虑功能性贬值是因为( )。

　　A.周转速度快　　　　　　　B.变现能力强
　　C.形态多样化　　　　　　　D.库存数量少
　　E.获利能力强

3. 流动资产的实体性贬值可能会体现在( )。

　　A.在产品　　　　　　　　　B.应收账款
　　C.在用低值易耗品　　　　　D.呆滞、积压物资
　　E.货币资金

4. 材料评估适用的方法有( )。

　　A.历史成本法　　　　　　　B.收益现值法
　　C.现行市价法　　　　　　　D.材料交易双方商定
　　E.重置成本法

5. 对于购进间隔时间长、市场已脱销、没有准确市场现价的库存材料的评估,可以采用的评估方法有( )。

　　A.通过寻找替代品的价格变动资料来修正材料价格
　　B.在市场供需分析的基础上,确定该项材料的供需关系,并以此修正材料价格
　　C.根据材料的账面价值进行评估
　　D.通过市场同类商品的平均物价指数进行评估

E. 根据材料的账面价值扣除功能性贬值进行评估
6. 使用下列哪种会计计价方法,对于材料评估的评估值没有影响( )。
    A. 先进先出法　　　　　　　　B. 后进先出法
    C. 加权平均法　　　　　　　　D. 移动平均法
    E. 计划成本法
7. 流动资产评估的特点是( )。
    A. 应对其综合获利能力进行评估
    B. 应评估资产的功能性贬值
    C. 可以采用历史成本法
    D. 对所有的流动资产都必须考虑实体性贬值
    E. 评估基准日应尽可能为会计期末
8. 对于流动资产的货币资产评估,主要的方法是( )。
    A. 对库存现金,应进行盘点,以盘点核定数为评估价值
    B. 对银行存款,应以银行对账单所列余额为评估价值
    C. 对银行存款,应以企业银行存款日记账所列余额为评估价值
    D. 对银行存款,应以企业银行存款日记账所列余额与银行对账单调节后的实有数为评估价值
    E. 对于库存现金,应以现金日记账余额为评估价值
9. 流动资产评估范围包括( )。
    A. 受托代销商品　　　　　　　B. 已作抵押的库存商品
    C. 已付款但尚未验收的原材料　D. 已投产但尚未完工的在产品
    E. 委托其他企业代销的商品
10. 对企业应收账款和预付账款的评估,应( )。
    A. 清查核实应收账款和预付账款的实有数
    B. 清查核实应收账款和预付账款的已收回数
    C. 判断估计可能发生的坏账损失
    D. 清查核实已发生的坏账损失
    E. 清查核实已发生的坏账损失,后又收回的情况

三、判断题

( )1. 一个企业拥有的流动资产越多,企业的风险性就越小。
( )2. 货币类流动资产包括现金和各项存款和原材料。
( )3. 对流动资产评估必须采用单项评估,不能合并评估。
( )4. 对于实物类流动资产评估,可以采用现行市价法和成本法。
( )5. 由于会计对存货计价有多种方法,如先进先出法、后进先出法等,而且不同的存货计价方法会使存货账面价值不同,因而评估结果也不尽相同。
( )6. 对在用低值易耗品的评估,应考虑其实体性贬值,但无需考虑功能性贬值和经济性贬值。
( )7. 对在产品进行评估时,一般将工资和其他费用合并评估。

(　　)8. 采用现行市价法对库存商品评估时，假如评估目的在于销售，则评估价值应为现行市价扣除销售费用和税金后的余额。

(　　)9. 对于不带息的已到期应收票据，其评估价值就是其票面额。

(　　)10. 一般地，应收账款被评估后，账面上的"坏账准备"应为应收账款余额的 3‰ ~ 5‰。

四、案例分析

某评估公司接受甲企业委托，对其流动资产进行评估。评估基准日为 2002 年 1 月 8 日。根据甲企业提供的资料，经核实如下：

(1)库存现金 5 000 元，与现金日记账核对无误。

(2)银行存款日记账余额为 380 000 元，银行对账单余额为 372 000 元，经查核有如下业务：

①甲企业销售商品，收到支票一张，金额 46 000 元，银行对账单没有反映；

②银行代甲企业支付的水电费 15 000 元，甲企业银行存款日记账没有记录；

③银行收到某企业汇付甲企业货款 42 000 元，甲企业银行存款日记账没有记录；

④甲企业为购进电脑开出支票金额 11 000 元，银行对账单没有反映。

(3)甲企业应收账款总账余额共 630 000 元，经函询查核，大部分债务人已确认债务，但其中 A 企业所欠 30 000 元因机构被撤销，无法确认。有关应收项目拖欠时间分析表如下：

单位：元

应收账款项目	总金额	其中：未过期	其中：已过期				
			三个月	半年	一年	两年	三年及三年以上
A 企业	30 000				30 000		
B 企业	82 000	40 000	10 000	32 000			
C 企业	67 000	20 000		15 000	32 000		
D 企业	58 000					58 000	
E 企业	108 000	48 000	10 000	30 000	10 000		10 000
F 企业	285 000			65 000	200 000	20 000	
合　计	630 000	108 000	20 000	142 000	272 000	78 000	10 000

评估人员决定按账龄分析法评估，经分析预计坏账率为：

拖欠时间	预计坏账率
未到期	1 %
过期：三个月	5 %
半年	10 %
一年	20 %
两年	30 %
三年及三年以上	40 %

(4) 甲企业拥有一张应收 G 企业的商业承兑汇票，票面金额 200 000 元，出票日为 2001 年 11 月 8 日，期限 6 个月，月贴现率为 6‰。评估人员决定以应收票据的贴现值计算。

(5) 待摊费用余额为 160 000 元。其中：预付 2002 年全年财产保险费 50 000 元；预付 2001 年 8 月固定资产大修费 80 000 元，已摊销 20 000 元，余 60 000 元；预付仓库租金 70 000 元，已摊销 20 000 元，余 50 000 元。根据租约，始租时间为 2000 年 1 月 1 日，租期 7 年。

(6) 库存材料有特种钢材共 800 吨，其中 2001 年 5 月购进 500 吨，单价 2 100 元，已领用 200 吨，2001 年 12 月购进 500 吨，单价 2 000 元，至评估时尚未领用。采用现行市价法评估。

(7) 库存完工产品实有数为 2 000 件，每件实际成本 1 000 元。根据会计资料，该商品的材料费用与工资、其他费用比例为 40:60，根据目前价格变动情况和其他相关资料，确定材料综合调整系数为 0.9，工资、费用综合调整系数为 1.5。

要求：对甲企业流动资产价值进行评估，并列出理由及计算过程。

第五章 固定资产评估(一): 机器设备评估

第一节 固定资产评估的特点和程序

固定资产是指企业所拥有或控制的单位价值较高,使用年限较长,能决定生产能力,在使用过程中能保持其原有实物形态的各种资产。

固定资产一般包括三类:第一类是可以直接参加生产过程,把人们的劳动传导到劳动对象上去的劳动资料,如机器、设备、工具等。第二类是不参加生产过程,但为生产过程提供必要的劳动资料,如厂房、运输汽车、管理用具等。第三类是不属于劳动资料的其他物质资料,如职工宿舍等。

一、固定资产的特点

由于固定资产使用年限较长,单位价值较高且在使用过程中保持原有的实物形态,因此,有着与流动资产不同的特征:

(1)固定资产支出为资本性支出。这是因为它的使用年限较长,一般在1年以上。

(2)其使用寿命有限。固定资产在生产经营过程中,尽管实物形态不变,但由于不断使用,磨损会造成功能的逐渐丧失,因此必须在其有效的使用年限内计提折旧,这不仅是为了使企业将来有能力重置资产,维持再生产,更主要的是为了把购置固定资产的支出分配于各个收益期,实现收入与费用的正确配比。

(3)用于生产经营活动而不是为了出售。这是固定资产与流动资产的最大区别,企业的某些资产也有可能价值很高,占有时间较长,但只要其购置目的是为了出售,就不能作为固定资产而应列为流动资产。

二、固定资产评估特点

1. 单位价值大,影响因素复杂

由于固定资产都是在一定限额以上的劳动资料,在企业生产经营中长期发挥作用,且在企业中占有很大的比重,从而决定了固定资产评估在全部企业资产评估中具有重要地位。又由于固定资产多次反复地进入生产过程,实物状态和功能都在发生作用、产生变化,因而影响评估的因素十分复杂。从重置全价的影响因素来分析,物价、费用、重置成本等因素的变化,均从不同角度影响到重置全价的评估。从重置净价的角度来分析,尚可使用年限、成新率等因素起决定作用,而它的测算并不是轻而易举的。此外,技术性贬值、功能性贬值,既可以影响重置全价,也可以影响到重置净价。所以,这些因素决定了固定资产变现价格和清算价格的评估。由于单位价值大、影响因素复杂的特点,固定资产评估也就成为评估实务的重点。

2. 工程技术性强，专业门类多

固定资产价格从社会劳动的角度分析，取决于社会必要劳动时间，从具体的各项资产的价格来分析，则优质优价。价格与功能相联系，功能又是工程技术性能的反映，是按不同的专业门类来比较和度量的。如发电机按电压和功率来衡量功能；织布机按班台产量和规格、花色、质量来衡量功能；运输工具用载重量和运行里程来衡量其功能等等。决定功能差异的都有大量的属于各专业门类的技术和工程问题。

从工程技术方面来分析，固定资产有通用、专用之分。繁多的专业门类以及较强的工程技术特点，对固定资产评估专业人员结构提出了相应的要求，必要时要外聘相应的专家共同来评估，并且要十分注意与企业设备管理和技术装备部门在评估中密切合作。

3. 多种估价标准价格差异大

机器设备评估，因不同目的，适用不同的估价标准，除通常不能采用收益现值标准外，其他价格类型均有采用的可能。如按现价计提折旧、保险与索赔以及在整体资产评估中分项评估各类资产，都要评估重置成本。又如固定资产转让，要评估变现价格。如果是抵押或企业清算，都要评估清算价格。这些价格类型，其数额之所以差异很大，一是因为价格构成要素不同。重置成本评估续用价格包括：固定资产再生产价格（主体及其附件的采购价）、运杂费、安装费、配套费、设施费（基础、基桩、功能传导物的购建费）、调试费以及各项间接费用（如选购、打样、许可证费、税收等），固定资产续用价格因构成要素的追加可以大大高于其采购价。变现净值则是固定资产再生产价格（市场变现价格），扣除固定资产拆迁和变现费用的余额。这不仅不包括续用价格中超出采购价的余额部分，而且还要把拆迁、运输变现的各项费用扣除掉，所以，在数额上变现净值会大大低于重置净值。二是市场条件差异大。由于机器设备专用性强、变现市场交易并不十分活跃，因而，变现风险较大。即便是通用机器设备，也有较大的变现风险。所以，这就决定着变现价格不可能达到再生产价格。由于我们在评估的前提条件下排除了市场风险，所以评估固定资产的重置成本，其评估值不包括风险折扣因素。

固定资产从用途上分为机器设备和房屋建筑物，这两类固定资产的用途不同，价值构成不同，而且房屋建筑物的评估往往涉及到土地使用权的评估。因此，评估时对这两类固定资产分别采用不同的计价标准和方法。本章主要介绍机器设备的评估，房屋建筑物的评估将在第六章与土地使用权评估结合介绍。

第二节 机器设备的评估

机器设备是企业生产经营的主要固定资产，在资产评估业务中占有很大比重，机器设备种类繁多，构成各异，有着不同的评估标准和方法，需要运用科学的评估理论和方法才能评估出比较客观的结论。

一、机器设备评估的基本程序

1. 评估准备阶段

评估人员及评估机构在签订了资产评估委托协议,明确评估目的、评估对象和评估范围之后,就应着手做好评估的准备工作。具体包括:

(1) 指导委托方做好机器设备评估的基础工作,如待评机器设备清册及分类明细表的填写,待评机器设备的自查及盘盈、盘亏事项的调整,机器设备产权资料及有关经济技术资料的准备等。

(2) 分析研究委托方提供的待评资产清册及相关表格,明确评估重点和清查重点,制定评估方案,落实人员安排,设计主要设备的评估技术路线。

(3) 广泛搜集与本次评估有关的数据资料,为机器设备价值的评估做好准备。

2. 现场工作阶段

现场工作是机器设备评估的一个非常重要的工作步骤。在机器设备评估的现场工作中,应抓住待评估机器设备的落实工作,考察工艺过程,确实了解待评估设备的现状、磨损程度和匹配状况等。

(1) 逐台(件)核实评估对象。现场工作的第一项工作就是对已列入评估范围的机器设备逐台进行清查核实,以确保评估对象真实可靠。要求委托方根据现场清查核实的结果,调整或确定其填报的待评估机器设备清册及相关表格,并以清查核实后的待评估机器设备作为评估对象。

(2) 按照评估重点或人员安排,对待评估设备进行分类。当被评估设备种类、数量较多时,为了突出重点,以及发挥具有专长的评估人员作用,可对待评估设备进行必要的分类。一种分类方法是按设备的重要性划分,如 ABC 分类法,把单位价值大的重要设备作为 A 类;把单位价值小且数量较多的设备作为 C 类;把介于 A 类和 C 类之间的设备作为 B 类。根据委托方对评估的时间要求,对 A、B、C 三类设备投入不同的精力进行评估。另一种分类方法是按设备的性质分为通用设备和专用设备,以便有效地搜集数据资料,合理地配备评估人员。

(3) 设备鉴定。对设备进行鉴定是现场工作的重点。对设备进行鉴定包括对设备的技术鉴定、使用情况鉴定、质量鉴定以及磨损鉴定等。设备的生产厂家、出厂日期、设备负荷和维修情况等是进行鉴定的基本素材。

①对设备技术状况的鉴定主要是对设备满足生产工艺的程度、生产精度和废品率,以及各种消耗和污染情况的鉴定。判断设备是否有技术过时和功能落后情况存在。

②对设备使用情况的鉴定主要是了解设备是处在在用状态还是闲置状态,使用中的设备的运行参数、故障率、零配件保证率、设备闲置的原因和维护情况等。

③对设备质量进行鉴定主要应了解设备的制造质量,设备所处环境、条件对设备质量的影响,设备现时的完整性、外观和内部结构情况等。

④对设备的磨损程度鉴定主要是了解和掌握设备的有形损耗,如锈蚀、损伤、精度下降,以及无形损耗如功能不足及功能过剩等。

现场工作要有完整的工作记录,特别是设备的鉴定工作更要有详细的鉴定记录。这些记录将是评估机器设备价值的重要数据,也是工作底稿的重要组成内容。

3. 确定设备评估经济技术参数阶段

评估的目的、评估的价值类型和运用的评估方法不同，评估所需要的经济技术参数亦有区别。根据评估的目的和评估项目对评估价值类型的要求，以及评估所选择的途径和方法，科学合理地确定评估所需要的各类经济技术参数。评估所需的经济技术参数不仅要在性质上与评估目的、评估价值类型、评估的假设前提保持一致，而且在数量上也要恰如其分。另外，对产权受到某种限制的设备，包括已抵押或作为担保品的设备、将要强制报废的设备等，其有关数据资料要单独处理。

4. 评定估算阶段

根据评估目的、评估价值类型的要求，以及评估时的各种条件，选择适宜的评估途径及其方法，运用恰当的经济技术参数对待评估设备的价值进行评定估算。在评定估算过程中，要始终使评估目的、评估的价值类型、评估假设前提、评估参数与评估结果保持内在联系。应尽可能选择高效、直接的评估途径和方法，使机器设备评估实现快速、合理、低成本、低风险。在机器设备评定估算阶段，要注意与委托方有关人员进行信息交流，沟通评估中遇到的问题和困难。在保证资产评估独立性的前提下，可以听取和吸纳委托方的合理化建议，以保证评估结论的相对合理性。

5. 撰写评估报告及评估说明阶段

按照当前有关部门及行业管理组织对评估报告撰写的要求，在评定估算过程结束之后，应及时撰写评估报告书和评估说明。

6. 评估报告的审核和报出阶段

评估报告完成以后，要有必要的审核，包括项目负责人的审核、专人复核和评估机构负责人的审核。在三级审核确认评估报告无重大纰漏后，再将评估报告送达委托方及有关部门。

二、机器设备评估方法的选择

机器设备一般可分为单项设备和成套设备、生产线等。由于大多数单项机器设备不具有独立的获利能力，因而通常不适宜运用收益现值法。这是因为收益现值法的前提条件是该项资产应具备独立的生产能力和获利能力。但对于自成体系的成套设备、生产线，以及可以单独作业的车辆等设备，则可以选择采用收益现值法。

对于通用设备，在市场上交易的可能性较大，容易寻找参照物及其可作比较的指标、技术参数等，因此，可选采用现行市价法。但对于专用设备或企业自行研制的机器设备，在市场上难以寻找相应的参照物，或虽是通用设备，但市场不发达时，则不能选择采用现行市价法，而应选择成本法。又因为机器设备一般使用年限比较长，价格变动影响较大，故一般不适宜选择历史成本法，而应选择重置成本法。另外，如果机器设备不再持续使用，则不能选择重置成本法，只能选用清算价格法。

三、机器设备评估的重置成本法

重置成本法适用于持续使用假设前提下的机器设备评估。运用重置成本法评估处于在用、续用状态下的机器设备，无论是重置成本构成还是其他因素，都不需要作太大的调整。

重置成本法一般不宜评估非续用状态下的机器设备。如果事实上只能运用成本法评估非续用状态下的机器设备，则需要在成本项目构成要素和其他因素方面上作出必要的调整。

由于机器设备使用年限较长（1年以上），因此一般不能采用历史成本，而应采用重置成本，在重置成本的基础上扣除实体性贬值（有形损耗）、功能性贬值和经济性贬值后为其评估价值。即：

评估价值＝重置成本－实体性贬值－功能性贬值－经济性贬值

1. 重置成本的测算

固定资产的重置成本有两种：复原重置成本和更新重置成本。复制一个与被评估固定资产一模一样的全新固定资产的现时成本，称为固定资产的复原重置成本。而在效用上与被评估固定资产最接近的类似新固定资产的现行购置成本就是固定资产的更新重置成本。因此，评估时应确定重置成本的内涵。若为复原重置成本，除考虑实体性贬值外，还需考虑功能性贬值、经济性贬值，但若为更新重置成本，由于其资产的构成已按新固定资产配置，因此，评估时无须计量功能性贬值。设备的重置成本在构成上包括设备的直接费用和设备的间接费用。设备的直接费用是指设备的购置价或建造价，它构成了设备重置成本的基础。设备的运杂费、安装调试费和必要的配套装置费也构成设备的直接费用。对于进口设备，还要包括进口关税、银行手续费等其他费用。设备的间接费用通常是指为购置、建造设备而发生的各种管理费用、总体设计制图费用、资金成本，以及人员培训费用等。

在机器设备评估中，其重置成本的构成及其数额，还要根据取得评估目的所要求状态下的机器设备需花费的全部费用来决定。当产权交易双方有协议或合同，明确规定机器设备的某些费用由某一方承担，那么评估该设备时就应按双方协议或合同处理，并在评估报告中予以说明。

由于设备取得的方式和渠道不同，其重置成本构成也不完全一样。按照设备取得的方式分类，设备分为外购设备和自制设备。

外购设备就其重置成本构成的大项主要包括：设备自身的购置价格；运输费及杂费；安装调试费三大项。但是，外购设备又包括了外购国产设备和进口设备两种，而进口设备的重置成本除包括上述三大项以外，还包括设备进口时的有关税费，如关税、银行手续费等。

自制设备的重置成本主要包括：制造成本和相配比的期间费用（如应摊的管理费用和财务费用）；大型设备的合理制造利润；其他必要的合理费用（如设计、论证等前期费用）；安装调试费用等。

自制设备也可分为标准设备和非标准设备。对于标准设备的重置成本应参考专业生产厂家的标准设备价格，在通盘考虑了质量因素的前提下，运用替代原则合理确定。

(1) 国产机器设备重置成本的估测。

对于不需安装的一般设备，若为小型、单价不高的一般设备，可按评估基准日市场购置价作为其重置成本，若为体积大，重置的设备还应考虑运杂费。

对于需要安装的一般设备应在购置价或建造成本的基础上，再加上运杂费和安装调试费。对于一般小型需安装的设备，如设备安装周期较短，设备购置或建造成本与安装费用等所占用资金的资金成本可以忽略不计。但是，如果设备安装调试周期较长，则需要考虑设备购置、建造及安装调试占用资金的资金成本。

对于无法取得设备现行购置价或建造费用的设备，可采用功能价值法获取设备的重置成本。根据被评估对象的具体情况，寻找现有同类设备的市价、建造费用，或市价、建造费用加运杂费和安装调试费，得到同类设备的现行重置成本，然后根据该同类设备与被评估设备的功能比较，调整得到被评估机器设备的重置成本。

对于无法取得设备现行购置价或建造成本，也无法取得同类设备的重置成本的，可采用价格指数调整法估测其重置成本。这种方法通常只适用于技术进步速度不快，技术进步因素对设备价格影响不大的设备的重置成本估测。而技术进步速度较快，技术进步因素对设备价格影响较大的设备，不宜采用价格指数调整法估测其重置成本。

对于自制设备，可考虑采用重置核算法估测设备的重置成本。对于单位价值较小的自制设备也可采用价格指数调整法，根据设备的原料、工时、费用记录，考虑现行技术条件，参照评估基准日的各项费用变化比率，调整计算出设备的重置成本。当然也可以采取一揽子调整方法确定整机的重置成本。

对于机组（成套）设备重置成本的估测可采用一般单台（件）设备重置成本的估测方法。机组是指由多台（件）机器设备所组成的，具有相对独立的生产能力和一定收益能力的生产装置。首先计算出构成机组（套）设备的所有单件设备的重置成本，然后加总得到机组的重置成本。但是在实际估测中应注意机组在建设过程中所发生的一些整体性费用，即难以计入各单台（件）设备中的费用。如机组的设计费用、建设期的投资利息等。特别是对于那些大型连续生产系统，机组中包括的机器设备种类和数量都很多，这些设备在生产经营过程中可能几经更新改造或维修，而且机组的整体费用也十分复杂。这些都使得采用分项评估再加总的评估方式存在某些不足。因此，把机组作为一个完整的生产系统，以整体方式运用成本法评估可能更合适。除了采用询价法确定被评估机组的复原重置成本或更新重置成本外，还可利用同类机组建造价格信息，即建设时间接近评估基准日，工艺水平和生产能力与被评估对象相似机组的有关数据，通过被评估机组与所选择的参照机组的比较，在对生产能力、技术层次、使用地点，以及时间等因素进行合理调整后，得到被评估机组的重置成本。

①生产能力调整。生产能力是影响机器设备价值的重要因素，在利用参照物估测被评估机组的重置成本时，当参照物的生产能力与被评估机组不同时，需要利用规模效益指数调整参照物与被评估机组之间因生产规模和生产能力不同而引起的价值偏差。调整的过程可用下列数学式表示：

因为：

被评估资产的重置成本:参照物重置成本=被评估资产生产能力:参照物生产能力

所以：

$$被评估资产的重置成本 = \frac{被评估资产生产能力 \times 参照物重置成本}{参照物生产能力}$$

又因为：被评估资产生产能力与参照物生产能力之间存在规模效益指数，即等比递进关系，所以：

$$被评估机组的重置成本 = 参照机组的重置成本 \times (被评估机组生产能力 \div 参照机组生产能力)^X$$

其中，X 为规模效益指数，一般大型机组、生产线等的规模效益指数可以在相应的专业工程造价书中寻找，或向有关部门查询。

②时间空间因素调整。在选择参照物时，应尽可能考虑参照物的所在地点和购建时间与被评估机组的评估基准日相同。但是事实上，在评估实践中上述两项要求难以同时得到满足。即使被评估机组与参照机组所在地区相同，参照机组的购建时间也不可能就是评估基准日。因此，还必须对时间和地点因素作必要的调整。时间因素的调整通常利用价格指数法进行，能够搜集到整个机组价格变动指数的，直接利用价格变动指数调整，以解决时间差异问题。没有整个机组价格变动指数的，也可尝试将机组适当划分为若干项目，如主要生产装置、工艺管道、辅助生产装置、仪器仪表、建筑安装、管理费用等项目，分项目按照对应的价格变动系数、费用调整系数分别调整计算，加权得到整个机组设备造价。

地点差异主要考虑是否存在运输费或其他相关费用方面的不同。如果存在这方面差异，据实作出调整。

[例1] 某企业1995年购建一套年产50万吨某产品的生产线，账面原值1 000万元，2000年进行评估，评估时选择了一套与被评估生产线相似的生产线，该生产线1999年建成，年产同类产品75万吨，造价为3 000万元。经查询，该类生产线的规模效益指数为0.7，根据被评估生产线与参照物生产能力方面的差异，调整计算1999年被评估生产线的重置成本为：

$$重置成本 = 3\,000 \times (50 \div 75)^{0.7} = 2\,259(万元)$$

以上根据生产能力调整得到的重置成本，没有考虑时间空间等因素，还需要对时间空间因素作出调整。由于无法获取评估基准日该生产线的价格指数，不能直接将生产线的1999年重置成本调整为2000年评估基准日的重置成本，因此，采用了将该生产线适当划分为主要装置、辅助生产装置、工艺管道、仪器仪表、建筑安装费和管理费六大项，并按被评估生产线原始成本中上述六项各占比重权数，以及1999年至2000年上述六项的价格变动系数加权求取生产线价格调整系数。上述六项在生产线原始成本中的比重：主要装置70%，辅助装置5%，工艺管道5%，仪器仪表5%，建筑安装费10%，管理费5%。1999~2000年上述六项价格及费用变动率为：主要装置5%，辅助装置3%，工艺管道10%，仪器仪表2%，建筑安装费15%，管理费10%。

$$重置成本 = 2\,259 \times (1 + 70\% \times 5\% + 5\% \times 3\% + 5\% \times 10\% + 5\% \times 2\%$$
$$+ 10\% \times 15\% + 5\% \times 10\%)$$
$$= 2\,400(万元)$$

另外，由于参照物的重置成本为建造重置成本，地区因素对其影响不大。故地区因素可以忽略不计。

(2) 进口机器设备重置成本的估测。

进口机器设备重置成本的估测在思路上与国产机器设备重置成本的估测没有大的区别，通过询价的方式当然是估测进口设备重置成本最直接的方法。但是，由于进口设备生产厂家在国外，向国外的设备生产厂家询价有一定的困难，并不是每一个评估机构都能做得到。另外，由于企业拥有外贸进出口权，进口设备的进口渠道也比较多，进口设备的方式也极不统一，加之国家对机器设备的进口有各种各样的政策规定，这些政策规定也在不断地调整和变化。这就使得进口设备重置成本的估测较国产设备更为复杂。

①进口机器设备重置成本构成。进口机器设备重置成本的基本构成是：现行国际市场的离岸价格（FOB）+境外途中保险费+境外运杂费+进口关税+增值税+消费税+银行及其他手续费+国内运杂费+安装调试费。

②进口单台(件)设备重置成本估测。

第一，可查询到进口设备现行离岸价（FOB）或岸价（CIF）的，可按下列数学式估测：

重置成本 =（FOB 价格+途中保险费+国外运杂费）×现行外汇汇率+进口关税+增值税+消费税
　　　　　+银行及其他手续费+国内运杂费+安装调试费

重置成本 = CIF 价格×现行外汇汇率+进口关税+增值税+消费税+银行及其他手续费+国内运
　　　　　杂费+安装调试费

第二，无法查询进口设备的现行 FOB 价格或 CIF 价格的，如可以获取国外替代产品的现行 FOB 或 CIF 价格的，可采用功能价值法或比较法估测被评估进口设备的重置成本。如没有国外替代产品的现行 FOB 或 CIF 价格的，可利用国内替代设备的现行市价或重置成本推算被评估进口设备的重置成本。

第三，上述几条渠道都行不通时，也可以利用指数调整法估测进口设备的重置成本。使用指数调整法估测进口设备重置成本需要注意两点：一是国外机器设备的技术更新期较短，设备更新换代快，一旦旧型号设备被淘汰，其价格会大幅度下降。对于技术已经更新的进口设备不宜采用指数调整法。二是运用指数调整法调整计算进口设备重置成本时，其价格变动指数应使用设备生产国的价格变动指数，而不是国内的价格变动指数。但国内的进口关税税率变动率、增值税、消费税及其他费用变动率可按国内有关时期的数据测算获取。这样，采用指数法测算进口设备重置成本，就可用下列数学式表达：

重置成本 = 账面原值中的到岸价值（CIF）÷进口时的外汇汇率×进口设备生产国同类资产价格变
　　　　　动指数×评估基准日外汇汇率×(1+现行进口关税税率)×(1+其他税费率)+账面
　　　　　原值中支付人民币部分价格×国内同类资产价格变动指数

上式是假定进口设备的到岸价格全部以外汇支付，其余均为人民币支付。如实际情况与此假设不符，应自行调整。上式中，被评估进口设备的账面原值中的到岸价值除以进口时的外汇汇率，相当于按进口时的汇率将以人民币计价的进口设备到岸价值调整为以外币计价的设备到岸价值。进口设备生产国同类资产价格变动指数，可根据设备生产国设备出口时的同类资产价格指数与评估时点同类资产的价格指数的比值求取。而实际操作过程中，不但设备生产国在设备出口时的同类资产价格指数不易获取，即使是评估时点的同类资产价格指数也不易取得。所以，实际运用上述公式时，往往是以进口设备生产国在设备出口时的价格水平为基期价格水平，再根据设备生产国从基期到评估时点每年的价格变化率，将生产国出口设备价值从原值调整为现值。其计算公式也可改为：

重置成本 = 设备原值中支付外汇部分÷设备进口时的外汇汇率
　　　　　×(1+设备生产国从设备出口到评估时点的价格变化率)

评估基准日外汇汇率比较容易获得，其他税费中的关税、增值税和消费税的税率视进口设备的性质、种类的不同，按海关的税收手册所规定的税率纳税；外贸手续费一般为CIF的1%~1.8%;银行手续费一般为CIF的0.4%~0.5%;其他杂费包括口岸管理费、海关监管费、商检费等,费率较低,视进口设备CIF价值的高低而定,有时可忽略不计。

设备原值中支付人民币部分主要是指国内运杂费和安装调试费等项目。对这部分费用可利用国内价格变动指数直接将其原值调整为现值。

在运用指数调整法对进口设备重置成本进行估测时,应尽量将支付外汇部分与支付人民币部分,或者说将受设备生产国物价变动影响部分与受国内价格变动影响部分分开,分别运用设备生产国的价格变动指数与国内价格变动指数进行调整,最好不要综合采用国内或设备生产国的价格变动指数一揽子调整。

[案例分析1] 某企业1997年从美国引进一条生产线,该生产线当年安装试车成功正式投入生产。设备进口总金额为90万美元,2000年进行评估。经评估人员对该生产线进行现场勘察和技术鉴定,以及向有关部门进行调查了解,认为该生产线的技术水平在国内仍居先进行列,在国际上也属普遍使用的设备,故决定采用指数调整法对该机组重置成本进行估测。按照国内及国外价格变动对生产线的不同影响,评估人员先将生产线分成进口设备主机、进口备件、国内配套设施、其他费用四大部分,分别考虑国外、国内不同部分价格变化率予以调整。经调查询价了解到,从设备进口到评基准日,进口设备主机在其生产国的价格变化率上升了50%,进口备件的价格变化率上升了30%,国内配套设施价格上升了60%,其他费用上升了50%。按评估基准日的国家有关政策规定,该进口设备的进口关税等税收额为30万元人民币。评估时点美元对人民币汇率为1:8.8。从被评估机组进口合同中得知,进口设备主机原始价值75万美元,进口备件15万美元。另外从其他会计凭证中查得国内配套设施原始价值45万元人民币,其他费用原值18万元人民币。根据上述数据,估算被评估机组的重置成本。

i) 评估思路:该设备为进口设备,其价值的构成应包括主机、备件、配套设施、其他费用及关税。

ii) 重置成本的金额。由于该设备是1997年进口的,其技术水平在国内仍居先进行列,在国外技术也尚未过时,但从设备进口到评估月,价格变动较大,因此,应按其不同的构成部分进行物价指数调整。另外,由于进口设备主机及备件是以美元计算的,还应按评估日的美元汇率进行折算。

①进口主机重置成本 = $75 \times (1 + 50\%) \times 8.8 = 990$(万元)

②进口备件重量成本 = $15 \times (1 + 30\%) \times 8.8 = 171.6$(万元)

③配套设施重置成本 = $45 \times (1 + 60\%) = 72$(万元)

④其他费用重置成本 = $18 \times (1 + 50\%) = 27$(万元)

⑤关税 = 30(万元)

该设备重置评估价值 = $990 + 171.6 + 72 + 27 + 30 = 1290.6$(万元)

[案例分析2] 2001年底评估某合资企业的一台进口剪板机。该机1989年从德国某公司进口,进口合同中的FOB价格是20万马克。评估人员通过德国有关剪板机厂商在国内的代理机构向德国生产厂家进行了询价,了解到当时德国已不再生产被评估剪板机那种型号机了,其替代产品是全面采用计算机控制的新型剪板机,新型剪板机的

现行FOB 报价为35万欧元。

针对上述情况，评估人员经与有关剪板机专家共同分析研究新型剪板机与被评估剪板机在技术性能上的差别以及对价格的影响，最后认为，按照通常情况，实际成交价应为报价的70％～90％左右。故按德方FOB 报价的80％作为FOB 成交价。针对新型剪板机在技术性能上优于被评估的剪板机，估测被评估剪板机的现行FOB 价格约为新型剪板机FOB 价格的70％，30％的折扣主要是功能落后造成的。评估基准日欧元对美元的汇率为1∶1.7，人民币对美元的汇率为8.8∶1。境外运杂费按FOB 价格的5％计，保险费按FOB 价格的0.5％计，关税及增值税因为符合合资企业优惠条件，予以免征。银行手续费按CIF 价格0.8％计算，国内运杂费按(CIF 价格＋银行手续费)的3％计算，安装调试费用包括在设备价格中，由德方派人安装调试，不必另付费用。由于该设备安装周期较短，故没有考虑利息因素。

i) 评估思路：由于被评估剪板机不再生产，难以采用现行市价法而只能以重置成本来衡量其价值。剪板机重置价值的构成由于剪板机由外国进口，其价值应由CIF 价值，即FOB 价、境外运杂费、保险费及银行手续费、国内运杂费组成。

ii) 剪板机的重置金额。剪板机从德国进口，已知评估日欧元对美元的汇率为1∶1·7，人民币对美元的汇率为8.8∶1。由于没有欧元与人民币的直接兑换汇率，首先应将欧元折算为美元，再将美元折算为人民币。

剪板机FOB 价格 ＝ 35 × 80％ × 70％ ＝ 19.6(万欧元)

剪板机FOB 价格 ＝ 19.6 ÷ 1.7 ＝ 11.53(万美元)

境外运杂费 ＝ 11.53 × 5％ ＝ 0.58(万美元)

保险费 ＝ 11.53 × 0.5％ ＝ 0.058(万美元)

CIF 价格 ＝ FOB 价格 ＋ 运费 ＋ 保险费 ＝ 12.168(万美元)

银行手续费 ＝ 12.168 × 0.8％ ＝ 0.097(万美元)

国内运杂费 ＝ (12.168 ＋ 0.097) × 3％ ＝ 0.368(万美元)

剪板机重置成本 ＝ 12.168 ＋ 0.097 ＋ 0.368 ＝ 12.633(万美元) ＝ 111.17(万元人民币)

2. 机器设备实体性贬值的确定

实体性贬值即有形损耗。在第二章介绍重置成本法时，我们已了解实体性贬值的计算及损耗率与成新率的关系。即：

$$成新率 = 1 - 损耗率$$

成新率反映评估对象现时的新旧程度，亦可以理解为机器设备的现时状态与设备全新状态的比率。成新率的计算有年限估算法、修复法和观察法三种。

(1) 年限估算法。

这种方法是假定机器设备在整个使用寿命期间，实体性损耗是随时间而递增，设备价值的降低与其损耗的大小成正比。即：

$$成新率 = \frac{尚可使用年限}{已使用年限 + 尚可使用年限}$$

式中，已使用年限加上尚可使用年限又称为总年限。

我们亦已掌握损耗率与成新率的关系。因为：

$$损耗率 = \frac{已使用年限}{总年限}$$

$$成新率 = \frac{尚可使用年限}{总年限}$$

所以：

$$损耗率 + 成新率 = 1 \Rightarrow 成新率 = (1 - 损耗率)$$

又因为：

$$被评估资产价值 = 重置成本 \times (1 - 损耗率)$$

所以：

$$被评估资产价值 = 重置成本 \times 成新率$$

从上述表达式可知，运用年限估算法估测设备的成新率涉及到三个基本参数：设备的总使用年限、设备的已使用年限和设备的尚可使用年限。

①设备的总使用年限。设备的总使用年限即设备的使用寿命。关于机器设备的使用寿命，通常又可以分为物理寿命、技术寿命和经济寿命。设备的物理寿命是指机器设备从开始使用到报废为止所经历的时间。机器设备物理寿命的长短，主要取决于机器设备的自身质量、运行过程中的使用、保养和正常维修情况。机器设备的技术寿命是指机器设备从开始使用到技术过时所经历的时间。机器设备的技术寿命在很大程度上取决于社会技术进步和技术更新的速度和周期。机器设备的经济寿命是指机器设备从开始使用到因经济上不合算而停止使用所经历的时间。所谓经济上不合算，是指维持机器设备的继续使用所需要的维持费用大于机器设备继续使用所带来的收益。机器设备的经济寿命与机器本身的物理性能、物理寿命、技术进步速度、机器设备使用的外部环境的变化等都有直接的联系。

在运用机器设备总使用年限估测机器设备的成新率或实体性贬值率时，通常首选机器设备的经济寿命作为其总使用年限，这是国际上资产评估行业普遍采用的做法。当然，机器设备经济寿命的确定并不是一件很容易的事。到目前为止，国内尚无可供机器设备评估使用的经济年限的规定。机器设备的经济寿命作为确定机器设备总使用年限的首选指标，并不排除把机器设备的物理寿命或技术寿命作为机器设备总使用年限的可能性。能否运用机器设备的物理寿命和技术寿命作为机器设备的总使用年限，应根据机器设备评估的总体思路和总体要求，在保证确定机器设备评估值的各经济技术参数前后一致、前后协调的前提下，使用机器设备的物理寿命或技术寿命作为机器设备的总使用寿命也是可行的。

②机器设备的已使用年限。机器设备的已使用年限是一个比较容易确定的指标。它是指机器设备从开始使用到评估基准日所经历的时间。在采用已使用年限确定设备的成新率或实体性贬值率时，应注意以下几点：第一，运用使用年限法估测设备成新率或实体性贬值率，使用年限是代表设备运行量或工作量的一种使用年限，估测的依据就是设备的实际状态和评估人员的专业经验。当然也不排除运用较为简捷的方法，如利用设备的一个大修期作为设备尚可使用年限的年限，减去设备上一次大修至评估基准日的时间，余下的时间便是设备的尚可使用时间。

对于国家明文规定限期淘汰、禁止超期使用的设备，其尚可使用年限不能超过国家规定禁止使用的日期，而不论设备的现时技术状态如何。

对于经过大修,特别是经过技术改造的机器设备,应适当增加其尚可使用年限,或减少其实际已使用年限。这需要专业技术人员进行专业技术判断,另外还可以参考下列数学式进行近似计算:

$$成新率 = 尚可使用年限 \div (加权投资年限 + 尚可使用年限) \times 100\%$$

其中:

$$加权投资年限 = \sum(加权更新成本) \div \sum(更新成本)$$

$$加权更新成本 = 已使用年限 \times 更新成本$$

③机器设备的尚可使用年限。机器设备的尚可使用年限,即机器设备的剩余使用寿命。严格地讲,它应该通过技术检测和专业技术鉴定来确定。事实上,在机器设备评估中难以实现对机器设备的逐台(件)进行技术检测和专业技术鉴定。替代的方法是,用设备的总使用年限减去设备的实际已使用年限来求取设备的尚可使用年限。尤其是对较新的设备,这种方法更是简便易行。对于已使用较长时间的老设备,采用总使用年限减去已使用年限的方法有一定的局限。因为有些老设备的已使用年限已经达到甚至超过了预计的设备总使用年限。此时必须直接估算其尚可使用年限。

[**案例分析**3] 被评估设备购建于1985年,原始价值30 000元,1990年和1993年进行两次更新改造,主要是添置一些自动化控制装置。两年投资分别为3 000元和2 000元。1995年对该资产进行评估,假设从1985年至1995年每年的价值上升率为10%,该设备的尚可使用年限经检测和鉴定为6年。要求:

i)求取该设备的成新率;

ii)若该设备的重置成本为10万元,计算其评估价值;

iii)若评估目的为出租该设备以获取租金,确定会计的处理方法。

①评估思路:

由于被评估设备的投资是分段进行的,应采用加权平均计算其已使用年限。

②调整计算现时成本。见表5-1。

表5-1

投资日期	原始投资额	价值变动系数	现行成本
1985年	30 000元	2.60	78 000元
1990年	3 000元	1.61	4 830元
1993年	2 000元	1.21	2 420元
合 计	35 000元		85 250元

③计算加权更新成本,见表5-2。

表5-2

投资日期	现行成本	投资年限	加权更新成本
1985年	78 000元	10	780 000元
1990年	4 830元	5	24 150元
1993年	2 420元	2	4 840元
合 计	85 250元		808 990元

④计算加权投资年限:
$$加权投资年限 = 808\,990 \div 85\,250 = 9.5(年)$$
⑤计算成新率:
$$成新率 = 6 \div (9.5 + 6) \times 100\% = 39\%$$
⑥评估价值 = $10 \times 39\% = 3.9$(万元)。
⑦会计核算处理。

由于评估目的在于出租以取得租金,设备所有权并无转移,故不应进行调账,但可在附注中说明。

(2) 修复法。

修复法是以修复机器设备的实体有形损耗,使之达到全新状态所需要支出的金额,作为估测被修复机器设备实体有形损耗的一种方法。它适用于具有特殊结构的机器设备的可补偿性实体有形损耗的估测。可补偿性实体有形损耗,是指机器设备的实体有形损耗在技术上是可修复的,而且这种修复在经济上是合理的。

修复费用的大小与修复的难度及工作量直接相关,而修复工作量又与设备的实际损耗程度相联系。用修复设备损耗所需要的支出费用与全新设备的重置成本相比较,就是设备的实体有形损耗率。如果需要进一步求取设备的成新率,即可按下式计算:

$$成新率 = 1 - (设备修复费用 \div 设备重置成本)$$

修复法有着比较广泛的使用领域。尤其是对需定期更换易损件的机器设备(像纺织机械、机组、生产线等)的成新率评估,就更为适用。

[例2] 被评估设备为一生产线,购入时间不足两年,使用时间约为一年。由于该生产线数控部分质量不好,严重影响整个生产线的正常使用,故障多,产品质量上不去。评估人员经现场观察了解,该生产线除数控部分以外,性能、质量都还很好,只要换掉生产线的数控部分,以一个新的数控装置替换在用的数控装置,生产线的整体功能和生产能力都能达到工艺要求。根据上述分析,评估人员决定采用修复法估测该生产线的成新率。评估人员经查阅生产线购买合同,并向有关部门询价,了解到数控装置的重置价大约是整个生产线重置价的 20%。原数控装置因质量不好不宜继续使用,故可以认为该生产线的 20% 价值已经丧失。由于该生产线已使用了一年,生产线有一定的有形损耗,假如一定要通过修理来恢复生产线的有形损耗,其修理费用大约会占生产线价值的 5%。根据上述数据,该生产线的成新率应为:

$$(1 - 20\%) \times (1 - 5\%) = 76\%$$

在运用修复法估测机器设备的成新率时,必须注意该修理费用是否包括了对被评估机器设备技术更新和改造的支出,以便在考虑设备的功能性贬值时避免重复计算或漏评。

(3) 观察法。

观察法是评估人员根据对设备的现场技术检测和观察,结合设备的使用时间、实际技术状况、负荷程度、制造质量等经济技术参数,经综合分析估测设备的成新率。

①在估测设备成新率时应主要观测分析以下主要指标:设备的现时技术状态;设备的实际已使用时间;设备的正常负荷率;设备的原始制造质量;设备的维修保养状况;设备重大故障(事故)经历;设备大修、技改情况;设备工作环境和条件;设备的

外观和完整性等。

②观测分析法的基本思路及过程。运用观测分析法估测设备的成新率,应首先确定和划分不同档次成新率标准。简便易行的办法是先确定两头,即全新或刚投入使用不久基本完好的设备和将要淘汰处理或待报废的设备。然后再根据设备评估的精细程度要求,在全新设备与报废设备之间设若干档次,并规定不同档次的经济技术参数标准。表5-3是一张机器设备成新率评估参考表。

表5-3　　　　　　　　　机器设备成新率评估参考表

类别	新旧情况	有形损耗率/%	技术参数标准参考说明	成新率/%
1	新设备及使用不久设备	0~10	全新或刚使用不久的设备。在用状态良好,能按设计要求正常使用,无异常现象	100~90
2	较新设备	11~35	已使用一年以上或经过第一次大修恢复原设计性能使用不久的设备,在用状态良好,能满足设计要求,未出现过较大故障	89~65
3	半新设备	36~60	已使用两年以上或大修后已使用一段时间的设备,在用状态较好,基本上能达到设备设计要求,满足工艺要求,需经常维修以保证正常使用	64~40
4	旧设备	61~85	已使用较长时间或几经大修,目前仍能维持使用的设备,在用状态一般,性能明显下降,使用中故障较多,经维修仍能满足工艺要求,可以安全使用	39~15
5	报废待处理设备	86~100	已超过规定使用年限或性能严重劣化,目前已不能正常使用或停用,即将报废	15以下

表5-3是就一般设备有形损耗率或成新率判定的经验数据,只能供评估人员参考。在实际判断机器设备成新率时,还必须广泛听取设备实际操作人员、维修人员和管理人员对设备情况的介绍和评判。切不可简单地采取"对号入座"的方式,把机器设备成新率评估参考表作为惟一的标准对待。特别是对精密设备、成套设备和生产线等,有条件的可组成专家组共同判断这些设备的成新率。

运用观测分析法估测设备的成新率,不论是否有设备成新率评估参考表,评估人员的专业水准和评估经验都是十分重要的。

3. 机器设备功能性贬值的确定

机器设备的功能性贬值主要是由于技术进步引起的。在机器设备这类资产上具体有两种表现形式。①由于技术进步引起劳动生产率的提高,其再生产价值制造与原功能相同的设备的社会必要劳动时间减少,成本降低,从而造成原有设备的价值贬值。具体表现为原有设备价值中有一个超额投资成本将不被社会所承认。②由于技术进步出现了新的、性能更优的设备,致使原有设备的功能相对新式设备已经落后,从而引起价值贬值。具体表现为原有设备在完成相同生产任务的前提下,在能源、动力、人力、原材料等方面的消耗增加,形成了一部分超额营运成本。原有设备的超额投资成本和超额运营成本便是评估人员判断其功能性贬值的基本依据。

(1) 超额投资成本形成的功能性贬值的测算。从理论上讲,设备的超额投资成本就等于该设备的更新重置成本与其复原重置成本的差额。即:

$$设备超额投资成本 = 设备复原重置成本 - 设备的更新重置成本$$

在实际评估工作中,设备的复原重置成本往往难以直接获得。根据上面的公式可以看出,直接使用设备的更新重置成本,其实就已经将被评估设备价值中所包含的超额投资成本剔除掉了。而不必再去刻意寻找设备的复原重置成本,再减掉设备的更新重置成本去取得设备的超额投资成本。

现实中的情况有可能是被评估的设备现已停产,评估时只能参照其替代设备。而这些替代设备的性能通常要比被评估设备更好,其价格通常也会高于被评估设备。在这种情况下,就不应机械地套用超额投资成本计算公式去估测设备的超额投资成本,而应该利用参照设备的价格,采用类比法(如功能价值法、生产能力比较法等)估测被评估设备的更新重置成本。利用参照设备采用类比法估测的被评估设备的更新重置成本,至少已经将被评估设备价值中的超额投资成本所形成的功能性贬值剔除掉了(也可能还剔除了一部分超额营运成本)。

(2) 超额营运成本形成的功能性贬值的测算。超额营运成本引起的功能性贬值通常按以下步骤测算:

①选择参照物,并将参照物的年操作营运成本与被评估设备的年操作营运成本进行对比,找出两者之间的差别及年超额营运成本额;

②估测被评估设备的剩余使用年限或工作量;

③按企业适用的所得税率,计算被估设备因超额营运成本而抵减的所得税,得出被评估设备的年超额营运成本净额;

④选择适当的折现率,将被评估设备在剩余使用年限中的每年超额营运成本净额折现,累加计算被估机器设备的功能性贬值。有关举例请参考第二节成本法的介绍。

4. 设备的经济性贬值的确定

设备的经济性贬值是因设备外部因素引起的设备价值贬值。例如,设备所生产的产品滞销、原材料价格上升、竞争加剧等。最终表现为设备利用率下降、闲置,收益额减少,从而使在用设备相对不值钱。

(1) 估算前提和对象范围。设备经济性贬值的估算主要是以评估基准日以后是否闲置、停用或利用不足为依据。

计算设备经济性贬值的对象主要包括:生产线或机组、大型重要设备等。对一般中小型单台设备、季节性使用设备、辅助生产设备等,通常不单独计算其经济性贬值。对于评估基准日后不再继续使用或无继续使用价值的设备不专门估算其经济性贬值。

(2) 估测方法。由于设备利用率下降而使设备相对闲置造成收益损失的,可参照下列算式估测设备的经济性贬值率:

$$经济性贬值率 = [1 - (设备预计可被利用的生产能力/设备原设计生产能力)^X] \times 100\%$$

其中，X 为规模效益指数，实践中多用经验数据。机器设备的 X 指数一般选取 0.6 ~ 0.7。

经济性贬值额一般是以设备的重置成本扣除了有形损耗和功能性贬值后的余值乘以经济性贬值率获得。

[例3] 某家电生产厂家，其家电生产线年生产能力为 20 万台，由于市场竞争加剧，该厂家电商品销售量锐减，企业不得不将生产量减至年产 14 万台（销售价格及其他条件未变）。这种局面在今后很长一段时间难以改变，试估测该生产线的经济性贬值率。

根据以上公式和提供的有关资料，不难计算出设备的经济性贬值率。

$$经济性贬值率 = [1 - (140\,000/200\,000)^{0.6}] \times 100\% = (1 - 0.81) \times 100\% = 19\%$$

如果设备由于外界因素变化，造成的收益减少额能够直接测算出来的话，可直接按设备继续使用期间每年的收益损失额折现累加得到设备的经济性贬值额。用数学式表达如下：

$$经济性贬值额 = 设备年收益损失额 \times (1 - 所得税税率) \times (P/A, i, n)$$

其中，$(P/A, i, n)$ 为年金现值系数。

[例4] 承上例，如果该家电生产厂家为控制市场占有额，不降低生产量，就必须降价销售家电产品。假定原商品售价为 2 000 元/台，要使 20 万台商品能够卖掉，商品售价需降至 1 900 元/台，每台商品损失毛利 100 元。经估测，该生产线还可以继续使用 3 年，企业所在行业的投资报酬率为 10%，试估算该生产线的经济性贬值额。

根据上式和提供的有关资料，得：

$$经济性贬值额 = (100 \times 200\,000) \times (1 - 33\%) \times (P/A, i, n)$$
$$= 13\,400\,000 \times 2.4869$$
$$= 33\,324\,460(元)$$

在实际评估工作中，机器设备的经济性贬值和功能性贬值有时是可以单独估测的，有时不能单独估测。这主要取决于在设备的重置成本和成新率的测算中考虑了哪些因素。所以，在具体运用重置成本法评估机器设备时应时刻注意这一点，避免重复扣减贬值因素，以及漏评贬值因素。

对于那些今后肯定要继续使用，但近期内仍将闲置的设备，可按其闲置时间和资金成本估算其经济性贬值。

四、机器设备评估的现行市价法

现行市价法是指通过比较被评估资产与最近出售类似资产的异同，并将类似资产的市场价格进行调整来确定被评估资产价值的方法。在市场经济及市场发育比较完善的国家和地区，运用现行市价法评估机器设备价值是比较普遍的。具体的做法是，通过对市场近期同类设备或类似设备的成交价或报价进行分析、对比，调整获取被评估设备的评估值。采用现行市价法评估设备的基本步骤和要点是：

1. 明确鉴定被评估对象

需要鉴定的被评估对象，主要包括设备类别、名称、规格型号、生产厂家、生产日期、设备性能、现时技术状况及预计尚可使用年限等。

2. 选择参照物

在市场中选择参照物，最重要的是要具有可比性。可比性因素具体包括：

①设备的规格型号；

②设备的生产厂家；

③设备的制造质量；

④设备的附件、配件情况；

⑤设备的实际使用年限；

⑥设备的实际技术状况；

⑦设备的出售目的和出售方式；

⑧设备的成交数量和成交时间；

⑨设备交易时的市场状况；

⑩设备的存放和使用地点。

要认真分析上述可比因素，确认其成交价具有代表性和合理性，才可以将其作为参照物。在条件允许的情况下，参照物最好能有多个。

3. 选择适当的方法估测比准价值

在选定参照物之后，就要选择适当的方法具体分析、对比调整评估对象与参照物之间的可比因素，估测评估对象的初步结果，评估设备可选用的具体评估方法有直接比较法、相似类比法和市价折余法等。直接比较法是指利用二手设备市场上已成交的相同设备的交易资料，通过与被评估设备的直接对比、调整得到被评估设备价值的方法，此方法运用的前提是，市场有与评估对象相同且已经成交的设备交易数据和资料。相似类比法是指利用与评估对象相似的且已经在市场上成交的设备的交易数据和资料，通过对评估对象与参照物之间可比因素的对比分析，经调整后得到评估对象价值的方法。市价折余法是指利用与评估对象相同或相似设备的全新价格，根据评估对象的现时状态，凭借对市场行情的把握和经验，对全新设备价格进行打折，估算出评估对象价值的方法。

4. 确定评估结果

如果评估时所选择的参照物不只一个，大概就会出现若干个评估对象的比准价值。按照资产评估的要求，最终要给出一个评估结论，这就需要估价师结合每个比准价值及其参照物的情况，分析得出最终评估结论。

[案例分析4] 某企业欲转让一条1995年购置的生产流水线，通过市场调查取得的资料如下：

序号	经济技术参数	计量单位	参照物Ⅰ	参照物Ⅱ	被评估设备
1	资产交易价格	元	1 000 000	2 500 000	
2	销售条件		公开市场	公开市场	公开市场
3	交易时间		12个月前	2个月前	
4	生产能力	台/年	40 000	60 000	50 000
5	生产人员定员数	人	125	150	140
6	已使用年限	年	7	5	5
7	尚可使用年限	年	12	15	15
8	新旧程度	%	60	75	75

要求：对该流水线评估并作相应的会计处理。

i) 评估思路：

由于参照物Ⅰ、参照物Ⅱ及被评估设备销售条件均为公开市场，且资料比较齐全，因而采用现行市价法进行评估。但由于参照物与被评估设备相比有多方面的差异，需作进一步分析、对比、调整。

ii) 因素对比分析。

①交易时间因素的影响。根据搜集到的资料表明同类设备的价格变化大约是每月上升1%。

②功能因素的影响。即分析设备生产能力与购建成本的关系，可通过功能成本系数的回归分析法求得。若求得回归系数为40，即设备年生产能力每提高1万台，购建成本需增加40万元。

③自动化程度因素的影响。设备自动化程度高低表现为生产人员定员数的不同。根据企业劳资科的资料，生产人员人均年薪为10 000元，企业的投资回报率为10%，从上表提供的资料可知，参照物Ⅰ的生产人员劳动生产率定额为320台/人年（40 000台/125人年），参照物Ⅱ的生产人员劳动生产率定额为400台/人年（60 000台/150人年），被评估设备的生产人员劳动生产率定额为357台/人年（50 000台/140人年）。即被评估设备与参照物Ⅰ相比，减少使用生产人员16人（50 000/320 - 140），与参照物Ⅱ相比，增加了生产人员15人（50 000/400 - 140）。

iii) 调整差额。

①年生产能力的差额。被评估设备与参照物Ⅰ的生产能力相比，其差额为：(50 000 - 40 000) × 40 = 40(万元)；若考虑成新率因素，实际差额为：40 × 75% = 30(万元)。被评估设备与参照物Ⅱ相比，其生产能力差额为：(50 000 - 60 000) × 40 = - 40(万元)，若考虑成新率因素，实际差额为：- 40 × 75% = - 30(万元)。

②自动化程度差额。即根据被评估设备与参照物对比的生产人员定员数和年薪情况进行折现后的差额。

被评估设备与参照物Ⅰ的差额为：$16 \times 10\,000 = 16$(万元)，扣除所得税因素，则净节约额为 $16 \times (1 - 33\%) = 10.72$(万元)，在尚可使用年限内可节约人工费用额为：$10.72 \times (P/A, 10\%, 15) = 10.72 \times 7.6061 = 81.54$(万元)。

被评估设备与参照物Ⅱ的差额为：$15 \times 10\,000 = 15$(万元)，扣除所得税因素，则净超支额为：$15 \times (1-33\%) = 10.05$(万元)，在尚可使用年限内超额人工费用额为：$10.05 \times (P/A, 10\%, 15) = 10.05 \times 7.6061 = 71.44$(万元)。

iv) 变动因素差额。被评估设备与参照物 I 相比较相差 12 个月，价格指数上升了 12%，其差额为：$100 \times 12\% = 12$(万元)；与参照物 II 相差 2 个月，价格指数上升了 2%，其差额为：$250 \times 2\% = 5$(万元)。

v) 确定评估值。确定被评估设备的初步评估结果。

与参照物 I 相比，分析调整差额的初步评估结果为：

$$评估值 = 100 + 30 + 81.54 + 12 = 223.54(万元)$$

与参照物 II 相比，分析调整差额的初步评估结果为：

$$评估值 = 250 - 30 - 71.44 + 5 = 153.56(万元)$$

从上述计算结果可知，按两个不同的参照物进行比较测算，初步评估结果相差 69.98 万元左右(223.54 万元 − 153.56 万元)。其中一部分原因是两个参照物的成新率不同（参照物 I 为 60%，参照物 II 为 75%），另外，在选取有关经济技术参数时可能存在着误差。为了减少误差，并结合考虑被评估设备与参照物的相似程度，决定采用加权平均法确定评估值。参照物 II 的交易时间离评估基准日较接近(仅隔 2 个月)，且其"已使用年限、尚可使用年限、成新率"都与被评估设备相同，所以，它的相似程度比参照物 I 更大，故决定以参照物 II 的初步评估结果的 85% 和参照物 I 的初步评估结果的 15% 作为评估该设备价值的依据。

$$评估值 = 153.56 \times 85\% + 223.54 \times 15\% = 164.057(万元)$$

vi) 会计处理。若该生产流水线 1995 年购置时原值为 200 万元，已提折旧 50 万元，双方决定以评估价值为成交价格，则某企业的会计分录如下：

① 借：固定资产清理　　　　　　　　　　　　　　　150 万
　　　累计折旧　　　　　　　　　　　　　　　　　　50 万
　　贷：固定资产　　　　　　　　　　　　　　　　　　　　200 万
② 借：银行存款　　　　　　　　　　　　　　　　　164.057 万
　　贷：固定资产清理　　　　　　　　　　　　　　　　　164.057 万
③ 借：固定资产清理　　　　　　　　　　　　　　　14.057 万
　　贷：营业外收入　　　　　　　　　　　　　　　　　　14.057 万

购买方以评估价值为成交价格，则会计分录为：

借：固定资产　　　　　　　　　　　　　　　　　　164.057 万
　贷：银行存款　　　　　　　　　　　　　　　　　　　　164.057 万

综合练习及案例分析

一、单项选择题

1. 某设备的原始价值为 10 万元，修理后才能正常使用，并且修理后所带来的收益足以弥补修理费用。若修理费用为 2 万元，重置成本为 8 万元，则其成新率为（　　）。

A.25%　　B.80%　　C.75%　　D.20%

2. 某台重置全新设备价格为5万元，年产量为5 000件。现知被评估资产年产量为4 000件，则其重置成本为（　　）。

   A.40 000元　　　　　　　　B.62 500元

   C.50 000元　　　　　　　　C.以上都不正确

3. 评估某企业某类适用设备，经抽样选择具有代表性的适用设备6台，估算其重置成本之和为40万元，而该6台具代表性的适用设备原始成本之和为25万元，该类通用设备账面原始成本之和为300万元，则该通用设备的重置成本为（　　）万元。

   A.500　　B.800　　C.150　　D.480

4. 某台被估资产1978年购建，其账面原值为20万元，当时该类设备定基物价指数为120%，1990年对该设备进行评估，当年定基物价指数为180%，则该台设备的重置全价为（　　）万元。

   A.10　　B.18　　C.15　　D.30

5. 某设备购建于1994年，账面价值100 000元，1998年进行更新改造，投资20 000元。2000年对该资产进行评估，假设1994年至1998年每年价格上升率为10%，1998年至2000年每年价格上升率为8%，则该设备的加权更新成本为（　　）。

   A.1 062 936元　　　　　　B.1 071 294元

   C.1 109 592元　　　　　　D.998 780元

6. 某被评估设备的年产量为1 000件，与该设备相近的某参照物的年产量为2 000件，购建价值为10万元，则该设备的评估值为（　　）。

   A.4万元　　　　　　　　　B.5万元

   C.6万元　　　　　　　　　D.8万元

7. 机器设备的技术寿命是指（　　）。

   A. 从评估基准日到设备报废为止的时间

   B. 从设备使用到技术过时经历的时间

   C. 从评估基准日到设备技术过时的时间

   D. 从设备使用到继续使用在经济上不合算经历的时间

8. 某经技术改造的设备已使用6年，预计总使用年限为12年，经计算到评估基准日，其追加投资年限为4年，该设备的成新率最接近于（　　）。

   A.33%　　B.40%　　C.50%　　D.62.5%

9. 由超额营运成本引起的功能性贬值通常利用（　　）进行估测。

   A. 类比法　　　　　　　　B. 指数法

   C. 统计分析法　　　　　　D. 趋势法

10. 对经过技术改造的设备进行评估，应根据技术改造的程度适当（　　）。

    A. 增加其实际已使用年限　　B. 减少其实际已使用年限

    C. 增加其名义已使用年限　　D. 减少其名义已使用年限

11. 当设备出现（　　）时，评估时需要考虑其经济性贬值。

A. 利用率下降

B. 竞争加剧

C. 使用效率下降

D. 技术水平相对落后

12. 决定设备成新率的关键因素是(   )。

    A. 设备的技术水平　　　　　B. 设备的功能

    C. 设备的使用程度　　　　　D. 设备的购置时间

13. 设备的技术寿命与(   )有关。

    A. 使用强度　　　　　　　　B. 技术更新速度

    C. 维修保养水平　　　　　　D. 使用时间

14. 需安装的设备,且安装调试周期很长,其重置成本不仅需要考虑正常费用,且需要考虑(   )。

    A. 安装费用　　　　　　　　B. 调试费用

    C. 运输费用　　　　　　　　D. 资金成本

15. 按成本法评估设备的重置成本,当被估对象已不再生产时,评估应采用(   )。

    A. 替代型设备的价格

    B. 按被估设备的账面值

    C. 采用现行市价法评估

    D. 参照替代设备价格采用类比法估测

16. 运用价格指数法评估机器的重置成本仅仅考虑了(   )因素。

    A. 技术因素　　　　　　　　B. 功能因素

    C. 地域因素　　　　　　　　D. 时间因素

17. 设备的有形损耗率等于(   )。

    A. 1 - 成新率　　　　　　　B. 1 ÷ 成新率

    C. 成新率 - 1　　　　　　　D. 1 × 成新率

18. 某企业在1995年底评估一台1992年底进口的设备,从原进口合同查得:原来的到岸价CIF为20万美元,当时外汇汇率为1美元=5.8元人民币。从原会计资料可知:该设备的原始价值为135万元,据资料获悉:设备生产国的设备价格为年增率4%,评估基准日美元对人民币的汇率为1:8.5,国内物价指数为110%,则评估该设备1995年的重置成本为(   )万元。

    A. 116　　　B. 212.13　　　C. 170　　　D. 148.5

19. 机器设备的经济寿命是指(   )。

    A. 从评估基准日到设备继续使用在经济上不合算的时间

    B. 机器设备从使用到营运成本过高而被淘汰的时间

    C. 机器设备从使用到报废为止的时间

    D. 机器设备从使用到出现了新的技术性能更好的设备而被淘汰的时间

20. 鉴定机器设备的已使用年限,不需要考虑的因素是(   )。

    A. 技术进步因素　　　　　　B. 设备使用的日历天数

    C. 设备使用强度　　　　　　D. 设备的维修保养水平

21. 设备的加权投资年限为（　　）。
    A. 设备已使用的年限×更新成本
    B. 设备更新成本合计
    C. 设备加权更新成本合计÷更新成本合计
    D. 设备加权更新成本合计

22. 设备成新率是指（　　）。
    A. 设备综合性陈旧贬值率的倒数
    B. 设备有形损耗率的倒数
    C. 设备有形损耗率与1的差率
    D. 设备现实状态与设备重置成本的比率

23. 采用价格指数调整法评估进口设备所适用的价格指数（　　）。
    A. 设备进口国零售商品价格指数
    B. 设备出口国零售商品价格指数
    C. 设备出口国综合价格指数
    D. 设备出口国生产资料价格指数

24. 进口设备的到岸价是指（　　）。
    A. 设备的离岸价+进口关税
    B. 设备的离岸价+海外运杂费用+进口关税
    C. 设备的离岸价+海外运杂费用+境外保险费
    D. 设备的离岸价+境外保险费

25. 估测一台在用续用的设备的重置成本，首选方法是（　　）。
    A. 利用价格指数法
    B. 利用询价法询价再考虑其他费用
    C. 利用重置核算法
    D. 利用功能价值法

26. 计算重置成本时，不应计入的费用是（　　）。
    A. 购建费用　　　　　　B. 维修费用
    C. 安装费用　　　　　　D. 总调试费用

27. 重置成本法主要适用于评估（　　）。
    A. 可连续计量预期收益的设备
    B. 可正常变现的设备
    C. 可获得非正常变现价格的设备
    D. 续用但无法预测未来收益的设备

28. 设备的技术寿命与（　　）有关。
    A. 使用强度　　　　　　B. 技术更新速度
    C. 使用时间　　　　　　D. 维修保养水平

29. 决定设备成新率的关键因素是（　　）。
    A. 设备的技术水平　　　B. 设备的功能
    C. 设备的使用程度　　　D. 设备购置的时间

30. 下成新率计算式中，不正确的是( )。

A. 成新率＝设备的尚可使用年限÷(设备的已使用年限＋设备的尚可使用年限)×100％

B. 成新率＝(设备的总使用年限－设备的已使用年限)÷设备的总使用年限×100％

C. 成新率＝设备的已使用年限÷(设备的已使用年限＋设备的尚可使用年限)×100％

D. 成新率＝1－有形损耗率

二、多项选择题

1. 影响机器设备自然寿命的因素有( )。
   A. 机器设备的使用强度　　　　B. 机器设备的维修保养水平
   C. 同类设备的使用强度　　　　D. 机器设备的经济用途
   E. 设备的自身质量

2. 安装周期很短的一般设备，其重置成本包括( )。
   A. 设备购置费　　　　　　　　B. 运输费用
   C. 利息费用　　　　　　　　　D. 安装费用
   E. 修理费用

3. 机器设备的经济寿命受( )因素影响。
   A. 物理性能
   B. 技术进步速度
   C. 设备生产产品的市场状况
   D. 设备使用人员的技术水平
   E. 设备配套情况

4. 利用国产替代设备的重置成本推算进口设备重置成本的前提条件是( )。
   A. 无进口设备的现行 CIF
   B. 关税税率变化很大
   C. 无国外替代设备的现行 FOB
   D. 外汇汇率变化很大
   E. 增值税税率变化很大

5. 价格指数法适用于( )设备重置成本的估测。
   A. 无账面原值的
   B. 无现行购置价的
   C. 无财务核算资料的
   D. 无参照物的
   E. 无维护费用资料的

6. 设备成新率的估测通常采用( )进行。
   A. 年限法　　　　　　　　　　B. 修复法
   C. 观测法　　　　　　　　　　D. 功能价值法

E.统计分析法

7. 复原重置成本与更新重置成本相比较,( )是两者的主要差异。
   A.设计差异   B.功能差异
   C.技术差异   D.标准差异
   E.价格差异

8. 影响机器设备自然寿命的因素有( )。
   A.机器设备的使用强度   B.机器设备维修保养水平
   C.同类设备技术更新速度   D.机器设备的经济用途
   E.设备的自身质量

9. 下列资产评估,属固定资产评估范围的是( )。
   A.某汽车代理商代理进口的汽车
   B.某汽车运输公司购进的用于运输的汽车
   C.某企业以经营租赁方式租用的汽车
   D.某企业以融资租赁方式租用的汽车
   E.某企业购进的用于经营出租的汽车

10. 设备的功能性贬值通常要表现为( )。
    A.超额投资成本   B.超额营运成本
    C.超额重置成本   D.超额更新成本
    E.超额维护成本

11. 能采用收益现值法评估的机器设备为( )。
    A.车床   B.成套设备
    C.生产流水线   D.磨床
    E.钻床

12. 对于国产小型单位价值较低,安装调试期短的一般设备的重置成本可以不考虑( )。
    A.运费   B.杂费
    C.购置价格   D.安装费用
    E.关税

13. 会引起机器设备经济性贬值的有( )。
    A.设备价格上升   B.产品滞销
    C.技术进步   D.竞争加剧
    E.设备磨损

14. 自制设备的重置成本主要包括( )。
    A.制造成本   B.合理利润
    C.设计费用   D.安装调试费
    E.修理费用

15. 进口机器设备重置成本应包括( )。
    A.离岸价   B.境外途中保险费、运杂费
    C.进口关税   D.增值税、消费税

E. 安装调试费
16. 对于经过大修或技术改造的机器设备，评估时应（　　）。
    A. 适当增加其尚可使用年限
    B. 适当增加其已使用年限
    C. 减少其实际已使用年限
    D. 增加其实际已使用年限
    E. 减少使用总年限
17. 采用观察法对机器设备评估时，正确的说法是（　　）。
    A. 新设备及使用不久的设备，成新率一般为100%
    B. 新设备及使用不久的设备，成新率一般为90%～100%
    C. 已使用较长时间或几经大修，目前仍能维持使用的旧设备，成新率一般为15%～39%
    D. 已使用较长时间或几经大修，目前仍能维持使用的旧设备，成新率一般为15%以下
    E. 已使用两年以上或大修后已使用一段时间的设备，成新率一般为65%～89%
18. 机器设备的功能性贬值形成的原因为（　　）。
    A. 超额投资成本形成　　　　B. 超额维修成本形成
    C. 超额营运成本形成　　　　D. 超额安装成本形成
    E. 超额运输费形成
19. 会引起机器设备经济性贬值的是（　　）。
    A. 原材料价格上升　　　　　B. 产品滞销
    C. 竞争加剧　　　　　　　　D. 维护费增大
    E. 磨损加剧
20. 对机器设备评估采用现行市价法时，在公开市场上无法找到与被评估机器完全相同的资产，而只找到与之相类似的资产。这时应对参照物进行调整，其调整因素包括（　　）。
    A. 时间因素　　　　　　　　B. 地域因素
    C. 功能因素　　　　　　　　D. 价格因素
    E. 维护因素

三、判断题

（　）1. 评估固定资产的重置成本，其评估值应包括风险折扣因素。
（　）2. 评估单项机器设备一般不适用收益现值法。
（　）3. 对于非续用的机器设备可以采用重置成本法。
（　）4. 损耗率与成新率之和为1。
（　）5. 在运用机器设备总使用年限估测机器设备的成新率时，应首选经济寿命作为其总使用年限。
（　）6. 某企业要求评估一台生产汽车空调机装置，该装置采用氟里昂为致冷剂，

根据国家有关规定,从 2001 年 1 月 1 日起禁止在汽车上使用氟里昂致冷剂,但该装置尚可使用 10 年,评估基准日为 2000 年 1 月 1 日,则尚可使用年限为 1 年。

(　)7. 对于需定期更换易损件的机器设备的成新率评估,一般不适宜采用修复法。

(　)8. 从理论上讲,设备超额投资成本是指设备的更新重置成本大于设备复原重置成本的差额。

(　)9. 如果对机器设备的评估采用现行市价法,但评估时所选择的参照物不止一个时,应根据具体情况,加权平均计算最终评估值。

(　)10. 经济性贬值额一般是以设备的重置成本扣除了有形损耗和功能性贬值后的余额除以经济性贬值率求出。

四、案例分析

[案例 1] 某企业因原有的设备陈旧,生产率低,欲重新购置一台新设备,要求对原有的设备进行评估。有关资料如下:(评估基准日为 2001 年 8 月 1 日)

(1)

项　目	原有设备	拟购置设备
月产量	10 000 件	10 000 件
单件工资	1.20 元	0.8 元
资产剩余使用年限	5 年	10 年

(2)该原有设备购建于 1993 年,原值 500 000 元,1995 年和 1998 年进行了两次更新改造,两年投资分别为 50 000 元和 30 000 元。设 1993 年至 2001 年每年物价上升率为 8%。

(3)该原有设备至评估日已提折旧 200 000 元。

(4)该企业所得税率为 33%,折现率为 10%。

要求:

(1)根据上述资料,提出应采用的评估方法及依据。

(2)计算被评估设备的成新率。

(3)计算被评估设备的功能性贬值。

(4)计算被评估设备的评估价值。

(5)会计能否根据评估结果登记入账?为什么?

[案例 2] 被评估设备为 1995 年从英国引进设备,进口合同中的 FOB 价格是 20 万英镑。2001 年评估时英国生产厂家已不再生产这种待估设备,其替代产品为国内其他企业 1999 年从英国进口的设备,CIF 价格为 30 万英镑。被评估设备所在企业,以及与之比较的企业均属于进口关税、增值税免税单位,银行手续按 CIF 价格 0.8%计,国内运杂费按 CIF 价格加银行手续费之和的 3%计算,安装调试费含在设备价格中不需要另行计算,被评估设备尚可使用 5 年,年营运成本比其替代设备超支 2 万元人民币,被评

估设备在企业的正常投资报酬率为10%,评估时英镑与美元的汇率为1.4:1,人民币与美元的汇率为8:1。(注:CIF为到岸价,FOB为离岸价。)

$$被评估设备重置成本=(设备CIF价格+银行手续费)\times(1+国内运杂率)$$

要求:
(1)什么是重置成本法?适用哪些范围?
(2)重置成本法与市价法都要考虑市场价格,两者有什么区别?
(3)根据上述数据估测该进口设备的重置成本、设备的成新率、功能性贬值及评估价格。
(4)若拥有被评估设备的企业以此设备对外投资,原账面原值为100万元,已提折旧为30万元,请为该企业进行会计处理。
(5)若投资方与被投资方双方同意以评估价值为投资额,请为被投资企业进行会计处理。

[案例3] 被评估设备购建于1996年,账面价值100 000元,2001年对该设备进行技术改造,追加技改投资50 000元,2001年对该设备进行评估,根据评估人员的调查、检查、对比分析得到以下数据:
(1)从1996年至2001年每年的设备价格上升率为10%;
(2)该设备的月人工成本比其替代设备超支1 000元;
(3)被评估设备所在企业的正常投资报酬率为10%,规模效益指数为0.7,所得税率为33%;
(4)该设备在评估前使用期间的实际利用率仅为正常利用率的50%,经技术检测,该设备尚可使用5年,在未来5年中设备利用率能达到设计要求。

要求:
(1)计算该评估设备的重置成本。
(2)计算该评估设备的有形损耗率。
(3)计算该评估设备的功能性贬值额。
(4)计算该评估设备的经济性贬值率和贬值额。
(5)计算该评估设备的评估价值。

[案例4] 某企业欲以一台1995年购置的生产装置对外投资,通过市场调查取得的资料如下:

序号	经济技术参数	计量单位	参照物Ⅰ	参照物Ⅱ	被评估设备
1	资产交易价格	元	1 000 000	2 500 000	
2	销售条件		公开市场	公开市场	公开市场
3	交易时间		4个月前	10个月前	
4	生产能力	台/年	60 000	80 000	70 000
5	生产人员定员数	人	125	160	140
6	已使用年限	年	5	9	6
7	尚可使用年限	年	10	8	9
8	新旧程度	%	90%	70%	80%

(1) 因素分析如下：

① 交易时间因素的影响。根据搜集到的资料表明同类设备的价格变化大约是每月上升0.5%。

② 功能因素的影响。即分析设备生产能力与购建成本的关系，可通过功能成本系数的回归分析法求得。若求得回归系数为30，即设备年生产能力每提高1万台购建成本需增加30万元。

③ 自动化程度因素的影响。设备自动化程度高低表现为生产人员定员数的不同。根据企业劳资科的资料，生产人员人均年薪为8 000元，企业的投资回报率为10%。

(2) 按参照物Ⅰ的初步评估结果的60%和参照物Ⅱ的初步评估结果的40%，计算加权平均值。

(3) 该生产装置账面原值为1 800万元，已提折旧800万元，双方同意按评估价值作价。

要求：对该生产装置评估并为投资双方作相应的会计处理。

第六章　固定资产评估（二）：房地产评估

第一节　房地产评估的特点和程序

房地产是房屋建筑物与土地使用权的总称，包括房产和地产。在我国，土地的所有权只属国家和农村集体所有，单位和个人只能取得土地使用权。尽管土地使用权属于无形资产之列，但由于在评估土地使用权的价格时，往往要同时评估包括房屋建筑物在内的土地上的有关资产（不动产），而在评估房屋建筑物价格时，又离不开其占用的土地，可见，房和地是不可分割的，因此评估时须将这两者结合。

一、房地产的特点

房地产是一种最基本，也是最重要的生产资料，它为人类的生存和发展提供了稳定的生活环境和生存空间。由于影响房地产价格的因素很多，所以房地产评估比一般固定资产（如机器设备等）的评估更为复杂。与其他固定资产相比，房地产具有如下特点：

1. 位置固定性

房地产亦称不动产。由于土地不可位移，固着于土地上的建筑物亦不可移动。房地产的位置固定性，导致了房地产带有明显的区域性特点和个别性特征。这种区域性特点和个别性特征是影响房地产价值的重要因素。

2. 使用的长期性

从某种意义上讲，土地的利用具有永续性。建筑物一经建造完成，其寿命也是相当长的。房地产使用的长期性决定了其用途、功用可以随社会的进步不断地加以改善、调整，以达到最佳利用的状态。值得注意的是，国家土地使用制度规定，公司、企业、其他组织和个人通过政府出让方式取得的土地使用权是有限期的。国家规定的土地使用权出让最高年限按不同用途予以规定：居住用地70年，工业用地50年，商业、旅游、娱乐用地40年等。土地使用权的有限年期对房地产自然的使用长期性是一种限制。土地使用权的剩余使用年限是影响房地产价值的一个重要因素。

3. 影响因素多样性

房地产效用的发挥，以及其价值的实现要受到诸多因素的制约。除了房地产自身的自然的、物理的、化学的因素以外，社会因素以及周边环境等都会对房地产效用的发挥及其价值的实现起到非常大的影响作用。从社会因素来看，政府的城市规划具体规定了房地产的用途和使用强度（容积率、覆盖率、建筑高度、绿地率等）。另外，政府可以从满足社会公共利益的角度，对任何房地产实施强制征用，对某些房地产实施课税，等等。从周边环境的角度来看，任何房地产的效用和价值都要受到其周边环境、特别是周边房地产用途的影响。良好的周边环境可以提高该区域房地产的价值；而恶劣的周边环境，则可使该区域内的房地产价值下降。当然，影响房地产效用发挥及其价值实现的因素还有许多，如政府的房地产政策、住房制度、社会有效需求，等等。

4. 投资大量性

不论是房地产中的土地或建筑物，其投资的数额都是较大的，不论是国家投资者、企业投资者或个人投资者，投资房地产都需要较大数额的资金。房地产投资大量性特点不仅说明了房地产投资应事先做好可行性研究，要有的放矢、有效地进行投资；另一方面也说明房地产变现也不是一件轻而易举的事项。房地产不易变现是其一大风险。

5. 保值增值趋势

在社会经济发展正常的情况下，随着人口及社会生产力的发展，社会对土地的需求与日俱增。由于土地资源特别是城市土地面积的有限性，从长远的观点来看，土地供给一般会滞后于土地需求而出现房地产价格上升趋势。如果出现通货膨胀现象，房地产的保值性则会更为明显。房地产保值增值是一种趋势，而并非每一时点房地产价值都会上涨，需要结合每宗房地产的具体情况来理解其保值增值趋势。

二、房地产价格的种类

尽管房地分别属于两个不同的范畴，但是在实务中，房地产价格作为房地产交易双方的实际成交价格，因而在市场上的价格可分为土地价格、建筑物价格、房地价格三种。

（1）土地价格简称地价。通常是指空地的价格。根据目前我国的地价体系，地价又可以具体划分为基准地价、标定地价、出让底价、转让地价和其他地价（如出租价格、抵押价格等）若干种。

（2）建筑物价格是指纯建筑物部分的价格，不包含其占用的土地价格。在人们日常生活中纯粹的建筑物价格并不多见。通常所说的建筑物价格通常是包含地价的。

（3）房地价格是指建筑物连同其占用的土地的价格在一起的价格。房地价格情况比较复杂，以住宅为例，在房改之后，住宅价格包括职工购买现住房价格、动迁房价、安居工程房价和商品房价等。从形式上看，上述几种房价大都是在市场上形成的，而价格却相差很大。

除以上基本的房地产价格外，还有以下几种价格形态：

（1）房地产单位价格。它可以是土地的单位面积价格、建筑物单位面积的价格和房地合一状态下的单位面积价格。对于单位价格首先应弄清面积单位和面积的含义。我国在房地产计量方面通常使用每平方米作为面积单位。面积含义因房地产的种类不同亦有所差异。如住宅面积含义包括建筑面积和使用面积等。

（2）楼面地价，又称单位建筑面积地价，是平均到每单位建筑面积上的土地价格。用数学式表示为：

$$楼面地价 = 土地总价格 \div 建筑总面积$$

或：

$$楼面地价 = 土地单价 \div 容积率$$

$$容积率 = 建筑物面积 \div 建筑占地面积 \times 100\%$$

以上房地产单位价格和楼面地价都是反映房地产价格水平高低的指标。其中楼面地价在反映某一具体宗地地价时，往往比单位地价更能说明地价水平。楼面地价是一个比较有用的价格指标。

(3) 拍卖价格,是指采用拍卖方式出让或交易的房地产成交价格。

(4) 招标价格,是指采用招标方式出让或交易的房地产价格。

拍卖、招标与正常的协商交易不同,竞买者或竞标者的出价动机在很大程度上会影响拍卖价格和招标价格。从形式上看,拍卖价格和招标价格也是在公开市场上形成的,其实,拍卖价格和招标价格带有很大的随机性和偶然性。

三、房地产评估的特点

根据我国的房地产制度、政策以及市场发育程度,我国房地产评估的特点是:

1. 房地产分离评估、综合计价

这是指评估时要对房产和地产分别评估,然后把两者进行综合分析,最终以一个整体价格体现出来,这是由房地产价格的特殊性决定的。房地分离评估是因为:①房产和地产价格的性质不同。房屋价格是房屋这种商品价值的货币体现;而土地不是商品,其价格是土地使用权转让的交易价格。②房屋会折旧,甚至毁损,价值越来越低,而土地则不存在折旧的问题,反而会随着社会经济的发展而升值。③影响房产和地产评估价格的因素不尽相同:土地受市场供求因素及其位置、面积、形状的影响较大,而且当经济和社会发展到一定程度时,土地的供给达到饱和状态,因此其市场价格将主要由需求决定;而房产主要受其建筑质量和环境因素的影响。这些都导致了评估房产和地产时须采取不同的方法和程序,因此,两者要分离评估。综合计价是因为地价和房价的基础,是构成房价的重要组成部分,最终通过房价来实现。另外,在一般情况下,土地使用权出让的投标者总是考虑中标后在该地块上建造的房屋的价值和价格,并以此为依据来测算土地使用权出让投标价格。在旧城改造、征地、拆迁等情况中,都同样要考虑建造的房屋价值,作为评价项目可行性的标准。

2. 应用最佳使用原则

房地产评估中的最佳使用原则是指房地产评估应以估价对象的最佳使用为前提。这种最佳使用的含义是法律上允许、技术和功能上可能、经济上可行,经过充分合理的论证,并能给估价对象带来最高价值。

在评估实践中,房地产的最佳使用通常是选择能使估价对象获利最多的用途。当估价对象在评估时点的具体用途为最佳,评估就可以按此用途进行。如果估价对象的使用不是最佳用途,就应当根据最佳使用原则,对估价前提作出下列之一的判断和选择,并在估价报告书中予以说明。

(1) 直接将估价对象的在用用途转换为最佳使用用途,并以此作为评估的前提。

(2) 如果在在用状态前提下通过装修改造能使该房地产得到最佳使用,可按装修改造继续 使用前提进行评估。

(3) 当经装修改造再转换用途能够使房地产最佳使用,则应按装修改造转换用途前提进行 评估。

(4) 如果评估对象的用途不合理,且又无改造的价值,拆除重新利用能够实现其最佳用途 的话,应按拆除重新利用作为评估前提。

例如某城市附近有一片农田,其最佳使用方式不是农业,而可能是住宅,则对这块土地就不能用农田而应用住宅的评估方法。

3. 法律、法规约束严格

由于房地产的复杂性和重要性，在我国关于房地产价格方面的法律、法规、政策很多。如《城市规划法》、《土地管理法》、《城市私有房屋管理条例》、《城镇国有土地有偿出让和转让条例》、《房屋完损登记评定标准》、《商品房管理规定》，等等。因此，对房地产评估必须以房地产的合法取得、合法使用、合法交易、合法处分为前提。

四、房地产评估的程序

1. 明确评估基本事项

评估机构在接受房地产评估委托后，在评估委托协议中除了要明确评估收费、违约责任等事项外，还必须明确评估对象、评估目的、评估时点和评估的具体工作时间等具体事项。

明确评估对象首先从物质实体上明确房地产的名称、坐落、用途、面积、层数、结构、装修、基础设施、取得时间、使用年限，维修保养状况等。其次从权益状况看，要明确产权性质和产权归属等。

明确评估目的就是要确定评估结果的具体用途，即为何种需要而进行房地产评估。明确评估目的不仅有助于明确评估方向，便于更好地确定评估对象和评估范围，同时也限制了评估报告的使用范围，也有助于评估人员选择恰当的评估价值类型和评估价值基础。

明确评估时点就是要有明确的评估基准日。资产评估结果是某一具体时点的资产评估值。评估结果是否合理主要是针对评估基准日而言的。

明确评估的具体工作时间是指委托方和受托方要事先明确评估机构从接受委托到提交评估报告的工作时间。在没有特殊原因的情况下，评估机构应按期保质地完成评估工作。

2. 拟定评估工作方案

在明确了评估的基本事项的基础上，应当对评估项目进行充分分析，拟定评估作业计划。具体包括：根据评估对象和评估目的，以及可能搜集到的数据资料，初选评估方法和评估的技术路线，并确定评估人员及其分工；按评估的要求和评估方法调查搜集数据资料；拟定作业步骤和作业时间；初算评估成本。

3. 实地查勘搜集资料

房地产评估人员必须到评估现场进行实地查勘。了解弄清房地产的位置和周围环境、自然和人文景观、公共设施和基础设施，以及评估对象的物质状况，如外观、结构、面积、装修、设备等。并对委托方提供的和事先搜集到的有关资料进行核实和验证，进一步丰富和落实此项评估所需的数据资料。

4. 选用评估方法评定估算

在房地产评估中，除了使用其他资产评估常用的市场法、收益法和成本法外，还可以根据具体情况运用假设开发法、残余估价法、路线估价法、基准地价修正法等。如果条件允许，每一个评估项目最好能选择两种或两种以上的方法进行评估。如为产权变动服务的房地产评估，应先选用市场法，再用收益法，最后是选用其他评估方法进行评定估算，得到初步的评估结果。

5．确定评估结果，撰写评估说明或报告

用两个或两个以上的评估方法进行评估，会得到几个初步评估结果。应当在充分分析论证的基础上给出评估的最终结果，并撰写评估说明或评估报告书。

第二节　土地使用权评估

如前所述，在我国，城市土地的所有权属于国家，不能进入市场流通。土地使用者可以拥有和转让土地使用权，因此地价一般是指土地使用权的价格。土地使用权价格可因土地使用年限的长短区分为各种年期的使用权价格，如 40 年、50 年、70 年的土地使用权价格。土地使用权出让（即由国家出售给使用者）的最高年限由国务院确定。

一、土地使用权价格的特征

由于土地具有不可再生性、供给的稀缺性、位置的固定性，使土地使用权价格具有不同于一般商品价格的特征。

1．土地使用权是地租的资本化

地价与一般商品的价格不同，一般商品是劳动的产物，其价格围绕价值上下波动，价格由生产成本和利润构成。土地则不完全是劳动的产物，因此，地价并不是土地的购买价格，而是地租的资本化。

2．土地使用权是权益价格

由于地产位置不可移动，因此地产的买卖、抵押等并不能移转地产的物质实体本身，而是转移与土地有关的各种权益。地产是一种权益，如所有权、使用权、抵押权、租赁权等。因此，发生经济行为的地产转移方式不同，形成的地产权益不同，其权益价格也不相同，评估时必须仔细考虑。

3．土地具有增值性

由于土地价格形成的特殊性，其价值的变化也具有独特性。地价受多种因素影响，由于土地可永续利用，随着地块周围环境因素的变化及经济的增长，除个别情况外，随着时间的流逝，土地往往具有自然增值的属性。

4．土地使用权与用途相关

一般商品的价格由其生产成本、供给和需求等因素决定，其价格一般并不因使用状况不同而产生差别，但是，同样一宗土地，在不同的规划用途下，其使用价值是不同的，土地价格与其用途密切相关。因此，在市场经济条件下，一宗土地如果其用于经营商业有利于用于住宅，其价格应由商业用途决定。

5．土地使用权具有个别性

由于土地的个别性，没有两宗土地条件完全一致，同时土地价格决定中，交易主体之间的个别因素也很容易起作用。因此，地产价格形成具有个别性。由于土地位置的固定性，其交易往往是单个进行，因此形成地产市场是一个不完全竞争市场。土地不像一般商品，可以开展样品交易、批量交易，每一宗土地交易都具有个别性。

6. 土地使用权具有可比性

地产价格尽管具有与一般商品不同的许多特性，但并不意味着其价格之间互不联系。事实上，我们可以根据地产价格的形成规律，对影响地产价格的因素进行比较，从而能够比较地产的价格。

二、土地使用权价格的种类

在土地使用制度改革前，我国的土地是无偿使用的，地价基本上不存在，更没有完整的地价体系。我国目前的地价体系是随着经济体制改革的深化形成的，地价种类主要有：基准地价、标定地价、交易底价、交易价、课税价格等。

1. 基准地价

基准地价是按照城市土地级别或均质地域分别评估的商业、住宅、工业等各类用地和综合土地级别的土地使用权的平均价格。基准地价评估以城市为单位进行。

基准地价按用途可划分为综合基准地价、商业、住宅、工业等分类基准地价。按地价成果在图上的表达方式，可分为点状地价、线状地价和面状地价。一般标准宗地地价以点状表示，综合基准地价采用面状地价表示，商业用地地价采用线状和面状相结合的方式表示，住宅用地基准地价采用面状地价的方式表示，工业用地基准地价采用面状地价表示。同时，除了用形象直观的地图表示地价成果外，为了使评估成果在应用中避免产生歧义，还要用文字形式准确表达，由政府公布。

2. 标定地价

标定地价是市、县政府根据需要评估的正常地产市场中，具体宗地在一定使用年限内的价格。标定地价，可以以基准地价为依据，根据土地使用年限、地块大小、土地形状、容积率、微观区位等条件，通过系数修正进行评估得到，也可以按市场交易资料，直接进行评估得到。

3. 交易底价

交易底价包括土地使用权出让底价、转让底价、抵押底价等。土地使用权出让底价是政府根据正常地产市场状况下地块应达到的地价水平，确定的某一地块出让时的最低控制价格标准。在我国，地产一级市场由政府垄断，因而，土地使用权出让价格对整个地产市场的价格水平的影响是非常重要的。出让底价一般依据基准地价或标定地价，并考虑地产市场的发展状况而定。转让底价是土地使用权转让时，成交前的谈判底价。抵押底价是以不动产作为抵押物时地产的协商价格。

4. 市场交易价

市场交易价格是地产在市场交易中实际成交的价格。在正常的市场条件下，买卖双方均能迅速获得交易信息，买方能自由地在市场上选择其所需，卖方亦能自由地出售房地产，买卖双方均以自身利益为前提，在彼此自愿的条件下，以某一价格完成地产交易。由于交易的具体环境不同，市场交易价格经常不断地处在变化之中。租赁价格和转让价格等都属于市场交易价格。

5. 课税价格

课税价格是政府为征收有关土地税收如土地增值税、土地使用税等作为地产课税基础的价格。课税价格的确定与课税政策密切相关。

三、土地使用权价格的评估方法

根据土地使用权价格的特点，评估时一般可采用现行市价法、收益现值法、重置成本法、路线估价法、预期开发法等。

1. 现行市价法

市价法是在求取一宗待估不动产价格时，依据替代原理，将待估不动产与类似不动产的近期交易价格进行对照比较，通过对交易情况、交易日期、区域因素和个别因素等的修正，得出待估不动产在评估期日的价格。

由现行市价法估价得到的价格，称为比准价格。

现行市价法的理论依据，就是经济学中的替代原理。根据替代原理，在市场上任何经济主体都谋求以最小的代价取得最大利润或效用。因此效用均等的物品或服务其价格应该相等。在一个完全竞争的市场上，两个以上具有替代关系的商品同时存在，商品的价格就会由于替代关系而通过相互竞争，最终促使商品的价格趋于一致。在地产市场上也是这样，从理论上讲，效用相等的地产经过市场的竞争，其价格最终会基本趋于一致。在被评估地产存在活跃市场时，应首选现行市价法。但这种方法一般不适用于以下几种情况：没有发生地产交易或在地产交易发生较少的地区；对某些类型很少见的地产或交易实例很少的地产，如古代建筑用地等；对那些很难成为交易对象的不动产，如教堂、寺庙用地等；风景名胜区土地；图书馆、体育馆、学校用地等。

（1）现行市价法的一般程序。

①收集交易资料。运用现行市价法评估地产的价格，必须有充裕的交易资料，这是运用现行市价法的基础和前提条件。这就要求我们必须注意日积月累，在平时就要时刻关注地产市场变化，随时搜集有关地产交易实例。如果等到需要时才去临时找案例，往往因为时间紧迫，很难来得及搜集到足够的交易案例。而交易案例太少，用市场法评估出的价格难免不够客观、合理，甚至会使市场法无法使用。

②确定可比交易案例。在进行一宗地产价格评估时，需要针对待估地产的特点，从平时搜集的众多地产交易实例中选择符合一定条件的交易实例，作为供比较参照的交易实例。比较实例选择是否适当，直接影响运用现行市价评估的结果精度，因此对比较实例的选择应特别慎重。从国外有关资料来看，如果地产市场较为稳定，估价期日与案例交易日期可相差较远，但所选取的交易案例资料不应该超过 5 年。如果市场变动剧烈，变化较快，则只宜选取较近时期的交易实例，最好是近两年以内的。

（2）修正因素。

修正因素包括：情况因素修正、期日因素修正、区域因素修正、个别因素修正、容积率因素修正、土地使用年期因素修正等。

市价比较法的基本计算公式是：

$$P = P' \times A \times B \times C \times D$$

式中：

P——待估地产评估价格；

P'——可比交易实例价格；

A——交易情况修正系数；

B ——交易日期修正系数;
C ——区域因素修正系数;
D ——个别因素修正系数。

实际评估工作中,其计算公式为:

$$P = P' \times A \times B \times C \times D = P' \times \frac{100}{(\ )} \times \frac{(\ )}{100} \times \frac{100}{(\ )} \times \frac{100}{(\ )}$$

式中字符含义同前,具体内容为:

$$A = \frac{100}{(\ )} = \frac{\text{正常交易情况指数}}{\text{可比实例交易情况指数}}$$

$$B = \frac{(\ )}{100} = \frac{\text{估价期日价格指数}}{\text{可比实例交易时价格指数}}$$

$$C = \frac{100}{(\ )} = \frac{\text{待估对象所处区域因素条件指数}}{\text{可比实例所处区域因素条件指数}}$$

$$D = \frac{100}{(\ )} = \frac{\text{待估对象个别因素条件指数}}{\text{可比实例个别因素条件指数}}$$

在上式中,交易情况修正系数A中的分子100表示以正常交易情况下的价格为基准而确定可比实例交易情况的价格修正参数;交易日期修正系数B中的分母100表示可比实例交易时的价格指数为基准而确定估价期日的价格指数;区域因素修正系数C中的分子100表示以待估对象所处的区域环境为基准而确定可比实例所处区域环境的修正系数;个别因素修正系数D中的分子100表示以待估对象的个别因素条件为基准而确定可比实例个别因素条件的修正系数。

市价法的计算公式也可以是:

$$P = P' \times A \times B \times C \times D = P' \times \frac{100}{(\ )} \times \frac{(\ )}{100} \times \frac{(\ )}{100} \times \frac{(\ )}{100}$$

式中P'、A、B含义同前,C和D为分别以可比实例的区域因素条件和个别因素条件为基准即用100来确定待估对象的区域因素和个别因素条件的修正系数。

如果土地容积率、土地使用年期单独修正,则计算公式为:

$$P = P' \times A \times B \times C \times D \times \text{容积率修正系数} \times \text{土地使用年期修正系数}$$

在这里需要说明的是,组成区域因素或个别因素中的各个因素都可以独立扩展出来进行单独修正。

①交易情况修正。由于地产的独特特性,决定了地产市场不能成为完全竞争市场,而是一个不完全竞争市场。在地产市场上,地产价格的形成往往具有个别性,因此运用现行市价法进行地产估价,需要对选取的交易实例进行交易情况修正,将交易中由于个别因素所产生的价格偏差予以剔除,使其成为正常价格。地产交易中的特殊情况较为复杂,主要有以下几种:

第一,有特殊利害关系的相互间的交易,如亲友之间、有利害关系的公司之间、公司与本单位职工之间,通常都会以低于市价的价格进行交易。

第二,交易时有特别的动机,这以急于脱售或急于购买最为典型。如有人为了扩大经营面积,收买邻近的建筑用地,往往会使交易价格抬高。

第三,买方或卖方不了解市场行情,往往使地产交易价格偏高或偏低。

第四,其他特殊交易的情形。如土地增值税本应由卖主负担,却转嫁给了买主。

第五,特殊的交易方式。

②交易日期修正。交易实例的交易日期与待估地产的评估基准日往往有一段时间差,需要根据地产价格变动率将交易实例地产价格进行修正。计算公式如下:

$$评估基准日交易实例价格 = 交易实例价格 \times 评估基准日指数 / 交易日期指数$$

③区域因素修正。对交易实例进行交易情况修正和交易日期修正后,还需要对交易实例进行区域因素修正。区域因素是影响地产价格的重要因素,进行区域因素修正是市场法的难点和关键之一。

交易实例地产与待评估地产如果不是处于同一地区,应将交易实例地产所处地区与待评估地产所处地区的区域因素加以比较,找出由于区域因素的差别而引起的交易实例地产与待评估地产价格的差异,对交易实例地产价格进行修正。如果交易实例地产与待评估地产处在同一地区,则不必进行此项修正。

④个别因素修正。对交易实例进行交易情况修正、交易日期修正和区域因素修正后,还需要对交易实例进行个别因素修正。个别因素修正是否适当,对地产价格评估结果也有重大影响。

将交易实例地产与待评估地产的个别因素加以比较,找出由于个别因素的差别而引起的交易实例地产与待评估地产价格的差异,对交易实例地产价格进行修正。

⑤容积率修正。容积极率与地价的相关关系并非呈线性关系,需根据具体区域的情况分析。

容积率修正可采用下式计算:

$$经容积率修正后可比实例价格 = 可比实例价格 \times \frac{待估宗地容积率修正系数}{可比实例价格容积率修正系数}$$

[例1] 某企业一块待估宗地需进行评估,现收集该城市容积率修正系数见表6-1。

表6-1　　　　　　　　　容积率修正系数表

容积率	0.1	0.4	0.7	1.0	1.1	1.3	1.7	2.0	2.1	2.5
修正系数	0.5	0.6	0.8	1.0	1.1	1.2	1.6	1.8	1.9	2.1

如果确定比较案例宗地地价为800元/m^2,容积率为2.1,待估宗地规划容积率为1.7,则待估宗地容积率修正计算如下:

$$经容积率修正后可比实例价格 = 800 \times 1.6 \div 1.9 = 673.7(元/m^2)$$

⑥土地使用年期修正。我国实行有限年期的土地使用权有偿使用制度,土地使用年期的长短,直接影响土地收益的多少。土地的年收益确定以后,土地的使用期限越长,土地的总收益就越多,土地利用效益也越高,土地的价格也会因此提高。通过使用年期修正,可以消除由于使用期限不同而对不动产价格造成的影响。

土地使用的年期修正系数按下式计算:

$$K = \frac{1 - \frac{1}{(1+r)^m}}{1 - \frac{1}{(1+r)^n}}$$

式中：
　　K ——将可比实例年期修正到待估对象使用年期的年期修正系数；
　　r —— 还原利率；
　　m ——待估对象的使用年期；
　　n ——可比实例的使用年期。

土地使用年期修正后地价 = 比较实例价格 × K

[例 2] 若选择的比较案例成交地价为 1 000 元/m²，对应使用年期为 30 年，而待估宗地出让年期为 20 年，土地还原率为 8%，则年期修正如下：

土地使用年期修正后的地价 = $1\,000 \times \frac{1 - 1/(1+8\%)^{20}}{1 - 1/(1+8\%)^{30}} = 872$ (元/m²)

(3)地产价格的确定。

经过上述的交易情况修正、期日修正、区域因素修正、个别因素修正、容积率修正、土地使用年期修正，就可得到在评估基准日的待估地产的若干个价格，如果交易实例选取 5 个，就可能有 5 个价格。

通过计算公式求取的若干个价格，可能不一定完全一致。但是我们要评估的地产的价格却只能有一个。求取最终的地产价格可采用统计学方法，如简单算术平均数法、加权算术平均数法等。

[案例分析 1] 有一待估宗地 Y 需评估，现收集到与待估宗地条件类似的 6 宗地，具体情况如表 6 - 2 所示。评估目的是以该宗地向银行抵押，申请贷款。

表 6 - 2　　　　　　　　　　　　　　　　　　　　　　　单位：元/m²

宗地	成交价	交易时间	交易情况	容积率	区域因素	个别因素
A	670	1996	+1%	1.3	0	+1%
B	640	1996	0	1.1	0	-1%
C	700	1994	+5%	1.4	0	-2%
D	680	1996	0	1.0	-1%	-1%
E	760	1998	-1%	1.6	0	+2%
F	740	2000	0	1.3	+1%	0
Y		2000	0	1.1	0	0

该城市地价指数见表 6 - 3。

表 6 - 3

时　间	1991	1993	1994	1996	1998	1999	2000
指　数	100	103	107	110	108	107	112

另据调查，该市此类用地容积率与地价的关系为：当容积率在 1～1.5 之间时，容积率每增加 0.1，宗地单位地价比容积率为 1 时的地价增加 5%；超过 1.5 时，超出部

分的容积率每增长0.1，单位地价比容积率为1时的地价增加3%。对交易情况、区域因素、个别因素的修正，都是案例宗地与待估宗地比较，表中负号表示案例条件比待估宗地差，正号表示案例宗地条件优于待估宗地，数值大小代表对宗地地价的修正幅度。

试根据以上条件，评估该宗土地2000年的价格，并说明相应的会计处理。

i)评估思路：该待估地产存在活跃市场，有充分参照物，应选择现行市价法。

ii)应根据用地容积率与地价关系建立容积率地价指数表见表6-4，再对各个交易案例进行因素修正。

表6-4　　　　　　　容积率地价指数表

容积率	1.0	1.1	1.2	1.3	1.4	1.5	1.6	1.7
地价指数	100	105	110	115	120	125	128	133

iii)对各个交易案例进行因素修正。

$$评估值 = 参照物成交价 \times \frac{待估土地时间指数}{参照物土地时间指数} \times \frac{待估土地交易情况}{参照物土地交易情况} \times \frac{待估土地容积率}{参照物土地容积率} \times$$

$$\frac{待估土地区域因素}{参照物土地区域因素} \times \frac{待估土地个别因素}{参照物土地个别因素}$$

宗地 A. $670 \times \frac{112}{110} \times \frac{100}{101} \times \frac{105}{115} \times \frac{100}{100} \times \frac{100}{101} = 611$ (元/m²)

B. $640 \times \frac{112}{110} \times \frac{100}{100} \times \frac{105}{105} \times \frac{100}{100} \times \frac{100}{99} = 658$ (元/m²)

C. $700 \times \frac{112}{107} \times \frac{100}{105} \times \frac{105}{120} \times \frac{100}{100} \times \frac{100}{98} = 623$ (元/m²)

D. $680 \times \frac{112}{108} \times \frac{100}{100} \times \frac{105}{100} \times \frac{100}{99} \times \frac{100}{99} = 667$ (元/m²)

E. $860 \times \frac{112}{107} \times \frac{100}{99} \times \frac{105}{128} \times \frac{100}{100} \times \frac{100}{102} = 731$ (元/m²)

F. $740 \times \frac{112}{112} \times \frac{100}{100} \times \frac{105}{115} \times \frac{100}{101} \times \frac{100}{100} = 669$ (元/m²)

iv)分析评估结果。宗地 E 的值为异常值，不应作为参考依据。其他宗地结果比较接近，可以取其平均数为评估结果。

宗地 Y 的评估价值 = (611 + 658 + 623 + 667 + 669) ÷ 5 = 645.6(元/m²)

v)会计处理。由于评估目的在于向银行申请贷款而作的担保，资产所有权并没有转移，因此会计上不作账项调整，即不能依据评估结果调整账面记录。

2. 收益现值法

收益现值法适用于有未来收益的不动产价格评估，如写字楼、商场、旅馆、公寓用地等，而不适用于政府机关、学校、公园等公共建设设施的土地使用权价格的评估。

(1) 未来的收益。确定未来的收益一般应以未来产生的现金流量净额为依据，根据在正常市场条件下交易，用于最佳利用方面，剔除某些特殊的、偶然的因素来加以确定，还应包括对未来风险的合理预期。

(2) 资本化率。资本化率(折现率)是决定土地使用权价格的最关键因素。因为评估价格对资本化率最为敏感。资本化率的每个微小变动,都会导致评估价格的显著变化。

①无风险报酬率加风险报酬率法。无风险报酬率一般可选用短期国库券利率或国有银行一年期贷款利率,然后根据影响待估地产的社会经济环境,预计其风险程度确定风险报酬率,以这两者之和为资本化率。这种方法适用于地产存在于不活跃市场,难以寻找类似的交易实例的情况。

②收益与售价比率法。这种方法是以市场上收集若干与待估地产相类似的交易案例,分析其内含资本化,然后加以加权平均或简单平均求出资本化率的方法。适用于市场比较成熟、交易案例较多的情况。由于这种方法的数据来自市场,能直接反映市场供求状况,因而是一种比较客观的方法。

[例3] 为评估某一土地使用权价格,在地产市场中收集了6个与待估地产相类似的交易实例。有关未来收益与相应价格资料如下表:

表6-5

交易案例	(1)未来纯收益[元/(年·m²)]	(2)价格(元/m²)	(3)=(1)/(2) 资本化率(%)
1	450.0	6 000	7.5
2	393.3	5 800	6.8
3	418.9	5 950	7.0
4	507.0	6 600	7.7
5	432.1	5 720	7.6
6	468.5	6 100	7.7

可以看出,表6-5中资本化率是未来纯收益占价格的比例,纯收益是总收入扣除总费用后的余额。对上述6个可比案例的资本化率进行简单算术平均得出的资本化率为:

$$(7.5\% + 6.8\% + 7.0\% + 7.7\% + 7.6\% + 7.7\%) \div 6 = 7.4\%$$

若上述6个可比案例中有不同因素的影响,则应进行加权平均。

[案例分析2] 某房地产公司于1994年11月以有偿出让方式取得一块土地50年使用权,并于1996年11月在此地块上建成一座钢筋混凝土结构的写字楼,当时造价为2 000元/m²,经济耐用年限为55年,残值率为2%。1998年该类建筑重置价格为每平方米2 500元。该建筑物占地面积500 m²,建筑面积为900 m²。在出租期间,每月平均实收租金为3万元。另据调查,当地同类写字楼出租租金一般为每月每建筑平方米60元,空置率为10%,每年需支付的管理费、维修费、土地使用税及房产税、保险费等出租费用为93 260元,土地资本化率7%,建筑物资本化率8%。试根据以上资料评估该宗地1998年11月的土地使用权价格。

ⅰ)评估思路:由于房地产的不可分割性,评估土地使用权价格时首先应选择适用的评估方法,然后计算房地产的整体价格,这可以通过用年总收益扣除年总费用求出。再计算房产的价格,最后从房地产整体价格中扣除房产价格的收益为地产收益,并将其折现,可以得到地产的价格。

ⅱ)房地产纯收益的计算。

① 总收益应为客观收益,即应取得的收益,而不是实际收益。

$$年总收益 = 60 \times 12 \times 900 \times (1 - 10\%) = 583\ 200(元)$$

② 年总费用 = 93 260(元)
③ 房地产年纯收益 = 583 200 - 93 260 = 489 940(元)

ⅲ)房屋纯收益。

① 计算年折旧费。年折旧费本应该根据房屋的耐用年限确定,但是,在本例中,土地使用年限小于房屋耐用年限,这样房屋的重置价必须在可使用期限内全部收回。本例中,房地产使用者可使用的年期为 50 - 2 = 48 年,假定不计残值,视为土地使用权年期届满,一并由政府无偿收回。

$$年折旧费 = \frac{建筑物重置价}{使用年限} = \frac{2\,500 \times 900}{48} = 46\,875(元)$$

② 计算房屋现值。

$$房屋现值 = 房屋重置价 - 年折旧费 \times 已使用年限$$
$$= 2\,500 \times 900 - 46\,875 \times 2 = 2\,156\,250(元)$$

③ 计算房屋纯收益。

$$房屋年纯收益 = 房屋现值 \times 房屋资本化率$$
$$= 2\,156\,250 \times 8\% = 172\,500(元)$$

ⅳ)计算土地纯收益。

$$土地年纯收益 = 年房地产纯收益 - 房屋年纯收益$$
$$= 489\,940 - 172\,500 = 317\,440(元)$$

ⅴ)土地使用权价格。土地使用权在 1998 年 11 月的剩余使用年期为 50 - 4 = 46(年)

$$V = 317\,440 \times \frac{1}{7\%} \times [1 - \frac{1}{(1+7\%)^{46}}]$$

$$= 4\,333\,062.4(元)$$

ⅵ)评估结果。本宗土地在 1998 年 11 月的土地使用权价格为 4 333 062.4 元,单价为 8 666 元/m²。

3. 重置成本法

城市土地虽然是属于自然产物,但同时又具有人类改造的劳动价值。重置成本法就是根据土地开发成本加上一定比例的利润、利息、税费等来确定土地价格的一种方法。这种方法适用于土地市场不发育,难以寻找参照物进行比较,或适用于既无收益又很少有交易情况的学校、公园等公共建筑、公益设施的土地估价。但是土地成本的增加并不一定会增加其效用,因此,这种方法有一定的缺陷。

(1)重置成本法下的土地使用权价格。

其基本公式如下:

土地使用权价格 = 土地取得费 + 土地开发费 + 税费 + 利润 + 土地增值收益

①土地取得费是为取得土地而向原土地使用者支付的费用,分为两种情况:

第一,国家征用集体土地而支付给农村集体经济组织的费用,包括土地补偿费、地上附着物和青苗补偿费及安置补助费等。

一般认为,土地补偿费中包含一定的级差地租。地上附着物和青苗补偿费是对被征地单位已投入土地而未收回的资金的补偿,类似地租中所包含的投资补偿部分。安置补助费是为保证被征地农业人口在失去其生产资料后的生活水平不致降低而设立的,因而也可以看成具有从被征土地未来产生的增值收益中提取部分作为补偿的含义。

关于征地费用各项标准，《中华人民共和国土地管理法》有明确规定：

征用耕地的补偿费用包括土地补偿费、安置补助费以及地上附着物和青苗的补偿费。征用耕地的土地补偿费，为该耕地被征用前3年平均产值的6～10倍；征用耕地的安置补助费，按照需要安置的农业人口数计算。需要安置的农业人口数，按照被征用的耕地数量除以征地前被征用单位平均每人占有耕地的数量计算。每一个需要安置的农业人口的安置补偿费标准，为该耕地被征前3年平均产值的4～6倍。但是，每公顷被征用耕地的安置补助费，最高不得超过被征用前3年平均年产值的15倍。

征用其他土地的土地补偿费和安置补助费标准，由各省、自治区、直辖市参照征用耕地的土地补偿费和安置补助费的标准规定。

被征用土地上的附着物和青苗的补偿标准，由省、自治区、直辖市规定。

征用城市郊区的菜地，用地单位应当按照国家有关规定缴纳新菜地开发建设基金。

按照以上规定支付土地补偿费和安置补助费，尚不能使需要安置的农民保持原有生活水平的，经省、自治区、直辖市人民政府批准，可以增加安置补助费。但是，土地补偿费和安置补助费标准的总和不得超过土地被征用前3年平均年产值的30倍。

在特殊情况下，国务院根据社会经济发展水平，可以提高被征用耕地的土地补偿费和安置补助费标准。

土地征用是国家依法为公益事业而采取的强制性行政手续，不是土地买卖活动，征地费用自然也不是土地购买价格。征地费用可能远远高于农地价格，这是与农地转为建设用地而使价格上涨有关。

第二，为取得已利用城市土地而向原土地使用者支付的拆迁费用，这是对原城市土地使用者在土地投资未收回部分的补偿，补偿标准各地均有具体规定。

②土地开发费用。一般来说，土地开发费用涉及到基础设施配套费、公共事业建设配套费和小区开发配套费。

第一，基础设施配套费。对于基础设施配套常常概括为"三通一平"和"七通一平"。"三通一平"指通水、通路、通电、平整地面。"七通一平"指通上水、通下水、通电、通讯、通气、通热、通路、平整地面。作为工业用地，"三通一平"只是最基本的条件，还不能立即上工业项目，只有搞好"七通一平"，项目才能正常运行。因此，作为基础设施配套费用应以"七通一平"为标准计算。

第二，公共事业建设配套费用。主要指邮电、图书馆、学校、公园、绿地等设施的费用。这与项目大小、用地规模有关，各地情况不一，视实际情况而定。

第三，小区开发配套费。同公共事业建设配套费类似，各地根据用地情况确定合理的项目标准。

③投资利息。投资利息就是资金的时间价值。在土地评估中，投资者贷款需要向银行偿还贷款利息，利息应计入成本；投资者利用自有资金投入，也可以看作损失了利息，从这种意义上看，也属于投资机会成本，也应计入成本。但若采用收益现值法进行评估时，由于折现率确定时已考虑资金成本，因此，向银行贷款支付的利息则不应计入成本中。

在用成本法评估土地价格时，投资包括土地取得费和土地开发费两大部分。由于两部分资金的投入时间和占用时间不同，土地取得费在土地开发开工前即要全部付清，在开发完成销售后方能收回，因此，计息期应为整个开发期和销售期。土地开发费在开发过程中逐步投入，销售后收回，若土地开发费是均匀投入，则计息期为开发期的一半。

④投资利润。投资利润是投资土地应获取的回报。

⑤土地增值收益。土地增值收益主要是由于土地的用途改变或土地功能变化而引起的。由于农地转变为建设用地，新用途的土地收益将远远高于原用途土地，必然会带来土地增值收益。由于这种增值是土地所有权人允许改变土地用途带来的，应归整个社会拥有。如果土地的性能发生变化了，提高了土地的经济价值，也能使土地收益能力增加，这个增加的收益，是由于土地性能改变而带来的，同样应归土地所有者所有。

根据计算公式，前四项之和为成本价格，成本价格乘以土地增值收益率即为土地所有权收益。目前，土地增值收益率通常为 10% ~ 25%。

[案例分析3] 某市经济技术开发区内有一块土地面积为 45 000 m²，该地块的土地征地费用（含安置、拆迁、青苗补偿费和耕地占用税）为每亩 10 万元，土地开发费为每平方公里 2 亿元，土地开发周期为两年，第一年投入资金占总开发费用的 30%，第二年投入资金占总开发费用的 70%。土地开发费为分段均匀投入。开发商要求的投资回报率为 10%，土地出让增值收益率为 20%，银行贷款年利率为 6%。评估目的为以该土地使用权对外投资，原账面价值为 1 000 万元。试评估该土地的价格并作相应的会计处理。

i) 评估思路：该待估土地缺乏市场参照物，又难以根据已知条件预测其未来收益。且各项投入成本均为已知，应选择重置成本法。

ii) 计算土地取得费。

$$土地取得费 = 10 万元/亩（每亩 = 666.67 m^2）$$
$$= \frac{100\ 000}{666.67} \approx 150(元/m^2)$$

iii) 计算土地开发费。

$$土地开发费 = 2 亿元/km^2$$
$$= \frac{200\ 000\ 000}{1\ 000\ 000} = 200(元/m^2)$$

iv) 计算投资利息。

由于土地取得费的计息期为 2 年，土地开发费为分段均匀投入，因此，计算投资利息时，年限应为 2 年，但土地开发费的利息则应分段计算，第 1 年投入的年限为 1.5 年，第二年投入的年限为 0.5 年。

$$土地取得费利息 = 150 \times (1 + 6\%)^2 - 150$$
$$= 18.54(元/m^2)$$

$$土地开发费利息 = 200 \times 30\% \times [(1 + 6\%)^{1.5} - 1] + 200 \times 70\% \times [(1 + 6\%)^{0.5} - 1]$$
$$= 9.62(元/m^2)$$

v) 计算开发利润。

$$开发利润 = (土地取得费 + 土地开发费) \times 10\%$$
$$= (150 + 200) \times 10\% = 35(元/m^2)$$

ⅵ）计算土地使用权价格。

土地使用权价格 =（土地取得费 + 土地开发费 + 投资利息 + 开发利润）×（1 + 土地出让增值收益率）

= (150 + 200 + 18.54 + 9.62 + 35) × (1 + 20%)

= 495.79(元/m²)

该宗地单价为 495.79 元/m²，总价为 22 310 550 元。

ⅶ）会计处理。

根据我国 2001 年《企业会计制度》，以非货币性资产对外投资只能以其账面价值反映。故对外投资时，应作会计分录为：

借：长期股权投资　　　　　　　　　　　　1 000 万

　　贷：无形资产　　　　　　　　　　　　　　　　1 000 万

4. 路线估价法

路线估价法是根据土地价值随街道距离增大而递减的原理，在特定街道上设定单价，依此单价配合深度百分率表及其他修正率表来估算临接同一街道的其他宗地地价的估价方法。这种方法尤其适用于大片土地的评估，而收益现值法、现行市价法、成本法一般只适用于单个宗地的估价。计算公式：

宗地评估总价 = 路线价 × 深度百分率 × 临街宽度 × 修正率

[案例分析 4] 某路线价区段，标准深度为 16～48 m，路线价为 1 000 元/m²，待评宗地为一临街矩形地块，临街宽度为 10 m，临街深度为 18 m，待评宗地情况如下图，该路线价区段临街深度指数(深度百分率)如下表。根据正常宗地路线价估价法公式：

宗地价格 = 路线价 × 深度指数 × 宗地面积

深度指数表

临街深度	未满 4 m	满 4 m 未满 8 m	满 8 m 未满 12 m	满 12 m 未满 16 m	满 16 m 未满 18 m
深度指数	130%	125%	120%	110%	100%

计算公式为：

$$V = A \sum_{i=1}^{n} A K_i S_i$$

式中：

V —— 待评宗地总价格；

A —— 路线法；

n —— 待评宗地划分的地段数；

K_i —— 第 i 段地的深度指数；

S_i —— 第 i 段地的面积

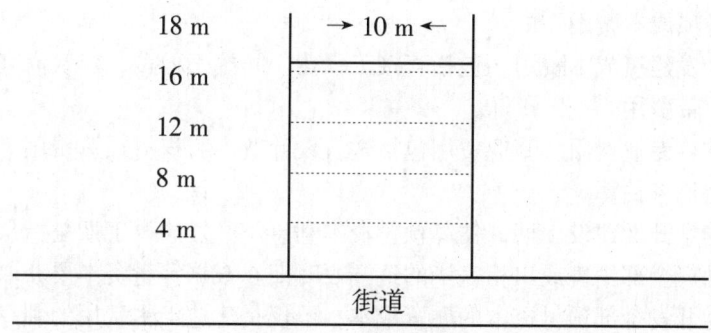

待评宗地情况图

要求:运用路线价格评估法评估该宗地价值。(不考虑修正率)

i)评估思路:一块土地,临街距离越短,利用程度越大,因此收益越高,评估价格也越高;反之,评估价格也越低。因此,这种方法应用时,先选出距离街道一定深度的地段作为标准地段,评定其标准单价,然后确定不同深度的修正率(指数),调整为评估价格。

ii)计算宗地评估价值

该宗地价值 = 1 000 × (1.3 × 10 × 4 + 1.25 × 10 × 4 + 1.2 × 10 × 4
　　　　　　+ 1.1 × 10 × 4 + 1 × 10 × 2)
　　　　　= 214 000(元)

5. 预期开发法

预期开发法是模拟土地按最优利用原则开发,按获取销售收入扣除开发成本、利润后的余额来推算确定待估土地使用权转让价格的评估方法。这种方法比较适用于成片待开发土地转让价格的确定。

(1) 计算公式。

待估土地使用权价格 = 开发后不动产价值 − 整个项目开发成本 − 投资利息 − 投资利润 − 税费

或可用下列公式计算:

待估土地使用权价格 = 房屋的预期售价 − 建筑总成本 − 利息 − 利润 − 税收

(2) 应用程序。

①调查待估对象的基本情况,包括土地的限制条件,土地位置、面积大小和形状、不动产利用要求以及使用权性质、使用年限等。

②确定待估不动产最佳的开发利用方式,包括确定用途、建筑容积率、土地覆盖率、建筑高度、装修档次等。最佳的开发利用方式就是开发完成后销售时能获得的最高收益。

③预测房地产售价。根据所开发不动产的类型,对开发完成后的房地产总价,可通过两个途径获得:

第一,对于出售的不动产,如居住用商品房、工业厂房等,可采用市场比较法确定开发完成后的不动产总价。

第二,对于出租的不动产,如写字楼和商业楼宇等,其开发完成后不动产总价的确定,首先采用市场比较法,确定所开发不动产出租的纯收益,再采用收益还原法将出租纯收益转化为不动产总价。

④估算各项成本费用。

第一，开发建筑成本费用，包括直接工程费、间接工程费、建筑商利润及由发包商负担的建筑附带费用。

第二，估算专业费用。专业费用包括建筑设计费、工程概预算费用等，一般采用建造费用的一定比率估算。

第三，确定开发建设工期，估算预付资本利息。开发建设工期是指从取得土地使用权一直到不动产全部销售或出租完毕的这一段时期。根据等量资本要获取等量利润的原理，利息应为开发全部预付资本的融资成本，不仅是建造工程费用的利息，还应包括土地资本的利息。不动产开发的预付资本包括地价款、开发建造费、专业费和不可预见费等，即使这些费用是自有资金，也要计算利息。这些费用在不动产开发建设过程中投入的时间是不同的。在确定利息额时，必须根据地价款、开发费用、专业费用等的投入额各自在开发过程中所占用的时间长短和当时的贷款利率高低进行计算。例如：预付地价款的利息额应以全部预付的价款按整个开发建设工期计算，开发费、专业费假设在建造期内均匀投入，则利息以全部开发费和专业费为基数，按建造期的一半计算。若有分年度投入数据，则可进一步细化。如建造期两年，第一年投入部分计息期为一年半，第二年投入部分计息期为半年等。开发费、专业费在建筑竣工后的空置及销售期内应按全额全期计息。

第四，估算税金。税款主要指建成后不动产销售的营业税、印花税等，应根据当前政府的税收政策估算，一般以建成后不动产总价的一定比例计算。

第五，估算开发完成后的不动产租售费用，包括中介代理费，市场营销费、广告费、买卖手续费等。

⑤确定开发商的合理利润。开发商的合理利润一般以不动产总价或预付总资本的一定比例计算。投资回报利润的计算基数一般为地价、开发费和专业费三项，销售利润的计算基数一般为不动产售价。

⑥估算待估不动产价格。

[案例分析5] 某企业欲接受A单位以一块土地使用权投资，要求对该宗土地进行评估。有关资料如下：

（1）宗地所处的地理位置及周围环境。宗地位于某海滨城市××区××路××号、市商业中心用地区。地块南邻××路，是该城市最繁华的商业街，北400 m与火车站相对，东邻××街，西邻××街，占地10 000 m²。规划建设集办公、旅馆、公寓、商业及娱乐综合用途为一体的科宏大厦。

宗地地理位置十分优越，交通也十分便利，地块内的市政基础设施也十分完善，城市生活和居民生活使用的上下水、热力、煤气、电力、电讯等市政配套设施完备。

（2）宗地规划设计条件。宗地规划设计用途有办公、旅馆、商业、娱乐等，其具体规划设计条件见下表：

宗地规划设计条件

内　容	指　标
占地面积	10 000m²
总建筑面积	80 000m²
容积率	8
建筑限高	80m

(3) 确定宗地开发的功能分布。项目总建筑面积为 80 000m²,具体功能分布见下表:

宗地功能分布表

功　能	建筑面积(m²)	百分比(%)
办公写字楼	40 000	50
旅　馆	18 000	22.5
公　寓	10 000	12.5
商　餐	6 000	7.5
健身娱乐	6 000	7.5
合　计	80 000	100

(4) 测算开发总价值。本项目开发收益来源有:办公、写字楼和公寓的出租收益,旅馆、餐饮、健身娱乐用房的销售收入。

对该开发项目中的旅馆、商餐、健身娱乐用房的预期售价,参照该市现对市场上类似物业的交易实例,并结合该项目建设周期两年的实际情况分析估算,对该开发项目中的办公、写字楼及公寓,以现时市场上类似物业的正常租金水平测算其租金收益现值,然后再将两者加和求其总收益。

①计算销售收入。假定建设期为两年,开发项目中的旅馆、商餐、健身和娱乐部建成后即可售出,旅馆的售价估计为 18 000 元/m²,商餐、健身和娱乐部售价估计 16 000 元/m²,利息 10%,销售费用为售价的 10%。

②测算租金收入。评估人员根据目前写字楼及公寓的租金水平,预计两年后的租金水平将保持在 100 元/m²·月,预计出租的费用率为 20%,使用面积占建筑面积的比率为 75%,平均空置率为 10%,建筑物寿命预计 40 年,综合考虑无风险报酬和风险报酬因素,折现率为 10%。

(5) 测算开发总成本:

①建筑安装工程费(分两年投入,第一年投入 60%,第二年投入 40%)。

直接费:结构 + 装修 = 4 000 元/m²;

间接费:取直接费的 20% = 800 元/m²。

②专业费及其他费用:取前两项之和的 10%。

③投资利息,取年利率 10%。

④开发商利润,取年利率为 20%。

⑤各种税费,按项目开发价值的 10% 计。

要求:对该宗地使用权价格进行评估。若某企业与 A 单位以评估价值为成交价,为某企业作相应的会计处理。

i) 评估思路：该宗地属于待开发建设的商业用地。由于市场上交易案例不足，难以采用市价法，也无法预测该宗地独立的收益，不宜采用收益现值法，用重置成本法也不尽合理，故应选择预期开发法，即假设该宗地开发完成后，从房地产总价值中扣除房产价值后的余额，就是土地使用权价格了。

ii) 预测开发后总收益。

①旅馆现值：由于宗地开发后，旅馆、商餐、健身娱乐部分预计可马上出售，可按2年后收益折现。

$$旅馆现值 = 18\,000 \times 18\,000 \times (1-10\%) \times \frac{1}{(1+10\%)^2} = 240\,978\,240(元)$$

$$商餐、健身娱乐现值 = 16\,000(6\,000+6\,000) \times (1-10\%) \times \frac{1}{(1+10\%)^2}$$
$$= 142\,801\,920(元)$$

合计：383 780 160元。

②物业出租收益现值：对于写字楼和公寓的出租收入，是发生开发完成后40年，属于递延年金。因此，折现时应进行2次折现。

$$物业出租收益现值 = 100 \times (40\,000+10\,000) \times (1-20\%) \times 75\% \times (1-10\%) \times$$
$$12 \times \frac{1}{10\%} \times \left[1-\left(\frac{1}{1+10\%}\right)^{40}\right] \times \frac{1}{(1+10\%)^2}$$
$$= 261\,850\,909(元)$$

项目开发总收入：383 780 160 + 261 850 909 = 645 631 069(元)。

iii) 预测开发总成本。由于建筑安装工程费分两年投入，第一年投入60%，第二年投入40%，在计算开发总成本现值时，第一年投入的年限应为0.5年，第二年投入的年限就为1.5年。

①项目开发总成本 $= \dfrac{4\,800 \times 80\,000 \times 60\%}{(1+10\%)^{0.5}} + \dfrac{4\,800 \times 80\,000 \times 40\%}{(1+10\%)^{1.5}}$
$$= 352\,993\,789(元)$$

②专业费及其他费用 = 352 993 789 × 10% = 35 299 378.90(元)

③各种税费 = 645 631 069 × 10% = 64 563 106.90(元)

④开发商利润 = (地价 + 352 993 789 + 35 299 379) × 20%
= 地价 × 20% + 388 293 168 × 20%
= 地价 × 20% + 77 658 634

⑤投资利息因在项目收入及项目开发费用方面都将其换算为现值，即已从折现率体现，故不再考虑投资利息了。

⑥地价 = 645 631 069 − 352 993 789 − 35 299 379 − 64 563 106.90 − 0.2 × 地价
− 77 658 634 ⇒ 地价 = $\dfrac{115\,116\,160.1}{1+0.2}$ = 95 930 133.42(元)

土地单价 = 95 930 133.42/10 000 = 9 593(元)

楼面地价 = 9 593/8 = 1 199.13(元)

ⅳ）会计处理：

借：无形资产——土地使用权　　　　　　　　95 930 133.42
　　贷：实收资本　　　　　　　　　　　　　　　　95 930 133.42

第三节　建筑物评估

建筑物一般包括建筑物与构筑物两大类。建筑物是指供人居住、生产、工作、学习和进行其他的社会活动等的工程建筑，如房屋；构筑物则指建筑物以外的工程建筑，如桥梁、隧道、道路等。在这里，主要以建筑物中的房屋为对象说明评估的思路和方法。

一、影响建筑物评估的基本因素

（1）坐落位置。建筑物的坐落位置对建筑物的评估值影响很大。如果建筑物与其所占土地一并评估，坐落位置因素可在土地评估中考虑，而不必在建筑物评估中考虑。

（2）面积。这里包括建筑物占地面积和建筑物的自身面积。占地面积应在土地评估中予以考虑，建筑物面积则要注意其计算口径和内容，如建筑面积、使用面积、营业面积等。不同用途的建筑物，以及采用不同方法评估建筑物都应注意建筑物面积的口径和内容。

（3）用途。某一具体建筑物的用途可能是单一的，也可能是综合性的。评估时要注意建筑物用途，尤其是要注意建筑物用途的面积分配和楼层分配。

（4）建筑结构。

（5）建筑高度。注意待估建筑物高度与城镇规划要求是否冲突。

（6）附属设施。附属设施的完善程度会影响建筑物主体功能的发挥。同时，附属设施的耐用年限与建筑物主体的耐用年限也可能存在差异，在计算成新率等指标时需注意这种差别。

（7）装修质量和水平。

（8）建成时间。

（9）外观。

（10）平面格局。

（11）产权。产权包括建筑物的所有权、使用权、使用权年限等。在评估时要特别注意建筑物产权是否受到限制，如是否已做抵押、担保、出租等以及是否有产权纠纷。

（12）其他。如建筑物的质量、适用性、建筑风格与城市的总体风格的吻合程度等其他因素。

二、建筑物评估的方法

1. 现行市价法

现行市价法是指以市场上相同或类似建筑物的交易价格作为参照物，经必要的调整修正来确定待估建筑物的价格。这种方法具体操作与土地使用权的市价法基本相同，只是调整的因素有所不同。

[例4] 一幢住宅楼建筑面积 4 000 m²，1999 年建成。住宅楼与基地分属不同的产权主体。住宅楼产权主体 2000 年拟将地上建筑物部分转让给宅基地土地使用权人，试评估该住宅楼的转让价格。

经调查，搜集到评估基准日同类住宅楼的单位面积造价在 800 元/m² 上下（评估时该城市中有大量同类住宅，通过对待估建筑物与现住宅相比，在室内结构、材料使用、附属设施等方面略逊一筹，估计当时造价比现行造价标准低 5% 左右。加上待估建筑物在评估前一年建成，价格应下调 2%。根据现住宅市场情况，住宅的造价与住宅的市价之比，大约为 1 : 1.2。综合上述各种因素，待估住宅楼的市场价格为：

$$800 \times (1 - 5\%) \times (1 - 2\%) \times 1.2 = 893.76(元/m^2) \approx 894(元/m^2)$$

待估住宅楼转让价估算为：$4\ 000 \times 894 = 3\ 675\ 000(元)$

2. 残余估价法

残余估价法是将建筑物与其基地合并计算收益，即房地合一计算，再从中扣除归属于基地的纯收益，以求取建筑物价格的一种评估方法。我们都已知道，房产与地产具有不可分割性。这种方法适用于其他方法难以准确判断土地或建筑物价格的情况。例如，当建筑物的用途、使用强度与土地的最佳使用不尽一致的时候，需判断因建筑物的存在而导致土地市值的减值幅度，用其他方法很难作出正确的判断，但运用残余估价法进行评估，则比较客观。这种方法本质上属收益现值法，因此，只有存在未来收益的房地产才可以采用这种方法。对于建筑物濒临倒塌，租金收入或收益极低、容积率偏低，以致房地产合一的租金收入难以满足土地对其纯收益需求时，则不适宜采用这种方法。计算公式如下：

建筑物评估价格 = 建筑物年纯收益 × P/A = (房地合一纯收益 − 土地价格 × 土地预期收益率) × P/A

其中，年金现值系数中的折现率应取建筑物预期收益率和建筑物折旧率之和。

[案例分析6] 某砖混结构单层住宅，宅基地 200 m²，建筑面积 120 m²，月租金 2 400 元，土地预期收益率为 8%，建筑物预期收益率为 10%，建筑物评估时的剩余使用年限为 25 年。房租损失为半月租金，房产税 12%，土地使用税 2 元/m²，管理费为租金 3%，修缮费为租金的 4%，保险费 288 元。通过市场调查，已知土地使用权价格为 1 000 元/m²。

要求：评估该住宅建筑物价格。

ⅰ) 评估思路：根据已知资料，该住宅可用于出租，有未来收益，可以运用残余估价法进行评估。

ⅱ) 纯收入的计算。

① 年房租收入 = $2\ 400 \times 12 = 28\ 800(元)$

② 年总费用如下：

房租损失准备费（以半月租金计）= 1 200(元)

房产税（按年租金的 12%）= $28\ 800 \times 12\% = 3\ 456(元)$

土地使用税（每年按 2 元/m² 计）= $200 \times 2 = 400(元)$

管理费（按年租金的 3% 计）= $28\ 800 \times 3\% = 864(元)$

修缮费（按年租金的 4% 计）= $28\ 800 \times 4\% = 1\ 152(元)$

保险费 = 288(元)

年总费用 = 1 200 + 3 456 + 400 + 864 + 1 152 + 288 = 7 360(元)
年总纯收益 = 28 800 − 7 360 = 21 440(元)
土地使用权总价 = 200 × 1 000 = 200 000(元)
归属土地的年纯收益 = 200 000 × 8% = 16 000(元)
故归属于建筑物的年纯收益 = 21 440 − 16 000 = 5 440(元)
ⅲ)建筑物折旧率 = 1/25 × 100% = 4%
折现率 = 10% + 4% = 14%

建筑物价格 = $5\,440 \times \dfrac{1}{10\% + 4\%} \times \left[1 - \dfrac{1}{(1+14\%)^{25}}\right]$

= 37 388(元)

建筑物单价 = 37 388 ÷ 120 = 312(元/m²)

3. 重置成本法

建筑物评估中的重置成本法是基于建筑物的再建造费用或投资的角度来考虑，通过估算出建筑物在全新状态下的重置成本，再扣减由于各种损耗因素造成的贬值，最后得出建筑物的评估值。建筑物评估中的成本法主要涉及到四个基本要素（当然，对某一具体建筑物在评估过程中并不一定四个要素都能涉及），即建筑物的重置成本、实体有形损耗、功能性贬值和经济性贬值。

(1) 建筑物价格的构成（重置成本构成）。由于建筑物不可能脱离土地而独立存在，它总是建筑在土地之上。因此，这里所列的建筑物价格构成包括了土地部分。但在评估时应注意关于土地价格部分不能重复计算。

建筑物价格（房地合一）构成项目包括：土地取得费、前期工程费、建筑安装工程费、配套费、建设期利息、管理费、税金及开发商正常利润。

(2) 建筑物重置成本的估算方法。

①重编预算法。此法是按工程预算的编制方法，对待估建筑成本构成项目重新估算其重置成本。具体地说，就是根据待估建筑物工程竣工图纸，或者按评估要求绘制工程图，按照编制工程预算方法，计算工程直接费用，再按现行标准计算间接成本，两者相加后得计算出建筑物重置成本。此法的数学表达式如下：

建筑物重置成本 = $\sum$[(实际工程量 × 现行单价或定额) × (1 + 工程费率) + (−)材料差价]
+ 按现行标准计算的各项间接成本

就建筑物投入价值的角度来说，用这种方法估算其重置成本，准确性相对比较高。但是，此法所需的技术经济资料较多，而且费时，工作量大。因此，此法的适用范围，一是测算建筑物更新重置成本，因为此法是以采用新设计、新技术、新材料、新工艺为基础测算，评估思路及所用经济技术参数符合评估更新重置成本的要求；二是构造比较简单的建筑物，如道路、围墙、设备基础、非标构架等建筑物评估。评估这些建筑物，重编预算法的工作量不会太大。

②预决算调整法。此法是以待估建筑物决算中的工程量为基础，按现行工程预算价格、费率将其调整为按现价计算的建筑工程造价，再加上间接成本，估算出建筑物重置成本。运用这种方法不需要对工程量进行重新计算，它是以建筑物原工程量是合理的为假设前提。所以只需对建筑物预算价格及费率用评估基准日时的标准取代建筑物购建时

的标准，计算出调整后的工程决算造价，再加上按评估基准日现行标准计算的间接成本即可。

这种方法相对于重编预算法效率更高一些。但是，此法要求委托方必须能够提供比较完整的建筑物工程预决算资料。这种方法主要适用于：其一，不宜采用价格指数调整法，以及因缺乏参照物而无法运用类比法的建筑物评估；其二，用途结构大致相同相似，且数量较多的建筑物评估。这样可以通过选择若干有代表性的典型建筑物按此法评估得出其重置成本，然后以估测出的典型建筑物的重置成本与该建筑物原决算价格比较求出一个调整系数推算其他相同相似建筑物重置成本。当然也可以采用预决算调整法测算出的典型建筑物的重置成本，通过典型建筑物与其他相同、相似建筑物进行类比分析，在典型建筑物重置成本的基础上调整差异，推算出其他建筑物的重置成本。预决算调整法的基本步骤如下：

第一，取得完整的工程竣工决算、竣工图及竣工验收文件等资料，根据分项分部工程项目按基准日的工程预算价格、材料市场价格、间接费率等计算出建筑物的工程造价；

第二，根据国家和地方规定的税费标准和实际情况计算出间接成本；

第三，将估算出的建筑物工程造价加上间接成本，作为建筑物的重置成本。

③价格指数调整法。价格指数调整法是指根据待估建筑物的账面成本，运用建筑业产值价格指数或其他相关价格指数推算出建筑物重置成本的一种方法。价格指数法由于方法本身的缘故，在推算待估建筑物重置成本的准确性方面略显不足。因此，应尽量控制此法的使用范围。对于大型、价高的建筑物一般不宜采用此法。此法一般只限使用于单位价值小、结构简单，以及运用其他方法有困难的建筑物的重置成本估算。另外，待估建筑物账面成本不清、不实的，也不宜采用此法。

价格指数法能否运用好，除了委托方要提供可靠的待估建筑物账面成本外，关键在于价格指数的选择和价格变动指数的计算上。对于价格指数的选择，可参考建筑业产值价格指数，该指数基本上能反映出建筑产品价格变化的趋势。而价格变动指数的计算则要注意所选择的价格指数在所选期间每年公布的是定基价格指数还是环比价格指数。不同性质的价格指数，在计算价格变动指数时方法有所不同。

第一，对于定基价格指数，在计算价格变动指数时应按下式：

价格变动指数 = 评估时点价格指数建筑物购建时价格指数 × 100%

第二，对于环比价格指数，在计算价格变动指数时应按下式：

$$X = (1 + a_1)(1 + a_2)(1 + a_3)\cdots(1 + a_n) \times 100\%$$

式中：

X ——价格变动指数；

a ——从建筑物竣工年度后第1年至评估基准日年度的各年环比价格指数。

价格指数调整法用数学式表达为：

重置成本 = 账面原值 × 价格变动指数

[例5] 某企业一简易仓库，账面价值为200 000元，建筑面积为1 000 m²，竣工于1990年底，要求估算1995年底该仓库的重置成本。

经查询，企业所在地区建筑业产值价格环比指数分别为：

1991年11.7%,1992年17%,1993年30.5%,1994年6.9%,1995年4.8%。

ⅰ)计算价格变动指数:

$$\dot{X} = (1 + 11.7\%) \times (1 + 17\%) \times (1 + 30.5\%) \times (1 + 6.9\%)$$
$$\times (1 + 4.8\%) \times 100\% = 191\%$$

ⅱ)估算仓库重置成本:

$$重置成本 = 200\,000 \times 191\% = 382\,000(元)$$

(3) 建筑物有形损耗率及成新率的测算。建筑物有形损耗率和成新率的测算主要采用使用年限法和打分法。

①使用年限法。使用年限法是指利用建筑物的实际已使用年限占建筑物耐用年限的比率作为建筑物有形损耗率;或以估测出的建筑物尚可使用年限占建筑物耐用年限的比率作为建筑物的成新率。

$$建筑物有形损耗率 = \frac{建筑物实际已使用年限}{(建筑物实际已使用年限 + 建筑物尚可使用年限)} \times 100\%$$

$$建筑物成新率 = \frac{建筑物尚可使用年限}{(建筑物实际已使用年限 + 建筑物尚可使用年限)} \times 100\%$$

运用使用年限法的关键在于,测定一个较为合理的建筑物尚可使用年限。关于各类建筑物的耐用年限,目前国家尚无统一的标准,这对估测建筑物的尚可使用年限不能不说是一种困难。这就要求评估人员需要有相当丰富的实践经验,结合国家以前曾制定过的固定资产折旧年限等数据,根据待评估建筑物的实际状态和维修保养状况,估算待评建筑物的尚可使用年限。

②打分法。打分法是指评估人员借助于建筑物成新率的评分标准,包括建筑物整体成新率评分标准,以及按不同构成部分的评分标准进行对照打分,得出或汇总得出建筑物的成新率。用打分法估测建筑物的成新率可参照下列数学式进行:

$$成新率 = (G \times 结构部分合计得分 + S \times 装修部分合计得分 + B \times 设备部分合计得分)$$
$$\div 100 \times 100\%$$

式中:

G——结构部分的评分修正系数;

S——装修部分的评分修正系数;

B——设备部分的评分修正系数。

[例6] 某钢筋混凝土5层框架楼房,经评估人员现场打分,结构部分得分为80分,装修部分得分为70分,设备部分得分为60分。修正系数$G = 0.75$,$S = 0.12$,$B = 0.13$,则该楼房的成新率为:

$$成新率 = (0.75 \times 80 + 0.12 \times 70 + 0.13 \times 60) \div 100 \times 100\% = 76.2\%$$

(4) 建筑物功能性贬值的分析测算。建筑物功能性贬值是指由于建筑物用途、使用强度、设计、结构、装修、设备配备等不合理造成的建筑物功能不足或浪费形成的价值损失。

建筑物用途与使用强度不合理是相对于其所占用的土地的最佳使用而言的。如果出现了建筑物用途及使用强度与其占用土地的最佳使用不一致的时候,土地的最佳效用没有发挥出来,土地的价值就没有得到充分实现。但是,在资产评估中,土地使用权的评估通常是按其最佳用途为依据进行的,对土地与建筑物用途不协调所造成的价值损失一般以建筑物的功能性贬值体现。有时当建筑物的用途、使用强度等与其占用的土地的最佳使用严重冲突的时候,甚至可能出现建筑物的功能性贬值超过了它的剩余的价值。例如,繁华商业区的低矮非商业用建筑物的功能性贬值可能就会很大,以致于出现建筑物部分的价值为负值,即建筑物不仅没有价值,反而由于拆迁还要扣减土地使用权的一部分价值。关于建筑物用途及使用强度与其占用土地最佳使用不一致、不协调形成的功能性贬值的量,从理论上讲,相当于建筑物所占用土地的现实用途与其最佳使用之间的价值差。当然,在具体测算建筑物由于用途、使用强度形成的功能性贬值时,还要考虑建筑物是连同土地一并评估,即房地合一评估,还是房地分估合一,再来分析判定其功能性贬值。

建筑物的设计以及结构上的缺陷,将导致建筑物不能充分发挥其应有的功能和最大限度发挥其效用。不合理的设计及结构可能出现建筑物面积较大而有效使用面积却与建筑面积不成比例,从而影响了建筑物的有效利用。建筑物有效使用面积与其建筑面积的比例低于正常建筑物有效使用面积与其建筑面积的比例部分所形成的价值损失,是建筑物功能性贬值的表现。

建筑物的装修、设备与其总体功能的不协调,也会造成建筑物的功能性贬值。尤其是建筑物豪华装修和设备超标准安装使用,在建筑物使用价值增加不明显的情况下,往往形成建筑物局部功能浪费,其部分价值无法实现。

无论是哪种原因形成的建筑物功能性贬值,在测算过程中都要与建筑物重置成本测算以及成新率测算一并统筹考虑,避免重复考虑和漏评现象出现。

(5)建筑物经济性贬值的分析测算。建筑物经济性贬值是指由于外界条件的变化而影响了建筑物效用的发挥,导致其价值贬损。从现象上看,建筑物出现经济性贬值,一般都伴随着利用率下降,如商业用房的空房率增加,出租面积减少,工业用房大量闲置等。从建筑物出现经济性贬值所造成的后果看,最终都会导致建筑物的收益下降。所以,在测算建筑物经济性贬值时,可参照下列公式进行:

$$经济性贬值 = 建筑物年收益净损失额现值$$
$$= 建筑物年收益净损失 \times P/A$$

[案例分析 7] 某事业单位拥有一栋办公用楼,坐落在广州市中心,占地面积为 600 m^2,建筑总面积为 $1\,800 \text{ m}^2$。建筑物始建于 1990 年 6 月,建筑物结构为钢筋混凝土框架结构。现该事业单位欲转让该办公用楼产权。产权变动后要用于商业用途,寻找的参照及参照商业地性质等级。该办公楼的内部格局在某些方面不宜直接用于商业用途,需作内部格局的重新布置,估计建筑物内部格局重新布置的费用约 50 元/m^2,总费用为 90 000 元。

i)估测土地资产的市场价值,评估结果假定为 900 元/m^2,土地总价为 540 000 元。

ii)估测建筑物的重置成本。按预决算调整法对待估对象的不包括土地价格在内的建筑物重置成本(含利润、税费等)进行测算,该建筑物重置价为 1 000 元/m^2,建筑物重置成本总额为 1 800 000 元。

iii)测算建筑物的成新率。评估人员经现场勘察,认为该建筑物尚可使用 60 年,并查阅了国家有关部门对钢筋混凝土结构建筑物耐用年限的有关指示性规定或标准,进行了简单验证,并采用使用年限法测算建筑物的成新率。

要求：评估该办公楼 2000 年 6 月的价格(房地合一价格,设不存在经济性贬值)。

评估思路：由于该办公楼为事业单位办公用楼,无直接收益,不宜采用残余估价法；也很少有买卖实例,难以采用市价法。故该房地产拟采用重置成本为宜。

建筑物重置成本 = 1 800 000(元)

成新率 = $\frac{60}{10+60}$ = 86 %

功能性贬值 = 90 000(元)

建筑物评估价格 = 1 800 000 × 86 % − 90 000 = 1 458 000(元)

土地使用权价格 = 900 × 600 = 540 000(元)

房地产价格 = 1 458 000 + 540 000 = 1 998 000(元)

综合练习及案例分析

一、单项选择题

1. 某宗土地 1 000 m²,国家规定容积率为 5,建筑密度为 0.6,下列建设方案中哪个可行( )。
   A. 建筑物地面 − 原建筑面积为 800 m²,总建筑面积为 4 000 m²
   B. 建筑物地面 − 原建筑面积为 500 m²,总建筑面积为 6 000 m²
   C. 建筑物地面 − 原建筑面积为 600 m²,总建筑面积为 4 800 m²
   D. 建筑物地面 − 原建筑面积为 400 m²,总建筑面积为 1 200 m²

2. 运用最佳使用原则评估地产的前提条件是( )。
   A. 土地的非再生性　　　　　　B. 土地的位置固定性
   C. 土地的用途广泛性　　　　　D. 土地的利用永续性

3. 某砖混结构单层住宅宅基地 200 m²,建筑面积 120 m²,月租金 3 000 元,土地还原利率 8 %,取得租金收入的年总成本为 8 000 元,评估人员另用市场比较法求得土地使用权价格为 1 200 元/m²,建筑物的年纯收益为( )。
   A. 8 600 元　　B. 8 800 元　　C. 9 000 元　　D. 12 000 元

4. 对土地与建筑物用途不协调所造成的价值损失一般体现的是( )。
   A. 土地的功能性贬值　　　　　B. 建筑物的功能性贬值
   C. 土地的经济性贬值　　　　　D. 建筑物的经济性贬值

5. 被估房地产剩余使用年限为 10 年,在剩余 10 年中每年纯租金为 20 万元,假设折现率为 10 %,该房产的评估值最接近于( )万元。
   A. 200　　B. 182　　C. 130　　D. 123

6. 某房地产开发商投资房地产开发费共 1 000 万元,其中自有资金 300 万元,借入资金 700 万元,投资期为 2 年,均匀投入,月利率为 1 %。则该项投资利息最有可能是( )万元。
   A. 240　　B. 120　　C. 10　　D. 84

7. 建筑物评估的价格指数调整法一般不宜对( )进行评估。
   A．大型、价高的建筑物   B．结构简单的建筑物
   C．成本资料比较完备的建筑物   D．其他比较完备的建筑物

8. 被评估建筑物账面价值80万元，1998年建成，评估基准日2001年，要求评估该建筑物的重置成本。根据调查得知，被评估建筑物所在地区的建筑行业价格环比指数从1998年到2001年每年比上年提高分别为：3%，3%，2%，该建筑物的重置成本最接近于( )万元。
   A．86   B．87   C．90   D．85

9. 被评估建筑物因市场原因在未来3年内每年收益净损失额约为5万元，假定折现率为10%，该建筑物的经济性贬值最接近于( )万元。
   A．15   B．12   C．10   D．50

10. 建筑物残余估价法属于( )中的一种具体方法。
    A．收益现值法   B．成本法
    C．现行市价法   D．功能价值法

11. 当建筑物的用途和使用强度与土地的最佳使用严重冲突时，应( )。
    A．减少土地价值   B．增加土地价值
    C．减少建筑物价值   D．增加建筑物价值

12. 对于建筑物的过剩功能，在评价时可考虑按( )处理。
    A．功能性贬值   B．建筑物增值
    C．经济性贬值   D．经济性溢价

13. 对土地与建筑物用途不协调所造成的价值损失一般是以( )体现的。
    A．土地的功能性贬值   B．建筑物的功能性贬值
    C．土地的经济性贬值   D．建筑物的经济性贬值

14. 运用使用年限法估测建筑物实体，有形损耗是以( )与建筑物全部使用年限的比率求得。
    A．已使用年限   B．剩余使用年限
    C．实际已使用年限   D．已提折旧年限

15. 房地产分估的目的在于( )。
    A．提高评估效率   B．提高评估价值
    C．减少评估失实   D．减少评估价值

16. 国家规定的土地使用权出让最高年限按不同用途予以规定，其中居住用的最高年限为( )。
    A．40年   B．50年   C．70年   D．80年

17. 所谓房地产评估中最佳使用原则，它是指房地产应以( )的最高最佳使用为前提。
    A．评估机构   B．评估人员
    C．评估对象   D．评估方法

18. 某宗地取得费用和开发费用为300元/m²，当时银行一年期贷款利率为9%，二年期贷款利率为10%，三年期贷款利率为11%，开发周期为三年，第一年

投资占总投资为1/2，第二、三年投资各占总投资为1/4，则该土地每平方米应负担利息为( )。

A.51.75元　B.30.75元　C.99元　D.71.25元

19. 我国城镇土地市场实质上是( )的让渡市场。

A. 土地所有权　　　　　　　　B. 土地使用权
C. 土地收益权　　　　　　　　D. 土地租赁权

20. 确定待估地产价格，按照要求，采用现行市价法至少应选择( )以上的参照物。

A.3个　B.4个　C.2个　D.6个

21. 土地使用权价值的高低取决于( )。

A. 土地使用权所能获得的预期收益　　B. 政府部门
C. 随行就市　　　　　　　　　　　　D. 地产市场

22. 将待估土地与近期内发生交易的类似土地进行对照比较，并根据已发生交易的类似土地价格，经过多种因素修正后，求得待估土地的价格，这种方法称为( )。

A. 基准地价修正法　　　　　　B. 收益现值法
C. 现行市价法　　　　　　　　D. 因素修正法

23. 某待评土地剩余使用年限10年，其参照物剩余使用年限为15年，由于待评土地面积大于参照物，故其面积因素对价格影响较参照物高1.5%，如折现率为8%，则个别因素修正系数为( )。

A.0.7956　B.0.5448　C.0.6951　D.0.7838

24. 被估地块剩余使用年限为30年，参照物剩余使用年限为25年，假定折现率为8%，被估地块的年限修正系数最接近于( )。

A.0.9659　B.0.948　C.1.152　D.1.054

25. 某地产未来第一年纯收益为18万元，预计以后各年的纯收益按1%的比率递减，该地产剩余使用年限为10年，折现率为8%，该地产的评估值最接近于( )万元。

A.84　B.183　C.116　D.200

26. 假定被估房产剩余使用年限为永续，在剩余年限中，前3年的每年预期纯租金收入分别为3万元、2万元和1万元，从第4年到永续，该地产纯收益保持在3万元水平上，折现率为10%，该地产的评估值最接近于( )万元。

A.28　B.32　C.25　D.30

27. 已知某房地产月租金收入20万元，月费用总额(含折旧费)5万元，建筑物尚可使用50年，其价格为1 000万元，建筑物折现率为10%，该房地产的土地年纯收益最接近于( )万元。

A.50　B.60　C.80　D.100

28. 在资产评估中，土地使用权的评估通常是按照其最佳用途为依据进行的，对土地与建筑物用途不协调所造成的价值损失一般以( )体现出来。

A. 建筑物的经济性贬值　　　　B. 建筑物的功能性贬值
C. 土地的经济性贬值　　　　　D. 土地的功能性贬值

29. 某宗土地2 000 m²，土地上建一幢10层的宾馆，宾馆首层面积为1 200 m²，第

2层至第10层每层建筑面积为1 000 m², 则由此计算出的建筑容积率为( )。
   A.0.6   B.5.1   C.2   D.6

30. 某宗土地2 000 m², 土地单价为1 000元/m², 国家规定的容积率为4, 建筑密度为0.5, 则楼面地价为( )。
   A.250元/m²   B.500元/m²
   C.1 000元/m²   D.4 000元/m²

31. 使用残余估价法评估建筑物的前提条件是建筑物( )。
   A.用途合理   B.使用强度合理
   C.能获得正常收益   D.能获得超额收益

32. 运用使用年限法估测建筑物实体有形损耗是以( )与建筑物全部使用年限的比率求得。
   A.已使用年限   B.剩余使用年限
   C.实际已使用年限   D.已提折旧年限

33. 待估建筑物账面原值100万元, 竣工于1995年底, 假定1995年的价格指数为100%, 从1996年到2000年的价格指数每年增长幅度分别是11.7%、17%、30.5%、6.9%、4.8%, 则2000年底该建筑物的重置成本最有可能是( )。
   A.1 048 000元   B.1 910 000元
   C.1 480 000元   D.19 100 000元

34. 有一宗房地产, 年纯收益为300元/m², 另据调查, 该租金水平为目前类似房地产的平均水平。该宗房地产所在地区正在进行道路扩建和小区改道, 预计三年后可使售价达到3 500元/m², 该类房地产的资本化率为10%, 则该宗房地产的单价最接近于( )元/m²。
   A.3 260   B.3 375   C.2 980   D.3 565

35. 工业用地基准地价对应的使用年限为( )。
   A.40年   B.50年   C.70年   D.无限年期

36. 基础设施配套"三通一平"是指( )。
   A.通水、通路、通电、平整地面
   B.通水、通路、通气、平整地面
   C.通水、通讯、通气、平整地面
   D.通水、通路、通热、平整地面

37. 运用现行市价法评估不动产的理论依据是( )。
   A.替代原理   B.收益原理
   C.成本原理   D.地租原理

38. 如果交易实例地产与待评估地产处在同一供需圈, 则不必进行( )。
   A.交易情况修正   B.期日修正
   C.区域因素修正   D.个别因素修正

39. 如果地产市场较为稳定, 所选取的案例交易日期与估价期日不应该超过( )。
   A.1年   B.5年   C.7年   D.10年

40. 在测算地产的纯收益时, 不能以违章建筑的纯收益作为测算依据, 这是遵循了地产评估的（　　）。
A．替代原则　　　　　　　B．贡献原则
C．合法原则　　　　　　　D．最有效使用原则

二、多项选择题

1. 影响房地产价格的区域性因素是指房地产所在地区的自然条件、社会条件、经济发展状况和行政条件相结合所形成的地区性特点或区域性特点，这些特点集中表现为（　　）。
   A．区域的繁华程度　　　　B．交通通达程度
   C．公共公用配套设施　　　D．地区环境
   E．城市规划限制

2. 房地产不论是作为一类资产或作为一种商品，其市场价格要受到许多因素的影响，这些因素为（　　）。
   A．自然因素　　　　　　　B．社会因素
   C．行政因素　　　　　　　D．经济因素
   E．传统因素

3. 土地价格通常是指空地的价格，我国目前的地价体系，地价可以具体分为（　　）。
   A．基准地价　　　　　　　B．标定地价
   C．出让底价　　　　　　　D．转让价格
   E．交易底价

4. 对住宅用地价格有影响的主要区域因素是（　　）。
   A．建筑高度　　　　　　　B．位置
   C．公共设施高度　　　　　D．土地形状
   E．规模

5. 房地分估主要是针对（　　）进行的。
   A．用地性质不合理的房地产　B．新开发的房地产
   C．占地面积不合理的房地产　D．工业用房地产
   E．非经营性房地产

6. 判断建筑物是否存在经济性贬值的指标主要有（　　）。
   A．使用用途不合理　　　　B．利用率下降
   C．使用强度不够　　　　　D．设计不合理
   E．收益水平下降

7. 评估建筑物需考虑的因素包括（　　）。
   A．产权　　　　　　　　　B．用途
   C．建筑结构　　　　　　　D．建成时间
   E．装修质量和水平

8. 引起建筑物功能性贬值的因素主要有（　　）。
   A．政策变化　　　　　　　B．使用强度不够
   C．市场不景气　　　　　　D．用途不合理

E. 商业环境变化

9. 运用现行市价法评估地上建筑物时，选择的参照物应该在（　　）方面与待估资产大致相同。
   A. 外观　　　　　　　B. 结构
   C. 用途　　　　　　　D. 坐落位置
   E. 建造时间

10. 适用于收益现值法评估的不动产有（　　）。
    A. 商场　　　　　　　B. 写字楼
    C. 旅馆　　　　　　　D. 政府机关大楼
    E. 公寓

11. 土地的自然特性包括（　　）。
    A. 位置的固定性　　　B. 质量的差异性
    C. 不可再生性　　　　D. 供给的稀缺性
    E. 用途广泛性

12. 在我国，土地使用权价格具有一定的年期。土地使用权出让的最高年限可以是（　　）。
    A. 40年　　B. 50年　　C. 70年　　D. 90年　　E. 60年

13. 在我国，城市土地的（　　）可以进入市场流转。
    A. 使用权　　B. 所有权　　C. 抵押权　　D. 租赁权　　E. 担保权

14. 在下列财产中，属于不动产的有（　　）。
    A. 土地　　　　　　　B. 大型机器设备
    C. 厂房　　　　　　　D. 宿舍
    E. 仓库

15. 运用现行市价法评估地产，在选择可比实例时，应注意在（　　）方面与评估对象保持一致。
    A. 交易类型　　　　　B. 用地性质
    C. 交易动机　　　　　D. 所处区域
    E. 功能动机

16. 用重置成本法评估地价时，包括的因素有（　　）。
    A. 土地取得费　　　　B. 土地开发费
    C. 利润　　　　　　　D. 利息
    E. 土地收益

17. 难以运用现行市价法评估的不动产有（　　）。
    A. 图书馆　　　　　　B. 体育馆
    C. 学校教学用地　　　D. 公寓用地
    E. 写字楼用地

18. 房地产分离评估、综合计价的原因是（　　）。
    A. 房产与地产价格的性质不同
    B. 土地会折旧，而房屋则不存在折旧问题

C. 房屋会折旧，而土地则不存在折旧问题
D. 土地主要受其建筑质量和环境因素的影响
E. 土地主要受市场供求因素及位置、面积、形状的影响

19. 由政府直接制定并公布的地价为（　　）。
   A. 基准地价　　　　B. 标定地价
   C. 交易底价　　　　D. 市场交易价
   E. 保税价格

20. 可用于建筑物评估的方法有（　　）。
   A. 现行市价法　　　B. 残余估价法
   C. 重置成本法　　　D. 路线估价法
   E. 预期开发法

21. 建筑物重置成本的估计方法有（　　）。
   A. 重编预算法　　　B. 预决算调整
   C. 路线估价法　　　D. 价格指数调整法
   E. 预期开发法

22. 下面公式中，正确的是（　　）。
   A. 楼面地价＝土地总价格÷容积率
   B. 楼面地价＝土地单价÷容积率
   C. 容积率＝建筑物面积÷建筑占地面积×100%
   D. 容积率＝建筑物面积×建筑占地面积×100%
   E. 建筑物面积＝建筑物占地面积×容积率

三、判断题

（　）1. 房地产保值增值是一种趋势，无论哪一时点，房地产价值都会上涨。
（　）2. 如果评估对象的用途不合理，且又无改造的价值，应按拆除重新利用为评估前提。
（　）3. 在我国，城市土地的所有权属于国家，但可以进入市场流通。
（　）4. 土地使用权出让的最高年限由国有土地管理局确定。
（　）5. 地产在市场交易中实际成交的价格称为交易底价。
（　）6. 由现行市价法估价得到的价格称为比准价格。
（　）7. 运用成本法评估土地价格时，若土地开发费是均匀投入，则计算期为开发期的一倍。
（　）8. 作为基础设施配套费用应以"七通一平"为准。
（　）9. 路线估价法适用于单个宗地的评估，而大片土地的评估则应采用收益现值法、现行市价法或重置成本法。
（　）10. 模拟土地按最优利用原则开发，按获取销售收入扣除开发成本、利润后的余额来推算确定待估土地使用权转让价格的评估方法称为重置成本法。
（　）11. 对某项土地使用权评估采用预期开发法，若对项目开发收入及项目开发费用都已折算为现值，则不应再考虑投资利息。

( )12. 对建筑物进行评估时,只有存在未来收益的建筑物才能采用残余估价法。
( )13. 对于大型、价高的建筑物的评估,一般可采用价格指数调整法。
( )14. 运用使用年限法的关键在于测定一个较为合理的建筑物已使用年限。
( )15. 由于建筑物用途、使用强度、设计、结构、装修、设备配置等原因造成建筑物功能不足称为经济性贬值。

四、案例分析

[案例1] 某企业欲以一块待开发的熟地对甲企业投资,面积 $1\,000\,m^2$,允许用途为商住混合,允许容积率为 7,覆盖率 $\leqslant 50\%$,土地使用年限为 50 年,评估基准日为 2001 年 8 月 1 日。

经评估人员调查分析和根据规划要求,待估地最佳用途按商住混合用途,按限定容积率 7 设计,建筑面积 $7\,000\,m^2$,14 层,每层 $500\,m^2$,1~2 层为商铺,3~14 层为住宅。

预计建设期为 2 年,第一年投入总建筑费用的 60%,第二年投入 40% 的总建筑费用。

总建筑费用预计 500 万元,全部从银行借入,利息率为 10%。专业费用预计为总建筑费用的 6%,利润率为 20%,租售费用及税金综合为售楼价的 5%。

假定大楼建成后即可全部售出,预计售价为:商铺 $4\,000\,元/m^2$,住宅 $2\,000\,元/m^2$,折现率为 10%。

注:投资利润 =(地价 + 总建筑费用 + 专业费用)× 20%。

要求:
(1)房地有什么不同?房地产的评估为什么要用房地分评?有什么依据?
(2)若采用折现方法时,向银行借款的利息应否计入评估价格,为什么?
(3)什么是收益现值法,运用时应遵循哪些原则?
(4)运用折现方法,以预期开发法对该待开发的熟地进行评估,计算其熟地评估价值。
(5)若某企业与甲企业均同意以评估结果确认土地价值,请分别为这两个企业编制会计分录。(设某企业原土地使用权账面价值为 300 万元。)

提示:第一年投入,视为年中投入,故 $n=0.5$;第二年投入,视为年中投入,故 $n=1.5$。

[案例2] 某路线价区段,标准深度为 16~48 m,路线价为 $2\,000\,元/m^2$。待评估宗地为一临街矩形地块,临街宽度为 20 m,临街深度为 28 m,待评宗地情况如下表,该路线价区段临宗地价格 = 路线价 × 深度指数 × 宗地面积。

深度指数表

临街深度	未满 8 m	满 8 m 未满 12 m	满 12 m 未满 16 m	满 16 m 未满 20 m	满 20 m 未满 24 m	满 24 m 未满 28 m
深度指数	140 %	135 %	130 %	120 %	110 %	100 %

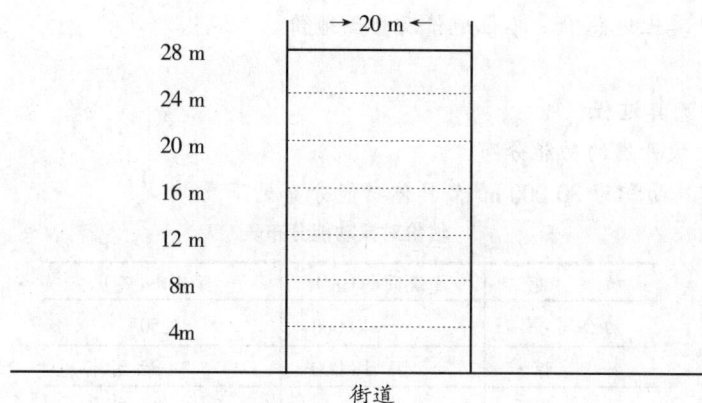

要求：运用路线价格评估法评估该宗地价值。

[案例 3]

一、估价对象所处的地理位置及周围环境

甲企业拥有一块待开发土地使用权，位于某海滨城市南山区解放路 50 号、市商业中心用地区。地块南邻迎宾路，是该城市最繁华的商业街，北 400 m 与火车站相对，东邻金花街，西邻华林街，占地 10 000 m²。规划建设集办公、旅馆、公寓、商业及娱乐综合用途为一体的科宏大厦。

估价对象地理位置十分优越，交通也十分便利，地块内的市政基础设施也十分完善，城市生产和居民生活使用的上下水、热力、煤气、电力、电讯等市政套设施完备。

二、估价对象规划设计条件

估价对象规划设计用途有办公、旅馆、商业、娱乐等，其具体规划设计条件见下表：

估价对象规划设计条件

内容	指标
占地面积	10 000 m²
总建筑面积	80 000 m²
容积率	8
建筑限高	80 m

三、评估的基本思路

评估对象属于待开发建设的商务用地，评估人员认为预期开发法评估较为合理。故拟从以下步骤进行评估：

1. 根据委托方提供的资料和评估机构掌握的数据资料，确定该开发项目的功能分布。
2. 调查了解重置成本法所需各种技术参数，特别是商务大厦的参照物资料。
3. 确定开发项目的总价值。
4. 分析计算开发项目总成本。
5. 分析计算土地总价、单位地价及楼面地价。

四、评估测算过程

1. 确定地块开发的功能分布

项目总建筑面积为 80 000 m²，具体功能分布见下表：

估价对象功能分布表

功　　能	建筑面积(m²)	百分比(%)
办公写字	40 000	50
旅　　馆	18 000	22.5
公　　寓	10 000	12.5
餐　　饮	6 000	7.5
健身娱乐	6 000	7.5
合　　计	80 000	100

2. 测算开发总价值

本项目开发收益来源有：办公、写字楼和公寓的出租收益，旅馆、商餐、健身娱乐用房的销售收入。

租售收入。对该开发项目中的旅馆、商餐、健身娱乐用房的预期售价，参照该市现对市场上类似物业的交易实例，并结合该项目建设周期两年的实际情况分析估算。对该开发项目中的公办、写字楼及公寓，以现时市场上类似物业的正常租金水平测算其租金收益现值，然后再将两者加和求其总收益。

(1) 计算销售收入。假定建设期为两年，开发项目中的旅馆、餐饮、健身和娱乐部建成后即可售出，旅馆的售价估计为 18 000 元/m²，餐饮、健身和娱乐部分售价估计为 16 000 元，利息10%，销售费用为售价的10%。

(2) 测算租金收入。评估人员根据目前写字楼及公寓的租金水平，预计两年后的租金水平将保持在 100 元/(m²·月)，预计出租的费用率为 20%，使用面积占建筑面积的比率为 75%，平均空置率为 10%，建筑物寿命预计 40 年，折现率为 10%。

3. 测算开发总成本

(1) 建筑安装工程费(分两年投入，第一年投入 60%，第二年投入 40%)。

直接费：结构 + 装修 = 4 000 元/m²；

间接费：取直接费的 20% = 800 元/m²。

(2) 专业费及其他费用：取前两项之和的 10%。

(3) 投资利息，取年利率 10%。

(4) 开发商利润，取年利率为 20%。

(5)各种税费,按项目开发价值的10%计。

要求:采用预期开发法评估待开发土地的单价和楼面单价。

提示:评估步骤:

①预测旅馆现值、餐饮、健身、娱乐用房现值及物业出租收益。

②项目开发总收入和总成本。

③计算开发商利润。

④计算地价、土地单价和楼面单价。

⑤第一年投入,视为年中投入,故 $n=0.5$ 年;第二年投入,视为年中投入,故 $n=1.5$ 年

[案例4]

1.估价对象概况。估价对象为某事业单位办公用楼,坐落在广州市中心,占地面积为 $600m^2$,建筑总面积为 $1\,800\,m^2$,建筑物始建于1976年6月,建筑物为钢筋混凝土框架结构。

2.估价要求。评估出该宗房地产1996年6月的市场价格。

3.估价过程:

(1)采用房地分估合一的总的评估思路,由于待估对象为事业单位办公用楼,无直接收益,也很少有买卖实例,故建筑物部分估价拟采用成本法进行。

(2)估测土地资产的市场价值。评估结果假定为900元/m^2,土地总价为540 000元。

(3)估测建筑物的重置成本。按预决算调整法对待估对象的不包括土地价格在内的建筑物重置成本(含利润、税费等)进行测算,该建筑物重置价为1 000元/m^2,建筑物重置成本总额为1 800 000元。

(4)测算建筑物的成新率。评估人员经现场勘察,认为该建筑物尚可使用60年,并查阅了国家有关部门对钢筋混凝土结构建筑物耐用年限的有关指示性规定或标准进行了简单验证,并采用使用年限法测算建筑物的成新率。

(5)测算建筑物的功能性贬值。由于待估对象为一事业单位办公用楼,待产权变动后要用于商业用途,寻找的参照及参照商业的性质等级。待估建筑物的内部格局在某些方面不宜直接用于商业用途需作内部格局的重新布置,估计建筑物内部格局重新布置的费用约为50元/m^2,总费用为90 000元。

要求:若该建筑物不存在经济性贬值,评估该房地产价值。

第七章 其他长期资产评估

第一节 长期投资评估

长期资产，一般指使用期为一年以上的资产。除机器设备、房屋建筑物外，还包括长期投资、无形资产、长期待摊费用，等等。

一、长期投资评估的特点

长期投资是指企业以获取投资权益和收入为目的，向那些并非直接为本企业使用的项目投入资产的行为。长期投资可分为股权投资和债权投资，股权投资包括直接对其他企业投资，如联营。也包括通过证券市场对其他企业投资，如购进股票。债权投资是指购进债券所作的投资，包括国库券、公司债券和金融债券。

由于长期投资是以对其他企业享有的权益而存在的，因此，长期投资评估主要是对长期投资所代表的权益进行评估。其特点为：

（1）长期投资评估是对资本的评估。长期投资中的股权投资是投资者的权益，尽管出资形式因货币、实物和无形资产而不同，但是一旦被投资到其他企业，就被作为资本的象征。

（2）长期投资评估是对被投资企业的偿债能力及获利能力的评估。长期投资是投资者不准备随时变现，持有时间超过一年的对外投资。其根本目的是为了获取投资收益和投资资本增值。因此，被投资企业的获利能力或偿债能力就成为长期投资评估的决定因素。

二、长期投资评估程序

长期投资评估一般按以下程序进行：

（1）明确长期投资项目的有关详细内容，如投资种类、原始投资额、评估基准日余额、投资收益计算方法和历史收益额，长期投资占被投资企业实收资本的比例和所有者权益的比例，以及相关会计核算方法等。

（2）判断长期投资投出和收回金额计算的正确性和合理性，判断被投资企业资产负债表的准确性。

（3）根据长期投资的特点选择合适的评估方法。可上市交易的债券和股票一般采用现行市价法进行评估，按评估基准日的收盘价确定评估值；非上市交易及不能采用现行市价法评估的债券和股票一般采用收益现值法，根据综合因素选择适宜的折现率，确定评估值。

（4）评定测算长期投资，得出评估结论。

三、股权投资评估

1. 直接对企业股权投资评估

企业将自有资产，如现金、存货、固定资产、无形资产等投放到其他企业，从而组成联营企业、合资合作企业或股份企业等，取得接受投资企业的股权，从而达到控制接受投资企业或获取长远利益的目的。

对该类长期投资评估，首先需要了解具体投资形式、收益获取方式和占被投资企业实收资本或所有者权益的比重，根据不同情况，采取不同方法进行评估。投资收益的分配形式，比较常见的方式有：

（1）按投资方投资额占被投资企业实收资本的比例，参与被投资企业净利润的分配；

（2）按被投资企业销售收入或利润的一定比例提成；

（3）按投资方出资额的一定比例支付资金使用报酬等。

投资合同或协议一般规定投资期限，有期限的投资在投资期届满时投入资本的处理方式通常有：按投资时的作价金额以现金返还；返还实投资产；按期满时的实投资产的变现价格或续用价格作价以现金返还。

对于非控股长期投资评估，基本上采用收益现值法，即根据历史上收益情况和被投资企业的未来经营情况及风险，预测未来收益，再用适当折现率折算为现值得出评估值。对于合同、协议明确约定了投资报酬的长期投资，可将按规定应获得的收益折为现值，计作评估值。对到期收回资产的实物投资情况，可按约定或预测出的收益折为现值，再加上到期收回资产的价值，计算评估值。对于不是直接获取资金收入，而是取得某种权利或其他间接经济效益的，可通过了解分析，测算相应的经济效益，折现计算评估值。或根据剩余的权利、利益所对应的重置价值确定评估值。对于明显没有经济利益，也不能形成任何经济权利的按零值计算。在未来收益难以确定时，也可以采用重置价值法进行评估。即通过对被投资企业进行评估，确定净资产数额，再根据投资方应占的份额确定评估值。如果该项投资发生时间不长，被投资企业资产账实基本相符，则可根据核实后的被投资企业资产负债表上的净资产数额，再根据投资方应占的份额确定评估值。

对于控股的长期投资，应对被投资企业进行整体评估。整体评估以收益法为主，特殊情况下也可以单独采用加和法或市场比较法，对被投资企业整体评估，基准日与投资方的评估基准日相同。

控股和非控股的长期投资，都要单独计算评估值，并记到长期投资项目下，不要把被投资企业的资产和负债与投资方合并处理。

[例1] 甲企业进行整体评估，两年前曾与乙企业进行联营，协议约定联营期10年，按投资比例分配利润。甲企业投入现金10万元，厂房建筑物作价20万元，总计30万元，占联营企业总资本的30%。期满时返还厂房投资，房屋年折旧率为5%，残值率5%。评估前两年利润分配情况是：第一年实现净利润15万元，甲企业分得4.5万元；第二年实现净利润20万元，甲企业分得6万元。目前，联营企业生产已经稳定，今后每年收益率20%是能保证的，期满后厂房折余价值10.5万元。经调查分析，折现率定为15%，则评估值为：

$P = 300\,000 \times 20\% \times (P/A, 15\%, 8) + 105\,000 \times (1+15\%)^{-8}$

$\quad = 600\,000 \times 4.4873 + 105\,000 \times 0.3269$

$\quad = 269\,238 + 34\,324.50$

= 303 562.50(元)

2. 股票投资评估

股票投资评估是对权益进行评估。一般按上市流通股票和非上市流通股票分别评估。

(1) 上市股票的评估。

上市股票是企业公开发行的、可以在证券交易所上市自由交易的股票。正常交易的股票随时都有市场价格。对上市股票的评估,在正常情况下一般可以采用现行市价法。按照评估基准日的收盘价确定评估值。所谓正常情况,是指股市发育正常,股票自由交易,没有非法炒作现象。这样,市场价格可以代表评估时点股票价值;否则,市场价格就不能作为评估的依据,而应与非上市股票相同。以股票的内在价值为依据。通过股票发行企业的经营业绩、财务状况及获利能力,综合判断股票的内在价值。另外,以控股为目的持有的上市公司股票,一般采用收益现值法进行评估:

上市股票评估值 = 股票股数 × 评估基准日该股票市场收盘价

[例2] 某企业进行评估,其拥有一上市公司股票 10 000 股,评估基准日股票收盘价为 16 元。则

股票评估值:10 000 × 16 = 160 000(元)

依据市场价格得出的评估值,应在评估报告书中说明所用方法,并申明该评估结果应随市场价格变化而予以调整。

(2) 非上市股票的评估。

非上市交易的股票,一般采用收益现值法评估,即综合分析股票发行主体的经营状况及风险、历史利润水平和分红情况、行业收益等因素,合理预测股票投资的未来收益,并选择合理的折现率确定评估值。

非上市股票按普通股和优先股的不同而采用不同的计算方法。普通股是在股东权利上没有任何限制的标准性股票,它没有固定的股利,完全取决于企业的经营状况和盈利水平;优先股是在股利分配和剩余财产分配上优先于普通股的股票。优先股的股利是固定的,一般情况下,都要按事先确定的股利率支付股利,这一点与债券很相似。两者的区别是:债券的利息是在所得税前支付,而优先股的股利是在所得税后支付。所以,普通股的投资风险要大于优先股。

(3) 普通股的评估。

对非上市普通股的评估,实际是对普通股预期收益的预测,并折算成评估时点的价值。这样,就需要对股票发行企业进行全面、客观的了解分析。首先要了解历史上的利润水平、利润分配政策;其次要了解企业的发展前景,其行业的前途、盈利能力、企业管理人员素质和能力等方面因素。在此基础上,归类进行评估。

根据股利收益的趋势,通常把普通股分为三种类型:固定红利模型、红利增长模型和分段式模型。

①固定红利模型。假设的前提是企业经营稳定,分配红利固定,并且今后也能保持固定水平。在这种假设前提下,普通股股票评估值的数学表达式为:

$$P = A/i$$

式中：

P——股票的评估值；

A——股票下一年的红利额；

i——折现率。

[例3] 被评估企业拥有非上市普通股10 000股，每股面值1元。在持股期间，每年红利一直很稳定，收益率保持在20%左右。经评估人员了解分析，股票发行企业经营比较稳定，管理人员素质及能力较强，今后收益预测中，保持16%的红利收益是有把握的。对折现率的确定，评估人员根据发行企业行业特点及宏观经济情况，确定无风险利率为8%（国库券利率），风险利率为4%，则折现率为12%。根据上述资料，计算评估值为：

$$P = A/i = 10\,000 \times 16\% \div 12\% = 13\,333(元)$$

②红利增长模型。此假设模型适用于成长型股票的评估。成长型企业发展潜力大，收益逐步提高。其假设的前提是发行企业并未将剩余收益分配给股东，而是追加投资扩大再生产，因此，红利呈增长趋势。在这种假设前提下，普通股股票评估值的公式为：

$$P = A/(i-g) \quad (i>g)$$

式中：

P——股票的评估值；

A——股票下一年的红利额；

i——折现率；

g——股利增长率。

股利增长率 g 的计算方法，一是历史数据分析法，它是在对历年红利分析的基础上，利用统计学方法计算出历史平均增长速度，以此确定股利增长率；二是发展趋势分析法，主要依据发行企业股利分配政策，以企业剩余收益中用于再投资的比率与企业净资产利润率相乘确定股利增长率。

[例4] 某企业进行评估，其拥有非上市普通股股票20万股，持有股票期间，每年股票收益率在12%左右。据调查了解，股票发行单位每年以净利润的60%发放股利，其他40%用于追加投资。根据评估人员对企业经营状况的调查分析，认为该行业具有发展前途，该企业具有进一步发展的潜力。经发展趋势分析，确定出其将保持3%的经济发展速度，净资产利润率将保持在16%的水平，无风险报酬率为10%（国库券利率），风险报酬率为4%，则该股票评估值为：

$$\begin{aligned} P &= A/(i-g) \\ &= 200\,000 \times 12\%/[(10\%+4\%) - 40\% \times 16\%] \\ &= 24\,000/(14\% - 6.4\%) \\ &= 315\,789(元) \end{aligned}$$

③分段式模型。前两种模型一种是股利固定，另一种是固定的增长率过于模式化，很难适用所有的股票评估。针对实际情况，采用分段式模型就比较客观。计算方法是，第一段为能客观预测股票收益期间或股票发行企业某一经营周期；第二段是以不易预测收益的时间为起点。将两段收益现值相加，得出评估值。实际计算时，第一段以预测收益直接折现；第二段可以采用固定红利模型或红利增长模型，收益额采用趋势分析法或

客观假定。

[例5] 某公司进行评估，其拥有另一股份公司非上市普通股股票10万股，每股面值1元。在持有期间，每年股利收益率均在15%左右。评估人员对该股份公司进行调查分析，认为前3年保持15%收益率是有把握的；第4年一套大型先进生产线交付使用，可使收益率提高5个百分点，并将持续下去。评估时国库券利率10%，因为该股份公司是公用事业企业，所以风险利率确定为2%，折现率为12%，则该股票评估值为：

P = 前三年折现值 + 第四年后折现值
  = $(100\,000 \times 15\% \times (P/A, 12\%, 3) + (100\,000 \times 20\%/12\%) \times (1+12\%)^{-3}$
  = $15\,000 \times 2.4018 + 20\,000/12\% \times 0.7118$
  = $36\,027 + 285\,300$
  = $321\,327$(元)

(4) 优先股的评估。在正常情况下，优先股在发行时就已规定了股息率。评估优先股主要是判断股票发行主体是否有足够税后利润用于优先股的股息分配。这种判断是建立在对股票发行企业的全面了解和分析的基础上，包括股票发行企业生产经营情况、利润实现情况、股本构成中优先股所占的比重、股息率的高低，以及股票发行企业负债情况等。如果股票发行企业资本构成合理，实现利润可观，具有很强的支付能力，那么，优先股就基本上具备了"准企业债券"的性质，优先股的评估就变得不很复杂了。评估人员可以以事先确定的股息率，计算出优先股的年收益额，然后进行折现或资本化处理，即可得出评估值。计算公式如下：

$$P = \sum_{t=1}^{\infty} [R_t(1+i)^{-t}] = A/i$$

式中：

P——优先股的评估值；

R_t——第t年的优先股的收益；

i——折现率；

A——优先股的年等额股息收益。

[例6] A家电集团拥有B家电公司100股累积性、非分享性优先股，每股面值100元，股息率为年息17%。评估时，国库券利率为10%。评估人员在对B进行调查过程中，了解到B的资本构成不尽合理，负债率较高，可能会对优先股股息的分配产生消极影响。因此，评估人员将A集团拥有的B公司的优先股票的风险报酬率定为5%，加上无风险报酬率10%，该优先股的折现率(资本化率)为15%。根据上述数据，该优先股评估值如下：

$P = A/i$
  = $100 \times 100 \times 17\% / (10\% + 5\%)$
  = $1\,700/15\%$
  = $11\,333.33$(元)

四、债权投资评估

在我国，债权投资是指企业购买债券形成的投资。债券作为有价证券或资本证券的一种，从理论上讲，它的市场价格是收益现值的市场反映。当债券可以在市场自由买卖、贴现时，债券的现行市价就是债券的估值。但是，如果有些债券不能在市场上自由交易，其价格就需要通过一定的途径和方法进行评估。

1. 上市债券的评估

上市交易的债券是可以在市场上流通交易、自由买卖的债券，一般用现行市价法进行评估，按照评估基准日的收盘价确定评估值。如果在特殊情况下市场价格严重扭曲，不能代表实际价格，就应该按非上市债券进行评估。

采用现行市价法进行评估，应在评估报告书中说明所用评估方法和结论与评估基准日的关系，并申明该评估结果应随市场价格变化而予以调整。

[例7] 某企业进行评估，长期投资账上有A公司发行的债券1 200张，每张面值100元，年利率10%，此债券为另一企业发行的三年期债券，已上市交易。根据交易市场调查，评估基准日的收盘价为120元。据评估人员分析，该价格比较合理，所以评估值为：

$$1\ 200 \times 120 = 144\ 000(元)$$

2. 非上市债券的评估

对于非上市债券，无法通过市价直接进行评估，只能采取其他评估方法。通常，对距评估基准日一年内到期的，可以根据本金加上持有期利息确定评估值；超过一年到期的，根据本利和现值确定评估值。但对于不能按期收回本金和利息的债券，评估人员应在调查取证的基础上，通过分析预测，合理确定评估值。

通过本利和现值确定评估值，采用收益现值法评估即可。根据债券付息方法，可把债券分为到期一次性还本付息和定期支付利息到期还本两种。评估时应采用不同的方法计算。

(1) 到期一次性还本付息债券的评估。债券价值：

$$P = F(1+i)^{-n}$$

式中：

P——债券的评估值；

F——债券到期时本利和；

i——折现率；

n——评估基准日到债券到期日的间隔(以年或月为单位)。

本利和F的计算要看计息方式是单利率还是复利率。

①单利率时：

$$F = A(1+mi)$$

②复利率时：

$$F = A(1+i)^m$$

式中：

A——债券面值；

m——计息期限;

i——债券利息率。

债券利息率、计息期限、债券本金在债券上有明确记载,而折现率是评估人员根据实际情况分析确定的。折现率包括无风险报酬率和风险报酬率。无风险报酬率通常以银行储蓄利率、国库券利率或国家公债利率为准;风险报酬率的大小则取决于债券发行主体的具体情况。国家债券、金融债券有良好的担保条件,其风险报酬率一般较低。企业债券如果发行企业经营业绩较好,有足够的还本付息能力,则风险报酬率较低;否则,应以较高风险报酬率调整。

[例8] 某企业进行评估,账面债券投资50 000元,系另一企业发行三年期一次性还本付息债券,年利率15%,单利计息,评估时点距到期日两年,当时国库券利率为12%。经评估人员分析调查,发行企业经营业绩较好,两年后有还本付息的能力,风险不大,故取2%风险报酬率,以国库券利率作为无风险报酬率,折现率为14%。这样,债券评估值为:

$F = A(1+n \cdot i) = 50\,000 \times (1 + 3 \times 15\%) = 72\,500(元)$

$P = F(1+i)^{-n} = 72\,500 \times (1+14\%)^{-2} = 72\,500 \times 0.7695 = 55\,789(元)$

(2)定期支付利息,到期还本债券的评估。其收益现值法公式为:

$$P = \sum_{t=1}^{n}[R_t(1+i)^{-t}] + A(1+i)^{-n}$$

式中:

P——债券的评估值

R_t——第t年的预期利息收益;

i——折现率;

A——债券面值;

t——评估基准日距收取利息日期限;

n——评估基准日距到期还本日期限。

[例9] 如前例中不是到期一次付息,而是每年付一次息,则评估值为:

$P = \sum_{t=1}^{n}[R_t(1+i)^{-t}] + A(1+i)^{-n}$

$= 50\,000 \times 15\% \times (1+14\%)^{-1} + 50\,000 \times 15 \times (1+14\%)^{-2}$

$\quad + 50\,000 \times (1+14\%)^{-2}$

$= 7\,500 \times 0.8772 + 7\,500 \times 0.7695 + 50\,000 \times 0.7695$

$= 6\,579 + 5\,771 + 38\,475$

$= 50\,825(元)$

第二节 无形资产评估

无形资产是指企业为生产商品、提供劳务、出租给他人或为管理目的而持有的没有实物形态的非货币性长期资产。无形资产可分为可辨认的无形资产和不可辨认的无形资产。可辨认的无形资产包括专利权、非专利技术、商标权、著作权、土地使用权、特许权等;不可辨认的无形资产是指商誉。由于商誉与整体企业价值密不可分,因此,关于商誉的评估请参考第九章企业整体价值评估。

一、影响无形资产评估价格的因素

1. 无形资产成本

无形资产与有形资产一样,也具有成本。只是相对有形资产而言,无形资产成本确定不是十分明晰和难于计量。对企业无形资产来说,外购无形资产较易确定成本,自创成本计量更困难些。因为无形资产产生的一次性特点,使其在创造过程中耗费的劳动不具有横向比较性。同时,无形资产的创造,与其投入、失败等密切结合,但这部分成本确定是很困难的。一般来说,这些成本项目包括创造发明成本、法律保护成本、发行推广成本等。

2. 机会成本

机会成本是指该项无形资产转让、投资、出售后失去市场而损失收益的大小。

3. 效益因素

成本是从对无形资产补偿角度考虑的,但无形资产更重要的是其能创造收益。一项无形资产,在环境、制度允许的条件下,获利能力越强,其评估值越高;获利能力越弱,评估值越低。有的无形资产,尽管其创造成本很高,但不为市场所需求,或收益能力低微,其评估值就很低。

4. 使用期限

一项无形资产,一般都有一定的使用期限。使用期限的长短,一方面取决于该无形资产先进程度;另一方面取决于其无形损耗大小。无形资产越先进,其领先水平越高,使用期限越长。同样地,其无形损耗程度越低,其使用期限越长。考虑无形资产期限,除了应考虑法律保护期限外,更主要的是考虑其具有实际超额收益的期限(或收益期限)。比如某项发明专利保护期限为 20 年,但由于无形损耗较大,拥有该项专利实际能获超额收益期限为 10 年,则这 10 年即为评估该项专利时所应考虑的期限。

5. 技术成熟程度

一般科技成果都要经历发展——成熟——衰退的过程。科技成果的成熟程度如何,直接影响到评估值高低。其开发程度越高,技术越成熟,运用该技术成果的风险性越小,评估值就会越高。一项成熟程度不是很高的无形资产,在评估时应分析预计其可能的成熟程度,正确估计其风险,从而合理确定其评估值。

6. 转让内容因素

从转让内容看,无形资产转让有所有权转让和使用权转让。在转让过程中有关条款的规定,会直接影响其评估值。就所有权转让和使用权转让来说,所有权转让的无形资产评估值高于使用权转让的评估值。在技术买卖中,同是使用权转让,由于其许可程度不同,也影响评估值的高低。

7. 国内外该种无形资产的发展趋势、更新换代情况和速度

无形资产的更新换代越快,无形损耗越大,其评估值越低。无形资产价值的损耗和贬值,不取决于自身的使用损耗,而取决于本身以外的更新换代情况。

8. 市场供需状况

市场供需状况包括两个方面：一是无形资产市场需求情况；二是无形资产的适用程度。对于可出售、转让的无形资产，其评估值随市场需求的变动而变动。市场的需要大，则评估值就越高。

9. 其他因素

对无形资产评估，除应考虑以上因素外，还应考虑同行业同类无形资产的价格水平、价款的支付方式、提成基数与比例等。

二、无形资产评估的方法

如前所述，无形资产能为所有者或持有人带来的未来经济利益具有不确定性。这种不确定性与有形资产（如流动资产、固定资产）的规模和状况、市场竞争强弱、国家宏观调控政策、技术与经营服务更新、产品性能与质量有密切的关系。在选择无形资产评估方法时，应注意无形资产评估的两个必要前提，即待估无形资产必须能够带来超额利润和垄断利润。

1. 收益现值法

$$\text{无形资产评估价格} = \text{未来年超额利润} \times P/A$$
$$= \text{最低收费额} + \text{分成基数} \times \text{分成率} \times P/A$$

（1）最低收费额的确定。最低收费额是指在无形资产转让中，视购买方实际生产和销售情况收取转让费的场合所确定的"旱涝保收"收入，并在确定比例收费时预先扣除，有时称之为"入门费"。当然，在某些无形资产转让中，转让方按固定额收费时把最低收费规定为转让最低价，也可作为无形资产竞卖的底价。下面具体介绍最低收费额的评估过程。

由于无形资产具有垄断性，当该项无形资产是购买方必不可少的生产经营的条件，或者购买方运用无形资产所增加的效益具有足够的支付能力时，无形资产转让的最低收费额由以下因素决定。

①重置成本。购买方使用无形资产，就应由购买方补偿成本费用。当购买方与转让方共同使用该项无形资产时，则由双方按运用规模、受益范围等来分摊。

②机会成本。由于无形资产的转让，可能会因停业而使由该无形资产支撑的营业收益减少，也可能会因为自己制造了竞争对手而减少利润或增加的开发支出。这些构成无形资产转让的机会成本，应由无形资产购买者来补偿。

综合考虑以上两大因素评估最低收费额，可得到如下一组公式：

$$\text{无形资产最低收费额} = \text{重置成本净值} \times \text{转让成本分摊率} + \text{无形资产转让的机会成本}$$

其中：

$$\text{转让成本分摊率} = \frac{\text{购买方运用无形资产的设计能力}}{\text{运用无形资产的总计能力}} \times 100\%$$

$$\text{无形资产转出的机会成本} = \text{无形资产转出的净减收益} + \text{无形资产再开发净增费用}$$

公式中"购买方运用无形资产的设计能力"可根据设计产量或按设计产量计算的销售收入确定；"运用无形资产的总设计能力"指运用无形资产的各方汇总的设计能力，由于是分摊无形资产的重置成本，因而不是按照实际运用无形资产的规模，而是按照设计规模来确定权重。当购买方独家使用该无形资产时，转让成本分摊率为1。式中"无形资产转出的净减收益"和"再开发净增费用"是运用边际分析的方法测算的。"无形资产转出的净减收益"一般指在无形资产尚能发挥作用期间减少的净现金流量。"再开发净增费用"包括保护该无形资产追加的科研费用和其他费用、员工再培训费用等。以上各项经过认真细致的分析测算是可以确定的。

[案例分析1] 某企业转让医用无影灯生产全套技术，经搜集和初步测算已知如下资料：该企业与购买企业共同享用医用无影灯生产技术，双方设计能力分别为600万台和400万台；医用无影灯生产全套技术系国外引进，账面价格200万元，已使用2年，尚可使用8年，2年通货膨胀率累计为10%；该项技术转出对该企业生产经营有较大影响，由于市场竞争加剧，商品价格下降，在以后8年减少销售收入按折现值计算为80万元，增加开发费用以提高质量、保住市场的追加成本按现值计算为20万元。试评估该无形资产转让的最低收费额。

i) 评估思路：两年来通货膨胀率为10%，对外购无形资产的重置成本可按物价指数法调整，并根据成新率确定净值，可得医用无影灯生产全套技术的重置成本净值为：

$$200 \times (1 + 10\%) \times \frac{8}{2+8} = 176(万元)$$

ii) 因转让双方共同使用该无形资产，设计能力分别为600万台和400万台，评估重置成本净值分摊率为：

$$\frac{400}{600 + 400} = 40\%$$

iii) 由于无形资产转让后加剧了市场竞争，在该无形资产的寿命期间，销售收入减少和费用增加的折现值是转让无形资产的机会成本，据题给资料为：

$$80 + 20 = 100(万元)$$

故该无形资产转让的最低收费额评估值为：

$$176 \times 40\% + 100 = 170.4(万元)$$

(2) 年收益额的确定。

无形资产收益额一般采用净利润口径。无形资产收益额的测算，是采用收益法评估无形资产的重要步骤。如前所述，无形资产收益额是由无形资产带来的超额收益。同时，无形资产附着于有形资产发挥作用并产生共同收益，因此，无形资产收益通过分成率的方法获得，即：

无形资产收益额 = 销售收入(利润) × 销售收入(利润)分成率 × (1 − 所得税率)

对于销售收入(利润)的测算已不是较难解决的问题，重要的是确定无形资产分成率。

既然分成对象是销售收入或销售利润，因而，就有两个不同的分成率。而实际上，由于销售收入与销售利润有内在的联系，可以根据销售利润分成率推算出销售收入分成率，反之亦然。

因为：

收益额 = 销售收入 × 销售收入分成率 × (1 − 所得税率)

= 销售利润 × 销售利润分成率 × (1 − 所得税率)

因而：

$$销售收入分成率 = 销售利润分成率 \times 销售利润率$$
$$销售利润分成率 = 销售收入分成率 \div 销售利润率$$

在资产转让实务上，一般是确定一定的销售收入分成率，俗称"抽头"。例如，在国际市场上一般技术转让费不超过销售收入的 3%～5%，如果按社会平均销售利润率 10% 推算，则技术转让费为销售收入的 3% 的利润分成率为 30%。如果说购买先进技术的企业平均销售利润率为 15%，则利润分成率为 20%。可见销售收入分成率本身很难看出转让价格是否合理，但是，换算成利润分成率，则可以加以判断。实际转让实务中因利润额不够稳定也不容易控制和核实，因而，按销售收入分成是切实可行的。而在评估中则应以评估利润分成率为基础，至于换算成销售收入分成率，只需要掌握销售利润率及各年度利润的变化情况就行了。

(3) 利润分成率的确定。

利润分成率的确定是以无形资产带来的追加利润在利润总额中的比重为基础的。在有的情况下容易直接计算，而在不容易区别追加利润的情况下，往往要采取曲折迂回的方法。因而，评估无形资产转让的利润分成率有多种方法。

①边际分析法。边际分析法是选择两种不同的生产经营方式比较：一种是运用普通生产技术或企业进行经营；另一种是运用转让的无形资产进行经营，后者的利润大于前者利润的差额，就是投资于无形资产所带来的追加利润；然后测算各年度追加利润占总利润的比重，并按各年度利润现值的权重，求出无形资产寿命期间追加利润占总利润的比重即评估的利润分成率。这种方法的关键是科学分析追加无形资产投入可以带来的净追加利润。这也是购买无形资产所必须进行决策分析的内容。

边际分析法的程序是：先对无形资产边际贡献进行分析；再测算无形资产寿命期间的利润总额及追加利润总额并折为现值；最后按利润总额现值与追加利润总额现值计算利润分成率。

$$利润分成率 = \sum 追加利润现值 \div \sum 利润总额现值$$

[案例分析 2] 企业转让彩电显像管新技术，购买方用于改造年 10 万只彩电显像管生产线。经过无形资产边际贡献因素的分析，测算在其寿命期间各年度分别可带来的追加利润 100 万元，120 万元，90 万元，70 万元，分别占当年利润总额的 40%，30%，20%，15%，试评估无形资产利润分成率。

i) 评估思路：本例所给条件已经完成了边际分析法第一步的工作。只需计算出各年限的利润总额，并与追加利润一同折现即可得出利润分成率。

ii) 各年度利润总额现值之和(折现率为 10%)为：

$$\frac{100 \div 40\%}{1+10\%} + \frac{120 \div 30\%}{(1+10\%)^2} + \frac{90 \div 20\%}{(1+10\%)^3} + \frac{70 \div 15\%}{(1+10\%)^4}$$
$$= 250 \times 0.9091 + 400 \times 0.8264 + 450 \times 0.7513 + 467 \times 0.6830$$
$$= 227.275 + 330.56 + 338.085 + 318.961$$
$$= 1\,214.881(万元)$$

iii) 追加利润现值之和为：

$$\frac{100}{1+10\%} + \frac{120}{(1+10\%)^2} + \frac{90}{(1+10\%)^3} + \frac{70}{(1+10\%)^4}$$

$$= 100 \times 0.9091 + 120 \times 0.8264 + 90 \times 0.7513 + 70 \times 0.6830$$
$$= 90.91 + 99.168 + 67.617 + 47.81$$
$$= 305.505(万元)$$

无形资产利润分成率 $= \dfrac{305.505}{1\,214.881} \times 100\% = 25\%$

②约当投资分成率。边际分析法是根据各种生产要素对提高生产率的贡献来归算,道理明了,易于被人接受。但是由于无形资产与有形资产的作用往往互为条件,在许多场合下很难确定购置的无形资产贡献率。因而,还需寻求其他途径。根据无形资产与其他资产的作用往往水乳难分的特点,进一步考虑无形资产是高度密集的知识智能资产,采取在成本的基础上附加相应的成本利润率,折合成约当投资的办法,按无形资产的折合约当投资与购买方投入的资产约当投资的比例确定利润分成率。其公式为:

$$无形资产利润分成率 = \dfrac{无形资产约当投资量}{购买方约当投资量 + 无形资产约当投资量} \times 100\%$$

$$无形资产约当投资量 = 无形资产重置成本 \times (1 + 适用成本利润率)$$

$$购买方约当投资量 = 购买方投入的总资产的重置成本 \times (1 + 适用成本利润率)$$

[案例分析 3] 甲企业以制造四轮驱动汽车的技术向乙企业投资,该技术的重置成本为 100 万元,乙企业拟投入合营的资产重置成本 8 000 万元,甲企业无形资产成本利润率为 500%,乙企业拟合作的资产原利润率为 12.5%。试评估无形资产投资的利润分成率。

ⅰ)评估思路:如果按投资双方投资的成本价格折算利润分成率,就不能体现无形资产作为知识智能密集型资产的较高生产率。因而应采用约当投资分成法评估利润分成率。

ⅱ)无形资产的约当投资量为:
$$100 \times (1 + 500\%) = 600(万元)$$

乙企业约当投资量为:
$$8\,000 \times (1 + 12.5\%) = 9\,000(万元)$$

甲企业投资无形资产的利润的分成率为:
$$600 \div (9\,000 + 600) = 6.25\%$$

(4) 无形资产评估中折现率的确定。

折现率的内涵是指与投资于该无形资产相适应的投资报酬率。折现率的一般理论已在本书第二章中做了详细介绍,需要进一步说明的是,折现率一般包括无风险利率、风险报酬率和通货膨胀率。一般来说,无形资产投资收益高,风险性强,因此,无形资产评估时折现率往往要高于有形资产评估的折现率。评估时,评估者应根据该项无形资产的功能、投资条件、收益获得的可能性条件和形成概率等因素,科学测算其风险利率,以进一步测算出其适合的折现率。另外,折现率的口径应与无形资产评估中采用的收益额的口径保持一致。

(5) 无形资产收益期限的确定。

无形资产收益期限又称有效期限,是指无形资产发挥作用并具有超额获利能力的时间。无形资产在发挥作用的过程中,其损耗是客观存在的。无形资产损耗的价值量,是确定无形资产有效期限的前提。无形资产因为没有物质实体,所以,它的价值不会由于它的使用期的延长发生实体上的变化,即它不像有形资产那样存在由于使用或自然力作用形成的有形损耗。然而,无形资产价值降低是由于无形损耗形成的,即由于社会科学技术进步而引起价值减少。具体来说,主要由下列三种情况决定产生:

①一种新的、更为先进、更经济的无形资产出现,这种新的无形资产可以替代旧的无形资产,使采用原无形资产无利可图时,原有无形资产价值就丧失了。

②因为无形资产传播面扩大,其他企业普通掌握这种无形资产,获得这项无形资产已不需要任何成本,使拥有这种无形资产的企业不再具有获取超额收益的能力时,它的价值也就大幅度贬低或丧失。

③企业拥有的某项无形资产所决定的产品销售量骤减,需求大幅度下降时,这种无形资产价值就会减少,以致完全丧失。

无形损耗只影响无形资产价值,而不影响其使用价值,对于许多知识性资产,特别是科学定理、基本原理来说,作为知识财富,它永葆"辉煌",并不存在实际"损耗"。所以,无形资产的无形损耗完全是从相对意义上来说,仅仅是从知识运用的替代性、积累性、更新和发展的角度来说,仅仅是从它为持有者带来超额收益的角度来说的,而不是说知识的陨灭和废止。

以上说明的是确定无形资产的有效期限的理论依据。需要强调的是,无形资产具有获得超额收益能力的时间才是真正的无形资产有效期限。资产评估实践中,预计和确定无形资产的有效期限,可依照下列方法确定:

①法律或合同、企业申请书分别规定有法定有效期限和受益年限的,可按照法定有效期限与受益年限孰短的原则确定。

②法律无规定有效期,企业合同或企业申请书中规定有受益年限的,可按照受益年限确定。

③法律和企业合同或申请书均未规定有效期限和受益年限的,按预计受益期限确定。预计受益期限可以采用统计分析或与同类资产比较得出。

同时应该注意的是,无形资产的有效期限要比它们的法定保护期限短得多,因为它们要受许多因素的影响,如废弃不用、人们爱好的转变以及经济形势变化等。特别是科学技术发达的今天,无形资产更新周期加快,使得其有效期限越来越短。

2. 重置成本法

从理论上说,无形资产重置成本应包括研究开发费、取得费用、持有期间的全部物化劳动和活劳动的费用支出总和。但根据我国2001年1月1日颁布的《无形资产准则》的规定,能作为无形资产入账价值的只是外购或接受投资、接受捐赠的无形资产成本,对于自行研制的无形资产除申请权证过程中发生的费用外,如申请专利权证支付的律师费、权利证书费等,在整个研究开发阶段以及后续支出,均不构成无形资产账面价值,自制无形资产在会计账面反映的成本只是申请权证过程中发生的费用。这样会导致在企业会计账簿上反映的无形资产成本是不完整的,大量的账外无形资产的存在是不可忽视的事实。因此,考虑无形资产重置成本时必须注意不能直接以企业无形资产账面价值为依据,而应根据现时市场条件下重新创造或购置一项全新无形资产所耗费的全部货币总额。

（1）自创无形资产重置成本的估算。

自创无形资产的成本是由创制该资产所消耗的物化劳动和活劳动费用构成的。自创无形资产如果已有账面价格，由于它在全部资产中的比重一般不大，可以按照定基物价指数作相应调整，即得到重置成本。在实务上，自创无形资产往往无账面价格，需要进行评估。其方法主要有两种：

①财务核算法。即按该无形资产实际发生的材料、工时消耗量，按现行价格和费用标准进行估算。即：

无形资产重置成本 = $\sum$(物质资料实际耗费量 × 现行价格) + $\sum$(实耗工时 × 现行费用标准)

这里，评估无形资产重置成本不是按现行消耗量而是按实际消耗量来计算。其原因之一是因为无形资产是创造性的成果，一般不能原样复制，从而不能模拟在现有生产条件下再生产的消耗量。二是无形资产生产过程是创造性智力劳动过程，技术进步的作用最为明显，如果按模拟现有条件下的复制消耗量来估价重置成本，必然影响到无形资产的价值形态的补偿，从而影响到知识资产的创制。从评估实务来说，由于无形资产开发的各项支出均有原始会计记录，只要按国家规定的范围计算消耗量，并按现行价格和费用标准计价就可以了。

②市价调整法。自制无形资产在市场有类似无形资产出售时，可按照无形资产市场售价确定，或按市场售价的一般比率，由类似无形资产的市场销售价换算确定重置成本，并根据不同的评估目的确定其评估价值。

这里我们按照自制成本与市场售价的一般比率进行调整，是因为重置成本是应补偿的需要而评估的，自制无形资产的费用支出资本化只包括物化劳动和人工费用的支出，而市价包含有研制利润和税金。一般来说，无形资产市价中成本低利润高，如果按市价资本化，就会使自制自用无形资产获得超额补偿，影响国家与企业利益的兼顾。

无形资产自制成本与市场售价的一般比率，可以根据本企业有代表性的几种无形资产的自制成本与市价的加权平均比率确定。在没有相应数据的情况下，可用同类无形资产的销售利税率的比例替代。

[案例分析4] 某企业在长期经营实践中形成食品袋保鲜技术秘诀，假定按国家规定可估价摊销。现有类似袋装保鲜技术上市，技术转让费80万元。又知该企业有3项专有技术，其开发成本分别为60万元、80万元和120万元，相应的市价为120万元、200万元和250万元。试按市价调整法评估袋装保鲜秘诀的重置成本。

i) 评估思路：已知同类技术的市价为80万元，只要乘以成本市价系数，就可求得保鲜秘诀的重置成本。

又知一组该企业专有技术的成本与市价的代表性的数据，可按加权平均法求出成本/市价系数的经验数据。

ii) 成本/市价系数 = $\dfrac{60+80+120}{120+200+250}$ = 45.6%

由于类似袋装保鲜技术的市价为80万元，故该企业的保鲜技术秘诀的重置成本估价为：

$$80 \times 45.6\% = 36.48(万元)$$

[案例分析 5] 承前例，类似袋装保鲜技术转让费为 80 万元，销售利税率为 55%，尚无其他可供参考的成本/市价系数的经验数据，试评估该企业袋装保鲜技术秘诀的重置成本。

解：已知类似技术的销售利税率为 55%，则销售成本率为：

$$1 - 55\% = 45\%$$

评估该企业袋装保鲜技术秘诀的重置成本为：

$$80 \times 45\% = 36(万元)$$

(2) 外购无形资产重置成本的估算。

外购无形资产一般有购置费用的原始记录，也可能有可供参照的现行交易价格，评估相对比较容易。外购无形资产的重置成本包括购买价和购置费用两部分，一般可以采用以下两种方法：

①市价类比法。在无形资产交易市场选择类似的参照物，再根据功能和技术先进性、适用性对其进行调整，从而确定其现行购买价格。购置费用可根据现行标准和实际情况核定。

②物价指数法。它是以无形资产的账面历史成本为依据，用物价指数进行调整，进而估算其重置成本。计算公式表示为：

$$无形资产重置成本 = 无形资产账面成本 \times \frac{评估时物价指数}{购置时物价指数}$$

从无形资产价值构成来看，主要有两类费用：一类是物质消耗费用，一类是人工消耗费用，前者与生产资料物价指数相关度较高，后者与生活资料物价指数相关度较高，并且最终通过工资、福利标准的调整体现出来。不同的无形资产两类费用的比重可能有较大差别，一些需利用现代科研和实验手段的无形资产，物质消耗的比重就比较大。在生产资料物价指数与生活资料物价指数差别较大的情况下，可按两类费用的大致比例按结构分别适用生产资料物价指数与生活资料物价指数估算。两种价格指数比较接近，且两类费用的比重有较大的倾斜时，可按比重较大费用类适用的物价指数来估算。

[例 10] 某企业 1998 年外购的一项无形资产账面值 80 万元，2000 年进行评估，试按物价指数法估算其重置完全成本。

分析：经鉴定，该无形资产系运用现代先进的实验仪器经反复试验研制而成，物化劳动耗费的比重较大，可适用生产资料物价指数。根据资料，此项无形资产购置时物价指数和评估时物价指数分别为 120% 和 150%，故该项无形资产的重置完全成本为：

$$80 \times \frac{150\%}{120\%} = 100(万元)$$

(3) 无形资产成新率的估算。

影响无形资产成新率的因素是无形资产的损耗(或贬值)。无形资产的损耗(贬值)表现为功能性损耗(贬值)和经济性损耗(贬值)。功能性损耗(贬值)表现为由于科学技术进步，使得拥有该项无形资产的单位或个人其垄断性减弱，降低了获取垄断利润的能力而引致的贬值。经济性损耗(贬值)在于无形资产外部环境因素的变化，比如某项技术的使用，尽管目前技术水平很高，但使用该项技术生产的产品可能会引致环境污染，国家有关法规禁止该项技术产品的生产。这样就使得该项无形资产报废。

通常，无形资产成新率的确定，可以采用专家鉴定法和剩余经济寿命预测法进行。

①专家鉴定法。是指邀请有关技术领域的专家，对被评估无形资产的先进性、适用性做出判断，从而确定其成新率的方法。

②剩余经济寿命预测法。是由评估人员通过对无形资产剩余经济寿命的预测和判断，从而确定其成新率的方法。计算公式表示为：

$$成新率 = \frac{剩余使用年限}{已使用年限 + 剩余使用年限} \times 100\%$$

公式中，已使用年限比较容易确定，剩余使用年限应由评估人员根据无形资产的特征，分析判断获得。

第三节 长期待摊费用评估

长期待摊费用是指不能全部计入当年损益，应当在以后年度分期摊销的各项费用。主要内容是开办费、租入固定资产改良支出、大修理支出等摊销期在一年以上的费用。长期待摊费用在资产项目下核算，但其本质是一种费用。这种费用的效益，不仅体现在本年度，而且延续到以后若干年。

一、长期待摊费用的评估

由于长期待摊费用是已发生费用的摊余价值，没有物质实体，因而不能单独对外交易和转让。只有当企业发生整体产权变动时，才可能涉及到长期待摊费用的评估。如果这些费用的发生形成了某些新的资产或权利，其中对于评估目的实现后的资产占有者还存在的部分资产和权利就是评估对象，这部分尚存资产和权利的价值就是评估值。所以，长期待摊费用能否作出评估对象就在于它能否在评估基准日后带来经济效益。

在评估长期待摊费用时，要了解其合法性、合理性、真实性和准确性，了解费用支出和摊余情况，了解形成新资产和权利尚存情况。其评估值要根据评估目的实现后的资产占有者还存在的、且与其他评估对象没有重复的资产和权利的价值确定。按此原则，对于尚存资产或权利的价值难以准确计算的开办费等，可按其账面余额计算评估值；对没有尚存的资产和权利所对应的长期待摊费用不计算评估值，对于在其他类型资产中已计算过的，也不计算评估值。例如：固定资产大修费摊余价值，评估时已体现在固定资产中，那么就不应该再计入长期待摊费用，否则，会造成重复评估。在实地评估时，应注意长期待摊费用与其他资产评估的协调，防止重评或漏评。

长期待摊费用的效益可延续到以后若干年，长期待摊费用评估时，应依据收益额、收益时间及货币的时间价值等因素确定评估值。货币的时间价值因素因受益时间长短而定。一年内的一般不予考虑，超过一年时间的要根据具体内容、市场行情的变化趋势处理。

[例11] 某企业因产权变动需进行整体评估。该企业长期待摊费用余额62万元，其中：办公楼装修摊余费用30万元，租入固定资产改良支出摊余12万元，设备大修理

费用20万元。据评估人员调查了解，办公楼装修费已包含在房屋评估值中，实现了增值，因此，长期待摊费用就不能重复评估；设备大修理费用同样也体现在设备评估中，也不能重复计算；租入固定资产改良支出费用发生总额28万元，已摊销16万元，租赁协议中设备租入期为2年，已租入1年，尚有1年的使用期。根据以上资料，计算长期待摊费用评估值为：

长期待摊费用评估值 = 28/2 = 14(万元)

综合练习及案例分析

一、单项选择题

1. 上市债券的评估最适合用( )。
   A. 成本法   B. 现行市价法
   C. 收益现值法   D. 历史成本法

2. 下列按风险大小排列，正确的是( )。
   A. 股票、国家债券、金融债券、企业债券
   B. 国家债券、金融债券、企业债券、股票
   C. 企业债券、股票、国家债券、金融债券
   D. 股票、企业债券、金融债券、国家债券

3. 上市股票的评估一般采用现行市价法，按评估基准日的( )确定评估值。
   A. 开盘价   B. 收盘价
   C. 最低价   D. 中间价

4. 被评估企业拥有H公司面值共90万元的非上市普通股票，从持股期间来看，每年股利分派相当于票面值的10%，评估人员通过调查了解到，H公司每年只把税后利润的80%用于股利分配，另20%用于H公司扩大再生产，H公司有很强的发展后劲，公司股本利润率保持在15%的水平上，折现率设定为12%，如运用红利增长模型评估被评估企业拥有的H公司股票，其评估值最有可能是( )。
   A. 900 000元   B. 1 000 000元
   C. 750 000元   D. 600 000元

5. 作为评估对象的长期待摊费用的确认标准是( )。
   A. 是否摊销   B. 摊销方式
   C. 能否带来预期收益   D. 能否变现

6. 到期后一次性还本付息债券的评估，其评估的标准是( )。
   A. 债券本金   B. 债券本金加利息
   C. 债券利息   D. 债券本金减利息

7. 判断债券风险大小主要应考虑( )。
   A. 债券投资者的财务状况   B. 债券投资者的竞争能力
   C. 债券发行者的财务状况   D. 债券投资者的信誉

8. 购买其他企业的股票属于( )。

A. 间接投资 B. 风险投资
C. 直接投资 D. 无风险投资

9. 对距评估基准日1年内到期的非上市债券，采用（　　）方法进行评估较为合适。
   A. 本利和折现 B. 市场询价
   C. 账面值   D. 本金加持有期利息

10. 长期待摊费用的评估通常发生在（　　）。
    A. 长期待摊费用摊销时 B. 企业财务检查时
    C. 企业整体产权变动时 D. 企业纳税时

11. 甲企业拟转让其拥有的A商品商标使用权，该商标商品单位市场售价为1 000元/台，比普通商标同类商品单位售价高100元/台，拟购买商标企业年生产能力10 000台，双方商定商标使用许可期为3年，被许可方按使用该商标的产品年销售利润的30%作为商标特许权使用费，每年支付一次，3年支付完价款。被许可方的正常销售利润率为10%，收益率按10%计算，根据上述条件计算该商标使用权的价格为（　　）。
    A. 746 070元   B. 24 869 000元
    C. 7 460 700元   D. 248 690 000元

12. 我国现行会计制度一般把科研费用从当期管理费用中列支，因此，账簿上反映的无形资产成本是（　　）的。
    A. 不完整 B. 全面
    C. 定额   D. 较完整

13. 由于无形资产转让后加剧了市场竞争，在该无形资产的寿命期间转让无形资产的机会成本是（　　）。
    A. 销售收入的增加折现值
    B. 销售费用的减少折现值
    C. 销售收入减少和费用增加的折现值
    D. 无形资产转出的净减收益与无形资产再开发净增费用

14. 对无形资产进行评估时，（　　）。
    A. 收益现值法是惟一的方法
    B. 收益现值法、现行市场法、成本法都可以用
    C. 只能采用收益现值法和现行市场法
    D. 只能采用收益现值法和成本法

15. 无形资产最低收费额＝重置成本净值×转让成本分摊率＋无形资产转让的机会成本。假定该无形资产设计生产能力为2 000万件，购买方运用无形资产的设计能力为1 000万件，则无形资产转让成本分摊率为（　　）。
    A. 1   B. 2   C. 0.5   D. 1.5

16. 有优先于普通股分红权利的股份称为（　　）。
    A. 记名股票 B. 不记名股票
    C. 优先股   D. 可转换债券

17. 被评估债券为2000年1月1日发行，面值100元，年利率8%，3年期。2002

年1月1日评估时,债券市场上同种同期债券交易价,面值100元的交易价为110元,该债券的评估值应为( )。

A.120元　　B.108元　　C.98元　　D.110元

18. 被评估债券为非上市企业债券,3年期,年利率为17%,按年付息到期还本,面值100元,共1 000张。评估时债券购入已满一年,第一年利息已经收账,当时一年期国库券利率为10%,一年期银行储蓄利率为9.6%,该被估企业债券的评估值最接近于( )。

A.112 159元　　　　　　B.117 000元
C.134 000元　　　　　　D.115 470元

19. 被评估债券为4年期,一次性还本付息债券10 000元,年利率10%,不计复利,评估债券的购入时间已满3年,当年的国库券利率为8%,评估人员通过对债券发行企业的了解,认为应该考虑2%的风险报酬率,试问该被估债券的评估值最有可能是( )。

A.14 000元　　　　　　B.11 000元
C.12 962.96元　　　　　D.12 727.27元

20. 被评估A企业以机器设备向B企业直接投资,投资额占B企业资本总额的20%。双方协议联营10年,联营期满B企业将按机器设备折余价值20万元返还A企业。评估时双方联营已有5年,前5年B企业的税后利润保持在50万元的水平,A企业按其在B企业的投资份额分享收益,评估人员认定B企业未来5年的收益水平不会有较大的变化,折现率设定为12%,A企业的直接投资的评估值最有可能是( )。

A.500 000元　　　　　　B.473 960元
C.700 000元　　　　　　D.483 960元

21. 被评估甲企业以无形资产向乙企业进行长期投资,协议规定投资期10年,乙企业每年以运用无形资产生产的商品的销售收入的5%作为投资方的回报,10年后甲企业放弃无形资产产权。评估时此项投资已满5年,评估人员根据前5年乙企业产品销售情况和未来5年市场预期,认为今后5年乙企业产品销售收入保持在200万元的水平,折现率为12%,则该项无形资产的评估值最有可能为( )。

A.180 240元　　　　　　B.72 099 000元
C.360 480元　　　　　　D.500 000元

22. 下列选项中,( )不属于无形资产。

A.债权性质的应收及预付账款　　　B.专利权
C.计算机软件　　　　　　　　　　D.非专利技术

23. 在下列无形资产中,不可指的无形资产是( )。

A.商标权　　　　　　　　B.商誉
C.专营权　　　　　　　　D.土地使用权

24. 采用收益现值法评估无形资产时采用的折现率应包括( )。

A.资金利润率、行业平均利润率

B. 无风险利率、风险报酬率和通货膨胀率
C. 超额收益率、通货膨胀率
D. 银行贴现率

25. 下列公式,能够成立的是( )。
    A. 销售收入分成率＝销售利润分成率÷销售利润率
    B. 销售利润分成率＝销售收入分成率÷销售利润率
    C. 销售利润分成率＝销售收入分成率×销售利润率
    D. 销售收入分成率＝1－销售利润分成率

26. 某企业有一项发明专利权现已使用了5年,尚可使用3年,目前该无形资产的成新率为( )。
    A. 25%   B. 37.5%   C. 40.5%   D. 50%

27. 企业存在不可确指的无形资产,分别按单项评估加总的方法和整体评估的方法所得到的评估结果会有一个差额,这个差额通常被称作( )。
    A. 商标   B. 专利权
    C. 专营权   D. 商誉

28. 由于科学技术进步,使得拥有某项无形资产的企业垄断性减弱,降低了获取垄断利润的能力而导致的贬值称为( )。
    A. 实体性贬值   B. 经济性贬值
    C. 功能性贬值   D. 综合性贬值

29. 某企业评估时长期待摊费用余额60 000元,是为预付固定资产大修理的费用,固定资产已进行评估,则( )。
    A. 应确认长期待摊费用60 000元
    B. 应确认长期待摊费用0元
    C. 应确认固定资产60 000元
    D. 应确认待摊费用60 000元

30. 用红利增长模型对股票进行评估,适用( )股票。
    A. 红利稳定企业   B. 成长型企业
    C. 非上市企业   D. 上市企业

二、多项选择题

1. 下列说法,正确的是( )。
   A. 企业为达到控制另一企业而进行的投资称为间接投资
   B. 企业为达到控制另一企业而进行的投资称为控股投资
   C. 对于控股的长期投资,应对被投资企业进行整体评估
   D. 对于控股的长期投资,无需对被投资企业进行整体评估
   E. 对非控股的长期投资,应将被投资企业的资产和负债与投资方合并

2. 影响无形资产评估价值的因素是( )。
   A. 效益因素   B. 机会成本
   C. 技术成熟程度   D. 市场供需状况

E. 使用期限

3. ( )属于可确指的无形资产。
   A. 商誉　　　　　　　　　　B. 非专利技术
   C. 商标　　　　　　　　　　D. 专营权
   E. 股权

4. 无形资产转让最低收费额是由( )因素决定的。
   A. 重置成本　　　　　　　　B. 历史成本
   C. 机会成本　　　　　　　　D. 市价价格
   E. 利润率

5. ( )情况会造成无形资产贬值。
   A. 一种新的、更为先进、更经济的设备出现
   B. 一种新的、更为先进、更经济的专利出现
   C. 传播面逐渐扩大,社会普遍接受和掌握
   D. 某项无形资产所决定的产品销售量骤减,需求大幅度下降
   E. 无形资产实体性贬值

6. 无形资产评估目的的类型有( )。
   A. 无形资产转让　　　　　　B. 无形资产投资
   C. 无形资产摊销　　　　　　D. 无形资产报废
   E. 自创无形资产入账价值

7. 无形资产作为独立的转让对象评估,其前提是( )。
   A. 能带来正常利益　　　　　B. 能带来超额收益
   C. 能带来垄断收益　　　　　D. 能带来未来收益
   E. 能带来正常现金流量

8. 有价证券可以获取固定收益的有( )。
   A. 普通股　　　　　　　　　B. 优先股
   C. 企业债券　　　　　　　　D. 国家债券
   E. 金融债券

9. 长期投资评估的特点有( )。
   A. 长期投资评估是对资本的评估
   B. 长期投资评估是对被投资企业的偿债能力的评估
   C. 长期投资评估是对被评估企业的获利能力的评估
   D. 长期投资评估是对企业经济效益的评估
   E. 长期投资评估是对企业发展潜力的评估

10. 企业对外长期投资的目的是为了( )。
    A. 规避风险　　　　　　　　B. 获取收益
    C. 随时变现　　　　　　　　D. 资本增值
    E. 短期炒作

11. 非上市普通股票评估的类型有( )。
    A. 到期一次还本型　　　　　B. 红利增长型

C. 固定红利型　　　　　　　　D. 逐期分红、到期还本型
E. 分段型

12. 债券作为一种投资工具，具有的特点是(　　)。
    A. 可流通　　　　　　　　　B. 收益相对稳定
    C. 收益递增　　　　　　　　D. 可随时变现
    E. 投资风险小

13. 预计和确定无形资产的有效期限，通常采取的方法是(　　)。
    A. 选择适当的指标体系
    B. 按照法定有效期限与受益年限孰短的原则确定
    C. 合同或企业申请书规定有受益年限的，按受益年限确定
    D. 没法律或合同规定的，按预计受益期限确定
    E. 按照国际惯例确定

14. 直接对企业股权投资的收益分配形式主要有(　　)。
    A. 以股息的形式参与分配
    B. 按投资比例参与净收益分配
    C. 按一定比例从销售收入中提成
    D. 按出资额的一定比例收取使用费
    E. 以利息的形式参与分配

15. 对企业自创无形资产评估的特点是(　　)。
    A. 一般无账面价格
    B. 虽然有账面价格，但是不完整
    C. 可采用历史成本法
    D. 可采用财务核算法
    E. 可采用市价调整法

三、判断题

(　　) 1. 可上市交易的债券和股票可采用收益现值法。
(　　) 2. 可上市交易的债券和股票可采用现行市价法，按评估基准日的开盘价确定评估价。
(　　) 3. 对非控股长期投资评估，基本上采用收益现值法。
(　　) 4. 对控股的长期投资，应对被投资企业进行整体评估。
(　　) 5. 对非上市普通股的评估，实际上是对普通股预期收益的预测，并折算成评估时点的价值。
(　　) 6. 无形资产与固定资产一样，都会存在实体性贬值。
(　　) 7. 对优先股的评估，可以视为"准企业债券"。
(　　) 8. 只有无形资产具有获得超额能力的期间才是真正的无形资产有效期限。
(　　) 9. 通过企业财务会计核算，企业自创的无形资产在账面记录为完整的价值。

( )10. 长期待摊费用不能单独对外交易和转让,因此,只有当企业发生整体产权变动时,才能进行评估。

( )11. 计算无形资产约当投资分成率,应以投资双方的成本价格为基数。

( )12. 无形资产转让时,向购买方收取的最低收费额是根据市价而确定的。

( )13. 某企业发明一项专利并已申请领取专利权证。根据《专利法》规定,该项专利的保护期为20年,但由于科技的进步,预计该项专利实际能获超额收益期为6年,则无形资产评估时,使用期限应为20年。

( )14. 控股的长期投资,应单独计算评估值;非控股的长期投资,则应将被投资企业的资产和负债与投资方合并处理。

( )15. 以控股为目的持有的上市公司股票,一般采用收益现值法进行评估。

四、案例分析

[案例1] 甲企业将一项专利使用权转让给乙公司,拟采用对利润分成的方法,该专利系5年前从外部购入,账面成本80万元,5年间物价累计上升10%,该专利法律保护期20年,已过6年,尚可保护14年。经专业人员测算,该专利成本利润率为400%,乙企业资产重置成本为4 000万元,成本利润率为12.5%,通过对该专利的技术论证和发展趋势分析,技术人员认为该专利剩余使用寿命为5年,另外,通过对市场供求状况及有关会计资料的分析得知,乙企业实际生产能力为年产某型号产品20万台,成本费用每台约为400元,未来5年间产量与成本费用变动不大,该产品由于采用了专利技术,性能有较大幅度的提高,未来第一、第二年每台售价可达500元,在竞争的作用下,为维护市场占有率,第三、第四年售价将降为每台450元,第五年降为每台430元,折现率确定为10%。

要求:

(1)根据约当投资量计算利润分成率;

(2)根据上述资料确定该专利评估价值(不考虑流转税因素);

(3)分别为甲企业及乙企业编制转让专利权使用权会计分录(双方确认评估价为转让价格)。

[案例2] 维铭实业股份有限公司由于经营管理不善,企业经济效益不佳,亏损严重,将要被同行业的鸿缆股份公司兼并,需要对维铭实业股份有限公司全部资产进行评估。该公司有项专利技术(实用新型),两年前自行研制开发并获得专利证书。现需要对该专利技术进行评估。

评估分析和计算过程如下:

(1)确定评估对象。该项专利技术系维铭实业股份有限公司自行研制开发并申请的专利权,该公司对其拥有所有权。被兼并企业资产中包括该项专利技术,因此,确定的评估对象是专利技术所有权。

(2)技术功能鉴定。该专利技术的专利权证书、技术检验报告书均齐全。根据专家鉴定和现场勘察,表明该项专利技术应用中对于提高产品质量、降低产品成本均有很大作用,效果良好,与同行业同类技术相比较,处于领先水平。至于企业经济效益不佳，产品滞销的原因在于企业管理人员素质较低，管理混乱所致。

(3)评估方法选择。由于该公司经济效益欠佳，很难确切地预计该项专利技术的超额收益；同类技术在市场上尚未发现有交易案例，因此，决定选用成本法。

(4)各项评估参数的估算。首先，分析测算其重置完全成本。该项专利技术系自创形成，其开发形成过程中的成本资料可从企业中获得。具体如下：

材料费用	45 000元
工资费用	10 000元
专用设备费	6 000元
资料费	1 000元
咨询鉴定费	5 000元
专利申请费	3 600元
培训费	2 500元
差旅费	3 100元
管理费	2 000元
非专用设备折旧分摊	9 600元
合计	87 800元

考虑到专利技术难以复制的特征，各类消耗仍按过去实际发生额计算，对其价格可按现行价格计算。根据考察、分析和测算，近两年生产资料价格上涨指数分别为5%和8%。因生活资料物价指数资料难以获得，该专利技术开发中工资费用所占份额很少，因此，可以将全部成本按生产资料价格指数调整，即可估算出重置完全成本。该项实用新型的专利技术，法律保护期限为10年，根据专家鉴定分析和预测，该项专利技术的剩余使用年限为6年(原已使用2年)。

要求：评估该专利的重置完全成本以及评估值。

[案例3] 甲自行车厂将"新岚牌"自行车的注册商标使用权通过许可使用合同给乙厂使用，使用时间为5年。双方约定由乙厂每年按使用该商标新增利润的27%支付给甲厂作为商标使用费。评估资料如下：

(1)预测使用期限内新增利润总额取决于每辆车可新增利润和预计生产车辆数。根据评估人员预测：预计每辆车可新增净利润5元，第一年生产自行车40万辆，第二年将生产45万辆，第三年将生产55万辆，第四年将生产60万辆，第五年将生产65万辆。

(2)分成率。按许可合同中确定的按新增利润的27%分成。

(3)假设确定折现率为14%。

要求：

(1)确定每年新增净利润；

(2)评估该注册商标使用权价值；

(3)分别为甲、乙企业编制会计分录(按评估价值确认)。

[案例4] A企业将一种已经使用50年的注册商标转让给B企业。根据历史资料，该项注册商标账面摊余价值为150万，该厂近5年使用这一商标的产品比同类产品

的价格每件高 0.7 元，该厂每年生产 100 万件。该商标目前在市场上趋势较好，生产产品基本上供不应求。根据预测估计，如果在生产能力足够的情况下，这种商标产品每年可生产 150 万件，每件可获超额利润 0.5 元，预计该商标能够继续获取超额利润的时间是 10 年。前 5 年保持目前超额利润水平，后 5 年每年可获取的超额利润为 32 万元。折现率为 10%。

要求：
(1) 评估这项商标权的价值。
(2) 分别为 A、B 企业编制会计分录。（转让价按评估价值，营业税率 5%）

[案例 5]　甲企业进行评估，有关资料如下：

(1) 账面债券投资 50 000 元，系另一企业发行三年期一次性还本付息债券，年利率 15%，单利记息，评估时点距到期日两年，当时国库券利率为 12%。经评估人员分析调查，发行企业经营业绩较好，两年后有还本付息的能力，风险不大，故取 2% 风险报酬率，以国库券利率作为无风险报酬率，折现率为 14%。

(2) 甲企业拥有 A 企业非上市普通股 1 000 股，每股面值 1 元。在持股期间，每年红利一直很稳定，收益率保持在 20% 左右，经评估人员了解分析，股票发行企业经营比较稳定，管理人员素质及能力较强，今后收益预测中，保持 16% 的红利收益是有把握的。对折现率的确定，评估人员根据发行企业行业特点及宏观经济情况，确定无风险利率为 8%（国库券利率），风险利率为 4%，则折现率为 12%。

(3) 甲企业拥有 B 厂 100 万股累积性、非分享性优先股，每股面值 100 元，股息率为年息 17%，评估时，国库券利率为 10%，评估人员在 B 厂进行调查过程中，了解到 B 厂的资本构成不尽合理，负债率较高，可能会对优先股股息的分配产生消极影响。因此，评估人员对甲企业拥有的 B 厂的优先股票的风险报酬率定为 5%，加上无风险报酬率 10%，该优先股的折现率（资本化率）为 15%。

(4) 甲企业两年前曾与 C 企业进行联营，协议约定联营期 10 年，按投资比例分配利润。甲企业投入现金 10 万元，厂房建筑物作价 20 万元，总计 30 万元，占 C 企业总资本的 30%。期满时返还厂房投资，房屋年折旧率为 5%，残值率 5%。评估前两年利润分配情况是：第一年净利润 15 万元，该企业分得 4.5 万元；第二年实现净利润 20 万元，甲企业分得 6 万元。目前 C 企业生产已经稳定，今后每年收益率 20% 是能保证的，期满厂房折余价值 10.5 万元，经调查分析，折现率定为 15%。

要求：计算甲企业的评估值。

第八章 人力资源评估

第一节 人力资源的特点

人力资源是企业的一项重要资产。随着科技的进步和生产力的高度发展，人力资源在经济增长中的作用越来越重要。诺贝尔经济学奖获得者西奥多·舒尔茨指出：人是国民财富的一个重要组成部分，物质资本已不是使人贫穷的主要因素，而人力资本才是决定经济发展和国家贫富的关键。因此，人力资源评估是资产评估中一项重要的内容。但是，由于人力资源本身特点，其价值的确定受诸多因素约束，故本章仅作为抛砖引玉的一种尝试。

一、经济形态与人力资源作用

从经济形态来看，人类社会的发展主要经历了农业社会、工业社会、后工业社会和即将到来的知识社会。与这些社会形态分别对应的经济形态是农业经济、工业经济、技术经济和知识经济。一方面，人类社会经济形态依照上述过程在演变，一个国家或地区的经济形态通常要经历农业经济、工业经济、后工业经济和知识经济。另一方面，各个国家或地区经济形态的变化又不是同步的：发展快的国家或地区，通常先行一步进入较高层次的经济形态，例如美国目前的经济形态正在向知识经济形态转变；发展较慢的国家或地区，其经济形态的转变通常是滞后的，有的国家或地区甚至表现出相当程度的滞后性，例如目前我国的大部分地区依然处于农业经济形态之中。

在人类从事的生产活动中，无论是生产商品还是资产，都需要有相应的投入，即我们通常所说的生产要素。这些生产要素通常包括劳动者提供的劳动、土地占有者和其他自然资源占有者提供的自然资源、资本所有者提供的资本、企业家提供的企业家精神、政府提供的公共产品以及知识所有者提供的知识等。这些生产要素就是生产一项资产的投入，它们共同构成资产价值的来源。

在农业社会中，以生产农作物为主的农业经济是主导经济，社会价值主要通过土地和劳动的贡献被创造出来，社会价值主要体现为以农产品为主的消费品。在这样的经济形态中，谁占有了土地和其他自然资源，谁就拥有了一切，显然，占有土地的地主阶级和提供劳动力的农民阶级是社会价值的主要创造者，社会产品的分配也严重地向这两个阶级倾斜，社会的主要矛盾也集中在这两个阶级方面，因为两个阶级之间的经济利益往往发生冲突。从资产价值的来源来看，在农业社会中，无论是消费资料还是简单的生产资料，都主要以消耗土地和劳动力为主，因此这两种生产要素是农业社会中经济发展的主要投入，也是社会价值的主要来源。

随着工场手工业的发展，社会逐步向资本主义社会过渡，农业经济形态逐步向工业经济形态转化。工场手工业的主要特征是大机器生产尚未普及，社会生产主要依靠手工劳动，因此，社会价值的创造主要依靠劳动者的贡献。此时，劳动者理应在社会产品分配中得到较多的剩余产品。但是，与此同时崛起的资本家阶级由于占有了资本而对劳动者进行剥削，造成了劳动者的付出与所得不相称的状况，于是导致了不同程度的无产阶级革命。在工场手工业阶段，无论是生活资料还是生产资料的生产都离不开大量的劳动投入，劳动作为主要的生产要素在社会生产中发挥着重要的作用。但这并不意味着其他生产要素如土地、资本不重要，劳动和这些生产要素共同创造着社会价值，只是劳动表现得更加重要和突出。在工场手工业阶段，资产价值的来源主要是劳动、土地、资本和企业家精神，其中劳动的贡献最突出、最重要。

在工场手工业阶段向大机器生产阶段的发展过程中，资本的作用不断得到强化。大机器生产以资本设备对劳动力的快速替代为标志，最终导致资本设备在社会生产中发挥最为重要的作用，导致社会价值的形成主要依靠资本设备的贡献。今天，现代化企业的自动化程度之高超出了人们的想像，几乎任何生活资料和生产资料的生产都离不开资本设备，而且这一趋势日益明显。在这样的背景下，社会价值的生产必将越来越依赖资本设备。当然，我们也不能否认其他生产要素在资产的生产和形成过程中发挥的重要作用，只是资本设备表现得更加重要和突出。在工业化社会阶段，资产价值的来源依然是劳动、土地、企业家精神和资本设备，其中资本设备的贡献最突出、最重要。

20世纪50年代以后，一些发达国家逐步进入了后工业社会阶段，制造业及其他相关产业的迅猛发展导致了企业制度的巨大创新，股份制企业越来越庞大，股东人数越来越多，金融机构和金融市场越来越发达，股份公司的股权结构的分散化程度也显著加强。这些都进一步带动了私人资本的社会化进程，于是，一批批职业企业家在经济生活中发挥着越来越重要的作用，企业家精神对社会价值的贡献也逐步凸显出来，企业家阶层作为一个独立的社会主体登上了历史舞台。企业家的社会职能就在于以自己掌握的现代管理知识为全社会经营资产，实现社会资源的高效利用，推动社会经济生活向前发展。目前，恐怕没有任何一种生产要素会比企业家精神和企业家才能更加重要。土地、普通劳动力、资本设备等生产要素都可通过企业家的运作在市场上得到，而这些生产要素如果不能由素质优良的企业家来管理和运作，恐怕也很难得到有效利用，一旦企业经营不善而破产，这些经济资源的浪费就在所难免。也正由于这样的原因，现代发达国家都有一支素质精良、规模庞大的企业家队伍，他们在实现社会经济资源的优化配置和社会价值创造过程中发挥着不可替代的作用。这样一个阶层已经成为资产价值的主要来源之一。当然，在这样的经济形态中，我们也不否认其他生产要素对资产价值形成的贡献，只是企业家精神和企业家才能在一些发达国家的资产价值创造中发挥的作用更加突出、更加重要。相比之下，在欠发达国家，企业家的作用还没有得到充分发挥。我们认为，在欠发达国家，特别是像中国这样一个由计划经济过渡到市场经济的转型发展中国家，企业家的社会价值应该得到承认，企业家的社会地位应该受到尊重和认可。

20世纪90年代以来，随着高科技产业、咨询产业和其他知识密集型产业的快速发展，少数发达国家逐步进入知识经济社会，经济形态正在逐步演变为知识经济形态。知识经济最重要的特征之一是，知识以及与知识密切相关的产业在社会价值的创造中发挥着重要而又独特的作用，知识创造的价值在国民生产总值中所占的比例越来越大。当前，国与国之间的竞争说到底就是知识的竞争，在这样的条件下，因为知识以及与此有关的高新技术已经成为最为重要的生产要素之一，知识对社会价值创造作出的贡献以及对资产价值形成作出的贡献，不仅不应该被忽视，而且还应当随着知识经济的发展进一步得到强化，从而进一步提高对知识在人类社会现阶段重要性的认识。

随着经济形态的变化,创造社会价值的生产要素的范围、属性以及发挥作用的重要程度都在发生变化,这些变化对资产市场价格的评估具有重要的指导意义(见表8-1)。

表8-1 不同经济形态下的生产要素

经济形态		生产要素	最重要的生产要素
游牧经济		1. 马匹等骑乘工具 2. 牧场 3. 简单的狩猎工具 4. 劳动力	1. 马匹等骑乘工具 2. 劳动力
农业经济		1. 土地 2. 劳动力 3. 简单的劳动工具	1. 土地 2. 劳动力
工业经济	工场手工业阶段	1. 劳动力 2. 简单的资本设备	1. 劳动力
	大机器生产阶段	1. 劳动力 2. 资本和机器设备 3. 土地等自然资源 4. 企业家精神和才能	1. 机器设备 2. 劳动力
后工业经济		1. 劳动力 2. 资本和机器设备 3. 企业家精神和才能 4. 土地等自然资源 5. 知识与科学技术	1. 企业家精神和才能 2. 资本
知识经济		1. 劳动力 2. 资本和机器设备 3. 企业家精神和才能 4. 土地等自然资源 5. 知识与科学技术	1. 知识与科学技术 2. 企业家精神和才能

在不同的经济形态中,各类资产的重要性是不同的。在游牧经济形态下,马匹等骑乘工具、狩猎的劳动工具和劳动力具有重要的价值,如果对一个部落的资产进行评估的话,这些资产的价值无论如何不能忽略。相对而言,由于牧场相对广阔,稀缺性并不十分明显,因此它们的价值相对较小,可以被忽略。在农业经济形态下,土地、劳动工具和劳动力是最重要的生产要素,在劳动生产中发挥着不可替代的作用,因此,这些资产的价值不能被忽略。在工场手工业阶段的工业经济形态下,主要的生产要素是劳动和简单的机器设备,其中最重要的生产要素是劳动。如果对这样一个企业的获利能力进行评估,则所获利润的大部分是由劳动创造的,少量简单的机器设备发挥的作用十分有限,如果要评估这些机器设备的贡献,则必须从企业的价值中剔除劳动的贡献,这是十分重要的。在大机器生产阶段的工业经济形态下,主要的生产要素是劳动力、资本和机器设备、土地等自然资源以及企业家精神和才能。其中最重要的是机器设备和劳动力,同

样，要对这样的企业进行评估的话，就必须考虑机器设备和劳动力在企业获利方面的贡献，要准确评估机器设备的贡献，就必须有效剔除其他生产要素所做的贡献。依此类推，后工业社会最重要的生产要素是资本、企业家精神和才能，评估企业获利能力时必须对此予以重点考虑。需要重点讨论的是，在知识经济形态下，最重要的生产要素是知识、科学技术、企业家精神和才能等无形资产，相对而言，资本和机器设备等有形资产的作用并不是十分突出。例如，在一个顾问公司中，资本固然发挥着重要的作用，但不是创造价值的主要生产要素，公司的获利主要来源于员工的专业知识，来源于企业的人力资源及与此相关的无形资产。如果对这样的企业的获利能力进行评估，则必须考虑人力资源等无形资产发挥的独特作用。

二、人力资源的特点

人力资源与物质资源相比，具有如下特征：

（1）排他性，即一旦确立人力资源载体拥有人力资源产权后，除非载体让渡其产权，其他人很难再实施对人力资源的产权。

（2）可分解性，即人力资源产权可以分解并分属于不同的主体。

（3）可交易性，即人力资源的产权可在不同的主体之间进行让渡。人力资源的产权特征使得人力资源具备了确认资产的前两个条件。首先，作为人力资源载体的劳动者进入企业就是人力资源产权的分解和交易结果。在市场经济的条件下，在劳动力市场上，人力资源载体和企业是两个平等的利益主体和产权主体，它们签订契约后，人力资源产权便发生了分解和让渡。人力资源产权分解为所有权、使用权、处分权和收益权，人力资源所有权仍然归人力资源载体所有，而人力资源的使用权、处分权则让渡给企业。其次，由于人力资源产权交易的结果，企业在契约期内拥有人力资源的使用权和处分权，因此可以说在契约期内企业拥有或控制了该人力资源。

（4）人力资源产权在交易过程中发生分解和让渡后，虽然企业通过人力资源产权的交易取得了人力资源的使用权、处分权，但人力资源即人的能力是不能和它的载体即人相分离的，人力资源的载体的主观意愿对人力资源的运用和发挥还会产生重大的影响。当企业使用所拥有或控制的人力资源时，如果人力资源载体认为这种使用不符合其主观意愿，就会使人力资源的使用受到一定的抑制，从而降低了人力资源的使用效率。也就是说，因为人力资源是一种具有主观能动性的与载体不能分离的特殊的资源，因此拥有人力资源使用权和处分权的企业在运用这些资产时会始终受到人力资源载体的影响。这一特征使企业的人力资源和物质资源相比，在确定其为企业带来的未来经济效益时产生更大的不确定性，将会给人力资源评估带来很大的困难。

三、人力资源评估的特点

人力资源可为企业创造经济价值，提供未来收益，说明人力资源价值是可以衡量的。另外，虽然人力资源的所有权属于劳动者个人，劳动者具有流动性，但一旦劳动者被聘用为企业员工，企业就拥有并控制了该项资源。

但是人力资源与物质资源评估相比，具有明显不同的特征。首先，人力资源价值潜存于劳动者体内，只有通过生产经营活动才能体现其价值。其次，人力资源的价值是可变的，它不仅受企业管理水平、组织结构、生产条件、社会待遇等客观条件影响，而且受劳动者个人的能力、性格、欲望、对群体的适应性、对新技术的掌握能力等主观条件影响。人力资源评估与物质资源评估最大的区别在于人力资源的价值应如何计量的问题。因为人力资源价值是以产出价值为计量基础而非投入价值，这就使人力资源价值的衡量结果不可能绝对准确，而只是对人力资源将来创造新的价值的能力的一个推测或估计。由于人力资源价值的评估过程存在许多不确定因素，因此长期以来，对人力资源评估尚处于探索阶段。

第二节 人力资源评估方法

人力资源评估价值是指人力资源所具有的潜在的创造性的劳动能力。人力资源的评估价值是通过对人力资源在未来一定时期内所创造的新的价值来衡量的。这种价值只有在工作中、在和其他物质资本结合的情况下才能得到体现。这种能力的体现还会受到组织的管理水平、使用环境和劳动者自身努力程度的影响。因此，对人力资源价值的评估，主要采用收益现值法。

对人力资源评估而采用的收益现值法，按其评估基础可分为以工资报酬为基础的收益现值法，以收益为基础的收益现值法以及商誉评估法。

一、以工资报酬为基础的收益现值法

工资是劳动力价格的货币表现，人力资源的价值是该项资源未来提供的劳动而将获得的工资总额的现值。即人力资源在未来一定时期内创造价值而获得回报的现值。该段时期即从评估日起至合同终止或其他原因脱离工作岗位的整个时期。计算公式为：

$$人力资源价值 = \sum \frac{未来年工资报酬}{(1+折现率)^{服务年限}}$$

这种方法适用于人力资源集体评估，尽管整体内会存在人员流动，但通过招聘等方式可以保持工作正常进行所需的人员数量，故对于整体组织工资水平来说，不会受太大的影响。运用这种方法时，未来年工资报酬还应考虑工资水平的变动，如加薪、增员或裁员等因素。

由于在同一行业的不同企业之间，即使技术水平相近，在效益方面也可能存在很大差异，这种效益差异主要是由于人力资源素质的差异引起的。因此对人力资源未来工资报酬折为现值后，还应进行调整，即以前若干年度全行业的资产平均收益率与该企业在相应年度的资产收益率比值进行加权平均数为调整系数。调整系数的计算公式如下：

$$调整系数 = \frac{\frac{5 \times RF_0}{RF_0} + \frac{4 \times RF_1}{RF_1} + \frac{3 \times RF_2}{RF_2} + \frac{2 \times RF_3}{RF_3} + \frac{1 \times RF_4}{RF_4}}{\sum 年限(一般为5年，\sum 年限 = 1+2+3+4+5 = 15)}$$

式中：

RF_0——本年度资产收益率；

RF_n（$n=1、2、3、4$）——本年度往前推第 n 年度该企业的资产收益率；

RE_n（$n=1、2、3、4$）——从本年度往前推第 n 年度全行业的平均资产收益率。

这种方法考虑了人力资源素质差异而造成的不同企业间的效益差异，使同一行业不同企业之间更具可比性。

$$经调整后的人力资源价值 = \sum \frac{未来年工资报酬}{(1+折现率)^{服务年限}} \times 调整系数$$

[例1]　A 企业拥有职工人数 150 人，其中签订 10 年期劳动合同的有 100 人，签订长期劳动合同 50 人。预计经营期 20 年，每年工资报酬维持在 800 万元左右。评估基准日为 2002 年 1 月 31 日，经调查取得该企业过去 5 年的资产收益率及行业平均资产收益率资料如下表：

年　限	2001	2000	1999	1998	1997
A 企业资产收益率（RF）	9.6%	9.2%	8.8%	7.2%	8.6%
行业平均资产收益率（RE）	8%	8.5%	9%	8.6%	8.8%

国库券利率为 2.4%，风险报酬率为 3%，故折现率定为 5.4%，则：

$$人力资源评估价值 = 800 \times \frac{1}{5.4\%} \times \left[1 - \frac{1}{(1+5.4\%)^{20}}\right] \times$$

$$\frac{\frac{5\times9.6\%}{8\%} + \frac{4\times9.2\%}{8.5\%} + \frac{3\times8.8\%}{9\%} + \frac{2\times7.2\%}{8.6\%} + \frac{1\times8.6\%}{8.8\%}}{15}$$

$$= 9\,640.13 \times 1.06 = 10\,218.54（万元）$$

二、以收益为基础的收益现值法

以收益为基础计算的人力资源评估价值是将企业的人力资源在未来一定时期所实现的收益的预测值中按人力资源投资率(即人力资源投资占全部资产投资的比重)计算的属于人力资源投资实现的部分现值作为人力资源的价值的一种方法。计算公式为：

$$人力资源价值 = \sum \left[\frac{未来收益 \times 人力资源投资率}{(1+折现率)^{服务年限}}\right]$$

[例2]　A 企业经营期为 5 年，预计未来 5 年的收益及人力资源投资率如下(评估基准日为 2002 年 1 月 1 日)：

	2002	2003	2004	2005	2006
预计收益(万元)	1 000	1 300	1 350	1 600	1 800
人力资源投资率	30%	32%	35%	40%	45%

经调查分析，结合该企业行业风险，折现率定为 8%，则：

$$人力资源价值 = \frac{1\,000 \times 30\%}{1+8\%} + \frac{1\,300 \times 32\%}{(1+8\%)^2} + \frac{1\,350 \times 35\%}{(1+8\%)^3} + \frac{1\,600 \times 40\%}{(1+8\%)^4} + \frac{1\,800 \times 45\%}{(1+8\%)^5}$$

$$= 2\,031.2（万元）$$

三、商誉评估法

商誉评估法是指以企业超额盈利能力为商誉，按人力资源投资率计算属于人力资源的部分，以此作为人力资源价值的方法。这是因为商誉是企业超额盈利能力的反映，商誉如果得以长期持有，不仅与当前的人力资源的超额效用有关，也与以后未来人力资源的超额效用有关，因此可以作为衡量企业的人力资源价值。其计算公式为：

$$人力资源价值 = 商誉 \times 人力资源投资率$$

式中商誉为企业过去若干年收益中超过行业平均收益部分的累计数。

[例3] A企业过去5年收益及行业平均收益如下(评估基准日为2002年1月1日)：

单位：万元

年限	2001	2000	1999	1998	1997
A企业收益	150	140	135	138	120
行业平均收益	130	128	125	125	115
A企业超额收益	20	12	10	13	5

该企业人力资源投资率为30%，则：

$$人力资源价值 = (20 + 12 + 10 + 13 + 5) \times 30\% = 18(万元)$$

四、人力资源的会计处理

由于人力资源的确认和计量受许多不确定因素约束，目前我国企业会计准则尚未将其列为资产处理。因此人力资源评估结果只能作为企业整体价值评估的参考依据，而不能够作为会计账务处理的依据。

综合练习及案例分析

一、单项选择题

1. 对人力资源的评估，主要采用的方法是( )。
   A. 历史成本法　　　　　　B. 重置成本法
   C. 收益现值法　　　　　　D. 现行市价法

2. 目前我国企业会计中，对人力资源的处理是( )。
   A. 按人力资源评估价值入账
   B. 按人力资源取得成本入账
   C. 按人力资源市价入账
   D. 不列为资产

3. 人力资源评估价值是指( )。
   A. 人力资源所具有的已发生的创造性的劳动能力
   B. 人力资源所具有的已发生的重复性的劳动能力
   C. 人力资源所具有的正在发生的创造性的劳动能力
   D. 人力资源所具有的潜在的创造性的劳动能力

4. 以工资报酬为基础计算人力资源价值的方法适用于( )的评估。
   A. 个别人力资源　　　　　　B. 集体人力资源

C. 小组人力资源　　　　　　D. 车间人力资源
5. 在工场手工阶段经济形态条件下，最重要的生产要素是(　　)。
　　A. 土地　　　　　　　　　B. 马匹等骑乘工具
　　C. 机器设备　　　　　　　D. 劳动力

二、多项选择题

1. 人力资源与物质资源相比，特征为(　　)。
　　A. 排他性　　　　　　　　B. 可分解性
　　C. 可交易性　　　　　　　D. 与载体不可分
　　E. 其未来收益具有不确性
2. 对人力资源评估一般采用的方法为(　　)。
　　A. 以工资报酬为基础的收益现值法
　　B. 以收益为基础的收益现值法
　　C. 商誉评估法
　　D. 现行市价法
　　E. 清算价格法
3. 在知识经济形态条件下，最重要的生产要素是(　　)。
　　A. 资本　　　　　　　　　B. 知识与科学技术
　　C. 劳动力　　　　　　　　D. 机器设备
　　E. 企业家精神和才能

三、判断题

(　　) 1. 目前，对人力资源的评估尚处于探索阶段。
(　　) 2. 人力资源评估的困难在于劳动者具有流动性。
(　　) 3. 因为商誉是企业超额盈利能力的反映，而超额盈利能力包括人力资源的超额效用，因此，可以利用商誉评估来确定人力资源价值。

四、案例分析

[案例 1]　甲企业拥有职工人数 300 人，其中签订 10 年期劳动合同的 100 人，签订长期劳动合同的 200 人，预计经营期 10 年，每年工资报酬维持在 900 万元左右。评估基准日为 2002 年 1 月 1 日，经调查取得该企业过去 5 年的资产收益率、行业平均资产收益率资料如下：

年限	2001	2000	1999	1998	1997
甲企业资产收益率(RF)	9.6%	9.2%	8.8%	7.2%	8.6%
行业平均资产收益率(RE)	8%	8.5%	9%	8.6%	8.8%

国库券利率为 2.1%，风险报酬率为 3%，故折现率定为 5.1%。
要求：确定甲企业人力资源的评估价值。

[**案例**2] 甲企业过去5年收益及行业平均收益如下(评估基准日为2002年1月1日。甲企业人力资源投资率为40%)：

单位：万元

年 限	2001	2000	1999	1998	1997
甲企业收益	450	340	235	238	120
行业平均收益	430	228	225	325	132
甲企业超额收益					

要求：确定甲企业人力资源评估价值。

第九章 企业整体价值评估

第一节 企业整体价值评估的特点

企业整体价值是指将企业所有有形资产和无形资产进行整体评价，这并不是将各个有形资产和无形资产评估价值简单加总，而是根据企业整体获利能力来确定企业整体的价值。

一、企业整体价值评估的特点

企业整体价值评估一般发生在企业兼并或收购时，或企业之间举办合资企业或联营企业。对企业整体价值评估主要是评估其整体获利能力。

1. 企业整体价值评估具有综合获利性

企业整体价值评估与单项资产评估相比，区别在于评估的出发点和价值内涵不同。对企业各个单项资产的价值进行评估，然后利用加总的方法所获得的企业全部资产的重估价值，其价值的内涵仅仅是指在现行价格水平基础上重新购建该企业所有单项资产所需花费的成本，并不能真正地反映出现实产权交易市场中心企业价值量。企业整体价值评估则是将企业视为一个完整的、不可分割的具有整体获利能力的有机整体，通过对其获利能力的分析而确定企业的重估价值，其内涵是指出售整个企业收益的现值。

2. 整体企业价值一般高于单项资产评估价值总和

整体企业价值是由各个单项资产有机组合而成，由于企业受地理环境、市场、历史、管理水平等因素约束，企业整体价值不同于单项资产评估价值的简单加总。对于持续经营条件下，获利能力高的企业，整体价值会高于单项资产价值总和，而获利能力低的企业，整体价值则会低于单项资产价值总和。对于企业整体而言，企业中的各类单项资产经过合理的组合可以实现一定程度的增值，即组合后的整体资产的价值量会和单项资产价值量的加总有一定出入。整体企业价值评估一般发生在持续经营条件如收购、兼并、股份制改组。因此通常地，企业整体价值评估值会大于其单项资产评估值总和，这两者的差额实际上就是企业的无形资产——商誉。即：

$$整体资产评估价值 = \sum 各单项资产评估值 + 商誉$$
$$商誉 = 整体资产评估价值 - \sum 各单项资产评估值$$

3. 整体价值评估只能运用现行市价法和收益现值法

单项资产评估可以根据被评估对象的基本特点和评估目的采用多种评估方法，如现行市价法、重置成本法、收益现值法、清算价格法或历史成本法。但企业整体价值评估则一般只能采用收益现值法或现行市价法进行评估，在特殊情况下也可以采用清算价格法，而不能采用重置成本法或历史成本法。

二、影响企业整体价值评估的主要因素

1. 企业所处的经济环境和社会环境

企业所处的经济环境和社会环境是指企业外部的客观条件，例如企业及其商品在国

民经济中的地位与作用、企业所处产业的产业结构、产业布局的调整以及由此造成的资金流向等方面的变动等。这些因素涉及整个国民经济的发展战略和国家的方针政策，是外部的、客观的因素，因此，在对企业整体资产进行评估时，并不直接计算这部分因素对资产价值的影响。但是，这些因素将最终影响企业产权的交易价格，因为企业整体资产评估是以整个企业的产权变更为目的的，而通过评估所确定的企业整体价值，将被作为交易时的资产底价。资产的实际交易价格作为企业整体价值的货币表现，有时同底价是一致的，更多的时候则存在偏差，这主要是由于产权交易市场调节的结果，而企业所处的经济环境和社会环境，就是影响市场条件的主要因素。因此，在最终确定企业整体的评估价值时，仍然需要考虑企业所处的经济环境和社会环境。

2. 企业整体的技术情况

在两个企业各单项资产总价值量相同的情况下，技术较为先进或者机器设备的成新率较高的企业，整体评估值较高。这是因为技术进步有利于企业提高产品质量，提高生产效率，从而获得较多的竞争优势和利润。企业整体的技术情况主要体现在企业中的可移动长期资产方面，因为社会技术水平进步对不动产的影响相对较小。

3. 企业全部资产价值量的大小

一般而言，随着竞争的加剧，社会资产平均利润率逐渐平均化，在这种情况下，企业资产价值量与企业的获利能力呈正相关变化，即企业资产价值量越大，企业的获利能力越强。企业全部资产价值量的大小既可以通过单项资产评估价值的加总得到，也可以通过把账面净值利用物价指数调整的方法得到。

4. 企业资产的匹配状况

企业资产的匹配状况也就是企业的资源配置效率。它指的是企业各类资产通过一定的匹配方法能否最大限度地发挥出生产能力。只有企业各项资源实现了有效配置，才会最大限度地降低生产成本，提高生产效率，使得生产、财务、销售、管理等各部门运转流畅，避免不必要的浪费，从而使企业具有较强的获利能力。资源配置效率是企业经营管理中一个非常重要的问题。企业资产匹配主要包括两方面的含义：一是企业中各类资产的匹配状况，如流动资产、固定资产、无形资产等的匹配状况；二是各类资产内部的匹配状况，如固定资产中机器设备和房屋建筑物资产的匹配状况，流动资产中库存和流动现金的匹配状况等。这两方面匹配状况直接影响着企业资源配置效率的高低。

5. 企业经营者及员工的素质

它主要包括企业经营管理者的经营管理思想策略、领导方式以及员工的思想觉悟、文化修养和技术水平等。由于人是企业中最活跃的因素，也是最为重要的生产要素，所以他们的素质直接关系到企业的竞争能力和获利能力。因此，企业经营者及其员工的素质直接影响企业的竞争能力、应变能力、技术开发能力和扩大再生产能力。

6. 企业文化及企业信誉

企业文化指的是企业长期形成的一系列价值观念和行为规范。良好的企业文化能显著加强企业的凝聚力，极大调动员工的工作积极性，为企业创造出更大的价值。企业信誉是企业生产经营或提供商品、劳务在客户心目中的形象，它是企业商誉的重要来源之一。企业信誉主要包括商品信誉和经营信誉两个方面。企业以优异的商品质量对客户提供周到的服务并恪守与供应商的合同、按时交货等，都会为企业带来更高的商业利润。

7. 其他因素

主要包括国家政策、企业所处地理环境、企业所处宏观经济形势等因素的影响。企业所处的的地理位置和交通条件直接影响着企业的运输成本和其他额外的成本，而产业政策则直接影响着企业未来的发展潜力和获利能力。

三、企业整体价值评估的前提条件

企业整体价值评估的前提条件是被评估企业必须是现金产出单元并具有获利性，其未来收益应能预测并能以货币计量；同时与整体资产获得未来收益相关的风险也应可以预测。因此，企业整体价值评估是持续经营企业的评估，而不包括终止经营如清算企业整体价值的评估。

在对企业整体价值评估时，是基于企业持续经营的前提条件，即假设被评估企业整体资产仍按原有设计和建造目的使用，包括原有的经营方式、经营风格等。

第二节 企业整体价值评估的收益现值法

如前所述，企业整体价值评估的前提条件是被评估企业可以持续经营，企业持续经营，其所生产的产品或提供的劳务能够得到社会的认可，即能满足和适应社会的需求，因而企业整体具有获利性。企业之所以具有整体价值，是因为其具有未来的获利能力。在这一点上，资产评估企业整体价值与会计学上的计量有所不同。会计学上的企业整体价值是企业的总资产扣除总负债后的余额，而资产评估学上的企业整体价值体现为企业未来现金流量的现值。因此在各种评估方法中，对企业整体价值的评估应首选收益现值法。

一、收益的确定

企业整体价值的确定关键在于企业预期收益。预期收益的确定需要对企业目前的财务状况、市场供求关系、发展趋势以及其他因素进行综合分析。

1. 企业财务状况分析

进行企业财务状况的分析是对企业未来收益能力进行预测的重要步骤。财务状况分析的主要目的是通过对有关财务数据进行趋势分析，在分析了过去变动情况的基础上，分析和评价企业过去和现在的获利能力、偿债能力和财务状况，进而预测其未来的获利能力、偿债能力和财务状况等，为确定企业资产的整体评估价值提供财务依据。

(1) 财务分析的标准。

在进行财务状况分析时，必须事先设定一个客观标准，并以此标准来衡量企业的有关财务数据，客观地分析企业的财务状况和经营业绩水平。常用的标准有几类：一是以企业过去的实际统计数据为标准；二是以财务计划为标准；三是以行业平均水平为标准。

以这三种标准进行企业整体价值评估各有其优缺点。因此评估时应结合采用。

以企业过去的实际统计数据为标准是指把本年度的有关数据与历史同期的有关数据进行对比和分析，以判断企业本年度的财务状况和经营成果等是否有所改善。这种以企业历史的实际数据为标准进行的财务分析属于动态分析。这种分析以分析企业有关数据的变动情况和变动趋势为主，有助于预测企业的发展趋势，同时也有助于发现企业目前经营过程中存在的问题。这种方法的不足之处是这种标准只是本企业的参照值，难以说明企业经营成果和财务状况的实际水平。例如被评估企业今年比上年利润增长了15%，表面看成绩显著，但若同行业企业的利润平均年增长率为25%，在其他条件不变的情况下，很难作出被评估企业经营优秀的结论。

以财务计划为标准来衡量被评估企业的现状，有利于评价企业内部管理绩效。但也存在缺陷，就是计划本身的客观性、合理性和预测准确性。

以行业平均水平作为评估标准比较客观，但由于不同企业在许多方面存在差异，例如经营规模、商品结构、地理环境等不同而导致不可比性。

(2) 财务状况分析的方法。

财务状况分析方法主要有趋势分析法、结构分析法和比率分析法。

趋势分析法是根据企业连续若干期的财务数据，比较各期之间的数据，以求出其金额和百分比增减变动的趋势和幅度。在进行趋势分析中，最常使用的是财务报表的比较分析和图表分析。

财务报表的比较分析有以下几种：连续列示各期金额，但不进行增减变化分析，由使用者根据表中提供的数字和自己的需要再作进一步的分析和评价；连续列示各期金额与前期相比较的增减额，为使用者提供金额增减变动的绝对额；连续列示各期金额与前期相比较的增减百分比，为使用者提供金额增减变动的幅度，使之更易于比较分析；同时连续列示各期金额、各期较前期增减额和增减变动幅度等。

图表一般是根据比较财务报表中提供的有关数据绘制而成，财务图表使得企业的有关重要情况能够得到更加直观的反映。

结构分析法是通过计算指标项目及其子项的百分比来分析指标项目的内部结构是否合理。结构分析法常用来分析企业财务报表中资产、负债、权益、收入、费用等内部结构情况。通常，结构分析法主要采用财务报表式结构分析和图表式结构分析两种形式。

比率分析法是通过确定相同年度财务报表的两个不同项目之间的百分比关系来分析企业经营成果和财务状况的一种分析方法。这两个项目可以从同一财务报表(如资产负债表或损益表)中选择，也可以从某一财务报表(如资产负债表)中选择一个项目而从另一财务报表(如损益表)中选择另一个项目。

在整体资产评估的实际工作中使用的比率分析主要分为以下五类：反映企业资产流动性(即短期偿债能力)的比率，如流动比率、速动比率、现金比率等；反映企业长期偿债能力的比率，如资产负债比率、已获利息倍数等；反映企业营运能力的比率，如应收账款周转率、存货周转率等；反映企业权益状况的比率，如股东权益比率等；反映企业经营成果的比率，如总资产收益率、净资产收益率、市盈率等。

2. 市场供求关系分析

在市场经济中，企业增值的实现主要靠市场的占有份额，而市场份额所占比例的决定因素在于市场供求关系。

市场供求关系分析主要是进行需求预测。需求预测一般有两种方法：一种是主观预测法，即根据经营者和专家们的经验、知识来进行需求预测，如专家意见法、德尔菲法、销售人员意见综合法等；另一种是客观预测法，如利用时间顺序排列的一组数据来预测未来需求趋势的时间序列法，等等。

进行需求预测有两个目的：一是为了确定未来的销售量，一是为了确定商品的生命周期阶段。一般地，任何商品都要经过引入期、成长期、成熟期和衰退期四个阶段。

引入期是新商品投入市场的最初时期，也可以说是将新商品的有用性、特点及使用方法等事项向广大消费者进行广泛宣传、开辟企业商品销售市场的时期。这一时期，企业往往是亏损的。

成长期的特点是在通过一系列市场营销活动使顾客对新商品的质量、用途及其特点等有了进一步的认识以后，企业商品的市场需求急剧增加；同时，生产方法已经定型，生产批量和累积产量都增大，根据规模效应，企业商品的单位成本大幅度下降，企业开始扭亏为盈。

成熟期的主要特点是，成本最低，利润最大，商品销售虽然还在增加，但增长速度减慢，企业间竞争十分激烈，新的竞争商品开始出现。这时，企业已经收回全部原始投资，并获取可观的盈利。

衰退期的基本特点是，市场对商品需求衰退，生产停滞，竞争激化。市场占有份额萎缩。

在企业商品的不同时期，其盈利能力有明显的区别。

3. 外部经济环境分析

企业的未来盈利能力不仅受其自身各种因素的影响，还会受到许多外部因素的约束。例如世界经济和国际贸易的发展趋势及其影响；国民经济的发展趋势及其影响；地区经济的发展及其影响；行业的发展趋势及其影响；人口和就业的发展趋势及其影响；技术进步的发展趋势及其影响；供求关系的发展趋势及其影响；成本、税收、利率、汇率的发展趋势及其影响，等等。因此对企业进行盈利预测时，必须综合考虑上述因素。但对于未出台的国家的政治、经济等政策变动对企业预期收益的影响，以及不可抗力和企业经营者某些个人行为则不作考虑。

二、折现率或资本化率的确定

折现率是将企业未来收益还原为现值，即现在时点价值的比率。也称投资报酬率，一般由无风险利率加风险报酬率组成。无风险利率可以采用银行利率或国库券利率等。风险报酬率则可用下列两种方法计算。

1. 风险累加法

风险报酬率 = 行业风险报酬率 + 经营风险报酬率 + 财务风险报酬率 + 其他风险报酬率

行业风险主要指企业所在行业的市场特点、投资开发特点，以及国家产业政策调整等因素造成的行业发展不确定，给企业预期收益带来的影响。

经营风险是指企业在经营过程中，由于市场需求变化、生产要素供给条件变化以及同类企业间的竞争给企业的未来预期收益带来的不确定性影响。

财务风险是指企业在经营过程中的资金融通、资金调度、资金周转可能出现的不确定因素影响企业的预期收益。

其他风险包括了国民经济景气状况、通货膨胀等因素的变化可能对企业预期收益的影响。

对这些风险的衡量主要采用经验判断。要作出比较客观的评价，必须充分了解国民经济的运行态势、行业发展方向、市场状况、竞争对手等情况。

2. β系数法

这种方法是先计算社会平均风险报酬率，再乘上被评估企业所在行业平均风险与社会平均风险的比率(即β系数)以求取被评估企业风险报酬的一种方法。其步骤如下：

(1) 计算社会平均风险报酬率。

$$社会平均风险报酬率 = 社会平均收益率 - 无风险报酬率$$

(2) 计算β系数，由于行业平均风险较难量化，计算时通常以平均收益率比较。

$$β系数 = \frac{行业平均收益率}{社会平均收益率}$$

(3) 计算被评估企业风险报酬率。计算时，通常应考虑企业规模以及企业在其所在行业中的地位，以α系数进行调整，即

$$被评估企业风险报酬率 = 社会平均风险报酬率 \times β \times α$$

[例1] 某评估公司接受委托，对 A 企业进行整体价值评估，在确定折现率时，收集了如下信息：

银行贷款利率为8%，社会平均收益率为15%，A 企业所在行业的平均收益率为18%。

则风险报酬率应为：

$$风险报酬率 = (15\% - 8\%) \times \frac{18\%}{15\%} = 8.4\%$$

$$折现率 = 8\% + 8.4\% = 16.4\%$$

3. 加权平均资本成本法

这种方法是以企业的所有者权益和长期负债所构成的投资资本，以及投资资本所需求的回报率，经加权平均计算来获得企业评估所需折现率的一种数学模型。用公式表示：

$$企业评估的折现率 = 长期负债占投资资本的比重 \times 长期负债成本(利息率)$$
$$+ 所有者权益占投资资本的比重 \times 净资产投资要求的回报率(资本成本)$$

其中：

$$所有者权益(净资产)要求的回报率 = 无风险报酬率 + 风险报酬率$$

三、收益现值法

运用收益现值对整体企业评估时，由于对未来收益的预测受到许多因素的约束，因此计算时可采用两种方法。

1. 年金资本化法

这种方法是将企业预测的每年收益作为永久年金，求取现值并以此现值作为企业整体价值评估依据。这种方法比较适用于预计被估企业未来生产经营比较稳定，市场变化不大的情况，评估公式为：

$$\text{企业整体评估价值} = \frac{\text{未来年收益}}{\text{折现率(资本化率)}}$$

2. 分段资本化法

这种方法与年金资本化法的区别在于对企业未来收益进行分段预测,分别折为现值并以该现值为企业整体价值评估的依据。这种方法适用于被估企业未来收益受市场、国内外经济环境、技术等因素约束而出现不稳定的情况。评估公式为:

$$\text{企业整体评估价值} = \sum \frac{\text{未来收益}}{(1+i)^n}$$

若预测未来收益每年相同,可用年金现值系数折现;若每年未来收益均不相同,则应分别折现;如果若干年后收益为每年相同时,则应视为递延年金,作两次折现。

[案例分析1] 某大型化工企业有与外商合资的意向(已签订意向书),需要了解企业整体资产的现实价格,因此需进行企业整体评估。评估基准日为2000年8月20日。

i) 被评估企业有关历史资料的统计分析。

根据被评估企业的财务决算和有关资料整理分析,1995年至2000年收支情况见表9-1,表9-2。评估人员采用的主要指标有:销售收入、成本、利润以及企业净现金流量(指企业截留利用于投资部分后的余额)。分析结果如下:

①从近几年被评估企业发展情况看,只有1996年出现过负增长,但下降幅度很小,销售收入下降4%左右。1997年开始出现稳定趋势。

②1995年至2000年企业收支结构的比例没有太大的变化,销售成本占销售收入的比例基本上维持在40%左右。

表9-1　　某大型化工企业1995~2000年各项收入支出在年度之间的比较　　单位:万元

项目	2000 金额	增长比例(%)	1999 金额	增长比例(%)	1998 金额	增长比例(%)	1997 金额	增长比例(%)	1996 金额	增长比例(%)	1995 金额	增长比例(%)
主营业务收入	4200	14.5	3668.3	9.0	3366.6	18.8	2834.9	17.8	2406.5	-5.0	2533	100
主营业务成本	2283.7	18.2	1932.6	31.1	1473.8	30	1133.7	15.6	980.9	1.4	967.11	100
主营业务税金及附加	626.6	14.5	547.3	1.14	492.3	15.9	424.6	23.7	343.3	-1.4	348.3	100
主营业务利润	1289.7	1.09	1188.4	8.52	1400.5	1.7	1276.6	18	1082.3	-11.1	1217.6	100
其他业务利润			306.8	90.24	3.4	-54.1	7.4	3700	0.2	-88.9	1.8	100
期间费用	162.3	-5.3	171.3	3.8	165.1	69.5	97.4	135.3	41.4	7.5	38.5	100
其中:折旧(包括成本)	374		354		303		254		238		214	
营业利润	1127.4	-15	1323.9	6.87	1238.8	4.4	1186.6	14	1041.1	-12	1180.9	100
营业外收入	22	-39.6	36.4	413.64	8.8	49.7	17.5	32.6	13.2	26.9	10.4	100
营业外支出	100	4.9	95.3	29.8	73.4	33	55.2	129.1	24.1	84	13.1	100
利润总额	1049.4	-16.5	1265.0	7.0	1174	2.2	1148.9	11.5	1030.2	-12.6	1178.3	100
所得税(按实际税额)	356.07	-32.1	524.3	4.4	502.1	-0.9	506.6	2.5	494.3	-4.8	519	100
净利润	693.33	6.4	704.8	10.2	672	4.6	624.3	19.9	535.9	-18.7	659.3	100
(+)折旧	347		354		303		254		238		214	
(-)追加投资	662.5	27.6	519.2	27.1	408.6	27.9	319.5	18.4	269.9	15.3	234	100
企业净现金流量	404.83	-29.7	575.6	1.6	566.4	-1.8	576.8	14.4	504	-21.2	639.3	100

表9-2　　　　　某大型化工企业1995~2000年各项收入支出结构比较　　　　　单位：万元

项目	2000 金额	占销售额比例(%)	1999 金额	占销售额比例(%)	1998 金额	占销售额比例(%)	1997 金额	占销售额比例(%)	1996 金额	占销售额比例(%)	1995 金额	占销售额比例(%)
主营业务收入	4200	100	3668.3	100	3366.6	100	2834.9	100	2406.5	100	2533	100
主营业务成本	2283.7	54.4	1932.6	53	1473.8	43.8	1133.7	40	980.9	40.7	967.1	38.2
主营业务税金及附加	626.6	14.9	547.3	14.9	492.3	14.6	424.6	15	343.3	14.3	348.3	13.7
主营业务利润	1289.7	30.7	1188.4	32.4	1400.5	41.6	1276.6	45.03	1082.3	45	1217.6	48.07
其他业务利润			306.4	8.4	3.4	0.1	7.4	0.3	0.2		1.8	0.1
期间费用	162.3	3.86	171.3	5	165.1	4.9	97.4	3.4	41.4	1.7	38.5	1.5
其中：折旧（包括成本）	374	8.9	354	9.6	303	9	254	9	238	9.9	214	8.4
营业利润	1127.4	26.84	1323.9	36.1	1238.8	37	1186.6	41.86	1041.1	43.26	1 180.9	46.62
营业外收入	22	0.5	36.4	1	8.8	0.3	17.5	0.6	13.2	0.5	10.4	0.4
营业外支出	100	2.4	95.4	2.6	73.4	2.2	55.2	1.9	24.1	1.0	13.1	0.6
利润总额	1049.4	25	1265.0	34.2	1174	34.8	1148.9	40.5	1030.2	47	1178.3	46.5
所得税（按实际税额）	356.07	8.5	524.3	14.3	502.1	14.9	506.6	17.9	494.3	20.5	519	20.5
净利润	693.33	16.5	704.8	20.2	672	20.0	624.3	22.7	535.9	22.3	659.3	26
（+）折旧	347	8.9	354	9.6	303	9	254	9	238	9.9	214	8.5
（-）追加投资	662.5		519.2		408.6		319.5		269.9		234	
企业净现金流量	404.83	9.6	575.6	15.7	566.4	16.8	576.8	20.4	504	21	639.3	25.3

ii）分析、预测企业未来发展情况。

①按目前设备使用状况及其他生产条件分析，该企业每年只要有200万左右的技术改造资金投入，其生产就能长期维持下去，并能保持略有增长的势头。

②对该企业未来市场预测。该企业生产的主要商品具有较高的声誉，商品行销全国20多个省市，现有用户15 000多个，企业所在地区有23条送货上门的路线，附近其他地区有31个代销点。该企业商品的主要用户均为重点骨干企业，从经济发展的趋势来看，市场对该企业商品的需要还会进一步增加。因此被评估企业拥有　个比较稳定且能发展的销售市场。

③未来商品成本预测。该企业商品的主要原料来源于大自然，故未来市场物价变动对其商品的影响不大。占成本比重较大的电费，在1997年和1998年已作了较大的调整，在今后一段时间里不会有太大的变化。如果以后电费价格继续调整，商品价格也会相应调整。

④从目前的情况来分析，在今后一段时间里，国家的主要经济政策不会有太大的变化。

⑤未来5年（2001~2005年）企业收益情况预测，见表9-3。

表9-3　　　　　　　　　　某大型化工企业未来收益的预测　　　　　　　　单位：万元

	2001	2002	2003	2004	2005
主营业务收入	4 437.6	4 705.8	5 213.8	5 473.9	5 730.9
主营业务成本	2 350	2 500	2 700	2 900	3 100
主营业务税金及附加	670.8	704.9	746.6	775.1	813.5
主营业务利润	1 416.8	1 500.9	1 767.2	1798.8	1 817.4
其他业务利润					
期间费用	200.9	211.7	222.4	233.0	223.7
营业利润	1 215.9	1 289.2	1 544.8	1565.8	1 593.7
营业外收入	8	8	8	8	8
营业外支出	90	95	100	105	110
利润总额	1 133.9	1 202.2	1 452.8	1468.8	1 491.7
所得税(税率33%)	374.2	396.7	479.4	484.7	492.2
净利润	759.7	805.5	973.4	984.1	999.4
(+)折旧	385	410	442	475	508
(-)追加投资	655.2	425.4	454.1	521	541
净现金流量	489.5	790.1	961.3	938.1	966.4
折现系数(折现率3%)	0.9709	0.9426	0.9151	0.8885	0.8626
净现值	475.26	744.75	879.69	833.5	833.62

iii)评估估算。

①依据企业以前年度生产增减变化情况及企业财务收支分析和对未来市场的预测，评估人员认为被评估企业未来5年的销售收入将在2000年的基础上略有增长，增长速度将保持在4%~6%之间。

②根据企业的生产能力状况，从2002年开始需要追加的投资将会减少(1999~2000年追加的投资高于正常年份水平)，即从2002年起企业的净现金流量将会增加。

③资产收益率的确定。同外商合资企业的整体评估，其资产收益率适用于一般银行利率加风险报酬率。由于该企业商品信誉高，生产稳步增长，而且未来市场潜力很大。所以，该企业的投资风险为1%。这样，企业整体评估适用的资产收益率应采用无风险利率加风险利率。根据2000年国库券利率为2%，风险利率1%，确定资产收益率(资本化率)为3%。

④所得税率按中外合资企业适用的33%税率进行计算。

要求：对该企业进行整体价值评估。

i)评估思路：

由于只能根据已知条件预测未来5年的收益情况，可以考虑从第6年起，企业的收益处于比较稳定的状态。因此可以以最后一年即第5年(2005年)的收益视为第6年起以后每年收益。这样，企业未来的收益现值由两部分组成：一是2001年至2005年5年收益的现值，另一部分是2006年及以后各年的收益现值。另外，考虑到该企业的持续经营性，以第5年(2005年)的收益为永久年金进行折现。按上案例资料分析如下：

单位:万元

时间(年)	2001	2002	2003	2004	2005	2006……以后
收益	489.5	790.1	961.3	938.1	966.4	966.4……966.4

ii) 计算 2001 年至 2005 年净现金流量的现值为：

$$475.26 + 744.75 + 879.69 + 833.5 + 833.62 = 3766.82(万元)$$

iii) 计算 2006 年以后各年净现值流量现值(以第 5 年收益为永久年金)为：

$$966.4 \div 3\% = 32213.33(万元)$$

由于这项收益为递延年金，应作第二次折现：

$$32213.33 \times \frac{1}{(1+3\%)^5} = 27787.50(万元)$$

iv) 该企业整体价值为：

$$3766.82 + 27787.50 = 31554.32(万元)$$

[例2] 沿用案例分析 1 资料，若根据国家的产业政策，5 年后企业将保持 1% 的增长速度，则企业整体价值为：

$$3766.82 + 966.4 \times \frac{1+1\%}{3\%-1\%} \times \frac{1}{(1+3\%)^5} = 45864.46(万元)$$

第三节　企业整体价值评估的其他方法

由于企业整体价值评估的特殊性，评估时一般采用的方法为收益现值法。但在一定条件下也可采用其他的评估方法。

一、现行市价法

现行市价法主要用于企业间的兼并、合并时的整体资产评估，它是以被兼并或被合并企业整体资产的成交价作为整体资产的评估值。如果被兼并或被合并企业整体资产的账面净资产(资产总额减去负债)小于购价，则将这一差额记入商誉，如果账面净资产大于购价，则要将各项资产进行调整，调整系数统一规定为：

$$\beta = (购价 + 负债 - 货币资产)/(资产总额 - 货币资产)$$

即要将除货币资产以外的各项账面资产统一乘以这一调整系数。如果被评估企业具有相当的潜在获利能力，只是由于某些偶然因素的影响而没有发挥出来时，则采用这种评估方法比较科学合理。

[例3] B 企业计划收购 A 企业，收购价为 1 500 万元。A 企业的资产总额为 2 000 万元，负债总额为 600 万元，净资产为 1 400 万元。则

$$B 收购 A 企业形成的商誉 = 1500 - 1400 = 100(万元)$$

[例4] 沿用上例，若 A 企业资产总额和负债总额不变，B 企业收购 A 企业的收购价为 1 200 万元，A 企业货币资产为 300 万元。则

$$\beta = (1200 + 600 - 300)/(2000 - 300) = 0.8824$$

若 A 企业除货币资产 300 万元外，还有存货 500 万元，固定资产 1 000 万元，无形资产 200 万元，则这些资产的评估价值分别为：

货币资产　　　　　300万元
存货　　　　　　　441.2万元(500×0.8824)
固定资产　　　　　882.4万元(1 000×0.8824)
无形资产　　　　　176.48万元(200×0.8824)

二、生产能力法

生产能力法是根据行业标准企业的整体资产价值与其产出能力以及被评估企业的产出能力来推算确定企业整体资产价值的一种评估方法。评估公式为：

$$P = P_s \times \left(\frac{C}{C_s}\right)^n \times a$$

式中：

P——整体资产的评估值；

P_s——同行业标准企业的整体资产价值；

C_s——同行业标准企业的产出能力，即资产收益率；

C——被评估整体资产的产出能力；

n - 规模经济效益指数，通常取 0.6~0.7；

a——调整系数，主要根据风险因素、通货膨胀因素等来确定。

[例5]　某企业所在行业的同类企业的标准资产为1 800万元，标准资产的收益率为15%，规模经济效益指数为0.6，调整系数为0.7，该企业的资产收益率为16%，求该企业的整体资产评估值。

解：P_s = 1 000万元；C_s = 15%；C = 16%；n = 0.6；a = 0.7

企业整体价值 = 1 800 × (16%/15%)$^{0.6}$ × 0.7 = 1 309.75(万元)

三、市场类比法

这种方法适用的前提条件是必须具有健全的产权交易市场和较广泛的可供参考的企业整体资产交易资料，否则，这种方法就无法灵活运用。这种方法主要适用于以下两种情况：一是企业当前没有收益额；二是企业目前的获利能力无法反映其未来潜在的收益。

这种评估方法的运用程序为：①调查被评估企业所在行业的同类企业状况；②确定评估工作所用的资本化率(或折现率)；③评估被评估企业所在行业同类企业的价值；④对评估结果加以适当调整。

四、综合评估方法

综合评估方法即对各类资产(包括可确指的无形资产)选用适当的评估方法(收益现值法、现行市价法、生产能力法、单项加总近似法、市场类比法等)分别评估其价值，然后加总计算出企业资产的总价值。这种方法适用于被评估企业的商誉为负数或零时的整体资产评估。另外，如果资产评估是以足额补偿为目的的，也可以采用这种方法。

五、市盈率乘数法

市盈率本来是上市公司每股股票价格与其年收益额之比。市盈率乘数法是利用市盈率作为基本参考依据，经对上市公司与被估企业的相关因素进行对比分析后得出被估企业价值的方法。市盈率乘数法的基本思路是：首先，从证券交易所中搜集与被评估企业相同或相似的上市公司，把上市公司的股票价格按公司不同口径的收益额计算出不同口径的市盈率。不同的收益额口径有：税前无负债净现金流量、无负债净现金流量、净利润等。其次，分别按各口径市盈率相对应的口径计算被评估企业的各口径收益额。再次，以上市公司各口径的市盈率乘以被评估企业相对口径的收益额，得到一组被评估企业初步价值。最后，对于该组按不同口径市盈率计算出的企业价值分别给出权重，加权平均计算出企业价值。

利用上市公司的市盈率作为乘数评估企业价值，还必须作适当的调整，以剔除被评估企业与上市公司间的差异。其中，企业变现能力是上市公司与被估企业之间的重要差别。上市公司具有较好变现能力，而被评估企业相比之下差距较大，变现能力差异必须体现在评估值中。其他的差异也必须作出恰当的调整，保证评估值趋于合理。

运用市盈率乘数法评估企业，需要有一个较为完善发达的证券交易市场，要有行业部门齐全且足够数量的上市公司。我国的证券市场从无到有，得到了迅速的发展，上市公司的行业种类和公司数量越来越多。但是，我国的上市公司在股权设置、股权结构等方面还有许多特殊因素，市场发育也不尽完善。因此，在短时期内运用市盈率乘数法评估企业价值尚有困难。

运用市盈率乘数法的程序是：

（1）从证券交易市场上搜集与被评估企业相同或相似的上市公司，包括所在行业、生产产品、生产经营规模等方面的条件要大体接近，把上市公司的股票价格按公司不同口径的收益额计算出不同口径的市盈率，作为评估被评估企业整体价格的乘数；

（2）分别按各口径市盈率相对应口径计算被评估企业的各种收益额；

（3）按相同口径用市盈率乘以被评估企业的收益额得到一组被评估企业的整体价格；

（4）对于一组企业整体价格分别给予权重，权重的大小取决于该口径计算的企业收益及市盈率与企业实际情况的相关程度，然后通过加权平均计算出整体企业的评估值。

第四节　负债的评估与审核

在对企业整体价值评估时，不仅应对其资产价值作出评估，而且还应对其负债进行评估和审核。因为企业整体价值应为其净资产价值，而净资产价值是资产价值总和减去负债总额后的余额。尤其是对企业整体价值评估的目的为合并、兼并或收购时，收购企业在取得被收购企业资产的同时，往往还必须承担被收购企业所负的债务。因此，对企业整体价值评估的同时，还必须对其负债作进一步的核实。

对于企业负债的审核包括两方面内容：一是负债的确认；二是对负债的计量。

一、负债的确认

对于负债的确认，主要应放在对企业账面负债的可免除部分和应免除部分，以及企业将面临的或有负债和潜在负债方面。企业账面负债可免除部分主要是指无主负债，即债权人已不存在，如无法偿还的无主贷款。企业账面负债应免除部分主要是指按国家或有关部门的规定，企业的部分负债，如应交税金、应付利息等，可以部分或全部豁免，予以扣除。对于虽然企业账面上没有，但企业未来可能将会发生的负债，即或有负债，则要给予充分的考虑。如企业对出售商品实行"三包"可能发生的未来费用，处于诉讼中的财产纠纷案涉及的费用等。对负债的确认应本着客观、稳健的原则进行，不能出现重大疏漏。

二、负债的计量

负债的计量主要是考虑货币的时间价值问题。由于负债基本上都是以货币金额反映，不存在变现困难，只是各类负债的偿付期不同而有短期负债和长期负债之分。短期负债(流动负债)偿付期较短，通常不考虑其货币时间价值问题。当然这也要看短期债权是否考虑了货币时间价值因素，两者应尽可能地对等一致。对于长期负债，则要视具体偿付的时间、偿付的条件等考虑是否应给予折现处理。

负债的审核主要是保证负债的真实性。在一般情况下，被评估企业一般不会虚报负债。因此，对负债的评估主要是防止企业低估债务。

第五节 企业整体价值评估与商誉

从前面的分析可见，企业整体价值并不等于企业单项资产价值的总和，有可能高于单项资产价值总和，也有可能低于单项资产价值总和。其差额被称为商誉。当企业整体价值大于单项资产价值总和时，其差额被称为正商誉，低于单项资产价值总和时，其差额被称为负商誉。

正商誉通常是指企业在一定条件下，能获取高于正常投资报酬率所形成的价值。这是由于企业所处地理位置的优势，或由于经营效率高、管理基础好、生产历史悠久、人员素质高等多种原因，与同行业企业相比较，可获得超额利润。当商誉为负值时，有两种可能：一种是亏损企业，另一种是收益水平低于行业或社会平均收益水平的企业。商誉为负值时，对商誉的评估也就失去意义。可见，商誉价值的评估，限于盈利企业或经济效益高于同行业或社会平均水平的企业。

一、商誉的特点

在经济上，商誉实质上是一个由多方面因素，如企业的组织机构、人员素质、企业的声誉和地理位置等共同作用下所形成的不可确指的无形资产。具体来说，商誉产生于企业所处的地理位置、经营业绩、产品质量或服务质量以及企业历史、企业文化、人员素质和企业形象等因素，它是企业获利能力和收益水平的综合反映，是企业可确指的各类资产上所获得的、高于正常投资报酬能力所形成的价值。也可以说，商誉是企业在与同行业其他企业竞争时，由于获取了超额利润而形成的价值。例如，企业凭借所处地理位置的优势，或凭借卓著的信誉，或由于经营出色，或由于生产效率高，或由于历史悠久、经验丰富、技术先进等原因，使其营业销售额大增，从而为企业带来超额利润。商誉的特点是：

（1）商誉是企业的一种无形资产，与信誉不属同一性质。商誉在企业的投资、出售等产权变更行为中可以作为资金使用，因此，它的价值也必须按照资产估价的一般原则来进行。而信誉只是企业形象的一种说明，它不具有资产的性质，在这一点上，商誉与信誉是完全不同的。然而，企业的信誉与商誉也有一定关系，即当企业由于长期以来有很好的信誉而为企业带来了高额的持续经济效益时，企业就会形成有效的商誉资产。因此，企业的信誉是商誉的来源之一，而商誉则是信誉的必然结果。

（2）商誉是一种不能脱离企业而单独存在的无形资产，这就是商誉的依附性。商誉依附于特定的企业，不能独立存在，它与构成企业的主体资产不可分割，随着企业的转让而转让，而不像其他无形资产可以单独转让。因此，商誉是一种不可确指的无形资产，它反映了企业中存在的、但不易区分的无形资产类型的价值。所以，一个企业很难直接利用商誉单独对外投资和转让，即商誉不能与企业可确指的资产分开出售。因此商誉的价值只有把企业作为一个整体看待时，才能按总额加以确定。在商誉的会计处理上，我国2001年1月1日起施行的《无形资产准则》中规定"企业自创商誉，不能加以确认"。

（3）商誉是企业长期积累起来的一项价值，由多种因素共同作用和贡献而形成。其价值大小取决于企业的长期经营成果，不可能在企业设立当天或短期内形成。同时，商誉的价值是由企业的经济价值和企业中有形资产以及其他可确指的无形资产的经济价值共同决定的，实际上是一个剩余值，它是企业具有超额利润创造能力的反映。而且，形成商誉的多项个别因素不能单独计价，而只能以商誉总体加以确定。这就是商誉价值来源的长期性和综合性。

（4）商誉对企业的获利能力有影响，其价值高低与企业的获利能力呈正相关关系。当企业的社会公众形象很差或因经营不善而濒临倒闭时，其商誉的价值可能等于零甚至小于零。可见，企业的商誉价值既可以为正，也可以为负或为零，这是商誉不同于企业其他资产的重要一点。

二、商誉评估的方法

1. 差额法

差额法是指将企业整体评估价值与企业单项资产的评估价值之和相比较，其差额即为商誉的价值。计算公式为：

$$商誉 = 企业整体价值 - \sum 企业单项资产价值$$

[例6] 沿用案例分析1资料，若该被评估企业单项资产价值为10 000万元，企业整体价值为10 342.4万元，则：

$$商誉价值 = 10\ 342.4 - 10\ 000 = 342.4(万元)$$

2. 超额收益法

商誉是企业收益与按行业平均收益率计算的收益差额的本金化价格。因此，商誉评估值指的是企业超额收益的本金化价格。把企业超额收益作为评估对象进行商誉评估的方法称为超额收益法。超额收益法视被评估企业的不同又可分为超额收益本金化价格法和超额收益折现法两种具体方法。

(1) 超额收益本金化价格法。

这种方法是将被评估企业的超额收益视为永久年金进行折现的方法。基本公式是：

$$\text{商誉的价值} = \frac{(\text{企业预期年收益额} - \text{行业平均收益率} \times \text{该企业的单项资产评估值之和})}{\text{适用本金化率}}$$

或：

$$\text{商誉的价值} = \frac{\text{被评估企业单项资产评估价值之和} \times (\text{被评估企业预期收益率} - \text{行业平均收益率})}{\text{适用本金化率}}$$

式中：

被评估企业预期收益率 = 企业预期年收益额/企业的单项资产评估价值之和 × 100%

[例7] 某企业的预期年收益额为20万元，该企业的各单项资产的评估价值之和为80万元，企业所在行业的平均收益率为20%，并以此作为适用资产收益率。

商誉的价值 = (200 000 - 800 000 × 20%) ÷ 20% = 40 000 ÷ 20%
= 200 000(元)

或：

商誉的价值 = 800 000 × (200 000/800 000 - 20%) ÷ 20%
= 800 000 × (25% - 20%) ÷ 20% = 200 000(元)

超额收益本金化价格法主要适用于经营状况一直较好、超额收益比较稳定的企业。如果在预测企业预期收益时，发现企业的超额收益只能维持有限期的若干年，这类企业的商誉评估不宜采用超额收益本金化价格法，而应改按超额收益折现法进行评估。

(2) 超额收益折现法。超额收益折现法是把企业可预测的若干年预期超额收益进行折现，把其折现值确定为企业商誉价值的一种方法。其计算公式是：

$$\text{商誉的价值} = \sum_{t=1}^{n} R_i (1+i)^{-n}$$

式中：

R_i ——第 i 年企业预期超额收益；

i ——折现率；

n ——收益年限；

$(1+i)^{-n}$ ——折现系数。

[例8] 某企业预计将在今后5年内保持其具有超额收益的经营态势。估计预期年超额收益额保持在62 500元的水平上，该企业所在行业的平均收益率为12%，则：

商誉的价值 = 62 500 × 0.8929 + 62 500 × 0.7972 + 62 500 × 0.7118
+ 62 500 × 0.6355 + 62 500 × 0.5674 = 225 300(元)

或：

商誉的价值 = 62 500 × 3.6048 = 225 300(元)

三、商誉的会计处理

我国 2001 年 1 月 1 日实施的《无形资产准则》中规定"自创的商誉不能加以确认"。同时实施的《企业会计制度》第四十三条规定"企业自创的商誉，以及未满足无形资产确认条件的其他项目，不能作为无形资产"。因此，企业自创形成的商誉，会计上不能确认为一项资产。可见商誉只有通过收购、合并、兼并发生。

1. 正商誉的会计处理

如果是通过合并、兼并、购买形成的商誉，则需进行账务处理。购买方以高于出售方净资产的价格购买，其差额为正商誉，应作为无形资产入账，在规定的期间里进行摊销。摊销从取得起分期平均摊销，计入损益。但摊销期限一般不超过 10 年。

[例9] B 企业经评估机构评估，根据收益现值法确认的整体资产总价值为 1 800 万元，单项资产总值为 1 600 万元，负债为 600 万元。A 企业以 1 200 万元的价格收购 B 企业，并取消 B 企业法人资格。则

A 企业收购 B 企业形成的商誉为：

1 200 − (1 600 − 600) = 200(万元)

A 企业收购 B 的会计分录为：

借：资产(相关科目)	1 600 万
无形资产——商誉	200 万
贷：负债(相关科目)	600 万
银行存款	1 200 万

A 企业每年摊销所作的会计分录为：(按 10 年摊销)

借：管理费用	20 万(200 万 ÷ 10)
贷：无形资产——商誉	20 万

2. 负商誉的会计处理

购买方以低于出售方净资产的价格购买，其差额为负商誉，应作为资本公积处理。这是因为负商誉是对被收购企业未来可能发生的损失的一种事先补偿。

[例10] 沿用上例，若 B 企业的资产和负债的评估价值不变，A 企业以 900 万元的价格收购 B 企业。则 A 企业的会计处理应为：

借：资产(相关科目)	1 600 万
贷：负债(相关科目)	600 万
银行存款	900 万
递延收益	100 万

而 B 企业发生清算损失，投资者不得分配企业财产，但也无需以其个人财产弥补(如为有限责任公司的话)。

综合练习及案例分析

一、单项选择题

1. 从企业整体价值评估的角度来看,被评估企业(非上市公司)与上市公司的差别主要体现在(　　)上。
   A. 盈利能力　　　　　　　B. 经营能力
   C. 投资能力　　　　　　　D. 变现能力

2. 某待评估企业未来3年的预期收益分别为10万元、25万元和32万元,根据企业实际情况推断,从第4年开始,企业的年预期收益额将在第3年的水平上以3%的增长率保持增长,假定折现率为11%,则该企业的评估值最接近于(　　)万元。
   A. 345.17　　B. 372.5　　C. 384.7　　D. 395.6

3. 在企业价值评估的预期收益预测过程中,收入与费用指标预测体现(　　)。
   A. 贡献原则　　　　　　　B. 一致性原则
   C. 主要性原则　　　　　　D. 配比原则

4. 假定社会平均收益率为12%,企业的收益率为15%,国库券利率为8%。待评估企业的投资资本由所有者权益和长期负债两部分构成,其中所有者权益占投资资本的比重为60%,长期负债占40%,利息率为10%,待评估企业的风险系数(β)为0.8。则该待评估企业的折现率最接近于(　　)。
   A. 8.26%　　B. 9.53%　　C. 10.72%　　D. 12.86%

5. 企业整体价值评估与企业单项资产评估值加和作为两种评估方式,它们之间最根本的差别是(　　)。
   A. 评估目的　　　　　　　B. 评估对象
   C. 评估结果　　　　　　　D. 评估因素

6. 从本质上讲,企业整体价值评估的真正对象是(　　)。
   A. 企业的生产能力　　　　B. 企业的全部资产
   C. 企业整体资产　　　　　D. 企业获利能力

7. 当企业的整体价值低于企业单项资产评估值之和时,通常的情况是(　　)。
   A. 企业的资产收益率低于社会平均资金收益率
   B. 企业的资产收益率高于社会平均资金收益率
   C. 企业的资产收益率等于社会平均资金收益率
   D. 企业的资产收益率趋于社会平均资金收益率

8. 评估企业整体价值的最直接的方法是(　　)。
   A. 价格指数法　　　　　　B. 收益现值法
   C. 重置成本法　　　　　　D. 清算价格法

9. 运用市盈率乘数法评估企业价值,市盈率所起的作用是(　　)。
   A. 参照物作用　　　　　　B. 联系纽带作用
   C. 倍数作用　　　　　　　D. 直接作用

10. 被评估企业预计未来5年的预期收益为100万元、120万元、150万元、160万元、

200万元,假定资本化率为10%,采用年金法估测的企业价值最有可能是( )。

A.1 414万元　　　　　　　　B.5 360万元

C.141万元　　　　　　　　　D.20 319万元

11. 待估企业预计未来5年的预期收益为100万元、120万元、150万元、160万元、200万元,从未来第六年起,企业的年预期收益将维持在200万元水平上,假定资本化率为10%,采用分段估测企业的价值最有可能是( )。

A.2 536万元　　　　　　　　B.5 360万元

C.1 778万元　　　　　　　　D.1 636万元

12. 假定社会平均资金收益率为12%,无风险报酬率为10%,被评估企业所在行业平均风险与社会平均风险的比率为1.5,则用于企业评估的折现率应选择( )。

A.12%　　B.13%　　C.10%　　D.13.5%

13. 用于企业价值评估的收益额,通常不包括( )。

A. 利润总额　　　　　　　　B. 净利润

C. 净现金流量　　　　　　　D. 无负债净利润

14. 企业产权转让实际上让渡的是( )。

A. 企业资产　　　　　　　　B. 企业负债

C. 企业资产+负债　　　　　D. 企业所有者权益

15. 某公司的预期年收益额为32万元,该企业的各单项资产的重估价值之和为120万元,企业所在行业的平均收益率为20%,以此作为资本化率计算出的商誉的价值为( )。

A.40万元　　　　　　　　　B.80万元

C.100万元　　　　　　　　　D.160万元

16. 某企业的预期年收益额为16万元,该企业的各单项资产的重估价值之和为60万元,企业所在行业的平均收益率为20%,以此作为资本化率计算出的商誉的价值为( )。

A.10万元　　　　　　　　　B.20万元

C.30万元　　　　　　　　　D.40万元

17. 下列公式,正确的是( )。

A. 商誉=整体资产评估价值+∑各单项资产评估值

B. 商誉=整体资产评估价值-∑各单项资产评估值

C. 整体资产评估价值=∑各单项资产评估值-商誉

D. 整体资产评估价值=∑各单项资产评估值

18. 根据我国企业会计制度规定,企业自创的商誉,应( )。

A. 按评估价值确认为无形资产

B. 不能确认为无形资产

C. 按实际发生支出确定为无形资产

D. 按与行业平均水平相比的差额确定为无形资产

二、多项选择题

1. 下列叙述,( )是商誉的特征。
   A. 形成商誉的个别因素不能单独计价
   B. 商誉是企业整体价值扣除全部有形资产及无形资产以后的差额
   C. 商誉不能与企业可确指的资产分开出售
   D. 商誉是企业长期积累起来的一项价值
   E. 商誉是企业各项商标价值的总和

2. 企业整体价值评估与企业单项资产评估值之和之间的差额是( )。
   A. 功能性贬值   B. 实体性贬值
   C. 溢价   D. 商誉
   E. 经济性贬值

3. 企业价值评估的一般范围包括( )。
   A. 企业拥有的资产   B. 全资子公司资产
   C. 企业控制的企业   D. 控股子公司资产
   E. 参股子公司资产

4. 企业持续经营假设通常是假定( )。
   A. 企业的产权主体或经营主体不变
   B. 企业仍按原先设计及兴建项目使用
   C. 企业保留现时所处位置
   D. 保持原有的资产或作必要的调整
   E. 保持原有正常的经营方式

5. 用以衡量和判断被评估企业现时获利能力的指标主要有( )。
   A. 净资产利润率   B. 净资产报酬率
   C. 投资资本利润率   D. 投资资本报酬率
   E. 资金利润率

6. 在对评估基准日企业实际收益进行调整时需调整的项目包括( )。
   A. 企业主营业务收入   B. 企业对灾区的捐款支出
   C. 一次性税收减免   D. 应摊未摊费用
   E. 应提未提费用

7. 企业预期收益预测应考虑的问题是( )。
   A. 预期收益的数量   B. 预期收益的出发点
   C. 预期收益的途径   D. 预期收益的性质
   E. 预期收益预测的依据

8. 假设被评估企业所在的行业平均资金收益率为5%,净资产收益率为10%,被评估企业预期年金利润为200万元,企业资产的现值最有可能是( )。
   A. 资产总额2 000万元   B. 资产总额4 000万元
   C. 净资产2 000万元   D. 净资产4 000万元
   E. 投资资本4 000万元

9. 从投资回报的角度看,企业投资资本回报体现了( )

A. 所有者的权益　　　　　　B. 劳动者的权益

C. 债权人的权益　　　　　　D. 政府的权益

E. 经营者的权益

10. 企业所有者的权益体现为( )。

A. 利润总额　　　　　　　　B. 利税总额

C. 净利润　　　　　　　　　D. 净现金流量

E. 资产总额

11. 企业价值评估中,在对各单项资产实施评估并将评估值加和后,再运用收益现值法评估整体企业价值,这样做是为了( )。

A. 比较判断哪一种方法是正确的

B. 判断企业是否存在着商誉

C. 判断企业是否存在经济性贬值

D. 确定企业的最终评估价值

E. 判断企业是否存在商标

12. 企业评估中所选择的折现率一般不低于( )。

A. 行业基准收益率　　　　　B. 政府发行的国库券利率

C. 贴现率　　　　　　　　　D. 银行储蓄利率

E. 银行发行的债券利率

13. 对企业负债的确认工作应该放在( )。

A. 流动负债　　　　　　　　B. 或有负债

C. 长期负债　　　　　　　　D. 可免除负债

E. 银行借款

14. 企业整体价值评估的特点是( )。

A. 企业整体价值评估具有综合获利性

B. 企业整体价值评估具有综合偿债能力

C. 企业整体价值评估结果一般高于单项资产评估价值总和

D. 企业整体价值评估只能采用历史成本法

E. 企业整体价值评估只能采用现行市价法和收益现值法

15. 商誉的评估方法有( )。

A. 风险累加法　　　　　　　B. 系数法

C. 差额法　　　　　　　　　D. 超额收益法

E. 重置成本法

三、判断题

( )1. 企业整体价值的确定关键在于企业未来的偿债能力。

( )2. 无风险利率可以采用国库券利率。

( )3. 年金资本化法确定企业整体价值,实质上就是将企业预测的每年收益作为递延年金进行折现。

( )4. 年金资本化法确定企业整体价值,实质上就是将企业预测的每年收益作为永久年金进行折现。

( )5. 对负债的评估主要是防止企业低估债务。

( )6. 商誉为负值时,必须进行评估。

( )7. 企业整体价值资产评估时,对企业负债,如出售商品售后"三包"费用无需考虑。

( )8. β系数的计算公式为:$\beta = \dfrac{社会平均收益率}{行业平均收益率}$。

( )9. 市场类比法的前提条件是具有健全的产权交易市场和较广泛的可供参考企业整体资产交易资料。

( )10. 当资产评估是以足额补偿为目的时,可以采用市盈率乘数法。

四、案例分析

某企业原为国有中型企业,现进行股份制改组,根据企业过去经营情况和未来市场形势,预测其未来5年的收益如下:

单位:万元

年份 项目	2002	2003	2004	2005	2006
销售收入	4 437.6	4 705.8	5 213.8	5 473.9	5 730.9
销售税金	670.8	704.9	46.6	775.1	813.5
销售成本	2 350	2 500	2 700	2 900	3 100
其中:折旧	385	410	442	475	508
其他费用	200.9	211.7	222.4	233	223.7
营业利润	1 215.9	1 289.2	1 544.8	1 565.8	1 593.6
营业外收入	8	8	8	8	8
营业外支出	90	95	100	105	110
利润总额	1 133.9	1 202.2	1 452.8	1 468.8	1 491.6
所得税	374.2	396.7	479.4	484.7	492.2
净利润	759.7	805.5	973.4	984.1	999.4
追加投资	655.2	425.4	454.1	521	541

从未来第6年起,预计以后各年现金净流量均为1 000万元。

根据该企业具体情况,确定折现率及资本比率均为9%。

评估人员还分别对该企业的各项单项资产分别评估,合计为3 000万元。

提示:净现金流量 = 净利润 + 折旧 - 追加投资。

要求:

(1)对整体企业进行评估时,应以净利润还是现金流量较为客观?为什么?

(2)对整体企业进行评估应选择什么方法?

(3)计算该企业的评估价值。

(4)计算该企业改组形成的商誉。

(5)为该企业编制会计分录。

第十章 资产评估报告

第一节 资产评估的操作程序

从资产评估的操作流程看,主要包括业务受理、制定工作计划、收集整理资料和评估实施四个主要环节。

一、业务受理

随着我国社会主义市场经济模式的建立,资产评估业务的取得出现通过招投标方式进行的发展趋向。一般地,业务受理要经过以下几个基本环节。

1. 项目接洽

主要是评估机构与委托方就评估具体业务进行洽谈,以明确资产评估中的基本事项,主要包括:评估目的、评估对象、评估范围和评估基准日。

2. 查勘评估对象和查阅关于评估目的、评估对象、评估范围及评估基准日的基础材料

做好查勘、查阅工作的目的在于进一步落实评估目的、评估对象、评估范围和评估基准日,为项目的风险评价和签订评估业务约定书提供准备。上述基础材料主要包括:有关评估目的合法文件或证明文件、资产产权权属证明文件、确定评估对象状态的资料以及委托方的其他资料,如企业性质、规模、经营管理情况等。

3. 风险评价

资产评估中的风险既可以理解为在资产评估执业中可能会遇到的不确定性因素的多寡,也可以理解为客观合理地完成评估任务的把握程度。由于评估机构和评估人员的执业能力所限,完成某些特殊资产的评估是有困难的,甚至是难以胜任的。在有些场合下,由于外界条件所限,难以在规定的时间里圆满地完成评估任务。而在某些场合下,评估机构和评估人员难以达到客户所提出的评估条件或对评估结果的主观要求等。所有这些都会构成资产评估的风险。风险评价是资产评估前的一项非常重要的工作,进行风险评价应考虑以下几个方面的因素:

(1) 了解和掌握客户的基本情况;
(2) 引起资产评估的经济行为的合法性;
(3) 是否具备资产评估的基本条件;
(4) 客户是否有影响评估结论的具体要求和条件限制;
(5) 评估机构是否有足够胜任此次评估任务的专业人士;
(6) 是否有影响评估独立性和客观性的其他因素等。

4. 签订资产评估业务约定书

约定书是指资产评估机构与委托人共同签订的,以确认资产评估业务的委托与受托关系,明确委托目的、被评估资产范围及双方权利与义务等事项的书面合约。它必须符合《中华人民共和国合同法》的规定,并具有法定约束力。在这里,委托人是指向资产评估机构提出业务委托,并与之签订约订书的单位或个人。该约定书应包括如下内容:

（1）签约各方的名称：指委托方与资产评估机构的全称。

（2）委托资产评估的目的：应写明委托的资产评估是为了满足委托方的何种需要，及其经济行为类型等。

（3）资产评估范围：须简要写明评估范围的资产类型，如流动资产、长期投资、固定资产、无形资产及其他特殊资产等，以及资产分布情况和资产特性等。

（4）签约双方权利与义务：应在业务约定书中载明委托人与资产评估机构各自应享有的权利和履行的义务；委托人应享有按约定时间获得完整报告书的权利，同时应履行支付评估费用和提供必要的工作条件的义务；评估机构应享有要求委托方提供有关评估资料的权利以及获取评估费用的权利，并履行完成资产评估报告的义务。

（5）在约定书中应写明评估基准日的具体日期。评估基准日应由评估机构根据经济行为的性质与委托方协商确定，并尽可能与评估目的的实现日接近。

（6）出具资产评估报告书的时间要求：指评估机构完成整个评估工作并出具报告书的具体时间。

（7）资产评估报告的使用范围：应与评估目的的经济行为相对应，写明评估报告仅供委托方为实现评估目的使用，申明评估书的使用权为委托方所有，未经委托方许可，不得随意向他人提供或公开。

（8）资产评估收费：在评估业务约定书中必须写明委托方支付的评估费用，费用支付方式，支付时间。

（9）约定书的有效期限：约定书的有效期限应为完成评估报告书，并且委托方支付完评估费后为其终止时间。

（10）违约责任：在约定书中，应根据对等原则明确写出双方违约应承担的责任，应赔偿的损失；发生争议应按照国家有关法律法规进行处理。

评估业务约定书

甲方：××公司

乙方：××资产评估事务所

甲方因股票上市需进行资产评估，甲、乙双方遵照国家有关法律规定，经协商一致，订立本约定书。

一、委托评估目的

甲方因公开发行上市股票的需要，委托乙方对公司全部资产和负债进行价值评估，从而确定资产价值。

二、评估范围

甲方委托乙方评估资产的范围为甲方经会计师审计后的资产负债表上列示××公司的各项资产和负债。

三、评估基准日

根据上市工作的安排确定为：2000年4月30日。

四、委托期限

甲方向乙方提供资产评估申报表及相关批文、权属证明以及相应的资料；乙方收到甲方提供的全部评估申报资料后_____日内完成甲方委托的评估工作，并向甲方提供正式的《资产评估报告书》。若因不可抗力因素需延长或提前完成评估工作，甲、乙双方需另行协商。

五、乙方指派×××注册评估师等×××人承办该项业务，以确保工作顺利；甲方对乙方评估人员中涉及与甲方有利害关系的人员有权提出回避。

六、收费标准及付款方式

1. 收费标准。根据国家规定及此次评估之特定目的，经协商收取评估服务费总额×××万元人民币。

2. 本约定书签字生效后，甲方预付×××万元人民币，其余款项在乙方提交资产评估报告书的同时一次性付清。

七、甲方的权利和义务

1. 按约定的日期为乙方提供与评估相关的文件、资料，并对提供的文件、资料的真实性、准确性和合法性负责；

2. 乙方评估人员到甲方现场工作，甲方应提供食宿、交通费用(这两项费用的支付可采取两种支付方式，或含在评估费用中或由甲方另行支付)及必要的办公条件，并给予协助；

3. 乙方在评估工作中需甲方配合的，特别是在进行现场勘察或资产清查核实工作时，甲方应指定相应专业的技术人员及其他有关人员积极配合，使评估工作顺利进行；

4. 甲方应为乙方在工作过程中协调企业内部及与评估有关的外部管理部门的关系创造良好条件。

八、乙方的义务和权利

1. 在评估工作过程中，坚持独立、客观、公正的原则进行评估，认真执行有关法律和法规，对出具的《资产评估报告书》负相应的法律责任；

2. 遵守职业道德，对甲方提供的内部资料和评估结果，严守秘密；

3. 乙方有义务主动做好与其他中介机构的协调工作，并指派专人指导甲方人员编制资产评估立项确认申报表；

4. 乙方按约定时间提交《资产评估报告书》。若因甲方不能按规定时间提供资料，乙方有权延长交付报告书时间；

5. 在评估过程中，若因甲方原因提出重大更改，造成乙方返工，双方应另行协商加收评估费用和延长出具《资产评估报告书》时间。

九、违约责任

1. 如乙方无故终止履行本约定，所收评估费用应退还甲方；如甲方无故终止本约定书，乙方有权终止评估并且不退还评估费用；

2. 甲乙双方如一方违反约定书，应根据"合同法"的有关规定，向对方支付违约金，违约金按评估服务费支付；造成经济损失的，还应进行赔偿。

十、争议的解决

因本约定书或执行本约定书产生的任何争议，应当由甲乙双方协商解决，如协商不成，应将争议提交××仲裁委员会仲裁，仲裁结果对双方均具有约束力。

十一、本约定书一式四份，甲、乙双方各两份，经双方法定代表人签字加盖公章后生效。如遇特殊情况，其未尽事宜经双方协商议定。

甲方(盖章)：	乙方(盖章)：
法定代表人：	法定代表人：
经手人(签字)：	经手人(签字)：
电话：	电话：
传真：	传真：
地址：	地址：
邮编：	邮编：
年　　月　　日	年　　月　　日

二、制定工作计划

在签订资产评估业务约定书后,评估机构应成立项目小组,制定评估工作计划。

(1) 前期调查。对有关评估项目的内容,在项目洽谈或撰写投标书时就应有初步的了解。了解的方式可以是多途径的,如与委托人和资产占有方的有关人员讨论,搜集委托方所在行业的统计资料,对有关资产进行初步的实地观察,阅读委托人和资产占有方提供的招标书及其他资料等。对评估项目存续的宏观、中观和微观环境一定程度的认识,有助于编制一份切合实际的评估计划,以确保评估项目的完成。

(2) 确定评估的内容即评估范围。即确定是对委托方的所有资产还是部分资产或一项资产进行评估。

(3) 确定评估基准日。

(4) 确定评估计价标准。

(5) 确定评估工作的步骤和方法。例如,如何进行现场实物勘察、如何核查房屋产权证、向哪些单位进行调查等。

(6) 列出委托方需要准备的资料和应协助的工作。通常委托方应做的准备工作包括以下几个方面:

①组织力量搞好清产核资,按资产评估机构设计的表格及填表要求填好资产评估登记表,填表时需特别注意评估范围、评估登记表与账面原净值的衔接;

②准备现行厂区总平面图和地下管线图;

③提供资产评估立项批文;

④提供房屋产权证和其他资产的产权证明;

⑤准备委托单位历史和现状概要的书面介绍;

⑥准备进行资产评估的主要依据,如合资协议书、股份制改造批文等;

⑦准备委托方组织机构图和生产工艺流程图;

⑧提供主要建筑物和在建工程的决算书(或预算书);

⑨准备与评估基准日相对应的月(年)报表及有关账卡;

⑩做好评估配合的组织领导工作并安排有关专业和管理人员组成房屋建筑物、机器设备和流动资产等小组,以便对口配合评估机构的工作。

(7) 制定具体的评估日程计划。为使委托方更好地配合评估项目小组的工作并加强计划性,项目经理应负责制定评估日程计划,对各专业小组或人员在现场评估期间每天要进行的工作做出基本安排,并事先提交给委托方,以便委托方密切配合。

(8) 召开评估项目小组会议,确定具体工作安排。项目负责人在做好具体的评估计划以后,应该召开全体评估项目小组成员会议,将每一项具体工作落实到每一位项目小组成员,然后各司其职,各负其责,共同协作完成好评估项目。

三、收集整理资料

制定工作计划后接着就进入收集整理资料阶段,这一阶段的主要内容是收集资料并对数据资料进行整理分析。首先我们介绍一下资产评估工作中数据资料的分类方法,接着介绍数据资料的整理和分析。

1. *数据资料的分类*

与资产评估有关的数据资料是极其广泛的,其范围应该与被评估资产的范围相对应。为了便于收集和掌握资产评估的数据资料,我们可按一定标准把进行资产评估工作所需要的主要数据资料进行如下分类:

(1) 按数据资料的内容划分。

①事实性数据。事实性数据是反映与待评估资产有关的客观事实、事物及其属性,包括历史数据和现实的各种数据。事实性数据是资产评估最基本的依据。按加工程度不同,事实性数据又分为描述型数据和加工型数据两种。

②预测性数据。预测性数据是指建立在事实性数据基础上、用来说明未发生事物的状况及其属性的数据。比如国民经济发展规划中的各种经济指标、被评估企业的预期收益,等等。

③控制决策数据。控制决策数据是指对客观事物发展具有指挥、控制作用的数据。这类数据主要包括各种法律、法规、条例等。

(2) 按数据资料在资产评估中的作用及适用范围划分。

①基础性数据资料。从数据资料适用范围的角度看,基础性数据资料是指那些与资产评估有关的通用性或共同性程度很高的数据资料,即在一般情况下,大部分的资产评估业务都需要依据的数据资料。资产评估涉及到的基础性数据资料主要包括:与资产评估有关的法律、法规文件以及有关国民经济综合性指标,价格资料、税收资料、资产折旧资料、利率资料、汇率资料等。

②专项数据资料。资产评估中的专项数据资料主要是指满足某一部门或行业资产评估工作所需要的主要数据、指标等。专项资料主要包括:反映部门或行业的主要技术定额指标;反映部门或行业状况的主要平均财务指标及相关数据;反映被评估资产的相关数据资料和反映被评估企业的其他相关数据资料等。

(3) 按数据资料的来源划分。

①内部数据资料。内部数据料特指那些可以从被评估单位内部获取的、与资产评估有关的数据资料。比如反映被评估企业的数据资料、反映被评估资产的数据资料等。

②外部数据资料。外部数据资料是指那些需要从被评估单位以外获取的、与资产评估有关的数据资料。例如,基础性数据资料和某些专项性数据资料一般就是外部数据资料。

2. 数据资料的收集

(1) 收集数据资料的目的。

收集数据资料的目的是为资产评估工作服务,这一目的决定了收集数据资料必须满足以下要求:①完整性。即收集到的数据资料能够满足资产评估的需要。②针对性。即仅收集那些对资产评估有用的信息资料和数据。③经济性。即获取评估需要的数据资料所花费的代价或费用要尽可能地小。

(2) 收集数据资料的基本方法。

在了解了收集数据资料所应满足的要求后,下面我们介绍几种常见的数据资料收集方法:

①随机积累法。即利用每天的报刊、杂志、广播、电视等,把与资产评估有关的数据资料收集起来。

②系统收集法。即有针对性地、系统地收集某一类或某几类数据资料，从而使收集的数据资料能够反映出时间变化情况。例如，要想得到某类资产的物价变动指数，就必须采用系统收集法把该类资产不同历史时期的价格资料收集起来，以便于对此进行分析。

③调查统计法。即通过实物盘点、电话、传真、信函等方式统计与资产评估有关的数据资料的方法。例如，要获得被评估资产的数量、规格、型号等数据资料，就可采用调查统计法。

④预测法。即在占有大量事实性数据资料的基础上，通过合乎逻辑的推理、分析和计算，对尚未发生的事物的有关数据、状况及其属性作出判断的一种方法。例如，对市场的预测、对企业盈利的预测等数据指标就只能通过预测法获得。

3. 数据资料的整理与分析

数据资料的整理与分析是在收集大量数据资料的基础上，通过去伪存真和去粗取精，把数据加工成有用信息的过程。一般地，数据资料的整理与分析大致有以下几个步骤：

(1) 数据资料的鉴定。即对数据资料的真伪进行识别，将失真的数据资料及时鉴别并剔除出去。同时，对收集上来的数据是否具有代表性也需要一个识别和鉴定的过程，以保证评估所依据的信息数据准确无误。数据资料的鉴定或识别通常采用专家鉴定和实地调查相结合的方法来完成。

(2) 数据资料的筛选、整理和分类。一般可将鉴定后的数据资料按两种标准进行分类；按可用性原则，可将数据资料分为可用性数据资料、有参考价值的数据资料和不可用资料；按使用时间原则，可将数据资料分为临时性数据资料和需长期贮存的数据资料。

(3) 数据资料的分析。在数据资料鉴定、分类的基础上，还要对数据资料进行相关的分析。数据资料分析的目的是通过一定的方法把可用的数据资料和有参考价值的数据资料的可用程度及可参考的价值分析出来，为资产评估提供准确的依据。下面，我们介绍几种常用的数据分析方法：

①比较法。比较法的核心是数据对比。进行数据对比分析应根据评估项目的具体情况、选用的评估方法以及掌握数据的情况来进行。通常，对数据资料可以采用横向比较（同一时期不同项目的比较）和纵向比较（不同时期的比较）两种方法。

②结构法。结构法是把对比的数据变成相对值，算出某一事物中各组成部分的比率，然后进行分析比较。例如，采用重置成本法评估资产价格时，可将构成该资产的成本项目列举出来，并计算各项目所占的比重，然后再按各项目的物价变动情况计算出重置成本。

③时间序列法。时间序列法是用来反映一定时期某种经济现象在发展过程的累计结果。比如对通货膨胀率的分析，对企业产值、收益的分析等通常采用时间序列法。

④时点序列法。时点序列法是用来反映某种经济现象在一系列时点上的状态，是呈逐渐上升的趋势，还是呈逐渐下降的趋势。这种分析方法适用于分析某类资产价格的变化趋势、某种产品供给或需求的变化趋势等。

四、实施评估工作

在确定评估实施方案和完成资料的收集、整理工作之后,评估人员应根据评估方案的计划安排,逐步逐项地进行评定和估算。在整个评定估算过程中,要求资产评估人员对资产状况的判断和评定要准确,计算方法、计算公式以及计算过程也要准确无误。通常,资产评估人员在进行评估时要经历以下几个步骤:

1. 划分资产类别

企业的资产一般可划分为固定资产、流动资产、长期投资、无形资产以及其他资产。通过资产类别的划分,便于根据各类资产的不同特点选择不同的、恰当的计价标准和评估方法。

2. 准确进行评定估算

即资产评估人员根据已有的资料,对所评估资产的具体状况,包括质量、技术性能、成新率、可使用年限、损耗、产品完工程度、资产功能变化等作出准确的评定,取得客观数据。

3. 估算资产价格

资产评估人员根据被评估资产的实际状况,即运用所收集的信息资料以及有关经济技术及财务指标,依据评估的特定目的及资料状况,分别运用重置成本法、现行市价法、收益现值法和清算价格法等方法,估算出资产的现时价格。

五、编制资产评估报告书

资产评估报告书是受托的评估机构在完成评估工作后向委托方提供的说明资产评估目的、依据、程序、方法和结果等基本情况的报告书。它既是受托评估机构提供的资产作价的意见,也是履行委托合同或协议情况的总结;它是一份公正的综合性文件,也是评估机构对其评估的资产项目承担法律责任的证明文件。在这一阶段,项目评估小组汇集各单项资产评估小组人员的评估结果,充分征求各有关方面的意见,按照规定的格式,集体撰写出客观、公正、科学、可靠的资产评估报告书。

第二节 资产评估报告书的撰写

资产评估报告书是指评估机构按照评估工作制度有关规定,在完成评估工作后向委托方提交的说明评估过程和结果的书面报告。它是按照一定格式和内容来反映评估目的、程序、标准、依据、方法、结果及适用条件等基本情况的报告书。

一、资产评估报告书的作用

(1) 它为被委托评估的资产提供作价意见。资产评估报告书是经具有资产评估资格的机构根据委托评估的特点和要求,组织评估师及相应行业的专业人员组成的评估队伍,遵循评估原则和标准,按照法定的程序,运用科学的方法对被评估资产价值进行评定和估算后,通过报告书的形式提出作价的意见,该作价意见不代表任何当事人一方的利益,并且是一种专家估价的意见,具有较强的公正性和科学性,因而成为被委托评估资产作价的参考依据。

（2）资产评估报告书是反映和体现资产评估工作情况，明确委托方、受托方责任的根据。它用文字的形式，对受托方进行资产评估的目的、背景、范围、依据、程序、方法等过程和评定的结果进行阐述、说明和总结。体现了评估机构的工作成果。同时，资产评估报告书也反映和体现受托的资产评估机构与执业人员的权利与义务，并以此来明确委托方、受托方有关方面的法律责任。在资产评估现场工作完成后，评估机构和评估人员就要根据现场工作取得的有关资料和估算数据，进行撰写评估结果报告书，向委托方报告。负责评估项目的评估师也同时在报告上行使签字的权利，并提出报告使用的范围和评估结果实现的前提等具体条款。当然，资产评估报告书也是评估机构履行评估协议和向委托方收取评估费用的依据。

（3）资产评估报告书是建立评估档案，归集评估档案资料的重要信息来源。评估机构和评估人员在完成资产评估任务之后，都必须按照档案管理的有关规定，将评估过程收集的资料、工作记录以及资产评估过程的有关工作底稿进行归档，以便进行评估档案的管理和使用。由于资产评估报告是对整个评估过程的工作总结，其内容包括了评估过程的各个具体环节和各有关资料的收集和记录，因此，不仅评估报告书的底稿是评估档案归集的主要内容，而且还包括撰写资产评估报告过程采用到的各种数据、各个依据、工作底稿和资产评估报告制度中形成有关的文字记载（主管部门审核同意意见和报告确认书等）都是资产评估档案的重要信息来源。

二、资产评估报告书的基本内容

根据我国财政部印发的《资产评估报告基本内容与格式的暂行规定》，资产评估报告书包含的基本内容和格式为：评估报告书封面及目录；评估报告书摘要；正文；备查文件及评估报告书装订。基本内容如下：

1．评估报告书封面及目录

评估报告书封面须载明下列内容：评估项目名称；资产评估机构出具评估报告的编号；资产评估机构全称；评估报告提交日期。评估报告的目录在评估报告书的封二上排印。

2．评估报告书的摘要

评估报告书的摘要主要将评估报告书的关键内容摘要并刊印在评估评估报告书正文之前，以便使各有关方面了解评估报告书提供的主要信息，方便企业在注册等情况下使用。

3．正文

正文的基本内容是：

（1）首部。包括标题和报告书序号。

（2）绪言。写明评估报告委托方全称、受委托评估事项及评估工作整体情况。

（3）委托单位与资产占有方简介。资产评估报告书应较为详细地分别写明委托单位、资产占有方的名称、隶属关系、产权持有情况、上级主管部门以及委托方或资产占有方的其他基本情况。

（4）评估目的。资产评估报告书要写明资产业务的性质及涉及的有关方面，要说明评估是为了赔偿、保险、纳税，还是为了产权重组、产权交易、交权流动等目的而进行的。

(5) 评估资产范围和对象。被评估资产的范围一般参照评估对象的分类方法，按整体资产、房地产、机器设备、流动资产、无形及递延资产、其他资产、企业负债等类别进行描述。另外，还应说明评估对象的产权性质和资产占用者对资产享有的权益性质（如是自有的还是租用的）。

(6) 评估基准日。评估基准日是指评估机构所依据的被评估资产某一静止状态的时间。该日期是惟一的。确定评估基准日有两个目的：一是为了将动态下的企业资产固定在某一时点上，以便评估机构依据某一静态时间下的资产数量和质量来进行评估；二是确定评估对象计价的时间，因为评估报告的结论是以基准日的现实状况和预期状况为依据的。通常，评估基准日可与委托方根据评估目的商定。

(7) 评估原则。概括写明评估中遵循的主要原则。

(8) 评估所依据的法律、法规和政策，包括行为依据、法规依据、产权依据和取价依据。

(9) 评估的方法和计价标准。计价标准一般按资产类别确定，具体说明某类或某项资产的评估价格是什么价格，同时，还应说明各类资产采用的评估方法是重置成本价格法、收益现值法、现行市价法，还是清算价格法。一般地，评估方法由评估人员根据计价标准和评估对象的具体情况选定。各类资产的评估方法一般都有区别，可选择重要的概括介绍，重点说明所选取的重要参数（如成新率、折现率和资本化率等）的依据。

(10) 评估过程。应反映评估机构自接受评估项目委托时起至提交评估报告的工作过程，包括接受委托、资产清查、评定估算、评估汇总、提交报告书等过程。

(11) 评估结论。包括评估结果汇总表、评估后各资产占有方的份额和评估机构对评估结果发表的结论。

(12) 特别事项说明。指在已确定评估结果的前提下，评估人员揭示在评估过程中已发现可能影响评估结论，但非评估人员执业水平和能力所能评定估算的有关事项。

(13) 评估报告评估基准日期后重大事项。揭示评估基准日之后至评估报告提出日之前发生的重要事项；特别提示评估基准日的期后事项对评估结论的影响。

(14) 评估报告法律效力。应具体写明评估报告成立的前提条件和假设条件；写明评估报告的作用依照法律法规的有关规定发生法律效力；还应写明评估结论的有效使用期限。

(15) 评估报告提出日期。原则上应在确定的评估基准日后3个月内提出评估报告。

(16) 尾部。应写明出具评估报告的评估机构名称并盖章；写明评估机构法定代表人姓名并签名；至少由两名注册资产评估师盖章并签名。

4. 备查文件

资产评估报告书有关备查文件即附件，是对正文重要部分的具体说明和必要补充，主要包括对评估结论的具体介绍，对评估方法和依据的具体说明以及对评估对象的产权和状况的说明材料等。一般地，资产评估报告书的附件至少包括以下内容：

(1) 有关经济行为文件；

(2) 资产评估立项批准文件；

(3) 被评估企业前三年会计报表；
(4) 委托方与资产占有方营业执照复印件；
(5) 产权证明文件复印件；
(6) 委托方、资产占有方的承诺函；
(7) 资产评估人员和评估机构的承诺函；
(8) 资产评估机构资格证书复印件；
(9) 评估机构营业执照复印件；
(10) 参加本评估项目的人员名单；
(11) 资产评估业务约定合同；
(12) 重要合同；
(13) 其他文件。

三、资产评估报告书的编写要求

1. 科学、公正、客观

在资产评估报告书的编写过程中，评估人员必须保持公正、客观的立场，本着实事求是的科学态度，认真核对报告书所采用的客观事实，准确地概括整体评估业务中各个环节和最后评估的成果，决不允许有任何弄虚作假的情形存在。这是对编写资产评估报告书最基本的要求，否则，报告书便丧失了存在的基础。因此，凡是列入报告书的事实必须反复核实，做到准确无误。必要时还要有适当的证据，并根据证据进行分析、评价或判断，得出结论。

2. 系统、综合和分析

在评估过程中，评估人员会接触到大量的数据资料，这些数据资料大多处于杂乱无章的初始状态，其中不乏虚假和无价值的资料。为了保证资产评估报告书的编写质量，评估人员应对资产评估业务完成后所留下的资料进行深入细致的鉴别、分类和分析，然后进行筛选取舍，作为编写资料使用。在取舍资料时，应根据资产评估的目的和任务，经过分析比较，选取最有代表性的资料说明情况和提出建议。

3. 结构完整

评估人员在编写资产评估报告书的过程中，应使报告书具有完整的结构，要把与资产评估工作有关的重要内容都纳入编写工作应考虑的范围内，按有关规定和要求编写。在报告书中，正文内容与附件资料要相互配套，共同说明或支持资产评估工作的结论和建议。只有正文而没有附件资料的资产评估报告书会缺乏说服力，降低评估报告书的利用价值；但如果只有附件资料而没有正文，附件资料因缺乏说明目标而显得多余，其完善或补充正文的价值也无法实现。因此，正文和附件资料都是构成完整的资产评估报告书所不可缺少的部分。

4. 以法律法规为准则

在评估报告书的编写过程中，评估人员应以国家的相关法律、法规的要求为依据，对所评估的资产种类、数量、质量和利用状况加以准确的衡量。当发现被评估单位的资产保管及利用中存在着违法行为时，评估人员不得有意帮助被评估单位隐瞒，而是应该引用有关法律条款，如实地在报告书中加以反映。

5. 语言简洁

资产评估报告书的编写，应力求语言文字简明扼要，以较少的语言表达最丰富的内容。同时，评估人员对报告书所用的词句要反复推敲提炼，保证所表达的观点明确无误。

6. 按时出具

资产评估报告书具有很强的时效性，被评估资产的价值会随着时间的推移而有所变化。如果未能按时编写出评估结果报告书，就会使以前取得的评估数据资料丧失应有的价值，所耗费的人力、物力和财力也会付之东流，资产评估工作不得不再次从头做起。因此，评估人员在评估工作结束后应及时出具资产评估报告书。

四、资产评估报告书的编写步骤

资产评估报告书的编写，一般要求按一定步骤进行。编写评估报告书的时候，通常先分类整理评估资料，然后对其进行分析选择，再将评估资料汇总并进行评估报告的写作，最后审核签发评估报告书。下面分别加以介绍。

1. 评估资料的分类整理

在资产评估业务中，评估人员针对评估对象的具体情况，进行了详细周密的调查。在调查过程中，形成大量反映资产真实情况的评估工作记录，其中包括所评估资产的背景资料、专业性的技术鉴定材料以及其他一些可供编写报告书参考的数据资料等。这些资料都是报告书写作的可靠依据。因此，为了准确描述整个评估活动，首先要求资产评估小组按具体从事评估工作的分工情况，把所有评估数据资料进行清理，尽量使之系统化、条理化。分门别类整理好资料后，评估人员接着应审核评估作业分析表的内容，简要介绍评估工作的依据，认真编制资料分类明细表，最后按工作要求写出分类评估的文字材料，供资料分析人员选用。

2. 评估资料的分析选择

在分类整理评估资料后，评估机构应召集参与整个评估业务的有关人员，对评估工作的总体情况和初步结论进行分析讨论，判断初步结论的合理性，分析得出初步结论及其所依据的数据资料之间的内在逻辑关系。当以一种以上的方法评估出来的结果有较大差异时，就要根据评估对象的性质及评估目的，对不同的结果进行调整，以保证最终得出一个公正的结论。

3. 汇总评估资料及编写资产评估报告书

在分析讨论后，项目评估小组应指定某个人专门负责资产评估报告书的编写工作。从事编写工作的人员应根据整理出来的分类评估资料及在讨论过程中得出的修正意见，把与项目有关的资料进行汇总，并按照一定顺序编制目录，以便在编写报告书时作为参考，同时也便于评估资料存档和查询利用。资料汇总以后，编写人员应根据讨论的意见，确定编写报告书的中心内容，并根据这个中心内容安排报告书的内部结构，组织写作资料，按规定的内容和格式写出报告书。报告书写出后应进行审查、复核，改正其中不当之处，然后就可打印出正式报告。报告书的正式文稿打印出来以后，附上必要的附录，就可构成完整的资产评估报告书。如果委托单位另有特殊要求，有关评估人员还要就某些内容进行详细说明，以便减少委托单位理解报告书内容的难度。

4. 资产评估报告书的审核签发

资产评估报告书首先由主持该项资产评估的项目经理（或项目负责人）审核。如果报告书的内容正确无误，项目负责人就应代表该项资产评估项目小组，把资产评估报告书交给评估机构的主任评估师，由评估机构专人审核后再由主任评估师审核、签字、盖章，以此表明评估机构对报告书的事实、数据承担法律责任，使资产评估报告书具备法律效力。经过签字、盖章的报告书，可以作为反映评估结果的正式法律文件，向委托单位提交。如果所评估的资产项目属于国有资产，资产评估委托单位还应向所属国有资产管理部门提交评估报告书，以便对评估结果进行审查确认。

提交资产评估报告书后，如果委托单位没有表示异议，就表明整个评估工作已经结束，评估机构可根据事先签订的委托合同或协议，向委托单位收取约定金额的资产评估费用。

[案例分析1] 东联集团有限公司欲以其整体资产与某外商进行合资，委托泰康资产评估事务所对其在2002年7月1日的整体价值及负债进行评估。下面是泰康资产评估事务所对该项委托所作的评估报告。

i) 评估报告书封面及目录。

东联集团有限公司资产评估报告书

泰康资产评估所评报(2002)字第18号

泰康资产评估事务所
2002年9月20日

目　录

- 一、摘要 …………………………………………………………… 244
- 二、正文 …………………………………………………………… 244
  - 委托方与资产占有方简介 ………………………………… 244
  - 评估目的 …………………………………………………… 245
  - 评估范围及对象 …………………………………………… 245
  - 评估基准日 ………………………………………………… 245
  - 评估原则 …………………………………………………… 245
  - 评估依据 …………………………………………………… 245
  - 评估方法 …………………………………………………… 246
  - 评估过程 …………………………………………………… 246
  - 评估结论 …………………………………………………… 246
  - 特别事项说明 ……………………………………………… 246
  - 评估报告评估基准日期后重大事项 ……………………… 247
  - 评估报告法律效力 ………………………………………… 247
  - 评估报告提出日期 ………………………………………… 247
- 三、备查文件 ……………………………………………………… 247

ii) 摘要

东联集团有限公司资产评估报告书

泰康资产评估所评报（2002）字第 18 号

摘　要

一、评估目的：拟以委托方合资这一经济行为作价值参考依据。

二、评估范围与对象：东联公司所拥有的净资产价值。

三、评估基准日：2002 年 7 月 1 日

四、评估原则：遵循独立性、客观性、科学性、专业性的工作原则，以及贡献原则、替代原则、预期原则等经济原则，客观公正地进行评估。

五、评估方法：主要采用重置成本法。

六、评估结论：总资产为人民币玖仟捌佰柒拾叁万元（RMB 9 873 万元），负债为人民币柒佰贰拾陆万元（RMB 726 万元），净资产为人民币玖仟壹佰肆拾柒万元（RMB 9 147 万元）。

七、报告提出日期：2002 年 9 月 20 日

以上内容摘自资产评估报告书，欲了解本评估项目的全面情况，应认真阅读资产评估报告书全文。

泰康注册资产评估事务所
法人代表：何伟明
注册资产评估师：李启刚
黄丽雅

iii) 资产评估报告书

东联集团有限公司资产评估报告书

泰康资产评估所评报(2002)字第 18 号

泰康资产评估事务所接受东联集团有限公司(下称东联公司)的委托,根据国家有关资产评估的规定,本着客观、独立、公正、科学的原则,按照公认的资产评估方法,对为合资而涉及的全部资产和负债进行了评估工作。本所评估人员按照必要的评估程序对委托评估的资产和负债实施了实地查勘、市场调查与询证,对委估资产和负债在 2002 年 7 月 1 日所表现的价值作出了公允反映。现将资产评估情况及评估结果报告如下:

一、委托方与资产占有方简介

委托方:东联集团有限公司,企业法人营业执照注册号 610835,注册地址为广东省广州市,注册资金为叁仟伍佰肆拾万元,经济性质为国有经济,经营方式为生产、批发和投资服务,主要经营场所为广州市解放路 208 号商贸大厦二楼,法定代表人张宏,东联公司于 1995 年 10 月 20 日经工商部门批准设立,并取得多行业综合经营机构法人资格。经营范围包括:商品制造、批发与零售业务;房地产开发、投资业务;有价证券业务;租赁业务;代理财产保管与处理业务;代理收付业务;经济担保见证业务;经济咨询业务;其他服务业务。

二、评估目的

拟为委托方合资这一经济行为作价值参考依据。该经济行为已获广东省国有资产管理部门批准,批准文号 02 字 30 号。

三、评估范围及对象

纳入本次评估范围的评估对象是东联公司的全部资产及负债,具体包括东联公司下属的生产经营部、销售部、投资服务部、证券部、劳动服务及全资子公司汽车运输队、银建房地产公司等 7 个基本单位(以下简称 7 个基本单位)所对应的净资产。截止评估基准日 2002 年 7 月 1 日,东联公司评估前总资产 9 826 万元,负债 726 万元,净资产 9 100 万元;评估后总资产 9 873 万元,负债 726 万元,净资产 9 147 万元。

纳入评估范围的资产与委托评估及立项时确定的资产范围一致。

四、评估基准日

本项目资产评估基准日是 2002 年 7 月 1 日,评估中所采用的价格是评估基准日的标准。

五、评估原则

遵循独立性、客观性、科学性、专业性的工作原则,严格按照国家法律和法规进行评估操作,确保资产评估工作不受外界干扰和评估业务当事人的影响。科学合理地进行资产评定和估算。同时根据资产的类别和实际情况,遵循贡献原则、替代原则、预期原则等经济原则。

六、评估依据

1. 行为依据

广东省人民政府为公厅 02 办[2002]07 号文《关于同意东联企业与加拿大亚太公司合资的批复》。

2. 法规依据

(1)国务院 1991 年 91 号令《国有资产评估管理办法》;

(2)原国家国有资产管理局[1992]36 号《国有资产评估管理办法施行细则》;

(3)原国家国有资产管理局国资办发[1996]23 号文《资产评估操作规范意见(试行)》;

(4)《中华人民共和国城市房地产管理法》、《中华人民共和国城镇国有土地使用权出让和转让暂行条件》及当地制定的实施办法和其他有关规定;

(5)《城市房地产转让管理规定》(中华人民共和国建设部令第 45 号)及当地制定的实施细则和其他

有关规定；

(6)《中华人民共和国土地管理法》和《中华人民共和国土地管理法实施条例》；

(7)《中华人民共和国公司法》；

(8)《中华人民共和国外资企业法》。

3．产权依据

(1)国有土地使用权证、房屋所有权证、土地房屋权证及其他房地产权属证明文件；

(2)机器设备有关购置发票和单据、车辆行驶证；

(3)各类交易合同、抵押合同、担保合同及其他合同。

4．取价依据及参考依据

(1)中华人民共和国财政部财税字[1995]79号《关于金融企业征收营业税有关问题的通知》；

(2)广州市国有土地基准地价；

(3)评估人员现场勘察、记录等；

(4)资产评估常用数据与参数手册(第二版)；

(5)委托方申报材料及其他资料；

(6)有关询价资料和参数资料；

(7)国家有关部门发布的统计资料和技术标准资料。

七、评估方法

本次评估所选择并使用的评估方法主要是重置成本法。另外，对房屋建筑物及土地使用权的评估，还依据其实际情况选择并使用了市场比较法和收益法，即：对待估价的市场参照物及其可相比较的指标(项目)、技术参数等资料是可搜集的，采用市场比较法进行评估；对能用货币衡量其未来的期望收益、承担的风险的待估物，采用收益现值法进行评估。除了对单项资产分项评估外，还结合企业的人力资源情况，采用收益现值法对企业整体价值进行评估。

八、评估过程

评估时间从2002年7月1日至2002年9月1日，为期两个月，经过接受委托、资产清查、评定估算、评估汇总、提交报告等过程。具体如下：

(1) 接受委托：接受项目委托、评估目的、确定评估对象及范围、选定评估基准日和拟定评估方案；

(2) 资产清查：指导资产占有方清查资产，并收集准备资料，检查核实资产与验证有关资料；

(3) 评定估算：现场检测与鉴定，选择评估方法，收集市场信息，具体计算；

(4) 评估汇总：对评估结果进行汇总，并进行评估结论分析，撰写评估说明与报告，进行内部复核。

九、评估结论

列入本次评估范围的评估对象：

账面价值：评估前总资产9 826万元，负债726万元，净资产9 100万元；评估后总资产9 873万元，负债726万元，净资产9 147万元。

清查调整价值：清查前总资产9 832万元，负债716万元，净资产9 116万元；清查后总资产9 826万元，负债726万元，净资产9 100万元。

评估价值：评估后总资产为人民币玖仟捌佰柒拾叁万元(RMB 9 873万元)，负债为人民币柒佰贰拾陆万元(RMB 726万元)，净资产为人民币玖仟壹佰肆拾柒万元(RMB 9 147万元)。考虑到企业整体价值低于单项资产评估价值总和，故不确认商誉价值。

评估结论详细情况见评估明细表。资产评估结果汇总如下：

单位：万元

项目种类	账面值	清查调整值	评估结果	变动额	变动率%
资产	9 832	9 826	9 873	47	0.48
负债	716	726	726	0	0
所有者权益	9 116	9 100	9 147	47	0.52

十、特别事项说明

在评估过程中已发现可能影响评估结论、但非评估人员执业水平和能力所能评定估算的有关事项为：

东联公司曾于 2001 年 12 月为穗华公司向银行贷款作经济担保，金额 200 万元。据了解，穗华公司目前财务困难，能否偿还即将到期的银行贷款仍是未知数，若穗华公司无法偿还银行贷款，东联公司须履行代为偿还的担保责任。

需要说明的其他问题：

(1) 委托方对申报材料负完全的法律责任，对所填报资产的完整性、合法性和真实性负责；委托方对其提供的文件资料的真实性承担法律责任。

(2) 评估基准日后有效期以内资产数量发生变化时，应根据原评估方法对资产额进行相应调整。当评估方法为重置成本法时，应按实际发生额进行调整；若资产价格标准发生变化，并对资产评估价产生明显影响时，委托方应及时聘请评估机构重新确定评估价。如果评估工作结束前资产价格已经发生了显著变化，无法改变评估基准日，但资产价格的调整方法简单、易于掌握时，委托方在资产实际作价时，应进行相应调整。

(3) 对货币性资产(含对应的利息、诉讼费)评估减值及固定资产因盘亏、报废等原因产生的评估减值，在评估目的实现时，委托方应向有关部门办妥报批手续。

(4) 附件与其报告正文配套使用方有效。

十一、评估报告评估基准日期后重大事项

(略)

十二、评估报告法律效力

(1) 本评估报告成立的前提条件适用于继续使用假设和公开市场假设。即对评估的资产、负债、所有者权益都是在持续经营和在公开市场的公允价格标准下进行作价评定。

(2) 本评估报告须经财产评估主管机关验证确认后方可生效。

(3) 评估结果是反映评估对象在本次评估目的下，根据公开市场原则确定的现行公允市价，没有考虑将来可能承担的抵押、担保事宜，以及特殊的交易方可能追加付出的价格等对其评估价的影响，也未考虑国家宏观经济政策发生变化以及遇有自然力和其他不可抗力对资产价格的影响。当前述评估目的等条件以及评估中遵循的持续经营原则等其他情况发生变化时，评估结果一般会失效。

(4) 本评估报告依据法律法规的有关规定发生法律效力。

本评估结论的有效使用期限为一年，即从 2002 年 7 月 1 日起至 2003 年 7 月 1 日止的期限内有效。

(5) 本评估结论仅供委托方合并这一经济目的使用，不得作为其他经济目的使用。

(6) 本评估结论仅供委托方作为评估目的使用和送交财产评估主管机关审查使用。评估报告书的使用权归委托方所有，未经委托方许可评估机构不得随意向他人提供或公开。

十三、评估报告提出日期

本评估报告提交委托方的时间为 2002 年 9 月 20 日。

泰康资产评估事务所
法人代表：何伟明
注册资产评估师：李启刚
黄丽雅

ⅳ）备查文件

备查文件

有关经济行为文件；
资产评估立项批准文件；
被评估企业评估基准日会计报表；
委托方与资产占有方营业执照复印件；
产权证明文件复印件；
委托方、资产占有方承诺函；
资产评估人员和评估机构的承诺函；
资产评估机构资格证书复印件；
评估机构营业执照复印件；
资产评估业务约定合同；
其他文件。

第三节　资产评估报告书的应用

资产评估报告书由评估机构出具后，资产评估委托方、资产评估管理方和有关部门对资产评估报告书及有关资料要根据需要进行应用。

一、委托方对资产评估报告书的使用

委托方在收到受托评估机构送交的正式评估报告书及有关资料后，可以依据评估报告书所揭示的评估目的和评估结论，合理使用资产评估结果。根据有关规定，委托方依据评估报告书所揭示的评估目的及评估结论，可以作为以下几种具体的用途进行使用：

（1）根据评估目的，作为资产业务的作价基础。包括企业改制、上市、对外投资、中外合资合作、转让、出售、拍卖等产权变动的经济活动，以及保险、纳税、抵押、担保等非产权变动的经济活动和法律方面需要的其他目的的活动的作价基础。

（2）作为企业进行会计记录或调整账项的依据。委托方在根据评估报告书所揭示的资产评估目的使用资产评估报告资料的同时，还可依照有关规定，根据资产评估报告书资料进行会计记录或调整有关财务账项。

（3）作为履行委托协议和支付评估费用的主要依据。当委托方收到评估机构的正式评估报告书及有关资料后，在没有存在异议的情况下，应根据委托协议，将评估结果作为计算支付评估费用的主要依据，履行支付评估费用的承诺及其他有关承诺的协议。

此外，资产评估报告书及有关资料也是有关当事人因资产评估纠纷向纠纷调处部门申请调处的申诉资料之一。

当然，委托方在使用资产评估报告书及有关资料时必须注意以下几个方面：

（1）只能按报告书所揭示的评估目的使用报告，一份评估报告书只允许按一个用途使用。

（2）只能在报告书有效期内使用报告，超过报告书的有效期，原资产评估结果无

效。若要使用报告书，必须由评估机构重新调整相关数据，并得到有关部门重新认可后方能使用。

(3) 在报告书有效期内，资产评估数量发生较大变化时，应由原评估机构或资产占有单位按原评估方法作相应调整后才能使用。

(4) 涉及国有资产产权变动的评估报告书及有关资料必须经国有资产行政主管部门确认或授权确认后方可使用。

(5) 作为企业会计记录和调整企业账项使用的资产评估报告书及有关资料，必须由有权机关批准或认可后方能生效。

二、资产评估管理机构对资产评估报告书的运用

资产评估管理机构主要是指对资产评估行政管理的主管机关和对资产评估行业自律管理的行业协会。对资产评估报告书的运用，是资产评估管理机构实现对评估机构的行政管理和行业自律管理的重要过程。资产评估管理机构通过对评估机构出具的资产评估报告书有关资料的运用，一方面能大体了解评估机构从事评估工作的业务能力和组织管理水平。由于资产评估报告是反映资产评估工作过程的工作报告，通过对资产评估报告书资料的检查与分析，评估管理机构就能大致判断该机构的业务能力和组织管理水平。另一方面也是对资产评估结果质量进行评价。资产评估管理机构通过对按规定需要验证和确认的资产评估报告书进行验证与确认，就能够对评估机构的评估结果质量的好坏作出客观的评价，从而能够有效实现对评估机构和评估人员的管理。再一个方面，它能为国有资产管理提供重要的数据资料。通过对资产评估报告书的统计与分析，可以及时了解国有资产占有和使用状况以及增减值变动情况，进一步为加强国有资产管理服务。

三、有关部门对资产评估报告书的运用

除了资产评估管理机构可运用资产评估报告书资料外，还有些政府管理部门也需要运用资产评估报告书，它们主要包括证券监督管理部门、保险监督管理部门、工商行政管理部门、税务部门、金融部门和法院等有关部门。

证券监督管理部门对资产评估报告书的运用，主要表现在对申请上市公司申请的有关申报材料招股说明书的审核过程，以及对上市公司的股东配售发行股票时申报材料配股说明书的审核过程。根据有关规定，公开发行股票公司信息披露至少要列示以下各项资产评估情况：

(1) 按资产负债表大类划分的公司各类资产评估前账面价值及固定资产净值；
(2) 公司各类资产评估净值；
(3) 各类资产增减值幅度；
(4) 各类资产增减值的主要原因。

此外，还应简单介绍资产评估时采用的主要评估方法。

公开发行股票的公司对采用非现金方式的配股，其配股说明书的备查文件必须附上资产评估报告书。

当然，证券监督管理部门还可运用资产评估报告书和有关资料加强对取得证券业务评估资格的评估机构及有关人员的业务管理。

保险监督管理部门、工商行政管理部门、税务部门、金融部门和法院等部门也都能通过对资产评估报告书的运用来达到实现其管理职能的目的。

综合练习及案例分析

一、单项选择题

1. 资产评估业务约定书的签定的当事人是( )。
   A. 注册资产评估师   B. 委托人
   C. 注册资产评估师与委托人   D. 资产评估机构与委托人
2. 资产评估机构与委托人确定资产评估收费的文件是( )。
   A. 资产评估业务约定书   B. 工作计划
   C. 资产评估立项批文   D. 资产评估报告书
3. 注册评估师对被评估企业的资产进行分类,这项工作属于( )环节。
   A. 业务受理   B. 制定工作计划
   C. 收集整理资料   D. 实施评估工作
4. 应作为资产评估报告书附件的项目是( )。
   A. 评估基准日期
   B. 与评估基准日有关的会计报表
   C. 评估所依据的法律、法规和政策
   D. 评估结论
5. 资产评估报告书应由( )最终审核、签字、盖章才具备法律效力。
   A. 注册评估师   B. 项目负责人
   C. 主任评估师   D. 委托人
6. 一份资产评估报告书只允许按( )个用途使用。
   A. 1   B. 2   C. 3   D. 4
7. 甲企业于1999年3月5日委托某资产评估机构对其资产进行评估,用于向银行抵押贷款。评估基准日为1999年3月10日。但由于种种原因,贷款一直未成功,直至2000年5月1日,甲企业欲再次向银行申请贷款,则( )。
   A. 可以使用原资产评估报告书
   B. 原资产评估报告书无效
   C. 原资产评估报告书仍然有效
   D. 不能委托原评估机构再次评估
8. 用来反映一定时期某种经济现象在发展过程的累计结果的方法称为( )。
   A. 比较法   B. 结构法
   C. 时间序列法   D. 时点序列法
9. 整体资产评估报告书的报告内容不仅要包括资产,也要包括负债和所有者权益,甚至有时还要考虑以整体资产为依托的( )。

A. 无形资产 B. 有形资产
C. 单项资产 D. 固定资产

10. 按有关规定，资产评估说明中的进行资产评估有关事项的说明是由（　　）提供的。
A. 委托方 B. 受托方
C. 资产占有方 D. 委托方与资产占有方

二、多项选择题

1. 资产评估业务约定书中包括（　　）内容。
A. 评估基准日 B. 评估工作时间
C. 评估收费方式 D. 评估报告使用用途
E. 评估计价标准

2. 资产评估报告书的应用者一般包括（　　）。
A. 资产评估委托方 B. 资产评估管理机构
C. 资产评估受托方 D. 有关部门
E. 社会公众

3. 资产评估报告书制作的技术要点有（　　）。
A. 文字表达方面的技能要求
B. 格式和内容方面的技能要求
C. 评估报告书的复核及反馈方面的技能要求
D. 评估报告书的验证与确认
E. 评估报告书的存档

4. 资产评估报告书的制作步骤有（　　）。
A. 整理工作底稿和归集有关资料
B. 评估明细表的数字汇总
C. 评估初步数据的分析和讨论
D. 编写评估报告书
E. 资产评估报告书的签发与送交

5. 资产评估报告书的作用有（　　）。
A. 为被委托评估的资产提供作价意见
B. 是反映和体现资产评估工作情况，明确委托方、受托方及有关方面责任的根据
C. 是管理部门完善资产评估管理的重要手段
D. 是建立评估档案，归集评估档案资料的重要信息来源
E. 是出资的直接依据

6. 按现行规定，资产评估报告书应包括（　　）。
A. 资产评估报告书正文 B. 资产评估说明
C. 资产评估明细表及相关附件 D. 资产评估结果确认书
E. 资产评估工作底稿

7. 收集数据资料的要求是(　　)。
   A. 完整性　　　　　　　B. 针对性
   C. 大量性　　　　　　　D. 经济性
   E. 广泛性
8. 资产评估的实施包括的环节是(　　)。
   A. 立项　　　　　　　　B. 签订业务约定书
   C. 划分资产类别　　　　D. 准确进行评定估算
   E. 估算资产价格
9. 资产评估报告书的编写要求(　　)。
   A. 科学、公正、客观　　B. 结构完整
   C. 按时出具　　　　　　D. 以委托人的要求为准则
   E. 系统、综合和分析
10. 公开发行股票公司信息披露至少要列示的内容是(　　)。
    A. 按资产负债表大类划分的各类资产评估前账面价值及固定资产净值
    B. 各类资产评估总值
    C. 各类资产评估净值
    D. 各类资产增减值幅度
    E. 各类资产增减值的主要原因

三、判断题

(　　)1. 资产评估业务约定书的终止时间是指完成评估报告书，委托方已支付完评估费用的时间。
(　　)2. 资产评估业务约定书的签约各方，即注册资产评估师和委托人。
(　　)3. 资产评估报告书的使用权应为委托方所有，未经委托方许可不得随意向他人提供。
(　　)4. 查勘评估对象的目的在于为尽快出具资产评估报告作准备。
(　　)5. 资产评估报告书应写明资产业务的性质。
(　　)6. 资产评估报告书只需提交正文即可。
(　　)7. 证券监督管理部门在审计申请上市公司的申报材料时，必须同时审核其资产评估报告书。
(　　)8. 涉及国有资产产权变动的资产评估报告书及有关资料必须经国有资产行政主管部门确认或授权确认后方可使用。

四、案例分析

以下是由某事务所提供的资产评估报告案例，请指出该报告存在的问题。

第一部分　背景资料

家乐电器厂是国有工业企业，注册资本1 500万元，经营方式主要是家电制造。经营范围：主营微波炉、电饭煲。为了拓展市场，增强企业的竞争能力，根据市政府"强强联合，优势互补"的精神，该家电厂收购另一家家电公司51%的股权，共同组建金

鼎家电有限公司的新型企业。

第二部分　资产评估报告书

本资产评估公司受贵厂的委托，根据国家有关资产评估的规定，本着独立、公正、科学、客观的原则，按照公允的标准对贵厂整体资产进行评估，以满足贵厂参股组建"金鼎家电有限公司"的要求。我公司对委托评估的资产进行了实地察看与核对，同时进行了必要的调研，以及我们认为必要实施的其他评估程序。本报告对上述资产所表现的市场价值作出公允反映，现将评估结果报告如下：

(一)资产评估机构(略)

(二)委托方和资产占有方(略)

(三)评估目的

评估家乐电器厂的净资产现行价值，为参股组建"金鼎家电有限公司"提供价值依据。

(四)评估范围和对象

本次资产评估范围为家乐电器厂的资产、负债和所有者权益。评估对象为企业的整体资产。

被评估净资产账面总额为 44 807 651.77 元。

(五)评估原则

根据国家国有资产管理及评估的有关法规，我们遵循独立性、科学性、客观性原则以及资产持续经营原则、替代性原则、公开市场原则，对家乐电器厂的整体资产进行评估。

(六)评估标准和评估方法

本次评估的价格标准为重置成本标准，评估方法为重置成本法。

(七)评估过程

我们根据国有资产评估的有关原则和规定，对评估范围内的资产进行了评估和产权鉴定，具体步骤如下：

1. 听取家乐电器厂有关人员对企业情况以及委估资产历史和现状的介绍；

2. 对企业填报的资产评估明细申报表进行征询、鉴别；

3. 根据资产评估申报表的内容到现场进行实物核实和勘察，并对资产状况进行察看、记录，并与资产管理人员进行交谈，了解资产的经营、管理状况；

4. 查阅委估资产的产权证明文件，查阅有关机器设备运行和维护等记录资料；

5. 开展市场调研、询价工作，以及各项指标的测算工作；

6. 根据评估人员对各类资产的初步评估结果，进行汇总分析工作；确认评估工作中没有发生重评和漏评的情况，并根据汇总分析情况，对资产评估结果进行调整、修改和完善；

7. 起草资产评估报告书，在经企业确认无误后，向委托方提交正式资产评估报告书。

(八)评估说明

1. 流动资产的评估说明：

货币资金的账面值 8 255 978 元,其中:现金 67 639 元,银行存款 8 188 339 元,核对 2001 年 8 月 20 日明细账后,按账面价值评估。

应收账款、预付账款和其他应收款账面值分别为 64 392 720 元,863 567 元和 1 161 096 元,核对 2001 年 8 月 20 日明细账户后,按账面值评估。

待摊费用账面值 616 643 元,系预付财产保险费及印花税等,按账面值评估。

存货评估说明:存货账面值为 9 785 433 元,由于该企业大部分存货库存时间较短,且流动性较强,存货账面值与现行市价接近或相同,故重置成本等于账面值,采用历史成本法评估,对于在用低值易耗品按五五摊销法评估,评估后成本存货价值为 9 775 907 元。

2. 长期投资评估说明:

该企业长期投资账面值为 39 193 000 元,其中:

(1)股票投资:

深发展股票账面值 22 000 元,评估值 35 262 元。

(2)债券投资:

广东电力债券账面值 30 800 元,评估值 23 351 元。

(3)其他投资:

其他投资账面值 39 140 200 元,系家乐电器厂对外合资、联营等九家企业的投资。其中:中外合资"中美电子设备有限公司"投资额 36 511 500 元,占 40% 股权,该合资企业现为筹建阶段,尚未生产经营,按账面值评估。对投资比例在 50% 以下或投资额在 50 万元以下的按成本法评估。对投资额大于 100 万元的××联营厂按权益法评估。投资账面值 1 584 000 元,占 18% 股权,根据电器联营厂 12 月 31 日财务报表,××电器厂 18% 的股权价值为 2 401 775 元。

上述长期投资(1)+(2)+(3)的评估值为 40 016 588 元。

3.×× 固定资产的评估说明:

家乐电器设备的评估说明如下:

(1)简况。本次评估的设备 686 台(套),大部分设备主要是用于制造和加工电子产品的专用设备和通用设备,其中:

专用设备 363 台(套), 车辆 12 辆

通用设备 35 台(套), 仪器仪表 52 台

其他设备 233 台(套)

(2)估价过程。

评估方法:重置成本法

计算公式:评估价值 = (重置全价 − 残值) × 成新率 + 残值

① 设备的重置全价由重置现价和运杂安装费组成。重置现价采用直接法取得,即从《1996 年机电产品报价手册》和《1997 年中国机电产品价格商情》等资料中取得。运杂安装费取重置现价的 5% 至 10%,仪器仪表和其他设备以及车辆运杂费不计。

② 设备的成新率确定。采用使用年限法和技术测定法相结合,由专业技术人员对所评估的设备进行核查、检测,并根据设备的役龄和维护保养状况以及设备利用率,并查阅设备的技术档案资料,合理确定设备的尚可使用年限,计算成新率。

成新率=尚可使用年限÷(已使用年限+尚可使用年限)×100%

③ 残值取重置全价的4%。

④ 举例：

A估价对象：ZG250/500电机，重庆机械厂制造，1987年购置，账面原值46 354.68元，账面净面净值13 774.36元。

估价过程：

$$评估价值=(重置全价-残值)\times 成新率+残值$$

其中，重置全价为74 000.00元，由机电产品报价手册取得；运杂安装费取5%；该设备已使用10年，尚可使用年限4年，成新率为30%，经专业技术人员对该台设备技术状况现场检测的实际情况，确定其综合成新率为45%。

该台设备的评估价值为36 674.40元。

B估价对象：快装式工业炉DZL-4T，上海工业锅炉厂制造，1996年购置，账面原值189 405.00元，账面净值160 162.01元。

估价过程：

$$评估价值=(重置全价-残值)\times 成新率+残值$$

其中，重置全价为260 000.00元，向制造厂取得；运杂安装费取10%；该设备已使用1年，以年限法计算尚可使用年限19年，成新率为95%，经专业技术人员对检测的实际情况，确定其综合成新率为90%。

该台设备的评估价值为258 544元。

家乐电器厂房建筑物、构筑物评估说明如下：

(1)概况。

① 位置：本次评估的房屋建筑、构筑物是座落在××市××路1107号和××路2265号及1716号内。

② 基本状况：根据家乐电器厂提供的有关资料反映上述房屋建筑物、构筑物有车间、质检楼、食堂、配电间等20幢房屋建筑物及围墙道路等6项构筑物组成。建筑面积为15 878 m²。

③ 产权状况：根据家乐电器厂提供的房屋所有权证和国有土地使用证，证明产权属家乐电器厂(附房屋所有权证及国有土地使用证)。

(2)建筑特征。根据贵厂提供的有关文件资料，并通过现场调查核实、技术测定，其建筑类型如下：

① 钢筋混凝土框架结构的房屋(车间等)1幢，建筑面积为6 367 m²。

② 混合结构的房屋有办公楼、门卫室等13幢，建筑面积为7 234 m²。

③ 砖木结构的房屋有质检楼、食堂等5幢，建筑面积为2 165 m²。

④ 其他结构的房屋有浴室等1幢，建筑面积为112 m²。

(3)评估方法。根据评估目的，采用重置成本法进行评估。

公式：评估价值=(单位面积重置价格×建筑面积残值)×成新率+残值

(4)评估价值估算。

① 单位面积重置价格。根据现行市建委颁发的定额，以相应的计费标准、标准差价系数，再加上有关费用，采用相同或相似的建筑设计标准及建筑材料、工期定额计

算核定工程造价,确定单位面积重置价格,再根据成新率计算出各建筑物的评估价值。

该厂钢筋混凝土结构的房屋,层数为5层,高5 m,跨度6 m。基础为箱基础,结构为钢筋混凝土矩形柱、梁、板构成、钢门窗、砖墙墙体,根据其层高、层数、柱距等情况,以及结构的状况和不同的装潢情况,经计算确定单位面积重置价格为1 650元$/m^2$。

办公楼、门卫室等13幢混合结构的房屋,层数1~6层之间,层高在2.8~6 m之间,跨度4~12 m之间,跨数1~3跨,柱距3.5~6 m。基础为条形基础,结构为钢筋混凝土矩形梁、板构成,门窗为钢门窗,墙体为砖墙,根据其建筑特征以及结构的状况和不同的装潢情况,分别计算确定单位面积重置价格在650~1 500元$/m^2$之间。

质检楼、食堂等6幢砖木结构和其他结构的房屋均属于简单房屋结构。根据其建筑特征以及结构状况和不同的装潢情况,计算确定其单位面积重置价格在650~1 050元$/m^2$之间。

② 残值。本次评估的残值,除砖木结构取重置全价的4%,其余结构残值为"零"。

③ 成新率的确定。成新率计算公式:

$$成新率 = 建筑时间折减系数 \times 建筑损坏折减系数$$

建筑时间折减系数:根据房屋建造年、月,按年限法计算得出建造时间折减数。

建筑损坏折减系数:是根据现场调查核实、实测分析其有形损坏程度,采用打分法,计算得出建筑损坏折减系数。

根据现场调查实测分析:该厂新锅炉房、新水厂、一车间等4幢房屋建于20世纪90年代。损坏程度一般,经过计算,成新率为90%。其余房屋如质检楼等成新率在45%~85%之间。

(5)评估实例。

家乐电器厂——车间建筑概况

建筑特征		结构特征		建筑装潢	
建筑面积	6 367 m^2	基础	箱形基础	钢门窗	
层数	5层	内墙	砖墙	内装潢	涂料、白瓷砖
层高	5 m	外墙	砖墙	外装潢	陶瓷面砖、马赛克
跨度	6 m	隔墙	砖墙	隔墙装饰	涂料、白瓷砖
跨数	3跨	柱	钢筋混凝土柱	柱装饰	涂料、白瓷砖
柱距	6 m	梁	钢筋混凝土梁	梁装饰	涂料
建筑类型	框架结构	楼板	现浇板	吊顶装潢	轻钢龙骨、KT板吊板
建筑年月	1992年	楼梯装潢	现浇整体	楼梯装饰	木扶手、水磨石踏步
成新率	90%	屋盖	预制板二毡三油	楼板、地面	水磨石、青水泥

根据市建委现行定额以及相应的计费标准,材料差价系数有关费用计算:

定额直接费	3 992 100.00 元
其他直接费	139 724.00 元
直接费小计	4 131 824.00 元
综合间接费	371 864.00 元
利润	270 221.00 元
开办费	225 184.00 元
人工补差费	84 043.00 元
施工流动津贴	87 545.00 元
主要材料差价	748 570.00 元
次要材料差价	32 974.75 元
其他费用	19 923.00 元
其中:定额编制管理费用	2 066.00 元
工程质量监督费	8 928.00 元
行业管理费	8 928.00 元
税金	203 650.00 元
其中:土建工程造价	6 175 799.00 元
装饰工程造价	1 398 773.00 元
水、电、工程造价	535 700.00 元
工程总造价	8 110 273.00 元
设计费、勘察费、基建贷款利息、	
投资方向调节税、建设单位管理费等	2 395 450.00 元
车间项目总造价	10 505 723.00 元

折合为 1 650 元/m^2,确定单位面积重置价格(单位面积造价)为 1 650 元/m^2。

残值:本次评估的建筑物是钢筋混凝土框架结构,所以残值为"零"。

成新率:根据房屋建造年月,已使用 5 年,按年限法计算其损坏折减系数为 0.97。

根据现场调查其损坏程度轻微,采用打分法,计算出建筑损坏折减系数为 0.98。

然后按公式计算:

$$成新率 = 建筑时间折减系数 \times 建筑损坏折减系数$$
$$= (0.97 \times 0.98) \times 100\%$$
$$= 90\%$$

评估价值公式:

$$评估价值 = (单位面积重置价 \times 建筑面积 - 残值) \times 成新率 + 残值$$
$$= (1\,650 \times 6\,367 - 0) \times 90\% + 0$$
$$= 9\,454\,995(元)$$

(6)房屋建筑物、构筑物评估价值。本次评估的房屋建筑物、构筑物的评估价值为 18 061 244.32 元。

4. 在建工程的评估价值 846 490.72 元,评估值为 623 835.96 元。其中吹塑机及一车间灌装机账面值为 222 654.76 元,因无实物,委托方应按规定办理核销手续,转入待处理固定资产净损失。其余为车间修理费用及零星固定资产的购置费用，按账面值评估。

5. 土地使用权及增容费的评估说明：

根据评估目的与地块所在地区条件，评估方法采用重置成本法。

(1)地产概况。

地产位置：××路1716号、2265号。

地产权属：国有划拨

地产面积：1 113 m²

地产用途：工业

地产开发状况：七通一平、建有房屋建筑物

地产等级：××市三级地段

临街状态：北面50 m长，临××路

(2)地产权利状况。该地块的使用权属家乐电器厂，国有土地使用证编号为×国用(××)自第×××××号、第×××××号。

(3)地产利用状况。该地块建有4幢1~4层房屋建筑，其中混合结构的房屋为2幢，建筑面积为1 681 m²，砖木结构的房屋有2幢，建筑面积为207 m²。

市政基础设施及周边环境。估价对象所处区域在××市三级地段，市政基础设施较完善，基本达到"七通一平"。周边交通便捷，高速公路可通往全国各地，具有一定的地理优越性，土地增值潜力会有所增长。

(4)估价技术思路方法与估价过程。

①估价技术思路方法。根据评估目的和估价对象的特点和实际情况，以及收集资料的分析，估价对象属于工业用地。根据地价评估的惯例，结合地块的实际情况和房地市场的需求情况，拟采用成本法评估土地使用权价值。

②估价方法与估价过程。

成本法：成本法是从土地价格、成本构成的角度去估算地价，是指以土地征用和开发过程中发生的正常费用为基础，加以适当的开发利息和利润，确定待估土地价格的方法。

采用成本法求取土地使用权价格的公式如下：

土地使用权价格＝土地取得费＋土地开发费＋税费＋利息＋利润

A．土地取得费用：

该两块地块处××市××路商业较繁华的地域，属××市三级地段，估价对象系工业用途，因此直接求取该土地取得费用较难，拟采用成本法中的间接法，即以邻近市郊七段征地费用，再加上地段级差调节的方法求取该地块的土地取得费。

计算公式：七级地段土地取得费×地段级别修正系数

根据调查资料，近郊七级地段征地费用如下：（单位：元/m²）

土地垦复基金	15
耕地占用税	10
粮油差价补偿	4
土地征用补偿	496

其中:	青苗补偿	2
	土地补偿	8
	劳力安置费	90
	养老人员补偿费	125
	拆迁补偿	135
	农田、菜田设施补偿	96
	其他	40
合计		525

土地地段级差修正系数计算如下:

××市土地分为10个级别,工业用地年使用费标准为:(单位:元/m²)

土地	一级	二级	三级	四级	五级	六级	七级	八级	九级	十级
费额	130	110	80	38	25	14	10	7	4	2

评估地块为三级地段与七级地段相比,其级差修正系数为 $80/10 = 8$,七级地段的征地费用为 525 元/m²,评估地块的土地取得费则为:

$$525 元/m² \times 8 = 4\,200 元/m²$$

B. 土地开发费:(市政基础设施配套费)

评估地块市政基础设施较完善,结合估价人员所掌握的资料和经验,确定土地开发费用(市政基础设施配套费)为 245 元/m²。

C. 税金:

税金为:(土地取得费用 + 土地开发费) × 税率。

按税率为 5.5% 计算,则税金为:$4\,445 \times 5.5\% = 244.47$(元)(取整数为 244 元)。

D. 估算利息:

在利息估算过程中不论资金来源,按投资总额估算利息,在具体测算利息时,按投资总额计算的利息的 50% 来估算,即:

$$利息额 = 投资总额 \times 50\% \times 土地开发月数 \times 月利息率$$

土地开发月数:土地开发期一般为半年即 6 个月。

月利息率:根据银行贷款的利率,按 10% 的年利率计算,则:

$$利息额 = (4\,445 + 244) \times 50\% \times 6 \times 10\% \div 12$$
$$= 117.22(元)(取整数为 117 元)$$

E. 利润:

投资利润测算是以行业平均利润为基础,结合该地块具体情况取投资利润率 10%,则:$4\,445 \times 10\% = 445.50$(元)(取整数为 444 元)

F. 单位面积土地价格:

$$地价 = 土地取得费 + 土地开发费 + 税金 + 利息 + 利润$$
$$= 4\,200 + 245 + 244 + 117 + 444$$
$$= 5\,250(元/m²)$$

(5) 土地(使用权)价值计算:

本次评估的土地使用权单价为 5 250(元/m²)。

土地使用权价值 = 5 250×1 113 = 5 843 250.00(元)

增容费按××市标准评估

6. 负债的评估说明：

流动负债账面值86 932 791.05元，长期负债为9 752 993.29元，核对明细账户后按调整后账面值评估。

(九)评估结果

1. 流动资产：

单位：元

科　目	账面价值	调整后账面值	评估价值
货币资金	8 255 978	8 255 978	8 255 978
应收账款净额	64 392 720	64 392 720	64 392 720
预付账款	863 567	863 567	863 567
其他应收款	1 161 096	1 161 096	1 161 096
存　货	9 785 433	9 785 433	9 775 907
待摊费用	616 643	616 643	616 643
小　计	85 075 437	85 075 437	85 065 911

2. 长期投资：

单位：元

科　目	账面价值	调整后账面值	评估价值
股票投资	22 000.00	22 000.00	35 262.00
债券投资	30 800.00	30 800.00	23 351.00
其他投资	39 140 200.00	39 140 200.00	39 957 975.00
小　计	39 193 000.00	39 193 000.00	40 016 588.00

3. 固定资产：

单位：元

科　目	账面价值	调整后账面值	评估价值
房屋建筑物	8 361 726.17	8 361 726.17	18 061 244.32
机器设备	11 579 782.22	11 579 782.22	21 668 696.91
在建工程	846 490.72	846 490.72	623 835.96
待处理固定资产损失			222 654.76
小　计	20 787 999.11	20 787 999.11	40 576 431.95

4. 与建筑物相关的有形或无形资产：

单位：元

科　目	账面价值	调整后账面值	评估价值
土地使用权			5 843 250.00
各类增容费			3 165 000.00
小　计			9 008 250.00

5. 资产合计：(1+2+3+4)

单位：元

科 目	账面价值	调整后账面值	评估价值
流动资产	85 075 437.00	85 075 437.00	85 065 911.00
长期投资	39 193 000.00	39 139 000.00	40 016 588.00
固定资产	20 787 999.11	20 787 999.11	40 576 431.95
与建筑物相关的有形或无形资产			9 008 250.00
小 计	145 056 436.11	145 056 436.11	174 667 180.95

6. 流动负债及长期负债：

单位：元

科 目	账面价值	调整后账面值	评估价值
短期借款	26 268 000.00	26 268 000.00	26 268 000.00
应付票据	2 200 000.00	2 200 000.00	2 200 000.00
应付账款	17 865 922.23	17 865 922.23	17 865 922.23
预收账款	3 888 564.83	3 888 564.83	3 888 564.83
其他应付款	28 624 710.11	28 624 710.11	28 624 710.11
应付工资	6 195 794.59	6 195 794.59	6 195 794.59
应付福利费	153 171.28	153 171.28	153 171.28
未交税金	723 696.60	723 696.60	723 696.60
其他未交款	132 931.41	132 931.41	132 931.41
预提借款	880 000.00	880 000.00	880 000.00
长期借款	9 431 465.23	9 431 465.23	9 431 465.23
长期应付款	429 829.90	429 829.90	429 829.90
其他长期负债	-108 301.84	-108 301.84	-108 301.84
小 计	96 685 784.34	96 685 784.34	96 685 784.34

7. 所有者权益合计：

单位：元

科 目	账面价值	调整后账面值	评估价值
实收资本	15 000 000.00	15 000 000.00	15 000 000.00
资本公积	14 741 856.07	14 741 856.07	14 741 856.07
盈余公积	15 065 795.70	15 065 795.70	15 065 795.70
其中:公益金	1 327 836.16	1 327 836.16	1 327 836.16
评估增值			29 535 872.81
小 计	44 807 651.77	44 807 651.77	74 343 524.58

家乐电器厂全部评估价值为 171 029 308.92 元，企业负债评估值为 8 789 167.59 元，净资产评估值为 74 343 524.58 元(金额大写为柒仟肆佰叁拾肆万叁仟伍佰贰拾肆元

伍角捌分)。

家乐电器厂所有者权益值为 74 343 524.58 元(金额大写为柒仟肆佰叁拾肆万叁仟伍佰贰拾肆元伍角捌分)。

(十)重大事项说明

根据委托方的要求和提供的证明文件,我公司对贵厂拥有的专利等无形资产不予以评估。

(十一)评估结果有效的其他条件

本次评估结果是反映评估对象在本次评估目的下,根据公开市场的原则确定的现行公允价,没有考虑将来可能承担的抵押、担保事项,以及特殊的交易方式可能追加付出的价格等对评估价值的影响;同时,本报告也未考虑国家宏观经济政策发生变化以及遇有自然力和其他不可抗力对资产价值的影响。

(十二)评估工作班子和评估时间

本次项目评估工作自 2001 年 8 月 18 日至 2001 年 11 月 25 日。本评估报告提出日期为 2001 年 11 月 25 日。

附录 I
综合练习及案例分析参考答案

第一章 总 论

一、单项选择题
1.B 2.A 3.A 4.A 5.B 6.B 7.C 8.A 9.A 10.B

二、多项选择题
1.BCD 2.ACD 3.ABDE 4.BDE 5.ADE 6.ACE 7.ABD 8.ACE 9.ABD
10.ABDE

三、判断题
1.×（废品不是资产） 2.√ 3.√ 4.×（只能在一个评估机构执业） 5.√
6.×（应为可选择评估） 7.×（应按公寓评估） 8.×（应为 1989 年 10 月）
9.×（应为处于探索阶段） 10.√

第二章 资产评估基础

一、单项选择题

1.A 2.B 3.B$(\frac{50}{20\%}=250$ 万元$)$ 4.A 5.B 6.C 7.B 8.A 9.A 10.B

11.A $(10$ 万 $\times \frac{180\%}{130\%}=138\,462$ 元$)$ 12.A $(\frac{400}{500}\times 5=4$ 万元$)$ 13.A 14.D

15.A$(\frac{80}{16\%}=500$ 万元$)$ 6.B 17.D 18.C 19.B 20.D 21.A 22.D

23.A 24.D 25.B 26.A 27.D 28.B $(50\times\frac{170\%}{120\%}=70.83$ 万元$)$

29.D $(\frac{60}{8\%}=750$ 元$)$ 30.A$[FV=PV(1+i)^n,3000=2000\times(1+i)^6,i=7\%]$

二、多项选择题
1.ABC 2.DE 3.ACD 4.ACE 5.BC 6.BC 7.AB 8.BCE 9.ACDE
10.ABC 11.ACD 12.ACE 13.ADE 14.ABD 15.ABDE

三、判断题
1.√ 2.√ 3.√ 4.×（无本质区别） 5.×（应为未来收益） 6.√
7.×（应为 $\frac{年收益额}{折现率-增长率}$）
8.×（成新率不等于会计折旧率，是对被评估资产的现行价值与其余额状态重置价值的比率） 9.×（也可以为相类似资产） 10.√

四、案例分析

案例 1

(1)~(2)略

(3)评估价值 = $[(\frac{20}{10\% - 2\%}) \times [1 - (\frac{1+2\%}{1+10\%})^{35}] = 232.21(万元)$

(4)评估价值 = $[\frac{20}{10\% - 2\%}] = 250(万元)$

(5)评估价值 = $[\frac{20}{10\% + 1.5\%} \times [1 - (\frac{1-1.5\%}{1+10\%})^{35}] = 170.27(万元)[$

案例 2

(1)略

(2)折现率 = $10\% + 4\% = 14\%$

(3)股票评估值 = $200\,000 \times 12\% \div [(10\% + 4\%) - 40\% \times 16\%]$
  $= 24\,000 \div (14\% - 6.4\%)$
  $= 315\,789.47(元)$

案例 3

(1)~(4)略

(5)成新率的计算

①车床资产利用率 = $10 \times 360 \times 7/(10 \times 360 \times 8) \times 100\% = 87.5\%$

即实际使用年限为 8.75 年。

②成新率 = $\frac{5}{8.75 + 5} = 36.36\%$

(6)车床的评估价值的计算,根据题目已知资料,应采用功能价值法。

①车床的重置成本 = $\frac{8\,000}{10\,000} \times 80\,000 = 64\,000(元)$

②车床的评估价值 = $64\,000 \times 36.36\% = 23\,270.40(元)$

案例 4

(1)~(2)略

(3)运用市价折扣法

生产流水线评估价值 = $1\,000\,000 - (1\,000\,000 - 100\,000) \times \frac{3}{10} = 730\,000(元)$

(4)运用市价比较法

生产流水线评估价值 = $[1\,100\,000 - (1\,100\,000 - 110\,000) \times \frac{3}{10}] \times 0.9 = 722\,700(元)$

第三章 资产评估结果的会计处理

一、单项选择题

1.B 2.C(1 000 - 300 = 700万元) 3.D 4.B 5.A 6.C 7.A 8.C 9.B
10.C(盈余公积50万 + 资产公积600 - 800 = -150万元 实收资本 = 1000 - 150 = 850万元) 11.C 12.D 13.C 14.C(已增提折旧200万 × 10% = 20万元 所得税(500 + 20) × 33% = 171.6万元) 15.C

二、多项选择题

1.ACD 2.AD 3.ABC 4.ABCD 5.ABD 6.CDE 7.ABCD 8.BCE 9.ACE 10.BDE

三、判断题

1.√ 2.×(不调账) 3.×(是未实现的价值) 4.√ 5.√ 6.×(应调账)
7.√ 8.√ 9.×(应为1年内有效) 10.×(应按净资产折股)

四、案例分析

案例1

(1)乙公司的会计处理:

①资产评估结果的会计分录:

借:长期股权投资	2 000 000
固定资产	20 000 000
贷:应收账款	3 000 000
存货	8 000 000
累计折旧	8 000 000
无形资产	1 000 000
长期借款	500 000
递延税款	500 000
资本公积	1 000 000

②2002年4月分红

借:应付利润	10 000 000
贷:银行存款	10 000 000
借:利润分配	10 000 000
贷:应付利润	10 000 000

(2)甲公司的会计处理:

①取得长期股权

2001年9月30日乙公司所有者权益总额 = 10 000 + 2 100 + 800 = 12 900(万元)
股权投资差额 = 16 000 - 12 900 = 3 100(万元)

借:长期股权投资——乙公司(投资成本)	129 000 000
长期股权投资——乙公司(股权投资差额)	31 000 000
贷:银行存款	160 000 000

②2002年4月收到乙公司分来利润1 000万元

因为甲公司从2001年1月1日起享受乙公司的全部利润分配权,且设乙公司分红没

有超过2001年全年净利润,会计分录为:

借:银行存款　　　　　　　　　　　　10 000 000
　　贷:长期股权投资——(损益调整)　　　　　　　10 000 000

③年末进行损益调整
借:长期股权投资——乙公司(损益调整)　8 000 000
　　贷:投资收益　　　　　　　　　　　　　　　　8 000 000

④年末摊销股权投资差额
2001年年末应摊销额 = 3 100 ÷ 10 ÷ 12 × 3 = 77.5(万元)
借:投资收益　　　　　　　　　　　　775 000
　　贷:长期股权投资——乙公司(股权投资差额)　　775 000

2002年年末应摊销额 = 3 100 ÷ 10 ÷ 12 × 12 = 310(万元)
借:投资收益　　　　　　　　　　　　3 100 000
　　贷:长期股权投资——乙公司(股权投资差额)　　3 100 000

案例 2

(1)财产清查的会计分录:
①原材料
借:原材料　　　　　　　　　　　　　1 000
　　贷:待处理财产损溢　　　　　　　　　　　　　1 000
借:待处理财产损溢　　　　　　　　　1 000
　　贷:管理费用　　　　　　　　　　　　　　　　1 000
借:待处理财产损溢　　　　　　　　　2 340
　　贷:应交税金——应交增值税(进项税额转出)　　340
　　　　原材料　　　　　　　　　　　　　　　　2 000
借:管理费用　　　　　　　　　　　　2 340
　　贷:待处理财产损溢　　　　　　　　　　　　　2 340

　　原材料实际成本 = 239 000 × (1 - 1%) = 236 610(元)
　　原材料市价 = 225 000(元)
　　原材料跌价损失 = 236 610 - 225 000 = 11 610(元)

借:管理费用　　　　　　　　　　　　11 610
　　贷:存货跌价准备　　　　　　　　　　　　　　11 610

②在产品
借:待处理财产损溢　　　　　　　　　47 975
　　贷:生产成本　　　　　　　　　　　　　　　　45 000
　　　　应交税金——应交增值税(进项税转出)　　2 975

说明:∵材料占70 000元,即 $\frac{70\,000}{180\,000} = 39\%$

∴进项税额转出 = 45 000 × 39% × 17% = 2 983.50(元)

③固定资产

借:待处理财产损溢　　　　　　　　20 000
　　累计折旧　　　　　　　　　　　42 000
　　贷:固定资产　　　　　　　　　　　　　　62 000
借:营业外支出　　　　　　　　　　20 000
　　贷:待处理财产损溢　　　　　　　　　　　20 000
借:固定资产　　　　　　　　　　　32 000
　　贷:累计折旧　　　　　　　　　　　　　　19 200
　　　　待处理财产损溢　　　　　　　　　　12 800
借:待处理财产损溢　　　　　　　　12 800
　　贷:营业外收入　　　　　　　　　　　　　12 800

(2)资产评估结果的会计分录:(补充:资产评估目的为进行股份制企业改组)

借:固定资产　　　　　　　　　　230 000
　　无形资产　　　　　　　　　　 50 000
　　贷:原材料　　　　　　　　　　　　　　　19 000
　　　　库存商品　　　　　　　　　　　　　30 000
　　　　资本公积　　　　　　　　　　　　154 770
　　　　递延税款　　　　　　　　　　　　 76 230

案例3

(1)资产评估结果的会计处理:

①会计分录

借:固定资产　　　　　　　　　1 000 000
　　短期投资　　　　　　　　　　 20 000
　　原材料　　　　　　　　　　　200 000
　　贷:库存商品　　　　　　　　　　　　　200 000
　　　　资本公积　　　　　　　　　　　　683 400
　　　　递延税款　　　　　　　　　　　　336 600

②调整后的科目余额表

项　目	金额(元)	项　目	金额(元)
现金	30 000	短期借款	2 700 000
银行存款	500 000	应付账款	1 400 000
短期投资	520 000	其他应付款	400 000
应收账款	500 000	长期借款	8 000 000
减:坏账准备	30 000	实收资本	7 000 000
原材料	1 200 000	资本公积	1 583 400
库存商品	1 800 000	盈余公积	300 000
固定资产	21 000 000	未分配利润	800 000
减:累计折旧	3 000 000	递延税款	336 600
合　计	22 520 000	合　计	22 520 000

(2)净资产 = 7 000 000 + 1 583 400 + 300 000 + 800 000 = 9 683 400(元)

应折合的股份数为 9 683 400 股

对外发行的股份数 = 20 000 000 – 9 683 400 = 10 316 600(股)

(3)结束旧账

借:短期借款	2 700 000
应付账款	1 400 000
其他应付款	400 000
长期借款	8 000 000
实收资本	7 000 000
资本公积	1 583 400
盈余公积	300 000
未分配利润	800 000
递延税款	336 600
坏账准备	30 000
累计折旧	3 000 000
贷:现金	30 000
银行存款	500 000
短期投资	520 000
应收账款	500 000
原材料	1 200 000
库存商品	1 800 000
固定资产	21 000 000

建立新账

借:现金	30 000
银行存款	500 000
短期投资	520 000
应收账款	500 000
原材料	1 200 000
库存商品	1 800 000
固定资产	21 000 000
贷:短期借款	2 700 000
应付账款	1 400 000
其他应付款	400 000
长期借款	8 000 000
实收资本	7 000 000
资本公积	1 583 400
盈余公积	300 000
未分配利润	800 000
递延税款	336 600

| 坏账准备 | 30 000 |
| 累计折旧 | 3 000 000 |

第四章 流动资产评估

一、单项选择题

1. A 2. A [$500\,000 \times (1 + 10‰ \times 6.5) = 532\,500$ 元]

3. A [$(1 - \frac{710}{7\,200}) \times 200(万元)] = 180.28(万元)(即 1\,802\,777.77 元)$

4. C $800 - 800 \times 6\% \div 30 \times 150 = 776(万元)$ 5. C [$1\,200 \times (1 - \frac{6}{12}) = 600$ 元]

6. B [$180 \times 194 \times (70\% \times 1.2 + 30\% \times 1.08) = 40\,646.88$ 元]

7. C [$90 \times (1 - \frac{3}{6}) = 45$ 万元]

8. A 9. B 10. D

二、多项选择题

1. AB 2. AB 3. CD 4. AC 5. ABD 6. ABCDE 7. CE 8. AD 9. CDE 10. AC

三、判断题

1. √ 2. ×(不包括原材料) 3. ×(可以合并评估) 4. √

5. ×(不应影响评估结果)

6. √ 7. √ 8. ×(应以现行市价为评估值) 9. √ 10. ×(应为 0)

四、案例分析

1. 库存现金与日记账无误，评估值应确认为 5 000 元。

2. 银行存款日记账与银行对账单余额不符，应以调整未达账项后的实有数确认评估值。

银行存款余额调节表

项目	金额	项目	金额
企业银行存款日记账余额	380 000	银行对账单余额	372 000
加：银行已收，企业未收	42 000	加：企业已收，银行未收	46 000
减：银行已付，企业未付	15 000	减：企业已付，银行未付	11 000
调节后余额	407 000	调节后余额	407 000

银行存款评估价值应为 407 000 元。

3. 应收账款按函询查核后的核实数确认，即余额应为 600 000 元，预计发生的坏账为：

$108\,000 \times 1\% + 20\,000 \times 5\% + 142\,000 \times 10\% + (272\,000 - 30\,000) \times 20\% + 78\,000 \times 30\% + 10\,000 \times 40\% = 92\,080(元)$

应收账款评估价值 $= 600\,000 - 92\,080 = 507\,920(元)$

4. 应收票据评估价值

$200\,000 - 200\,000 \times 6‰ \times 4 = 195\,200(元)$

5. 待摊费用评估价值

①应预留财产保险费(评估价值) = 50 000 ÷ 12 × 11 = 45 833.33(元)

②应预留仓库租金(评估价值) = 70 000 ÷ 7 ÷ 12 × 59 = 49 166.67(元)

6. 库存材料评估价值

2 000 × (300 + 500) = 1 600 000(元)

7. 库存商品评估价值

2 000 × 1 000 × (40% × 0.9 + 60% × 1.5) = 2 520 000(元)

8. 流动资产评估价值合计

5 000 + 407 000 + 507 920 + 195 200 + 45 833.33 + 49 166.67 + 1 600 000 + 2 520 000
= 5 330 120(元)

第五章 固定资产评估(一)：机器设备评估

一、单项选择题

1. C (1 − 2/8 = 75%)

2. A ($\frac{4\,000}{5\,000} \times 50\,000 = 40\,000$ 元)

3. D ($\frac{40 \times 300}{25} = 480$ 万元)

4. D ($20 \times \frac{180}{120\%} = 30$ 万元)

5. B (100 000 × 1.4641 × 1.1664 × 6 + 20 000 × 1.1664 × 2 = 1 071 294 元)

6. B ($10 \times \frac{1\,000}{2\,000} = 5$ 万元)

7. B

8. D ($\frac{6+4}{12+4} = 62.5\%$)

9. A 10. B 11. C 12. C 13. B 14. D 15. D 16. D 17. A

18. B 设备重置成本 = 20 × (1 + 4%)³ = 22.5(万美元)

  人民币总值 = 22.5 × 8.5 = 191.23(万元)

  其他费用 = 135 − 20 × 5.8 = 19(万元)

  其他费用现值 = 19 × 110% = 20.9(万元)

  重置成本合计 191.23 + 20.9 = 212.13(万元)

19. B 20. A 21. C 22. C 23. D 24. C 25. B 26. B 27. D 28. B 29. C 30. C

二、多项选择题

1. ABE 2. ABD 3. ABC 4. AC 5. BD 6. ABC 7. ACD 8. ABE 9. BDE 10. AB

11. BC 12. ABE 13. BD 14. ABCD 15. ABCDE 16. AC 17. BC 18. AC 19. ABC

20. ABC

三、判断题

1. ×（不应考虑） 2. √ 3. ×（重置成本法不适用于非续用设备） 4. √ 5. √ 6. √
7. ×（适宜采用修复法） 8. ×（应为复原重置成本大于更新重置成本的差额） 9. √
10. ×（应以扣除贬值后余额乘以经济性贬值率求出）

四、案例分析

案例1

(1) 根据题目已知资料应选用重置成本法，因为单台设备为非现金产出单元，难以预测收益，不宜采用收益现值法。题目没有提供市场相同设备或参照物资料，难以采用市价法。该企业为持续经营企业；不能采用清算价格法。又因为被评估设备已使用多年，不宜采用历史成本法，故应选用重置成本法为宜。

(2) 成新率的计算

投资日期	原投资额	价格变动系数	现行成本	年 数	加权平均成本
1993	500 000	1.85	925 000	8	7 400 000
1995	50 000	1.59	79 500	6	477 000
1998	30 000	1.26	37 800	3	113 400
合计	580 000		1 042 300		7 990 400

$$\text{加权平均年限} = \frac{7\,990\,400}{1\,042\,300} = 7.67(年)$$

$$\text{成新率} = \frac{5}{7.67 + 5} = 39.46\%$$

(3) 功能性贬值 = $10\,000 \times 12 \times (1.2 - 0.8) \times (1 - 33\%) \times 3.7908 = 121\,912.13$(元)

(4) 评估价值

由于题目没有给出重置成本，应以1998年现行成本为重置成本

评估价值 = $1\,042\,300 \times 39.46\% - 121\,912.13$

$= 289\,379.45$(元)

(5) 会计不能根据评估结果登记入账，因为评估后资产所有权并无实质性变动，评估结果只能作为企业资产实有价值的参考而不能作为入账依据。

案例2

(1)~(2)略

(3) ①重置成本

由于评估时生产厂家已不再生产被评估资产，应取替代设备的CIF价格比较合理，即被评估设备的CIF价格为30万元。

设备重置价 = 30万英镑 ÷ 1.4 × 8 = 171.43(元)

银行手续费 = 30 ÷ 1.4 × 8 × 0.8% = 1.37(万元)

国内运杂费 = (171.43 + 1.37) × 3% = 5.18(万元)

进口设备重置成本 = 171.43 + 1.37 + 5.18 = 177.98(万元)

②成新率 = $\frac{5}{5+6} = 45\%$

③功能性贬值 $20\ 000 \times (1 - 33\%) \times (P/A, 10\%, 5) = 13\ 400 \times 3.7908 = 5.08(万元)$

④评估价值 $= 177.98 \times 45\% - 5.08 = 75.011(万元)$

(4) 借：长期股权投资　　　　　　　　　　70 万元
　　　　累计折旧　　　　　　　　　　　　30 万元
　　　　贷：固定资产　　　　　　　　　　　　　100 万元

(5) 借：固定资产　　　　　　　　　　　　75.011 万元
　　　　贷：实收资本　　　　　　　　　　　　　75.011 万元

案例 3

(1) 重置成本 $= 100\ 000 \times (1 + 10\%)^{10} + 50\ 000 \times (1 + 10\%)^5$
　　　　　　$= 100\ 000 \times 2.5937 + 50\ 000 \times 1.6105$
　　　　　　$= 339\ 895(元)$

(2) 有形损耗率 $= \dfrac{已使用年限}{已使用年限 + 尚可使用年限}$

已使用年限 $= \dfrac{100\ 000 \times (1 + 10\%)^{10} \times 10 + 50\ 000 \times (1 + 10\%)^5 \times 5}{339\ 895}$

　　　　　　$= 8.82(年)$

又因为实际利用率仅为正常利用率的 50%，所以

有形损耗率 $= \dfrac{8.82 \times 50\%}{8.82 \times 50\% + 5} = 46.87\%$

(3) 功能性贬值 $= 1\ 000 \times 12 \times (1 - 33\%) \times (P/A, 10\%, 5)$
　　　　　　　$= 1\ 000 \times 12 \times (1 - 33\%) \times 3.7908$
　　　　　　　$= 30\ 478.03(元)$

(4) 由于在未来 5 年中设备利用率能达到设计要求，所以
经济性贬值额 $= 0$

经济性贬值率 $= [(1 - \dfrac{预计可被利用生产能力}{设备原设计生产能力})^x] 100\% = 0$

(5) 评估价值 $= 339\ 895 \times (1 - 46.87\%) - 30\ 478$
　　　　　　$= 150\ 108.21(元)$

案例 4

(1) 调整差额

①年生产能力的差额

A. 被评估设备与参照物 I 的生产能力相比

生产能力差额 $= (7 万 - 6 万) \times 30 = 30(万元)$

若考虑成新率因素，实际差额 $= 30 万 \times 80\% = 24(万元)$

B. 被评估设备与参照物 II 的生产能力相比

生产能力差额 $= (7 万 - 8 万) \times 30 = -30(万元)$

若考虑成新因素，实际差额 $= -30 万 \times 80\% = -24(万元)$

②自动化程度差额

A. 劳动生产率计算

参照物Ⅰ劳动生产率定额为 $\frac{60\,000}{125} = 480$(台/人年)

参照物Ⅱ劳动生产率定额为 $\frac{80\,000}{160} = 500$(台/人年)

被评估设备劳动生产率定额为 $\frac{70\,000}{140} = 500$(台/人年)

B. 自动化程度差额

被评估设备与参照物Ⅰ的差额现值,由于 $\frac{70\,000}{480} - 140 = 5.8$ 人,即被评估设备比参照物节约 6 人,故差额为 $6 \times 8\,000 \times (1 - 33\%) \times (P/A, 10\%, 9) = 32\,160 \times 5.759 = 185\,209.44$(元)(节约)

被评估设备与参照物Ⅱ差额现值,由于被评估设备与参照物Ⅱ的劳动生产率相同,所需人数相同,故不存在差额。

③价格变动因素调整

被评估设备与参照物Ⅰ相比,相差 4 个月,价格指数上升 2%(0.5% × 4),其差额为 100 万 × 2% = 2(万元)

被评估设备与参照物Ⅱ相比相差 10 个月,价格指数上升 5%(0.5% × 10)其差额为 250 万 × 5% = 12.5(万元)

(2)评估价值的计算

a)与参照物Ⅰ相比,分析调整差额的初步评估结果为

由评估值 = 1 000 000 + 240 000 + 185 209.44 + 20 000 = 1 445 209.44(元)

b)与参照物Ⅱ相比分析调整差额的初步评估结果为:

评估值 = 2 500 000 - 240 000 + 125 000 = 2 385 000(元)

c)加权平均评估价值 = 1 445 209.44 × 60% + 2 385 000 × 40% = 1 821 125.66(元)

(3)对外投资企业会计分录

借:长期股权投资   10 000 000
    累计折旧   8 000 000
  贷:固定资产   18 000 000

接受投资企业会计分录

借:固定资产   1 821 125.66
  贷:实收资本   182 125.66

第六章 固定资产评估(二):房地产评估

一、单项选择题

1.C (容积率 = $\frac{建筑面积}{占地面积}$ 建筑面积 = 1 000 × 0.6 = 600 m²

总建筑面积 = 占地面积 × 容积率 = 1 000 × 0.5 = 5 000 m²,最接近为 C)

2. C

3. B （房地合一收益 3 000×12－8 000＝28 000元
    土地使用权收益 1 200×200×8%＝19 200元
    建筑物收益 28 000－19 200＝8 800元）

4. B

5. D [20×(P/A,10%,10)＝20×6.145＝123(万元)]

6. B ∵均匀投入,应按建设期一半计算,所有开发费均应计算
    ∴利息＝1000万×1%×12＝120万元

7. A

8. B [80万×(1＋3%)×(1＋3%)(1＋2%)＝87万元]

9. B [5×(P/A,10%,3)＝5×2.487＝12.43(万元)]

10. A 11. C 12. A 13. B 14. C 15. C 16. C 17. C

18. A $[300 \times \frac{1}{2} \times [(1+9\%)^{2.5}-1] + 300 \times \frac{1}{4} \times [(1+10\%)^{1.5}-1] + 300 \times \frac{1}{4} \times [(1+11\%)^{0.5}-1] = 51.75 万元]$

19. B 20. A 21. A 22. C

23. A $[\frac{1-\frac{1}{(1+r)^m}}{1-\frac{1}{(1+r)^n}} = \frac{1-\frac{1}{(1+8\%)^{10}}}{1-\frac{1}{(1+8\%)^{15}}} = 0.7839,$
    $0.7839 \times (1+1.5\%) = 0.7956]$

24. D $[\frac{1-\frac{1}{(1+8\%)^{30}}}{1-\frac{1}{(1+8\%)^{25}}} = 1.054]$

25. C $[\frac{18}{8\%+1\%} \times [1-(\frac{1-1\%}{1+8\%})^{10}] = 116(万元)]$

26. A $[3 \times \frac{1}{(1+1\%)} + 2 \times \frac{1}{(1+10\%)^2} + 1 \times \frac{1}{(1+10\%)^3} + \frac{1}{(1+10\%)^3} \times \frac{1}{(1+10\%)^3}$
    $= 28(万元)]$

27. C （20万×12－5万×12－1 000×10%＝80万元）

28. B

29. B $(\frac{1\,200+1\,000 \times 9}{2\,000} = 5.1)$

30. A （建筑面积＝容积率×占地面积＝4×2 000＝8 000m²
    总地价＝1 000×2 000＝2 000 000元）
    楼面地价＝$\frac{2\,000\,000}{8\,000}$＝250元/m²

31. C 32. C

33. B [1 000 000万×(1＋11.7%)×(1＋17%)×(1＋30.5%)×(1＋6.9%)×
    (1＋4.8%)＝1 910 000元]

34. B　租金收入现值 = 300 × (P/A,10%,3) = 300 × 2.4869 = 746元

出售收入现值 = $3\,500 \times \dfrac{1}{(1+10\%)^3} = 2629.6$ 元

单价 = 746 + 2629.6 = 3 375元/m²

35. B　36. A　37. A　38. C　39. B　40. C

二、多项各选择题

1. ABCDE　2. ABCD　3. ABCD　4. BC　5. ADE　6. BE　7. ABCDE　8. BD　9. BC
10. ABCE　11. ABC　12. ABC　13. ACD　14. ACDE　15. AB　16. ABCD　17. ABC
18. ACE　19. AE　20. ABC　21. ABD　22. BCE

三、判断题

1. ×（不一定）　2. √　3. ×（所有权不流通）　4. ×（应由国务院确定）
5. ×（称为市场交易价）　6. √　7. ×（应为开发期的一半）　8. √
9. ×（路线估价法适用于大片土地的评估）　10. ×（称为预期开发法）
11. √　12. √　13. ×（不能采用）　14. ×（应为合理的尚可使用年限）
15. ×（称为功能性贬值）

四、案例分析

案例 1

(1) 略

(2) 若采用折现方法时，向银行借款的利息不用计入评估价格，这是因为确定折现率时已考虑利息因素，不能重复计算。

(3) 略

(4) 预期开发法进行评估

① 总收入 = $4\,000 \times 1\,000 \times \dfrac{1}{(1+10\%)^2} + 2\,000 \times 6\,000 \times \dfrac{1}{(1+10\%)^2} = 13\,224\,000$(元)

② 总建筑费用

$= 5\,000\,000 \times 60\% \times \dfrac{1}{(1+10\%)^{0.5}} + 5\,000\,000 \times 40\% \times \dfrac{1}{(1+10\%)^{1.5}}$

$= 4\,593\,956.11$(元)

③ 专业费用 = 4 593 956.11 × 6% = 275 637.37(元)

④ 租金费用及税金 = 13 224 000 × 5% = 661 200(元)

⑤ 投资利润 = (地价 + 总建筑费 + 专业费用) × 20%

$\qquad$ = 地价 × 20% + (4 593 956.11 + 275 637.37) × 20%

$\qquad$ = 地价 × 20% + 973 918.70

⑥ 总地价 = $\dfrac{13\,224\,000 - 4\,593\,956.11 - 275\,637.37 - 661\,200 - 973\,918.70}{1+20\%}$

$\qquad$ = 5 599 406.52（元）

土地单价 = $\dfrac{5\,599\,406.52}{1\,000}$ = 5 599.41(元)

楼面地价 = $\dfrac{5\,599.41}{7}$ = 799.92(元)

(5)某企业会计分录

(设某企业原土地使用权账面价值为300万元。)

借:长期股权投资　　　　　　　　　　　3 000 000
　　贷:无形资产——土地使用权　　　　　　　　3 000 000

甲企业会计分录

借:无形资产——土地使用权　　　　　　5 599 406.52
　　贷:实收资本　　　　　　　　　　　　　　5 599 406.52

案例2

宗地价值 = 路线价 × 深度指数 × 宗地面积

$2\,000 \times (140\% \times 20 \times 4 + 135\% \times 20 \times 4 + 130\% \times 20 \times 4 + 120\% \times 20 \times 4 + 110\% \times 20 \times 4 + 100\% \times 20 \times 4) = 2\,000 \times 700 = 1\,176\,000(元)$

案例3

(1)旅馆现值 = $18\,000 \times 18\,000 \times (1-10\%) \times (1+10\%)^{-2} = 240\,978\,240(元)$

(2)商餐、健身娱乐用房现值

$(6\,000 + 6\,000) \times 16\,000 \times (1-10\%) \times (1+10\%)^{-2} = 142\,801\,920(元)$

合计:$240\,978\,240 + 142\,801\,920 = 383\,780\,160(元)$

(3)物业出租收益现值

$100 \times (40\,000 + 10\,000) \times (1-20\%) \times 75\% \times (1-10\%) \times 12 \times \dfrac{1}{10\%} \times$

$\left[1 - \dfrac{1}{(1+10\%)^{40}}\right] \times \dfrac{1}{(1+10\%)^{20}} = 32\,400\,000 \times 9.779 \times 0.8264 = 261\,836\,245.4(元)$

(4)项目开发总收入

$383\,780\,160 + 261\,836\,245.4 = 645\,616\,405.4(元)$

(5)①项目开发总成本 = 建筑费

$(4\,800 \times 80\,000 \times 60\%) \times (1+10\%)^{-0.5} + (4\,800 \times 80\,000 \times 40\%) \times (1+10\%)^{-1.5}$

$= 230\,400\,000 \div 1.05 + 153\,600\,000 \div 1.15$

$= 219\,428\,571 + 133\,565\,217$

$= 352\,993\,789(元)$

②专业费用及其他费用 = $352\,993\,789 \times 10\% = 35\,299\,379(元)$(建筑费 × 10%)

③投资利息因在项目收入及项目开发费用方面都将其换算为现值,故不再考虑投资利息

④开发商利润 = (地价 + 建筑费 + 专业费) × 年利率

　　　　　　= (地价 + 352 993 789 + 35 299 379) × 20%

　　　　　　= (地价 + 388 293 168) × 20%

　　　　　　= 地价 × 20% + 388 293 168 × 20%

　　　　　　= 地价 × 20% + 77 658 634

⑤各种税费 = 项目开发总收入 × 10%

$= 645\ 616\ 405.4 \times 10\% = 64\ 561\ 640.54\ (元)$

⑥地价 = 项目开发总收入 – 建筑费 – 专业及其他费用 – 开发商利润 – 各种税费

地价 = $645\ 616\ 405.4 - 352\ 993\ 789 - 35\ 299\ 379 - 地价 \times 20\% - 77\ 658\ 634 - 64\ 561\ 640.54$

地价 = $\dfrac{115\ 102\ 962.9}{(1+20\%)} = 95\ 919\ 135.71\ (元)$

a. 土地单价 = $\dfrac{95\ 919.7}{1} = \dfrac{95\ 919\ 135.7}{1} = 9\ 591.91(元)$

b. 楼面单价 = $\dfrac{95\ 919\ 135.7}{80\ 000} = 1\ 198.99(元)$

案例 4

①土地资产的市场价值为:$900 \times 600 = 540\ 000(元)$

②建筑物的重置成本为:$1\ 800 \times 1\ 000 = 1\ 800\ 000(元)$

③建筑物的成新率为:$\dfrac{60}{20+60} \times 100\% = 75\%$

④建筑物的功能性贬值为:$1\ 800 \times 50 = 90\ 000(元)$

⑤建筑物的评估值 = 重置成本 × 成新率 – 功能性贬值

$\qquad = 1\ 800\ 000 \times 75\% - 90\ 000$

$\qquad = 1\ 260\ 000(元)$

⑥该房地产价值 = 建筑物的评估价值 + 土地使用权评估价值

$\qquad = 1\ 260\ 000 + 540\ 000$

$\qquad = 1\ 800\ 000(元)$

第七章 其他长期资产评估

一、单项选择题

1. B 2. D 3. B

4. B 股利额 = $90 万 \times 10\% = 9 万$

　增长率 = $20\% \times 15\% = 3\%$

　评估值 = $9 万 / (12\% - 3\%) = 100(万元)$

5. C 6. B 7. C 8. A 9. D 10. C

11. A $[1\ 000 \times 10\ 000 \times 10\% \times 30\% \times (P/A,10\%,3) = 746\ 070\ 元]$

12. A 13. D 14. B 15. C ($\dfrac{1\ 000 万}{2\ 000 万} = 0.5$) 16. C 17. D

18. B ($100 \times 1\ 000 \times (1+17\%) = 117\ 000\ 元$)

19. D ($10\ 000 \times (1+10\% \times 4) \times \dfrac{1}{(1+10\%)^1} = 12\ 727.27\ 元$)

20. B

21. C ($200 万 \times 5\% \times (P/A,12\%,5) = 200 万 \times 5\% \times 3.6048 = 360\ 480\ 元$)

22. A 23. B 24. B 25. B 26. B ($\dfrac{3}{5+3} = 37.5\%$) 27. D 28. C 29. B 30. B

二、多项选择题

1. BC 2. ABCDE 3. BCD 4. AC 5. BCD 6. AB 7. BC 8. BCDE 9. ABC 10. BD
11. BCE 12. BE 13. BCD 14. BCD 15. ABDE

三、判断题

1. ×（应采用市价法） 2. ×（应按收盘价） 3. √ 4. √ 5. √
6. ×（无形资产不存在实体性贬值） 7. √ 8. √ 9. ×（不完整的） 10. √
11. ×（应以收入为基数） 12. ×（应根据实际生产和销售而定）
13. ×（应为6年）
14. ×（无论是否控股，均应单独计算评估值） 15. √

四、案例分析

案例 1

① 分成率

专利重置成本 = 80 × (1 + 10%) = 88(万元)

甲企业专利约当投资量 = 88 × (1 + 400%) = 440(万元)

乙资产约当投资量 = 4 000 × (1 + 12.5%) = 4 500(万元)

利润分成率 = $\frac{440}{4\,500 + 440}$ = 8.9%

② 评估值

每年利润额：第1、2年　(500 - 400) × 20 = 2 000(万元)

　　　　　　第3、4年　(450 - 400) × 20 = 1 000(万元)

　　　　　　第5年　　(430 - 400) × 20 = 600(万元)

每年分成额：第1、2年　2 000 × 8.9% = 178(万元)

　　　　　　第3、4年　1 000 × 8.9% = 89(万元)

　　　　　　第5年　　600 × 8.9% = 53.4(万元)

评估值 = $178 \times \frac{1}{(1+10\%)} + 178 \times \frac{1}{(1+10\%)^2} + 89 \times \frac{1}{(1+10\%)^3} + 89 \times + \frac{1}{(1+10\%)^4}$

　　　 $54.3 \times \frac{1}{(1+10\%)^5}$ = 470.29(万元)

③ 会计分录

甲企业：借：银行存款　　　　　　　4 702 900

　　　　　贷：无形资产　　　　　　　　　　800 000

　　　　　　　营业外收入　　　　　　　　3 902 900

乙企业：借：无形资产　　　　　　　4 702 900

　　　　　贷：银行存款　　　　　　　　　　4 702 900

案例 2

① 成新率 = $\frac{6}{6+2} \times 100\%$ = 75%

② 完全重置成本 87 800 × (1 + 5%)(1 + 8%) = 99 565(元)

③ 评估价值 = 99 565 × 75% = 74 673.75(元)

案例 3

① 每年新增利润

第一年：$40 \times 5 = 200$(万元)

第二年：$45 \times 5 = 225$(万元)

第三年：$55 \times 5 = 275$(万元)

第四年：$60 \times 5 = 300$(万元)

第五年：$65 \times 5 = 325$(万元)

② 每年新增利润折现值(整付现值系数)

第一年：$200 \times \dfrac{1}{(1+14\%)} = 200 \times 0.8772 = 175.44$(万元)

第二年：$225 \times \dfrac{1}{(1+14\%)^2} = 225 \times 0.7695 = 173.14$(万元)

第三年：$275 \times \dfrac{1}{(1+14\%)^3} = 275 \times 0.6750 = 185.63$(万元)

第四年：$300 \times \dfrac{1}{(1+14\%)^4} = 300 \times 0.5921 = 177.63$(万元)

第五年：$325 \times \dfrac{1}{(1+14\%)^5} = 325 \times 0.519 = 168.68$(万元)

5年现值合计 $175.44 + 173.14 + 185.63 + 177.63 + 168.68 = 880.52$(万元)

注册商标使用权价值 $= 880.52 \times 27\% \approx 237.74$(万元)

③ 会计分录

甲企业：借：银行存款　　　　　　　　　　2 377 400

　　　　　贷：其他业务收入　　　　　　　　　　　2 377 400

乙企业：借：管理费用　　　　　　　　　　2 377 400

　　　　　贷：银行存款　　　　　　　　　　　　　2 377 400

案例 4

(1) 计算其预测期内前5年中每年的超额利润为 $150 \times 0.5 = 75$(万元)

(2) 确定该项商标权价值为：

$75 \times \dfrac{(1+10\%)^5 - 1}{10\% \times (1+10\%)^5} + 32 \times \dfrac{(1+10\%)^5 - 1}{10\% \times (1+10\%)^5} \times \dfrac{1}{(1+10\%)^5}$

$= 75 \times 3.7908 + 32 \times 3.7908 \times 0.6209$

$= 284.31 + 75.3187 = 359.6287$(万元) ≈ 359.63(万元)

由此确定该商标权转让评估值为 359.63 万元

会计分录

　　A企业：借：银行存款　　　　　　　　　359.63 万

　　　　　　贷：无形资产　　　　　　　　　　　150 万

　　　　　　　　应交税金——应交营业税　　　　17.95 万

　　　　　　　　营业外收入　　　　　　　　　191.05 万

　　B企业：借：无形资产　　　　　　　　　359.63 万

　　　　　　贷：银行存款　　　　　　　　　　359.63 万

案例 5

(1) 债券到期值 = 50 000 × (1 + 3 × 15%) = 72 500(元)

债券评估值 = 72 500 × (1 + 14%)$^{-2}$ = 72 500 × 0.7695 = 55 789(元)

(2) 非上市普通股评估值 16% × 10 000 ÷ 12% = 13 333(元)

(3) 优先股评估值 = 100 × 100 × 17% ÷ (10% + 5%) = 11 333(万元)

(4) 对 C 企业投资评估值 = 300 000 × (P/A, 15%, 8) + 105 000 × (F/A, 15%, 8)

$$= 300\,000 × 20\% × 4.4873 + 105\,000 × 0.3269 = 303\,562.5(元)$$

(5) 甲企业评估总值 = 55 789 + 13 333 + 113 330 000 + 303 562.5 = 113 703 684.5(元)

第八章 人力资源评估

一、单项选择题

1. C   2. D   3. D   4. B   5. D

二、多项选择题

1. ABCDE   2. ABC   3. BE

三、判断题

1. √   2. ×（困难在于人力资源使用权和处分权受其载体的影响）   3. √

四、案例分析

案例 1

$$人力资源评估价值 = 900 × \frac{1}{5.1\%} × \left[1 - \frac{1}{(1+5.1\%)^{10}}\right] × \frac{\frac{5 × 9.6\%}{8\%} + \frac{4 × 9.2\%}{8.5\%} + \frac{3 × 8.8\%}{9\%} + \frac{2 × 7.2\%}{8.6\%} + \frac{1 × 8.6\%}{8.8\%}}{15}$$

$$= 6\,915.94 × 1.06 = 7\,330.89(万元)$$

案例 2

人力资源评估价值 = [(450 - 430) + (340 - 228) + (235 - 225)

+ (238 - 325) + (120 - 132)] × 40%

= 17.2(万元)

第九章 企业整体价值评估

一、单项选择题

1. D

2. A $\left(10 × \dfrac{1}{(1+11\%)} + 25 × \dfrac{1}{(1+11\%)^2} + 32 × \dfrac{1}{(1+11\%)^3} + 32 × \dfrac{1}{(11\% - 3\%)} × \dfrac{1}{(1+11\%)^3} = 345.17(万元)\right)$

3. D 4. C （自有资本回报率 =（12% - 8%）× 0.8 + 8% = 11.2%
      折现率 = 60% × 11.2% + 40% × 10% = 10.72%）

5. C 6. D 7. A 8. B 9. C

10. A （①现值 $100 \times \frac{1}{(1+10\%)} + 120 \times \frac{1}{(1+10\%)^2} + 150 \times \frac{1}{(1+10\%)^3} + 160 \times$
$\frac{1}{(1+10\%)^4} + 200 \times \frac{1}{(1+10\%)^5} = 536.23$（万元）

②已知现值求年金,年金 $= 536.23 \times \frac{1}{P/A,10\%,5} = 536.23 \times \frac{1}{3.7908}$
$= 141.46$（万元）

③永久年金现值 $= 141.46/10\% = 1\ 414$（万元）

11. C $100 \times \frac{1}{(1+10\%)} + 120 \times \frac{1}{(1+10\%)^2} + 150 \times \frac{1}{(1+10\%)^3} + 160 \times \frac{1}{(1+10\%)^4}$
$+ 200 \times \frac{1}{(1+10\%)^5} + 200/10\% \times \frac{1}{(1+10\%)^5} = 1\ 778$（万元）

12. B （12% - 10%）× 1.5 + 10% = 13%）

13. A 14. D 15. A （32/20% = 160 万元）

16. B （$\frac{16}{2\%}$ = 80 万，80 - 60 = 20 万元）

17. B 18. B

二、多项选择题

1. ACD 2. DE 3. ABCD 4. BCDE 5. ABCDE 6. BCDE 7. BDE

8. BC 9. AC 10. CD 11. BCD 12. BD 13. BD 14. ACE 15. CD

三、判断题

1. ×（应为未来获利能力） 2. √ 3. ×（作为永久年金） 4. √ 5. √

6. ×（无需评估） 7. ×（应考虑或有负债） 8. ×（β = $\frac{创业平均收益率}{社会平均收益率}$）

9. √ 10. ×（应采用综合评估方法）

四、案例分析

(1) 应以现金流量较为客观,因为净利润是根据权责发生制计算,其中包括许多人为主观判断,而现金流量则是根据收付实现制计算的,相对比较客观和稳定。

(2) 对整体企业评估应选择收益现值法为宜,因为对于整体企业,在市场上难以寻找相应的参照物,难以运用市价法,运用成本法不够客观,而且,当整体企业评估时,可视为现金流量产出单元。

(3) 评估价值

①每年净现金流量

2002 年现金流量 = 759.7 + 385 - 655.2 = 489.5（万元）

2003 年现金流量 = 805.5 + 410 - 425.4 = 790.1（万元）

2003 年现金流量 = 973.4 + 442 - 454.1 = 961.3（万元）

2004 年现金流量 = 984.1 + 475 - 521 = 938.1（万元）

2005年 现金流量 = 999.4 + 508 − 541 = 966.4(万元)

②净现值 = $489.5 \times \dfrac{1}{(1+9\%)} + 790.1 \times \dfrac{1}{(1+9\%)^2} + 961.3 \times \dfrac{1}{(1+9\%)^3} + 938.1 \times \dfrac{1}{(1+9\%)^4} + 966.4 \times \dfrac{1}{(1+9\%)^5} + 1000/9\% \times \dfrac{1}{(1+9\%)^5}$

= 3 148.7 + 7 222.22

= 10 370.92(万元)

③商誉:10 370.92 − 3 000 = 7 370.92(万元)

④会计分录:借:无形资产——商誉　　　　　7 370.92万元

　　　　　　贷:资本公积　　　　　　　　　　　　7 370.92万元

第十章　资产评估报告

一、单项选择题

1.D　2.A　3.D　4.B　5.C　6.A　7.B　8.C　9.A　10.D

二、多项选择题

1.ABCD　2.ABD　3.ABC　4.ABCDE　5.ABCD　6.ABC　7.ABD　8.CDE

9.ABCE　10.ACDE

三、判断题

1.√　2.×(应为资产评估机构和委托人)　3.√

4.×(目的在于落实评估目的、对象、范围及评估基准日)

5.√　6.×(除正文外,还应提供附件)　7.√　8.√

四、案例分析

评估报告中存在的问题:

1. 格式要素不齐

①缺少评估基准日

②缺少评估根据

③缺少评估原则

④缺少附件,其中评估说明应以附件形式

⑤缺少评估机构及评估人员签章

⑥缺少评估结果的有效期

2. 评估方法与计算公式有误

(1) 货币资金不能根据明细账账面评估,应与库存现金核对,与银行对帐单核对并调整未达账项后的实有数确认。

(2) 应收账款、预付账款属于债权性流动资产,存在回收风险。评估时应清查核实债权并判断分析可能收回的金额,而不能按明细账账面余额确认。

(3) 待摊费用应按预付费用与收益期间配比后剩余收益额确认。

(4) 低值易耗品不应按五五摊销法评估。

(5) 长期投资应说明评估计算过程,深发展股票增值应说明原因,广东电力债券减值应说明原因。

（6）电器设备评估重置成本法的计算不应取残值。设备的重置价查询不应取离评估基准日相差远的资料，应取评估基准日一年内的询价资料。

（7）建筑物重置成本法计算不应取残值。

（8）负债除考虑流动负债和长期负债等直接负债外，还应考虑或有负债，包括抵押、担保、商业承兑汇票贴现等，并应加以说明。

附录 Ⅱ

复利系数公式和复利系数表

1. 复利系数公式

上述的各种复利系数公式总结如下表：

复利系数名称	符 号	公 式
整付复本利系数	(F/P,i,n)	$(1+i)^n$
整付现值系数	(P/F,i,n)	$(1+i)^{-n}$ 或 $\dfrac{1}{(1+i)^n}$
年金复本利系数	(F/A,i,n)	$\dfrac{(1+i)^n-1}{i}$
基金年存系数	(A/F,i,n)	$\dfrac{i}{(1+i)^n-1}$
年金现值系数	(P/A,i,n)	$\dfrac{(1+i)^n-1}{i(1+i)^n}$
投资回报系数	(A/P,i,n)	$\dfrac{i(1+i)^n}{(1+i)^n-1}$

从上述公式中，可以清楚地看出各种系数之间的关系。在整付复本利系数和整付现值系数之间、年金复本利系数和基金年存系数之间、年金现值系数和投资回收系数之间，都存在着一种倒数关系。

2. 复利系数表

为了便于时间价值的换算，根据上述公式计算的6种复利系数见附表1~附表22。

附表1 1%复利系数表

年限	整付复本利系数 已知现值求将来值	整付现值系数 已知将来值求现值	年金复本利系数 已知年金求将来值	基金年存系数 已知将来值求年金	年金现值系数 已知年金求现值	投资回收系数 已知现值求年金
1	1.0100	0.9901	1.0000	1.0000	0.9901	1.0100
2	1.0201	0.9803	2.0100	0.4975	1.9704	0.5075
3	1.0303	0.9706	3.0301	0.3300	2.9410	0.3400
4	1.0406	0.9610	4.0604	0.2463	3.9020	0.2563
5	1.0510	0.9515	5.1010	0.1660	4.8534	0.2060
6	1.0615	0.9420	6.1520	0.1625	5.7955	0.1725
7	1.0721	0.9327	7.2135	0.1386	6.7282	0.1486
8	1.0829	0.9235	8.2857	0.1207	7.6517	0.1307
9	1.0937	0.9143	9.3685	0.1067	8.5660	0.1167
10	1.1046	0.9053	10.4622	0.0956	9.4713	0.1056
11	1.1157	0.8963	11.5668	0.0865	10.3676	0.0965
12	1.1268	0.8874	12.6825	0.0788	11.2551	0.0888
13	1.1381	0.8787	13.8093	0.0724	12.1337	0.0824
14	1.1495	0.8700	14.9474	0.0669	13.0037	0.0769
15	1.1610	0.8613	16.0969	0.0621	13.8650	0.0721
16	1.1726	0.8528	17.2579	0.0579	14.7179	0.0679
17	1.1843	0.8444	18.4304	0.0543	15.5622	0.0643
18	1.1961	0.8360	19.6147	0.0510	16.3983	0.0610
19	1.2081	0.8277	20.8109	0.0481	17.2260	0.0581
20	1.2202	0.8195	22.0190	0.0454	18.0456	0.0554
21	1.2324	0.8114	23.2392	0.0430	18.8570	0.0530
22	1.2447	0.8034	24.4716	0.0409	19.6604	0.0509
23	1.2572	0.7954	25.7163	0.0389	20.4558	0.0489

续上表

年限	整付复本利系数 已知现值求将来值	整付现值系数 已知将来值求现值	年金复本利系数 已知年金求将来值	基金年存系数 已知将来值求年金	年金现值系数 已知年金求现值	投资回收系数 已知现值求年金
24	1.2697	0.7876	26.9735	0.0371	21.2434	0.0471
25	1.2824	0.7798	28.3432	0.0354	22.0231	0.0454
26	1.2953	0.7720	29.5256	0.0339	22.7952	0.0439
27	1.3082	0.7644	30.8209	0.0324	23.5596	0.0424
28	1.3213	0.7568	32.1291	0.0311	24.3164	0.0411
29	1.3345	0.7493	33.4504	0.0299	25.0658	0.0399
30	1.3478	0.7419	34.7849	0.0287	25.8077	0.0387
31	1.3613	0.7346	36.1327	0.0277	26.5423	0.0377
32	1.3749	0.7273	37.4941	0.0267	27.2696	0.0367
33	1.3887	0.7201	38.8690	0.0257	27.9897	0.0357
34	1.4026	0.7130	40.2577	0.0248	28.7027	0.0348
35	1.4166	0.7059	41.6603	0.0240	29.4086	0.0340
40	1.4889	0.6717	48.8864	0.0205	32.8347	0.0305
45	1.5648	0.6391	56.4811	0.0177	36.0945	0.0277
50	1.6446	0.6080	64.4632	0.0155	39.1961	0.0255
55	1.7285	0.5785	72.8524	0.0137	42.1472	0.0237
60	1.8167	0.5504	81.6696	0.0122	44.9550	0.0222
65	1.9094	0.5237	90.9366	0.0110	47.6266	0.0210
70	2.0068	0.4983	100.6763	0.0099	50.1685	0.0199
75	2.1091	0.4741	110.9128	0.0090	52.5870	0.0190
80	2.2167	0.4511	121.6715	0.0082	54.8882	0.0182
85	2.3298	0.4292	132.9789	0.0075	57.0777	0.0175
90	2.4486	0.4084	144.8632	0.0069	59.1609	0.0169
95	2.5735	0.3886	157.3537	0.0064	61.1430	0.0164
100	2.7048	0.3697	170.4813	0.0059	63.0289	0.0159

附表2 2%复利系数表

年限	整付复本利系数	整付现值系数	年金复本利系数	基金年存系数	年金现值系数	投资回收系数
	已知现值求将来值	已知将来值求现值	已知年金求将来值	已知将来值求年金	已知年金求现值	已知现值求年金
1	1.0200	0.9804	1.0000	1.0000	0.9804	1.0200
2	1.0404	0.9612	2.0200	0.4851	1.9416	0.5151
3	1.0612	0.9423	3.0604	0.3268	2.8839	0.3468
4	1.0824	0.9238	4.1216	0.2426	3.8077	0.2626
5	1.1041	0.9057	5.2040	0.1922	4.7135	0.2122
6	1.1262	0.8880	6.3081	0.1585	5.6014	0.1785
7	1.1487	0.8706	7.4343	0.1345	6.4720	0.1545
8	1.1717	0.8535	8.5829	0.1165	7.3255	0.1365
9	1.1951	0.8368	9.7546	0.1025	8.1622	0.1225
10	1.2190	0.8203	10.9497	0.0913	8.9826	0.1113
11	1.2434	0.8043	12.1687	0.0822	9.7868	0.1022
12	1.2682	0.7885	13.4120	0.0746	10.5753	0.0946
13	1.2936	0.7730	14.6803	0.0681	11.3484	0.0881
14	1.3195	0.7579	15.9739	0.0626	12.1062	0.0826
15	1.3459	0.7430	17.2934	0.0578	12.8492	0.0778
16	1.3728	0.7284	18.6392	0.0537	13.5777	0.0737
17	1.4002	0.7142	20.0120	0.0500	14.2918	0.0700
18	1.4282	0.7002	21.4122	0.0467	14.9920	0.0667
19	1.4568	0.6864	22.8405	0.0438	15.6784	0.0638
20	1.4859	0.6730	24.2973	0.0412	16.3514	0.0612
21	1.5157	0.6598	25.7832	0.0388	17.0112	0.0588
22	1.5460	0.6468	27.2989	0.0366	17.6580	0.0566
23	1.5769	0.6342	28.8449	0.0347	18.2922	0.0547
24	1.6084	0.6217	30.4218	0.0329	18.9139	0.0529

续上表

年限	整付复本利系数 已知现值求将来值	整付现值系数 已知将来值求现值	年金复本利系数 已知年金求将来值	基金年存系数 已知将来值求年金	年金现值系数 已知年金求现值	投资回收系数 已知现值求年金
25	1.6406	0.6095	32.0302	0.0312	19.5234	0.0512
26	1.6734	0.5976	33.6708	0.0297	20.1210	0.0497
27	1.7069	0.5859	35.3442	0.0283	20.7069	0.0483
28	1.7410	0.5744	37.0511	0.0270	21.2812	0.0470
29	1.7758	0.5631	38.7921	0.0258	21.8443	0.0458
30	1.8114	0.5521	40.5679	0.0247	22.3964	0.0447
31	1.8476	0.5413	42.3793	0.0236	22.9377	0.0436
32	1.8845	0.5306	44.2269	0.0226	23.4683	0.0426
33	1.9222	0.5202	46.1114	0.0217	23.9885	0.0417
34	1.9607	0.5100	48.0336	0.0208	24.4985	0.0408
35	1.9999	05000	49.9943	0.0200	24.9986	0.0400
40	2.2080	0.4529	60.4017	0.0166	27.3554	0.0366
45	2.4378	0.4102	71.8924	0.0139	29.4910	0.0339
50	2.6916	0.3715	84.5790	0.0118	31.4236	0.0318
55	2.9717	0.3365	98.5861	0.0101	33.1747	0.0301
60	3.2810	0.3048	114.0510	0.0088	34.7608	0.0288
65	3.6225	0.2761	131.1255	0.0076	36.1974	0.0276
70	3.9995	0.2500	149.9771	0.0067	37.4966	0.0267
75	4.4158	0.2265	170.7909	0.0059	38.6771	0.0259
80	4.8754	0.2051	193.7709	0.0052	39.7445	0.0252
85	5.3829	0.1858	219.1427	0.0046	40.7112	0.0246
90	5.9431	0.1683	247.1552	0.0040	41.5869	0.0240
95	6.5617	0.1524	278.0832	0.0036	42.3800	0.0236
100	7.2446	0.1380	312.2303	0.0032	43.0983	0.0232

附表3 3%复利系数表

年限	整付复本利系数 已知现值求将来值	整付现值系数 已知将来值求现值	年金复本利系数 已知年金求将来值	基金年存系数 已知将来值求年金	年金现值系数 已知年金求现值	投资回收系数 已知现值求年金
1	1.0300	0.9709	1.0000	1.0000	0.9709	1.0300
2	1.0609	0.9426	2.0300	0.4926	1.9135	0.5226
3	1.0927	0.9151	3.0909	0.3235	2.8286	0.3535
4	1.1255	0.8885	4.1836	0.2390	3.7171	0.2690
5	1.1593	0.8626	5.3091	0.1884	4.5797	0.2184
6	1.1941	0.8375	6.4684	0.1546	5.4172	0.1846
7	1.2299	0.8131	7.6625	0.1305	6.2303	0.1605
8	1.2668	0.7894	8.8923	0.1125	7.0197	0.1425
9	1.3048	0.7664	10.1591	0.0984	7.7861	0.1284
10	1.3439	0.7441	11.4639	0.0872	8.5302	0.1172
11	1.3842	0.7224	12.8078	0.0781	9.2526	0.1081
12	1.4258	0.7014	14.1920	0.0705	9.9540	0.1005
13	1.4685	0.6810	15.6178	0.0640	10.6350	0.0940
14	1.5126	0.6611	17.0863	0.0585	11.2961	0.0885
15	1.5580	0.6419	18.5989	0.0538	11.9379	0.0838
16	1.6047	0.6232	20.1569	0.0496	12.5611	0.0796
17	1.6528	0.6050	21.7616	0.0460	13.1661	0.0760
18	1.7024	0.5874	23.4144	0.0427	13.7535	0.0727
19	1.7535	0.5703	25.1169	0.0398	14.3238	0.0698
20	1.8061	0.5537	26.8704	0.0372	14.8775	0.0672
21	1.8603	0.5375	28.6765	0.0349	15.4150	0.0649
22	1.9161	0.5219	30.5368	0.0327	15.9369	0.0627
23	1.9736	0.5067	32.4529	0.0308	16.4436	0.0608
24	2.0328	0.4919	34.4265	0.0290	16.9355	0.0590

续上表

年限	整付复本利系数 已知现值求将来值	整付现值系数 已知将来值求现值	年金复本利系数 已知年金求将来值	基金年存系数 已知将来值求年金	年金现值系数 已知年金求现值	投资回收系数 已知现值求年金
25	2.0938	0.4776	36.4593	0.0274	17.4131	0.0574
26	2.1566	0.4637	38.5530	0.0259	17.8768	0.0559
27	2.2213	0.4502	40.7096	0.0246	18.3270	0.0546
28	2.2879	0.4371	42.9309	0.0233	18.7641	0.0533
29	2.3566	0.4243	45.2188	0.0221	19.1885	0.0521
30	2.4273	0.4120	47.5754	0.0210	19.6004	0.0510
31	2.5001	0.4000	50.0027	0.0200	20.0004	0.0500
32	2.5751	0.3883	52.5027	0.0190	20.3888	0.0490
33	2.6523	0.3770	55.0778	0.0182	20.7658	0.0482
34	2.7319	0.3660	57.7302	0.0173	21.1318	0.0473
35	2.8139	0.3554	60.4621	0.0165	21.4872	0.0465
40	3.2620	0.3066	75.4012	0.0133	23.1148	0.0433
45	3.7816	0.2644	92.7198	0.0108	24.5187	0.0408
50	4.3839	0.2281	112.7968	0.0089	25.7298	0.0389
55	5.0821	0.1968	136.0716	0.0073	26.7744	0.0373
60	5.8916	0.1697	163.0534	0.0061	27.6756	0.0361
65	6.8300	0.1464	194.3327	0.0051	28.4529	0.0351
70	7.9178	0.1263	230.5940	0.0043	29.1234	0.0343
75	9.1789	0.1089	272.6307	0.0037	29.7018	0.0337
80	10.6409	0.0940	321.3629	0.0031	30.2008	0.0326
85	12.3357	0.0811	377.8567	0.0026	30.6312	0.0323
90	14.3005	0.0699	443.3487	0.0023	31.0024	0.0319
95	16.5782	0.0603	519.2717	0.0019	31.3227	0.0316
100	19.2186	0.0520	607.2874	0.0016	31.5989	

附表4 4%复利系数表

年限	整付复本利系数 已知现值求将来值	整付现值系数 已知将来值求现值	年金复本利系数 已知年金求将来值	基金年存系数 已知将来值求年金	年金现值系数 已知年金求现值	投资回收系数 已知现值求年金
1	1.0400	0.9615	1.0000	1.0000	0.9615	1.0400
2	1.0816	0.9246	2.0400	0.4902	1.8861	0.5302
3	1.1249	0.8890	3.1216	0.3203	2.7751	0.3603
4	1.1699	0.8548	4.2465	0.2355	3.6299	0.2755
5	1.2167	0.8219	5.4163	0.1846	4.4518	0.2246
6	1.2653	0.7903	6.6330	0.1508	5.2421	0.1908
7	1.3159	0.7599	7.8983	0.1266	6.0021	0.1666
8	1.3686	0.7307	9.2142	0.1085	6.7327	0.1485
9	1.4233	0.7026	10.5828	0.0945	7.4353	0.1345
10	1.4802	0.6756	12.0061	0.0833	8.1109	0.1233
11	1.5395	0.6496	13.4863	0.0741	8.7605	0.1141
12	1.6010	0.6246	15.0258	0.0666	9.3851	0.1066
13	1.6651	0.6006	16.6268	0.0601	9.9856	0.1001
14	1.7317	0.5775	18.2919	0.0547	10.5631	0.0947
15	1.8009	0.5553	20.0236	0.0499	11.1184	0.0899
16	1.8730	0.5339	21.8245	0.0458	11.6523	0.0858
17	1.9479	0.5134	23.6975	0.0422	12.1657	0.0822
18	2.0258	0.4936	25.6454	0.0390	12.6593	0.0790
19	2.1068	0.4746	27.6712	0.0361	13.1339	0.0761
20	2.1911	0.4564	29.7781	0.0336	13.5903	0.0736
21	2.2788	0.4388	31.9692	0.0313	14.0292	0.0713
22	2.3699	0.4220	34.3479	0.0292	14.4511	0.0692
23	2.4647	0.4057	36.6179	0.0273	14.8568	0.0673
24	2.5633	0.3901	39.0826	0.0256	15.2470	0.0656

续上表

年限	整付复本利系数 已知现值求将来值	整付现值系数 已知将来值求现值	年金复本利系数 已知年金求将来值	基金年存系数 已知将来值求年金	年金现值系数 已知年金求现值	投资回收系数 已知现值求年金
25	2.6658	0.3751	41.6459	0.0240	15.6221	0.0640
26	2.7725	0.3607	44.3117	0.0226	15.9828	0.0626
27	2.8834	0.3468	47.0842	0.0212	16.3296	0.0612
28	2.9987	0.3335	49.9675	0.0200	16.6631	0.0600
29	3.1186	0.3207	52.9662	0.0189	16.9837	0.0589
30	3.2434	0.3083	56.0849	0.0178	17.2920	0.0578
31	3.3731	0.2965	59.3283	0.0169	17.5885	0.0569
32	3.5081	0.2851	62.7014	0.0159	17.8735	0.0559
33	3.6484	0.2741	66.2095	0.0151	18.1476	0.0551
34	3.7943	0.2636	69.8578	0.0143	18.4112	0.0543
35	3.946l	0.2534	73.6521	0.0136	18.6646	0.0536
40	4.8010	0.2083	95.0254	0.0105	19.7928	0.0505
45	5.8412	0.1712	121.0292	0.0083	20.7200	0.0483
50	7.1067	0.1407	152.6669	0.0066	21.4822	0.0466
55	8.6464	0.1157	191.1589	0.0052	22.1086	0.0452
60	10.5219	0.0951	237.9903	0.0042	22.6235	0.0442
65	12.7987	0.0781	294.9679	0.0034	23.0467	0.0434
70	15.5716	0.0642	364.2898	0.0027	23.3945	0.0427
75	18.9452	0.0528	448.6305	0.0022	23.6804	0.0422
80	23.0498	0.0434	551.2438	0.0018	23.9154	0.0418
85	28.0435	0.0357	676.0886	0.0015	24.1085	0.0415
90	34.1193	0.0293	827.9814	0.0012	24.2673	0.0412
95	41.5113	0.0241	1012.7820	0.0010	24.3978	0.0410
100	50.5048	0.0198	1237.6210	0.0008	24.5050	0.0408

附表5 5%复利系数表

年限	整付复本利系数	整付现值系数	年金复本利系数	基金年存系数	年金现值系数	投资回收系数
	已知现值求将来值	已知将来值求现值	已知年金求将来值	已知将来值求年金	已知年金求现值	已知现值求年金
1	1.0500	0.9524	1.0000	1.0000	0.9524	1.0500
2	1.1025	0.9070	2.0500	0.4878	1.8594	0.5378
3	1.1576	0.8638	3.1525	0.3172	2.7232	0.3672
4	1.2155	0.8227	4.3101	0.2320	3.5459	0.2820
5	1.2763	0.7835	5.5256	0.1810	4.3295	0.2310
6	1.3410	0.7462	6.8019	0.1470	5.0757	0.1970
7	1.4071	0.7107	8.1420	0.1228	5.7864	0.1728
8	1.4775	0.6768	9.5491	0.1047	6.4632	0.1547
9	1.5513	0.6446	11.0265	0.0907	7.1078	0.1407
10	1.6289	0.6139	12.5779	0.0795	7.7217	0.1295
11	1.7103	0.5847	14.2068	0.0704	8.3064	0.1204
12	1.7959	0.5568	15.9171	0.0628	8.8632	0.1128
13	1.8856	0.5303	17.7129	0.0565	9.3936	0.1065
14	1.9799	0.5051	19.5986	0.0510	9.8986	0.1010
15	2.0789	0.4810	21.5785	0.0463	10.3796	0.0963
16	2.1829	0.4581	23.6574	0.0423	10.8378	0.0923
17	2.2920	0.4363	25.8403	0.0387	11.2741	0.0887
18	2.4066	0.4155	28.1323	0.0355	11.6896	0.0855
19	2.5269	0.3957	30.5389	0.0327	12.0853	0.0827
20	2.6533	0.3769	33.0659	0.0302	12.4622	0.0802
21	2.7860	0.3589	35.7192	0.0280	12.8211	0.0780
22	2.9253	0.3419	38.5051	0.0260	13.1630	0.0760
23	3.0715	0.3256	41.4304	0.0241	13.4886	0.0741
24	3.2251	0.3101	44.5019	0.0225	13.7986	0.0725

续上表

年限	整付复本利系数 已知现值求将来值	整付现值系数 已知将来值求现值	年金复本利系数 已知年金求将来值	基金年存系数 已知将来值求年金	年金现值系数 已知年金求现值	投资回收系数 已知现值求年金
25	3.3863	0.2953	47.7270	0.0210	14.0939	0.0710
26	3.5557	0.2812	51.1133	0.0196	14.3752	0.0696
27	3.7334	0.2678	54.6690	0.0183	14.6430	0.0683
28	3.9201	0.2551	58.4024	0.0171	14.8981	0.0671
29	4.1161	0.2429	62.3225	0.0160	15.1411	0.0660
30	4.3219	0.2314	66.4386	0.0151	15.3724	0.0651
31	4.5380	0.2204	70.7606	0.0141	15.5928	0.0641
32	4.7649	0.2099	75.2986	0.0133	15.8027	0.0633
33	5.0032	0.1999	80.0635	0.0125	16.0025	0.0625
34	5.2533	0.1904	85.0667	0.0118	16.1929	0.0618
35	5.5160	0.1813	90.3200	0.0111	16.3742	0.0611
40	7.0400	0.1420	120.7993	0.0083	17.1591	0.0583
45	8.9850	0.1113	159.6995	0.0063	17.7741	0.0563
50	11.4674	0.0872	209.3470	0.0048	18.2559	0.0548
55	14.6356	0.0683	272.7113	0.0037	18.6335	0.0537
60	18.6791	0.0535	353.5818	0.0028	18.9293	0.0528
65	23.8398	0.0419	456.7954	0.0022	19.1611	0.0522
70	30.4262	0.0329	588.5249	0.0017	19.3427	0.0517
75	38.8324	0.0258	756.6487	0.0013	19.4850	0.0513
80	49.5611	0.0202	971.2220	0.0010	19.5965	0.0510
85	63.2539	0.0158	1245.0780	0.0008	19.6838	0.0508
90	80.7297	0.0124	1594.5950	0.0006	19.7523	0.0506
95	103.0338	0.0097	2040.6770	0.0005	19.8059	0.0505
100	131.5001	0.0076	2610.0030	0.0004	19.8479	0.0504

附表6 6%复利系数表

年限	整付复本利系数	整付现值系数	年金复本利系数	基金年存系数	年金现值系数	投资回收系数
	已知现值求将来值	已知将来值求现值	已知年金求将来值	已知将来值求年金	已知年金求现值	已知现值求年金
1	1.0600	0.9434	1.0000	1.0000	0.9434	1.0600
2	1.1236	0.8900	2.0600	0.4854	1.8334	0.5454
3	1.1910	0.8396	3.1836	0.3141	2.6730	0.3741
4	1.2625	0.7921	4.3746	0.2286	3.4651	0.2886
5	1.3382	0.7473	5.6371	0.1774	4.2124	0.2374
6	1.4185	0.7050	6.9753	0.1434	4.9173	0.2034
7	1.5036	0.6651	8.3938	0.1191	5.5824	0.1791
8	1.5938	0.6274	9.8975	0.1010	6.2098	0.1610
9	1.6895	0.5912	11.4913	0.0870	6.8017	0.1470
10	1.7908	0.5584	13.1808	0.0759	7.3610	0.1359
11	1.8983	0.5268	14.9716	0.0668	7.8869	0.1268
12	2.0122	0.4970	16.8699	0.0593	8.3838	0.1193
13	2.1329	0.4688	18.8821	0.0530	8.8527	0.1130
14	2.3609	0.4423	21.0150	0.0476	9.2950	0.1076
15	2.3966	0.4173	23.2759	0.0430	9.7122	0.1030
16	2.5403	0.3936	25.6725	0.0390	10.1059	0.0990
17	2.6928	0.3714	26.2128	0.0354	10.4773	0.0954
18	2.5843	0.3503	30.9056	0.0324	10.8276	0.0924
19	3.0256	0.3305	33.7589	0.0296	11.1581	0.0896
20	3.2071	0.3118	36.7855	0.0272	11.4699	0.0872
21	3.3996	0.2942	39.9927	0.0250	11.7641	0.0850
22	3.6035	0.2775	43.3922	0.0230	12.0416	0.0830
23	3.8197	0.2618	46.9957	0.0213	12.3004	0.0813
24	4.0489	0.2470	50.8155	0.0197	12.5504	0.0797

续上表

年限	整付复本利系数 已知现值求将来值	整付现值系数 已知将来值求现值	年金复本利系数 已知年金求将来值	基金年存系数 已知将来值求年金	年金现值系数 已知年金求现值	投资回收系数 已知现值求年金
25	4.2919	0.2330	54.8644	0.0182	12.7834	0.0782
26	4.5494	0.2198	59.1563	0.0169	13.0032	0.0769
27	4.8223	0.2074	63.7057	0.0157	13.2105	0.0757
28	5.1117	0.1956	68.5280	0.0146	13.4062	0.0746
29	5.4184	0.1846	73.6397	0.0136	13.5907	0.0736
30	5.7435	0.1741	79.0580	0.0126	13.7648	0.0726
31	6.0881	0.1643	84.8015	0.0118	13.9291	0.0718
32	6.4534	0.1550	90.8896	0.0110	14.0840	0.0710
33	6.8406	0.1462	97.3430	0.0103	14.2302	0.0703
34	7.2510	0.1379	104.1835	0.0096	14.3681	0.0696
35	7.6861	0.1301	111.4345	0.0090	14.4982	0.0690
40	10.2857	0.0972	154.7616	0.0065	15.0463	0.0665
45	13.7645	0.0727	212.7430	0.0047	15.4558	0.0647
50	18.4210	0.0543	290.3351	0.0034	15.7619	0.0634
55	24.6502	0.0406	394.1708	0.0025	15.9905	0.0625
60	32.9876	0.0303	533.1263	0.0019	16.1614	0.0619
65	44.1448	0.0227	719.0803	0.0014	16.2891	0.0614
70	59.0757	0.0169	967.9284	0.0010	16.3845	0.0610
75	79.0566	0.0126	1300.9430	0.0008	16.4558	0.0608
80	105.7955	0.0095	1746.5920	0.0006	16.5091	0.0606
85	141.5783	0.0071	2342.9710	0.0004	16.5489	0.0604
90	189.4636	0.0053	3141.0600	0.0003	16.5787	0.0603
95	253.5449	0.0039	4209.0802	0.0002	16.6009	0.0602
100	339.3002	0.0029	5638.3680	0.0002	16.6175	0.0602

附表7　7%复利系数表

年限	整付复本利系数 已知现值求将来值	整付现值系数 已知将来值求现值	年金复本利系数 已知年金求将来值	基金年存系数 已知将来值求年金	年金现值系数 已知年金求现值	投资回收系数 已知现值求年金
1	1.0700	0.9346	1.0000	1.0000	0.9346	1.0700
2	1.1449	0.8734	2.0700	0.4831	1.8080	0.5531
3	1.2250	0.8163	3.2149	0.3111	2.6243	0.3811
4	1.3108	0.7629	4.4399	0.2252	3.3872	0.2952
5	1.4026	0.7130	5.7507	0.1739	4.1002	0.2439
6	1.5007	0.6663	7.1533	0.1398	4.7665	0.2098
7	1.6058	0.6227	8.6540	0.1156	5.3893	0.1856
8	1.7182	0.5820	10.2598	0.0975	5.9713	0.1675
9	1.8385	0.5439	11.9780	0.0835	6.5152	0.1535
10	1.9672	0.5083	13.8165	0.0724	7.0236	0.1424
11	2.1049	0.4751	15.7836	0.0634	7.4987	0.1334
12	2.2522	0.4440	17.8885	0.0559	7.9427	0.1259
13	2.4098	0.4150	20.1407	0.0497	8.3577	0.1197
14	2.5785	0.3878	22.5505	0.0443	8.7455	0.1143
15	2.7590	0.3624	25.1291	0.0398	9.1079	0.1098
16	2.9522	0.3387	27.8881	0.0359	9.4467	0.1059
17	3.1588	0.3166	30.8403	0.0324	9.7632	0.1024
18	3.3799	0.2959	33.9991	0.0294	10.0591	0.0994
19	3.6165	0.2765	37.3790	0.0268	10.3356	0.0968
20	3.8697	0.2584	40.9955	0.0244	10.5940	0.0944
21	4.1406	0.2415	44.8652	0.0223	10.8355	0.0923
22	4.4304	0.2257	49.0058	0.0204	11.0612	0.0904
23	4.7405	0.2109	53.4362	0.0187	11.2722	0.0887
24	5.0724	0.1971	58.1768	0.0172	11.4693	0.0872

续上表

年限	整付复本利系数 已知现值求将来值	整付现值系数 已知将来值求现值	年金复本利系数 已知年金求将来值	基金年存系数 已知将来值求年金	年金现值系数 已知年金求现值	投资回收系数 已知现值求年金
25	5.4274	0.1842	63.2491	0.0158	11.6536	0.0858
26	5.8074	0.1722	68.6766	0.0146	11.8258	0.0846
27	6.2139	0.1609	74.4840	0.0134	11.9867	0.0834
28	6.6488	0.1504	80.6978	0.0124	12.1371	0.0824
29	7.1143	0.1406	87.3467	0.0114	12.2777	0.0814
30	7.6123	0.1314	94.4609	0.0106	12.4090	0.0806
31	8.1451	0.1228	102.0732	0.0098	12.5318	0.0798
32	8.7153	0.1147	110.2184	0.0091	12.6466	0.0791
33	9.3254	0.1072	118.9336	0.0084	12.7538	0.0784
34	9.9781	0.1002	128.2590	0.0078	12.8540	0.0778
35	10.6766	0.0937	138.2371	0.0072	12.9477	0.0772
40	14.9745	0.0668	199.6355	0.0050	13.3317	0.0750
45	21.0025	0.0476	285.7500	0.0035	13.6055	0.0735
50	29.4571	0.0339	406.5300	0.0025	13.8007	0.0725
55	41.3151	0.0242	575.9302	0.0017	13.9399	0.0717
60	57.9466	0.0173	813.5228	0.0012	14.0392	0.0712
65	81.2731	0.0123	1146.759	0.0009	14.1099	0.0709
70	113.9898	0.0088	1614.140	0.0006	14.1604	0.0706
75	159.8766	0.0063	2269.666	0.0004	14.1964	0.0704
80	224.2353	0.0045	3189.075	0.0003	14.2220	0.0703
85	314.5016	0.0032	4478.594	0.0002	14.2403	0.0702
90	441.1049	0.0023	6287.213	0.0002	14.2533	0.0702
95	618.6726	0.0016	8823.894	0.0001	14.2626	0.0701
100	867.7204	0.0012	12381.720	0.0001	14.2693	0.0701

附表8 8%复利系数表

年限	整付复本利系数 已知现值求将来值	整付现值系数 已知将来值求现值	年金复本利系数 已知年金求将来值	基金年存系数 已知将来值求年金	年金现值系数 已知年金求现值	投资回收系数 已知现值求年金
1	1.0800	0.9259	1.0000	1.0000	0.9259	1.0800
2	1.1664	0.8573	2.0800	0.4808	1.7833	0.5608
3	1.2597	0.7938	3.2464	0.3080	2.5771	0.3880
4	1.3605	0.7350	4.5061	0.2219	3.3121	0.3019
5	1.4693	0.6806	5.8666	0.1705	3.9927	0.2505
6	1.5869	0.6302	7.3359	0.1363	4.6229	0.2163
7	1.7138	0.5835	8.9228	0.1121	5.2064	0.1921
8	1.8509	0.5403	10.6366	0.0940	5.7466	0.1740
9	1.9990	0.5002	12.4876	0.0801	6.2469	0.1601
10	2.1589	0.4632	14.4866	0.0690	6.7101	0.1490
11	2.3316	0.4289	16.6455	0.0601	7.1390	0.1401
12	2.5182	0.3971	18.9771	0.0527	7.5361	0.1327
13	2.7196	0.3677	21.4953	0.0465	7.9038	0.1265
14	2.9372	0.3405	24.2149	0.0413	8.2442	0.1213
15	3.1722	0.3152	27.1521	0.0368	8.5595	0.1168
16	3.4259	0.2919	30.3243	0.0330	8.8514	0.1130
17	3.7000	0.2703	33.7503	0.0296	9.1216	0.1096
18	3.9960	0.2502	37.4503	0.0267	9.3719	0.1067
19	4.3157	0.2317	41.4463	0.0241	9.6036	0.1041
20	4.6610	0.2145	45.7620	0.0219	9.8181	0.1019
21	5.0338	0.1987	50.4230	0.0198	10.0168	0.0998
22	5.4365	0.1839	55.4568	0.0180	10.2007	0.0990
23	5.8715	0.1703	60.8933	0.0164	10.3711	0.0964
24	6.3412	0.1577	66.7648	0.0150	10.5288	0.0950

续上表

年限	整付复本利系数 已知现值求将来值	整付现值系数 已知将来值求现值	年金复本利系数 已知年金求将来值	基金年存系数 已知将来值求年金	年金现值系数 已知年金求现值	投资回收系数 已知现值求年金
25	6.8485	0.1460	73.1060	0.0137	10.6748	0.0937
26	7.3964	0.1352	79.9545	0.0125	10.8100	0.0925
27	7.9881	0.1252	87.3509	0.0114	10.9352	0.0914
28	8.6271	0.1159	95.3389	0.0105	11.0511	0.0905
29	9.3173	0.1073	103.9660	0.0096	11.1584	0.0896
30	10.0627	0.0994	113.2833	0.0088	11.2578	0.0888
31	10.8677	0.0920	123.3460	0.0081	11.3498	0.0881
32	11.7371	0.0852	134.2137	0.0075	11.4350	0.0875
33	12.6761	0.0789	145.9508	0.0069	11.5139	0.0869
34	13.6901	0.0730	158.6269	0.0063	11.5869	0.0863
35	14.7854	0.0676	172.3170	0.0058	11.6546	0.0858
40	21.7245	0.0460	259.0569	0.0039	11.9246	0.0839
45	31.9205	0.0313	386.5062	0.0026	12.1084	0.0826
50	46.9017	0.0213	573.7711	0.0017	12.2335	0.0817
55	68.9140	0.0145	848.9247	0.0012	12.3186	0.0812
60	101.2573	0.0099	1253.2160	0.0008	12.3766	0.0808
65	148.7802	0.0067	1847.252	0.0005	12.4160	0.0805
70	218.6069	0.0046	2720.086	0.0004	12.4428	0.0804
75	321.2053	0.0031	4002.566	0.0002	12.4611	0.0802
80	471.9560	0.0021	5886.950	0.0002	12.4735	0.0802
85	693.4583	0.0014	8655.729	0.0001	12.4820	0.0801
90	1018.9180	0.0010	12723.980	0.0001	12.4877	0.0801
95	1497.1250	0.0007	18701.560	0.0001	12.4917	0.0801
100	2199.7680	0.0005	27484.610	0.0001	12.4943	0.0800

附表9 9%复利系数表

年限	整付复本利系数 已知现值求将来值	整付现值系数 已知将来值求现值	年金复本利系数 已知年金求将来值	基金年存系数 已知将来值求年金	年金现值系数 已知年金求现值	投资回收系数 已知现值求年金
1	1.0900	0.9174	1.0000	1.0000	0.9174	1.0900
2	1.1881	0.8417	2.0900	0.4785	1.7591	0.5685
3	1.2950	0.7722	3.2781	0.3051	2.5313	0.3951
4	1.4116	0.7084	4.5731	0.2187	3.2397	0.3087
5	1.5386	0.6499	5.9847	0.1671	3.8897	0.2571
6	1.6771	0.5963	7.5233	0.1329	4.4859	0.2229
7	1.8280	0.5470	9.2004	0.1087	5.0330	0.1987
8	1.9926	0.5019	11.0285	0.0907	5.5348	0.1807
9	2.1719	0.4604	13.0210	0.0768	5.9952	0.1668
10	2.3674	0.4224	15.1929	0.0658	6.4177	0.1558
11	2.5804	0.3875	17.5603	0.0569	6.8052	0.1469
12	2.8127	0.3555	20.1407	0.0497	7.1607	0.1397
13	3.0658	0.3262	22.9534	0.0436	7.4869	0.1336
14	3.3417	0.2992	26.0192	0.0384	7.7862	0.1284
15	3.6425	0.2745	29.3609	0.0341	8.0607	0.1241
16	3.9703	0.2519	33.0034	0.0303	8.3126	0.1203
17	4.3276	0.2311	36.9737	0.0270	8.5436	0.1170
18	4.7171	0.2120	41.3014	0.0242	8.7556	0.1142
19	5.1417	0.1945	46.0185	0.0217	8.9501	0.1117
20	5.6044	0.1784	51.1602	0.0195	9.1285	0.1095
21	6.1088	0.1637	56.7646	0.0176	9.2922	0.1076
22	6.6586	0.1502	62.8734	0.0159	9.4424	0.1059
23	7.2579	0.1378	69.5320	0.0144	9.5802	0.1044
24	7.9111	0.1264	76.7899	0.0130	9.7066	0.1030

续上表

年限	整付复本利系数 已知现值求将来值	整付现值系数 已知将来值求现值	年金复本利系数 已知年金求将来值	基金年存系数 已知将来值求年金	年金现值系数 已知年金求现值	投资回收系数 已知现值求年金
25	8.6231	0.1160	84.7010	0.0118	9.8226	0.1018
26	9.3992	0.1064	93.3241	0.0107	9.9290	0.1007
27	10.2451	0.0976	102.7233	0.0097	10.0266	0.0997
28	11.1672	0.0895	112.9684	0.0089	10.1161	0.0989
29	12.1722	0.0822	124.1355	0.0081	10.1983	0.0981
30	13.2677	0.0754	136.3077	0.0073	10.2737	0.0973
31	14.4618	0.0691	149.5754	0.0067	10.3428	0.0967
32	15.7634	0.0634	164.0372	0.0061	10.4062	0.0961
33	17.1821	0.0582	179.8006	0.0056	10.4644	0.0956
34	18.7284	0.0534	196.9827	0.0051	10.5178	0.0951
35	20.4140	0.0490	215.7111	0.0046	10.5668	0.0946
40	31.4095	0.0318	337.8831	0.0030	10.7574	0.0930
45	48.3274	0.0207	525.8598	0.0019	10.8812	0.0919
50	74.3577	0.0134	815.0853	0.0012	10.9617	0.0912
55	114.4085	0.0087	1260.0950	0.0008	11.0140	0.0908
60	176.0318	0.0057	1944.7970	0.0005	11.0480	0.0905
65	270.8468	0.0037	2998.297	0.0003	11.0701	0.0903
70	416.7314	0.0024	4619.238	0.0002	11.0844	0.0902
75	641.1931	0.0016	7113.256	0.0001	11.0938	0.0901
80	986.5552	0.0010	10950.610	0.0001	11.0998	0.0901
85	1517.9380	0.0007	16854.860	0.0001	11.1038	0.0901
90	2335.5360	0.0004	25939.290	0.0000	11.1064	0.0900
95	3593.5130	0.0003	39916.810	0.0000	11.1080	0.0900
100	5529.0660	0.0002	61422.950	0.0000	11.1091	0.0900

附表10 10%复利系数表

年限	整付复本利系数 已知现值求将来值	整付现值系数 已知将来值求现值	年金复本利系数 已知年金求将来值	基金年存系数 已知将来值求年金	年金现值系数 已知年金求现值	投资回收系数 已知现值求年金
1	1.1000	0.9091	1.0000	1.0000	0.9091	1.1000
2	1.2100	0.8264	2.1000	0.4762	1.7355	0.5762
3	1.3310	0.7513	3.3100	0.3021	2.4869	0.4021
4	1.4641	0.6830	4.6410	0.2155	3.1699	0.3155
5	1.6105	0.6209	6.1051	0.1638	3.7908	0.2638
6	1.7716	0.5645	7.7156	0.1296	4.3553	0.2296
7	1.9487	0.5132	9.4872	0.1054	4.8684	0.2054
8	2.1436	0.4665	11.4359	0.0874	5.3349	0.1874
9	2.3579	0.4241	13.5795	0.0736	5.7590	0.1736
10	2.5937	0.3855	15.9374	0.0627	6.1446	0.1627
11	2.8531	0.3505	18.5312	0.0540	6.4951	0.1540
12	3.1384	0.3186	21.3843	0.0468	6.8137	0.1468
13	3.4523	0.2897	24.5227	0.0408	7.1034	0.1408
14	3.7975	0.2633	27.9750	0.0357	7.3667	0.1357
15	4.1772	0.2394	31.7725	0.0315	7.6061	0.1315
16	4.5950	0.2176	35.9497	0.0278	7.8237	0.1278
17	5.0545	0.1978	40.5447	0.0247	8.0216	0.1247
18	5.5599	0.1799	45.5992	0.0219	8.2014	0.1219
19	6.1159	0.1635	51.1591	0.0195	8.3649	0.1195
20	6.7275	0.1486	57.2750	0.0175	8.5136	0.1175
21	7.4003	0.1351	64.0025	0.0156	8.6487	0.1156
22	8.1403	0.1228	71.4028	0.0140	8.7715	0.1140
23	8.9543	0.1117	79.5431	0.0126	8.8832	0.1126
24	9.8497	0.1015	88.4974	0.0113	8.8947	0.1113

续上表

年限	整付复本利系数 已知现值求将来值	整付现值系数 已知将来值求现值	年金复本利系数 已知年金求将来值	基金年存系数 已知将来值求年金	年金现值系数 已知年金求现值	投资回收系数 已知现值求年金
25	10.8347	0.0923	98.3471	0.0102	9.0770	0.1102
26	11.9182	0.0839	109.1818	0.0092	9.1609	0.1092
27	13.1100	0.0763	121.1000	0.0083	9.2372	0.1083
28	14.4210	0.0693	134.2100	0.0075	9.3066	0.1075
29	15.8631	0.0630	148.6310	0.0067	9.3696	0.1067
30	17.4494	0.0573	164.4941	0.0061	9.4269	0.1061
31	19.1944	0.0521	181.9435	0.0055	9.4790	0.1055
32	21.1138	0.0474	201.1379	0.0050	9.5264	0.1050
33	23.2252	0.0431	222.2517	0.0045	9.5694	0.1045
34	25.5477	0.0391	245.4768	0.0041	9.6086	0.1041
35	28.1025	0.0356	271.0245	0.0037	9.6442	0.1037
40	45.2593	0.0221	442.5928	0.0023	9.7791	0.1023
45	72.8905	0.0137	718.9053	0.0014	9.8628	0.1014
50	117.3909	0.0085	1163.909	0.0009	9.9148	0.1009
55	189.0593	0.0053	1880.593	0.0005	9.9471	0.1005
60	304.4819	0.0033	3034.819	0.0003	9.9672	0.1003
65	490.3712	0.0020	4893.712	0.0002	9.9796	0.1002
70	789.7478	0.0013	7887.478	0.0001	9.9873	0.1001
75	1271.8970	0.0008	12708.970	0.0001	9.9921	0.1001
80	2048.4030	0.0005	20474.030	0.0000	9.9951	0.1000
85	3298.9730	0.0003	32979.730	0.0000	9.9970	0.1000
90	5313.0300	0.0002	53120.300	0.0000	9.9981	0.1000
95	8556.6880	0.0001	85556.880	0.0000	9.9988	0.1000
100	13780.6300	0.0001	137796.300	0.0000	9.9993	0.1000

附表11 11%复利系数表

年限	整付复本利系数 已知现值求将来值	整付现值系数 已知将来值求现值	年金复本利系数 已知年金求将来值	基金年存系数 已知将来值求年金	年金现值系数 已知年金求现值	投资回收系数 已知现值求年金
1	1.1100	0.9009	1.0000	1.0000	0.9009	0.1100
2	1.2321	0.8116	2.1100	0.4739	1.7125	0.5839
3	1.3676	0.7312	3.3421	0.2992	2.4437	0.4092
4	1.5181	0.6587	4.7097	0.2123	3.1024	0.3223
5	1.6851	0.5935	6.2278	0.1606	3.6959	0.2706
6	1.8704	0.5346	7.9129	0.1264	4.2305	0.2364
7	2.0762	0.4817	9.7833	0.1022	4.7122	0.2122
8	2.3045	0.4339	11.8594	0.0843	5.1461	0.1943
9	2.5580	0.3909	14.1640	0.0706	5.5370	0.1806
10	2.8394	0.3522	16.7220	0.0598	5.8892	0.1698
11	3.1518	0.3173	19.5614	0.0511	6.2065	0.1611
12	3.4985	0.2858	22.7132	0.0440	6.4924	0.1504
13	3.8833	0.2575	26.2116	0.0382	6.7499	0.1482
14	4.3104	0.2320	30.0949	0.0332	6.9819	0.1432
15	4.7846	0.2090	34.4054	0.0291	7.1909	0.1391
16	5.3109	0.1883	39.1900	0.0255	7.3792	0.1355
17	5.8951	0.1696	44.5008	0.0225	7.5488	0.1325
18	6.5436	0.1528	50.3959	0.0198	7.7016	0.1298
19	7.2633	0.1377	56.9395	0.0176	7.8393	0.1276
20	8.0623	0.1240	64.2028	0.0156	7.9633	0.1256
21	8.9492	0.1117	72.2652	0.0138	8.0751	0.1238
22	9.9336	0.1007	81.2143	0.0123	8.1757	0.1223
23	11.0263	0.0907	91.1479	0.0110	8.2664	0.1210
24	12.2392	0.0817	102.1742	0.0098	8.3481	0.1198

续上表

年限	整付复本利系数 已知现值求将来值	整付现值系数 已知将来值求现值	年金复本利系数 已知年金求将来值	基金年存系数 已知将来值求年金	年金现值系数 已知年金求现值	投资回收系数 已知现值求年金
25	13.5855	0.0736	114.4133	0.0087	8.4217	0.1187
26	15.0799	0.0663	127.9988	0.0078	8.4881	0.1178
27	16.7386	0.0597	143.0786	0.0070	8.5478	0.1170
28	18.5799	0.0538	159.8173	0.0063	8.6016	0.1163
29	20.6237	0.0485	178.3927	0.0056	8.6501	0.1156
30	22.8923	0.0437	199.0209	0.0050	8.6938	0.1150
31	25.4105	0.0394	221.9132	0.0045	8.7331	0.1145
32	28.2056	0.0355	247.3237	0.0040	8.7686	0.1140
33	31.3082	0.0319	275.5292	0.0036	8.8005	0.1136
34	34.7521	0.0288	306.8375	0.0033	8.8293	0.1133
35	38.5749	0.0259	341.5896	0.0029	8.8552	0.1129
40	65.0009	0.0154	581.8261	0.0017	8.9511	0.1117
45	109.5303	0.0091	986.6387	0.0010	9.0079	0.1110
50	184.5649	0.0054	1668.7710	0.0006	9.0417	0.1106
55	311.0025	0.0032	2818.2050	0.0004	9.0617	0.1104
60	524.0573	0.0019	4755.0670	0.0002	9.0736	0.1102
65	883.0671	0.0011	8018.792	0.0001	9.0806	0.1101
70	1488.0190	0.0007	13518.360	0.0001	9.0848	0.1101
75	2507.3990	0.0004	22785.450	0.0000	9.0873	0.1100
80	4225.1140	0.0002	38401.030	0.0000	9.0888	0.1100
85	7119.5620	0.0001	64714.200	0.0000	9.0896	0.1100
90	11996.8800	0.0001	109053.400	0.0000	9.0902	0.1100
95	20215.4400	0.0000	183767.600	0.0000	9.0905	0.1100
100	34064.1800	0.0000	309665.300	0.0000	9.0906	0.1100

附表12 12%复利系数表

年限	整付复本利系数 已知现值求将来值	整付现值系数 已知将来值求现值	年金复本利系数 已知年金求将来值	基金年存系数 已知将来值求年金	年金现值系数 已知年金求现值	投资回收系数 已知现值求年金
1	1.1200	0.8929	1.0000	1.0000	0.8929	1.1200
2	1.2544	0.7972	2.1200	0.4717	1.6901	0.5917
3	1.4049	0.7118	3.3744	0.2963	2.4018	0.4163
4	1.5735	0.6355	4.7793	0.2092	3.0373	0.3292
5	1.7623	0.5674	6.3528	0.1574	3.6048	0.2774
6	1.9738	0.5066	8.1152	0.1232	4.1114	0.2432
7	2.2107	0.4523	10.0890	0.0991	4.5638	0.2191
8	2.4760	0.4039	12.2997	0.0813	4.9676	0.2013
9	2.7731	0.3606	14.7757	0.0677	5.3283	0.1877
10	3.1058	0.3220	17.5487	0.0570	5.6502	0.1770
11	3.4785	0.2875	20.6546	0.0484	5.9377	0.1684
12	3.8960	0.2567	24.1331	0.0414	6.1944	0.1614
13	4.3635	0.2292	28.0291	0.0357	6.4235	0.1557
14	4.8871	0.2046	32.3926	0.0309	6.6282	0.1509
15	5.4736	0.1827	37.2797	0.0268	6.8109	0.1468
16	6.1304	0.1631	42.7533	0.0234	6.9740	0.1434
17	6.8660	0.1456	48.8837	0.0205	7.1196	0.1405
18	7.6900	0.1300	55.7497	0.0179	7.2497	0.1379
19	8.6128	0.1161	63.4397	0.0158	7.3658	0.1358
20	9.6463	0.1037	72.0524	0.0139	7.4694	0.1339
21	10.8038	0.0926	81.6987	0.0122	7.5620	0.1322
22	12.1003	0.0826	92.5026	0.0108	7.6446	0.1308
23	13.5523	0.0738	104.6029	0.0096	7.7184	0.1296
24	15.1786	0.0659	118.1552	0.0085	7.7843	0.1285

续上表

年限	整付复本利系数 已知现值求将来值	整付现值系数 已知将来值求现值	年金复本利系数 已知年金求将来值	基金年存系数 已知将来值求年金	年金现值系数 已知年金求现值	投资回收系数 已知现值求年金
25	17.0001	0.0588	133.3339	0.0075	7.8431	0.1275
26	19.0401	0.0525	150.3339	0.0067	7.8957	0.1267
27	21.3249	0.0469	169.3740	0.0059	7.9426	0.1259
28	23.8839	0.0419	190.6989	0.0052	7.9844	0.1252
29	26.7499	0.0374	214.5828	0.0047	8.0218	0.1247
30	29.9599	0.0334	241.3327	0.0041	8.0552	0.1241
31	33.5551	0.0298	271.2926	0.0037	8.0850	0.1237
32	37.5817	0.0266	304.8477	0.0033	8.1116	0.1233
33	42.0915	0.0238	342.4295	0.0029	8.1354	0.1229
34	47.1425	0.0212	384.5210	0.0026	8.1566	0.1226
35	52.7996	0.0189	431.6635	0.0023	8.1755	0.1223
40	93.0510	0.0107	767.0914	0.0013	8.2438	0.1213
45	163.9876	0.0061	1358.2300	0.0007	8.2825	0.1207
50	289.0022	0.0035	2400.0180	0.0004	8.3045	0.1204
55	509.3206	0.0020	4236.0050	0.0002	8.3170	0.1202
60	897.5969	0.0011	7471.6410	0.0001	8.3240	0.1201
65	1581.8720	0.0006	13173.940	0.0001	8.3281	0.1201
70	2787.8000	0.0004	23223.330	0.0000	8.3303	0.1200
75	4913.0550	0.0002	40933.790	0.0000	8.3316	0.1200
80	8658.4820	0.0001	72145.690	0.0000	8.3324	0.1200
85	15259.2100	0.0001	127151.700	0.0000	8.3328	0.1200
90	26891.9300	0.0000	224091.100	0.0000	8.3330	0.1200
95	47392.7800	0.0000	394931.500	0.0000	8.3332	0.1200
100	83522.2700	0.0000	696010.600	0.0000	8.3332	0.1200

附表13 13%复利系数表

年限	整付复本利系数 已知现值求将来值	整付现值系数 已知将来值求现值	年金复本利系数 已知年金求将来值	基金年存系数 已知将来值求年金	年金现值系数 已知年金求现值	投资回收系数 已知现值求年金
1	1.1300	0.8850	1.0000	1.0000	0.8850	1.1300
2	1.2769	0.7831	2.1300	0.4695	1.6681	0.5995
3	1.4429	0.6931	3.4069	0.2935	2.3612	0.4235
4	1.6305	0.6133	4.8498	0.2062	2.9745	0.3362
5	1.8424	0.5428	6.4803	0.1543	3.5172	0.2843
6	2.0820	0.4803	8.3227	0.1202	3.9975	0.2502
7	2.3526	0.4251	10.4047	0.0961	4.4226	0.2261
8	2.6583	0.3762	12.7573	0.0784	4.7988	0.2084
9	3.0040	0.3329	15.4157	0.0649	5.1317	0.1949
10	3.3946	0.2946	18.4197	0.0543	5.4264	0.1843
11	3.8359	0.2607	21.8143	0.0458	5.6869	0.1758
12	4.3345	0.2307	25.6502	0.0390	5.9176	0.1690
13	4.8980	0.2042	29.9847	0.0334	6.1218	0.1634
14	5.5348	0.1807	34.8827	0.0287	6.3025	0.1587
15	6.2543	0.1599	40.4174	0.0247	6.4624	0.1547
16	7.0673	0.1415	46.6717	0.0214	6.6039	0.1514
17	7.9861	0.1252	53.7390	0.0186	6.7291	0.1486
18	9.0243	0.1108	61.7251	0.0162	6.8399	0.1462
19	10.1974	0.0981	70.7494	0.0141	6.9380	0.1441
20	11.5231	0.0868	80.9468	0.0124	7.0248	0.1424
21	13.0211	0.0768	92.4699	0.0108	7.1015	0.1408
22	14.7138	0.0680	105.4909	0.0095	7.1695	0.1395
23	16.6266	0.0601	120.2048	0.0083	7.2297	0.1383
24	18.7881	0.0532	136.8314	0.0073	7.2829	0.1373

续上表

年限	整付复本利系数 已知现值求将来值	整付现值系数 已知将来值求现值	年金复本利系数 已知年金求将来值	基金年存系数 已知将来值求年金	年金现值系数 已知年金求现值	投资回收系数 已知现值求年金
25	21.2305	0.0471	155.6194	0.0064	7.3300	0.1364
26	23.9905	0.0417	176.8500	0.0057	7.3717	0.1357
27	27.1093	0.0369	200.8404	0.0050	7.4086	0.1350
28	30.6335	0.0326	227.9497	0.0044	7.4412	0.1344
29	34.6158	0.0289	258.5831	0.0039	7.4701	0.1339
30	39.1159	0.0256	293.1990	0.0034	7.4957	0.1334
31	44.2009	0.0226	332.3148	0.0030	7.5183	0.1330
32	49.9470	0.0200	376.5157	0.0027	7.5383	0.1327
33	56.4402	0.0177	426.4627	0.0023	7.5560	0.1323
34	63.7774	0.0157	482.9029	0.0021	7.5717	0.1321
35	72.0684	0.0139	546.6803	0.0018	7.5856	0.1318
40	132.7814	0.0075	1013.7030	0.0010	7.6344	0.1310
45	244.6410	0.0041	1874.1620	0.0005	7.6609	0.1305
50	450.7352	0.0022	3459.5020	0.0003	7.6752	0.1303
55	830.4503	0.0012	6380.3870	0.0002	7.6830	0.1302
60	1530.0500	0.0007	11761.9300	0.0001	7.6873	0.1301
65	2819.018	0.0004	21677.070	0.0000	7.6896	0.1300
70	5193.858	0.0002	39945.060	0.0000	7.6908	0.1300
75	9569.345	0.0001	73602.660	0.0000	7.6915	0.1300
80	17630.900	0.0001	135614.600	0.0000	7.6919	0.1300
85	32483.770	0.0000	249867.500	0.0000	7.6921	0.1300
90	59849.240	0.0000	460371.100	0.0000	7.6922	0.1300
95	110268.300	0.0000	848210.200	0.0000	7.6922	0.1300
100	203162.200	0.0000	1562779.000	0.0000	7.6923	0.1300

附表14 14%复利系数表

年限	整付复本利系数 已知现值求将来值	整付现值系数 已知将来值求现值	年金复本利系数 已知年金求将来值	基金年存系数 已知将来值求年金	年金现值系数 已知年金求现值	投资回收系数 已知现值求年金
1	1.1400	0.8772	1.0000	1.0000	0.8772	1.1400
2	1.2996	0.7695	2.1400	0.4673	1.6467	0.6073
3	1.4815	0.6750	3.4369	0.2907	2.3216	0.4307
4	1.6890	0.5921	4.9211	0.2032	2.9137	0.3432
5	1.9254	0.5194	6.6101	0.1513	3.4331	0.2913
6	2.1950	0.4556	8.5355	0.1172	3.8887	0.2572
7	2.5023	0.3996	10.7305	0.0932	4.2883	0.2332
8	2.8526	0.3506	13.2328	0.0756	4.6389	0.2156
9	3.2519	0.3075	16.0853	0.0622	4.9464	0.2022
10	3.7072	0.2697	19.3373	0.0517	5.2161	0.1917
11	4.2262	0.2366	23.0445	0.0434	5.4527	0.1834
12	4.8179	0.2076	27.2708	0.0367	5.6603	0.1767
13	5.4924	0.1821	32.0887	0.0312	5.8424	0.1712
14	6.2613	0.1597	37.5811	0.0266	6.0021	0.1666
15	7.1379	0.1401	43.8424	0.0228	6.1422	0.1628
16	8.1373	0.1229	50.9804	0.0196	6.2651	0.1596
17	9.2765	0.1078	59.1176	0.0169	6.3729	0.1569
18	10.5752	0.0946	68.3941	0.0146	6.4674	0.1546
19	12.0557	0.0829	78.9692	0.0127	6.5504	0.1527
20	13.7435	0.0728	91.0249	0.0110	6.6231	0.1510
21	15.6676	0.0638	104.7684	0.0095	6.6870	0.1495
22	17.8610	0.0560	120.4360	0.0083	6.7429	0.1483
23	20.3616	0.0491	138.2971	0.0072	6.7921	0.1472
24	23.2122	0.0431	158.6587	0.0063	6.8351	0.1463

续上表

年限	整付复本利系数 已知现值求将来值	整付现值系数 已知将来值求现值	年金复本利系数 已知年金求将来值	基金年存系数 已知将来值求年金	年金现值系数 已知年金求现值	投资回收系数 已知现值求年金
25	26.4619	0.0378	181.8708	0.0055	6.8729	0.1455
26	30.1666	0.0331	208.3328	0.0048	6.9061	0.1448
27	34.3899	0.0291	238.4994	0.0042	6.9352	0.1442
28	39.2045	0.0255	272.8893	0.0037	6.9607	0.1437
29	44.6931	0.0224	312.0938	0.0032	6.9830	0.1432
30	50.9502	0.0196	356.7869	0.0028	7.0027	0.1428
31	58.0832	0.0172	407.7371	0.0025	7.0199	0.1425
32	66.2148	0.0151	465.8203	0.0021	7.0350	0.1421
33	75.4849	0.0132	532.0351	0.0019	7.0482	0.1419
34	86.0528	0.0116	607.5200	0.0016	7.0599	0.1416
35	98.1002	0.0102	693.5728	0.0014	7.0700	0.1414
40	188.8836	0.0053	1342.0250	0.0007	7.1050	0.1407
45	363.6792	0.0027	2590.5650	0.0004	7.1232	0.1404
50	700.2331	0.0014	4994.5230	0.0002	7.1327	0.1402
55	1348.2390	0.0007	9623.1370	0.0001	7.1376	0.1401
60	2595.9200	0.0004	18353.1400	0.0001	7.1401	0.1401
65	4998.221	0.0002	35694.430	0.0000	7.1414	0.1400
70	9623.649	0.0001	68733.210	0.0000	7.1421	0.1400
75	18529.510	0.0001	132346.500	0.0000	7.1425	0.1400
80	35676.990	0.0000	254828.500	0.0000	7.1428	0.1400
85	68693.000	0.0000	490657.200	0.0000	7.1428	0.1400
90	132262.500	0.0000	944725.100	0.0000	7.1428	0.1400
95	254660.200	0.0000	1818994.000	0.0000	7.1428	0.1400
100	490326.500	0.0000	3502325.000	0.0000	7.1428	0.1400

附表15 15%复利系数表

年限	整付复本利系数 已知现值求将来值	整付现值系数 已知将来值求现值	年金复本利系数 已知年金求将来值	基金年存系数 已知将来值求年金	年金现值系数 已知年金求现值	投资回收系数 已知现值求年金
1	1.1500	0.8696	1.0000	1.0000	0.8696	1.1500
2	1.3225	0.7561	2.1500	0.4651	1.6257	0.6151
3	1.5209	0.6575	3.4725	0.2880	2.2832	0.4380
4	1.7490	0.5718	4.9934	0.2003	2.8550	0.3503
5	2.0114	0.4972	6.7424	0.1483	3.3522	0.2983
6	2.3131	0.4323	8.7535	0.1142	3.7845	0.2642
7	2.6600	0.3759	11.0668	0.0904	4.1604	0.2404
8	3.0590	0.3269	13.7268	0.0729	4.4873	0.2229
9	3.5179	0.2843	16.7858	0.0596	4.7716	0.2096
10	4.0456	0.2472	20.3037	0.0493	5.0188	0.1993
11	4.6524	0.2149	24.3493	0.0411	5.2337	0.1911
12	5.3503	0.1869	29.0017	0.0345	5.4206	0.1845
13	6.1528	0.1625	34.3519	0.0291	5.5831	0.1791
14	7.0757	0.1413	40.5047	0.0247	5.7245	0.1747
15	8.1371	0.1229	47.5804	0.0210	5.8474	0.1710
16	9.3576	0.1069	55.7175	0.0179	5.9542	0.1679
17	10.7613	0.0929	65.0751	0.0154	6.0472	0.1654
18	12.3755	0.0808	75.8364	0.0132	6.1280	0.1632
19	14.2318	0.0703	88.2118	0.0113	6.1982	0.1613
20	16.3665	0.0611	102.4436	0.0098	6.2593	0.1598
21	18.8215	0.0531	118.8101	0.0084	6.3125	0.1584
22	21.6447	0.0462	137.6316	0.0073	6.3587	0.1573
23	24.8915	0.0402	159.2764	0.0063	6.3988	0.1563
24	28.6252	0.0349	184.1679	0.0054	6.4338	0.1554

续上表

年限	整付复本利系数 已知现值求将来值	整付现值系数 已知将来值求现值	年金复本利系数 已知年金求将来值	基金年存系数 已知将来值求年金	年金现值系数 已知年金求现值	投资回收系数 已知现值求年金
25	32.9190	0.0304	212.7930	0.0047	6.4641	0.1547
26	37.8568	0.0264	245.7120	0.0041	6.4906	0.1541
27	43.5353	0.0230	283.5688	0.0035	6.5135	0.1535
28	50.0656	0.0200	327.1041	0.0031	6.5335	0.1531
29	57.5755	0.0174	377.1697	0.0027	6.5509	0.1527
30	66.2118	0.0151	434.7452	0.0023	6.5660	0.1523
31	76.1436	0.0131	500.9570	0.0020	6.5791	0.1520
32	87.5651	0.0114	577.1005	0.0017	6.5905	0.1517
33	100.6998	0.0099	664.6655	0.0015	6.6005	0.1515
34	115.8048	0.0086	765.3653	0.0013	6.6091	0.1513
35	133.1755	0.0075	881.1701	0.0011	6.6166	0.1511
40	267.8636	0.0037	1779.0900	0.0006	6.6418	0.1506
45	538.7693	0.0019	3585.1280	0.0003	6.6543	0.1503
50	1083.6580	0.0009	7217.7170	0.0001	6.6605	0.1501
55	2179.6220	0.0005	14524.1500	0.0001	6.6636	0.1501
60	4383.9990	0.0002	29219.9900	0.0000	6.6651	0.1500
65	8817.787	0.0001	58778.580	0.0000	6.6659	0.1500
70	17735.720	0.0001	118231.500	0.0000	6.6663	0.1500
75	35627.870	0.0000	237812.500	0.0000	6.6665	0.1500
80	71750.880	0.0000	478332.600	0.0000	6.6666	0.1500
85	144316.700	0.0000	962104.300	0.0000	6.6666	0.1500
90	290272.400	0.0000	1935142.000	0.0000	6.6666	0.1500
95	583814.500	0.0000	3892270.000	0.0000	6.6667	0.1500
100	1174314.000	0.0000	7828750.000	0.0000	6.6667	0.1500

附表16 20%复利系数表

年限	整付复本利系数 已知现值求将来值	整付现值系数 已知将来值求现值	年金复本利系数 已知年金求将来值	基金年存系数 已知将来值求年金	年金现值系数 已知年金求现值	投资回收系数 已知现值求年金
1	1.2000	0.8333	1.0000	1.0000	0.8333	1.2000
2	1.4400	0.6944	2.2000	0.4545	1.5278	0.6545
3	1.7280	0.5787	3.6400	0.2747	2.1065	0.4747
4	2.0736	0.4823	5.3680	0.1863	2.5887	0.3863
5	2.4883	0.4019	7.4416	0.1344	2.9906	0.3344
6	2.9860	0.3349	9.9299	0.1007	3.3255	0.3007
7	3.5882	0.2791	12.9159	0.0774	3.6046	0.2774
8	4.2998	0.2326	16.4991	0.0606	3.8372	0.2606
9	5.1598	0.1938	20.7989	0.0481	4.0310	0.2481
10	6.1917	0.1615	25.9587	0.0385	4.1925	0.2385
11	7.4301	0.1346	32.1504	0.0311	4.3271	0.2311
12	8.9161	0.1122	39.5805	0.0253	4.4392	0.2253
13	10.6993	0.0935	48.4966	0.0206	4.5327	0.2206
14	12.8392	0.0779	59.1959	0.0169	4.6106	0.2169
15	15.4070	0.0649	72.0351	0.0139	4.6755	0.2139
16	18.4884	0.0541	87.4421	0.0114	4.7296	0.2114
17	22.1861	0.0451	105.9306	0.0094	4.7746	0.2094
18	26.6233	0.0376	128.1167	0.0078	4.8122	0.2078
19	31.9480	0.0313	154.7400	0.0065	4.8435	0.2065
20	38.3376	0.0261	186.6880	0.0054	4.8696	0.2054
21	46.0051	0.0217	225.0256	0.0044	4.8913	0.2044
22	55.2061	0.0181	271.0307	0.0037	4.9094	0.2037
23	66.2474	0.0151	326.2369	0.0031	4.9245	0.2031
24	79.4969	0.0126	392.4843	0.0025	4.9371	0.2025

续上表

年限	整付复本利系数 已知现值求将来值	整付现值系数 已知将来值求现值	年金复本利系数 已知年金求将来值	基金年存系数 已知将来值求年金	年金现值系数 已知年金求现值	投资回收系数 已知现值求年金
25	95.3962	0.0105	471.9811	0.0021	4.9476	0.2021
26	114.4755	0.0087	567.3773	0.0018	4.9536	0.2018
27	137.3706	0.0073	681.8529	0.0015	4.9636	0.2015
28	164.8447	0.0061	819.2233	0.0012	4.9697	0.2012
29	197.8136	0.0051	984.0681	0.0010	4.9747	0.2010
30	237.3764	0.0042	1181.8820	0.0008	4.9789	0.2008
31	284.8516	0.0035	1419.2580	0.0007	4.9824	0.2007
32	341.8219	0.0029	1704.1100	0.0006	4.9854	0.2006
33	410.1863	0.0024	2045.9310	0.0005	4.9878	0.2005
34	492.2236	0.0020	2456.1180	0.0004	4.9898	0.2004
35	590.6683	0.0017	2948.3410	0.0003	4.9915	0.2003
40	1469.7720	0.0007	7343.8580	0.0001	4.9966	0.2001
45	3657.2630	0.0003	18281.3100	0.0001	4.9986	0.2001
50	9100.4390	0.0001	45497.1900	0.0000	4.9995	0.2000

附表17 25%复利系数表

年限	整付复本利系数 已知现值求将来值	整付现值系数 已知将来值求现值	年金复本利系数 已知年金求将来值	基金年存系数 已知将来值求年金	年金现值系数 已知年金求现值	投资回收系数 已知现值求年金
1	1.2500	0.8000	1.0000	1.0000	0.8000	1.2500
2	1.5625	0.6400	2.2500	0.4444	1.4400	0.6944
3	1.9531	0.5120	3.8125	0.2623	1.9520	0.5123
4	2.4414	0.4096	5.7656	0.1734	2.3616	0.4234
5	3.0518	0.3277	8.2070	0.1218	2.6893	0.3718
6	3.8147	0.2621	11.2588	0.0888	2.9514	0.3388
7	4.7684	0.2097	15.0735	0.0663	3.1611	0.3163
8	5.9605	0.1678	19.8419	0.0504	3.3289	0.3004
9	7.4506	0.1342	25.8023	0.0388	3.4631	0.2888
10	9.3132	0.1074	33.2529	0.0301	3.5705	0.2801
11	11.6415	0.0859	42.5661	0.0235	3.6564	0.2735
12	14.5519	0.0687	54.2077	0.0184	3.7251	0.2684
13	18.1899	0.0550	68.7596	0.0145	3.7801	0.2645
14	22.7374	0.0440	86.9495	0.0115	3.8241	0.2615
15	28.4217	0.0352	109.6868	0.0091	3.8593	0.2591
16	35.5271	0.0281	168.1086	0.0072	3.8874	0.2572
17	44.4089	0.0225	173.6357	0.0058	3.9099	0.2558
18	55.5112	0.0180	218.0446	0.0046	3.9279	0.2546
19	69.3889	0.0144	273.5558	0.0037	3.9424	0.2537
20	86.7362	0.0115	342.9447	0.0029	3.9539	0.2529
21	108.4202	0.0092	429.6809	0.0023	3.9631	0.2523
22	135.5253	0.0074	538.1011	0.0019	3.9705	0.2519
23	169.4066	0.0059	673.6263	0.0015	3.9764	0.2515
24	211.7583	0.0047	843.0329	0.0012	3.9811	0.2512

续上表

年限	整付复本利系数 已知现值求将来值	整付现值系数 已知将来值求现值	年金复本利系数 已知年金求将来值	基金年存系数 已知将来值求年金	年金现值系数 已知年金求现值	投资回收系数 已知现值求年金
25	264.6978	0.0038	1054.7910	0.0009	3.9849	0.2509
26	330.8723	0.0030	1319.489	0.0008	3.9879	0.2508
27	413.5903	0.0024	1650.361	0.0006	3.9903	0.2506
28	516.9879	0.0019	2063.952	0.0005	3.9923	0.2505
29	646.2349	0.0015	2580.940	0.0004	3.9938	0.2504
30	807.7936	0.0012	3227.174	0.0003	3.9950	0.2503
31	1009.742	0.0010	4034.963	0.0002	3.9960	0.2502
32	1262.178	0.0008	5044.710	0.0002	3.9968	0.2502
33	1577.722	0.0006	6306.888	0.0002	3.9975	0.2502
34	1972.152	0.0005	7884.610	0.0001	3.9980	0.2501
35	2465.191	0.0004	9856.762	0.0001	3.9984	0.2501
40	7523.164	0.0001	30088.660	0.0000	3.9995	0.2500
45	22958.880	0.0000	91831.500	0.0000	3.9998	0.2500
50	70064.930	0.0000	280255.700	0.0000	3.9999	0.2500

附表18 30%复利系数表

年限	整付复本利系数 已知现值求将来值	整付现值系数 已知将来值求现值	年金复本利系数 已知年金求将来值	基金年存系数 已知将来值求年金	年金现值系数 已知年金求现值	投资回收系数 已知现值求年金
1	1.3000	0.7692	1.0000	1.0000	0.7692	1.3000
2	1.6900	0.5917	2.3000	0.4348	1.3609	0.7348
3	2.1970	0.4552	3.9900	0.2506	1.8161	0.5506
4	2.8561	0.3501	6.1870	0.1616	2.1662	0.4616
5	3.7129	0.2693	9.0431	0.1106	2.4356	0.4106
6	4.8268	0.2072	12.7560	0.0784	2.6427	0.3784
7	6.2748	0.1594	17.5828	0.0569	2.8021	0.3569
8	8.1573	0.1226	23.8577	0.0419	2.9247	0.3419
9	10.6045	0.0943	32.0150	0.0312	3.0190	0.3312
10	13.7858	0.0725	42.6195	0.0235	3.0915	0.3235
11	17.9216	0.0558	56.4053	0.0177	3.1473	0.3177
12	23.2981	0.0429	74.3269	0.0135	3.1903	0.3135
13	30.2875	0.0330	97.6250	0.0102	3.2233	0.3102
14	39.3737	0.0254	127.9124	0.0078	3.2487	0.3078
15	51.1859	0.0195	167.2862	0.0060	3.2682	0.3060
16	66.5416	0.0150	218.4720	0.0046	3.2832	0.3046
17	86.5041	0.0116	285.0136	0.0035	3.2948	0.3035
18	112.4553	0.0089	371.5177	0.0027	3.3037	0.3027
19	146.1919	0.0068	483.9729	0.0021	3.3105	0.3021
20	190.0494	0.0053	630.1648	0.0016	3.3158	0.3016
21	247.0643	0.0040	820.214	0.0012	3.3198	0.3012
22	321.1835	0.0031	1067.278	0.0009	3.3230	0.3009
23	417.5385	0.0024	1388.462	0.0007	3.3253	0.3007
24	542.8001	0.0018	1806.000	0.0006	3.3272	0.3006
25	705.6400	0.0014	2348.800	0.0004	3.3286	0.3004
26	917.332	0.0011	3054.440	0.0003	3.3297	0.3003
27	1192.532	0.0008	3971.772	0.0003	3.3305	0.3003
28	1550.291	0.0006	5164.303	0.0002	3.3312	0.3002
29	2015.378	0.0005	6714.594	0.0001	3.3317	0.3001
30	2619.991	0.0004	8729.971	0.0001	3.3321	0.3001

附表 19　35%复利系数表

年限	整付复本利系数 已知现值求将来值	整付现值系数 已知将来值求现值	年金复本利系数 已知年金求将来值	基金年存系数 已知将来值求年金	年金现值系数 已知年金求现值	投资回收系数 已知现值求年金
1	1.3500	0.7407	1.0000	1.0000	0.7407	1.3500
2	1.8225	0.5487	2.3500	0.4255	1.2894	0.7755
3	2.4604	0.4064	4.1725	0.2397	1.6959	0.5897
4	3.3215	0.3011	6.6329	0.1508	1.9969	0.5008
5	4.4840	0.2230	9.9544	0.1005	2.2200	0.4505
6	6.0534	0.1652	14.4384	0.0693	2.3852	0.4193
7	8.1722	0.1224	20.4919	0.0488	2.5075	0.3988
8	11.0324	0.0906	28.6640	0.0349	2.5982	0.3849
9	14.8937	0.0671	39.6964	0.0252	2.6653	0.3752
10	20.1066	0.0497	54.5902	0.0183	2.7150	0.3683
11	27.1439	0.0368	74.6967	0.0134	2.7519	0.3634
12	36.6442	0.0273	101.8406	0.0098	2.7792	0.3598
13	49.4697	0.0202	138.4848	0.0072	2.7994	0.3572
14	66.7841	0.0150	187.9544	0.0053	2.8144	0.3553
15	90.1585	0.0111	245.7385	0.0039	2.8255	0.3539
16	121.7139	0.0082	344.8970	0.0029	2.8337	0.3529
17	164.3138	0.0061	466.6109	0.0021	2.8398	0.3521
18	221.8237	0.0045	630.9247	0.0016	2.8443	0.3516
19	299.4620	0.0033	852.7484	0.0012	2.8476	0.3512
20	404.2736	0.0025	1152.2100	0.0009	2.8501	0.3509
21	545.7694	0.0018	1556.484	0.0006	2.8519	0.3506
22	736.7886	0.0014	2102.253	0.0005	2.8533	0.3505
23	994.6648	0.0010	2839.042	0.0004	2.8543	0.3504
24	1342.797	0.0007	3833.707	0.0003	2.8550	0.3503
25	1812.776	0.0006	5176.504	0.0002	2.8556	0.3502
26	2447.248	0.0004	6989.281	0.0001	2.8560	0.3501
27	3303.785	0.0003	9436.529	0.0001	2.8563	0.3501
28	4460.110	0.0002	12740.320	0.0001	2.8565	0.3501
29	6021.148	0.0002	17200.420	0.0001	2.8567	0.3501
30	8128.550	0.0001	23221.570	0.0000	2.8568	0.3500

附表20 40%复利系数表

年限	整付复本利系数 已知现值求将来值	整付现值系数 已知将来值求现值	年金复本利系数 已知年金求将来值	基金年存系数 已知将来值求年金	年金现值系数 已知年金求现值	投资回收系数 已知现值求年金
1	1.400	0.7143	1.0000	1.0000	0.7143	1.4000
2	1.9600	0.5102	2.4000	0.4167	1.2245	0.8167
3	2.7440	0.3644	4.3600	0.2294	1.5889	0.6294
4	3.8416	0.2603	7.1040	0.1408	1.8492	0.5408
5	5.3782	0.1859	10.9456	0.0914	2.0352	0.4914
6	7.5295	0.1328	16.3238	0.0613	2.1680	0.4613
7	10.5414	0.0949	23.8534	0.0419	2.2628	0.4419
8	14.7579	0.0678	34.3947	0.0291	2.3306	0.4291
9	20.6610	0.0484	49.1526	0.0203	2.3790	0.4203
10	28.9255	0.0346	69.8136	0.0143	2.4136	0.4143
11	40.4956	0.0247	98.7391	0.0101	2.4383	0.4101
12	56.6939	0.0176	139.2347	0.0072	2.4559	0.4072
13	79.3715	0.0126	195.9287	0.0051	2.4685	0.4051
14	111.1200	0.0090	275.3001	0.0036	2.4775	0.4036
15	155.5681	0.0064	386.4201	0.0026	2.4839	0.4026
16	217.7953	0.0046	541.9882	0.0018	2.4885	0.4018
17	304.9134	0.0033	759.7834	0.0013	2.4918	0.4013
18	426.8787	0.0023	1064.6970	0.0009	2.4941	0.4009
19	597.6302	0.0017	1491.5760	0.0007	2.4958	0.4007
20	836.6822	0.0012	2089.2050	0.0005	2.4970	0.4005
21	1171.355	0.0009	2925.888	0.0003	2.4979	0.4003
22	1639.897	0.0006	4097.243	0.0002	2.4985	0.4002
23	2295.856	0.0004	5737.140	0.0002	2.4989	0.4002
24	3214.198	0.0003	8032.995	0.0001	2.4992	0.4001
25	4499.877	0.0002	11247.190	0.0001	2.4994	0.4001
26	6299.828	0.0002	15747.070	0.0001	2.4996	0.4001
27	8819.759	0.0001	22046.900	0.0000	2.4997	0.4000
28	12347.660	0.0001	30866.660	0.0000	2.4998	0.4000
29	17286.730	0.0001	43214.320	0.0000	2.4999	0.4000
30	24210.420	0.0000	60501.050	0.0000	2.4999	0.4000

附表21 45%复利系数表

年限	整付复本利系数 已知现值求将来值	整付现值系数 已知将来值求现值	年金复本利系数 已知年金求将来值	基金年存系数 已知将来值求年金	年金现值系数 已知年金求现值	投资回收系数 已知现值求年金
1	1.4500	0.6897	1.0000	1.0000	0.6897	1.4500
2	2.1025	0.4756	2.4500	0.4082	1.1653	0.8582
3	3.0486	0.3280	4.5525	0.2197	1.4933	0.6697
4	4.4205	0.2262	7.6011	0.1316	1.7195	0.5816
5	6.4097	0.1560	12.0216	0.0832	1.8755	0.5332
6	9.2941	0.1076	18.4314	0.0543	1.9831	0.5043
7	13.4765	0.0742	27.7255	0.0361	2.0573	0.4861
8	19.5409	0.0512	41.2020	0.0243	2.1085	0.4743
9	28.3343	0.0353	60.7428	0.0165	2.1438	0.4665
10	41.0847	0.0243	89.0771	0.0112	2.1681	0.4612
11	59.5728	0.0168	130.1619	0.0077	2.1849	0.4577
12	86.3806	0.0116	189.7347	0.0053	2.1965	0.4553
13	125.2519	0.0080	276.1153	0.0036	2.2045	0.4536
14	181.6153	0.0055	401.3672	0.0025	2.2100	0.4525
15	263.3421	0.0038	582.9825	0.0017	2.2138	0.4517
16	381.8461	0.0026	846.3246	0.0012	2.2164	0.4512
17	553.6768	0.0018	1228.1710	0.0008	2.2182	0.4508
18	802.8315	0.0012	1781.8480	0.0006	2.2195	0.4506
19	1164.1060	0.0009	2584.6800	0.0004	2.2203	0.4504
20	1687.9530	0.0006	3748.7850	0.0003	2.2209	0.4503
21	2447.532	0.0004	5436.739	0.0002	2.2213	0.4502
22	3548.922	0.0003	7884.272	0.0001	2.2216	0.4501
23	5145.937	0.0002	11433.190	0.0001	2.2218	0.4501
24	7461.609	0.0001	16579.130	0.0001	2.2219	0.4501
25	10819.330	0.0001	24040.740	0.0000	2.2220	0.4500
26	15688.040	0.0001	34860.080	0.0000	2.2221	0.4500
27	22747.650	0.0000	50548.120	0.0000	2.2221	0.4500
28	32984.100	0.0000	73295.770	0.0000	2.2222	0.4500
29	47826.940	0.0000	106279.900	0.0000	2.2222	0.4500
30	69349.070	0.0000	154106.800	0.0000	2.2222	0.4500

附表22 50%复利系数表

年限	整付复本利系数 已知现值求将来值	整付现值系数 已知将来值求现值	年金复本利系数 已知年金求将来值	基金年存系数 已知将来值求年金	年金现值系数 已知年金求现值	投资回收系数 已知现值求年金
1	1.5000	0.6667	1.0000	1.0000	0.6667	1.5000
2	2.2500	0.4444	2.5000	0.4000	1.1111	0.9000
3	3.3750	0.2963	4.7500	0.2105	1.4074	0.7105
4	5.0625	0.1975	8.1250	0.1231	1.6049	0.6231
5	7.5938	0.1317	13.1875	0.0758	1.7366	0.5758
6	11.3906	0.0878	20.7813	0.0481	1.8244	0.5481
7	17.0859	0.0585	32.1719	0.0311	1.8829	0.5311
8	25.6289	0.0390	49.2578	0.0203	1.9220	0.5203
9	38.4434	0.0260	74.8867	0.0134	1.9480	0.5134
10	57.6650	0.0173	113.3301	0.0088	1.9653	0.5088
11	86.4976	0.0116	170.9951	0.0058	1.9769	0.5058
12	129.7463	0.0077	257.4927	0.0039	1.9846	0.5039
13	194.6195	0.0051	387.2390	0.0026	1.9897	0.5026
14	291.9293	0.0034	581.8585	0.0017	1.9931	0.5017
15	437.8939	0.0023	873.7878	0.0011	1.9954	0.5011
16	656.8408	0.0015	1311.682	0.0008	1.9970	0.5008
17	985.2612	0.0010	1968.523	0.0005	1.9980	0.5005
18	1477.8920	0.0007	2953.784	0.0003	1.9986	0.5003
19	2216.8380	0.0005	4431.676	0.0002	1.9991	0.5002
20	3325.2570	0.0003	6648.513	0.0002	1.9994	0.5002
21	4987.885	0.0002	9973.769	0.0001	1.9996	0.5001
22	7481.828	0.0001	14961.660	0.0001	1.9997	0.5001
23	11222.740	0.0001	22443.480	0.0000	1.9998	0.5000
24	16834.110	0.0001	33666.220	0.0000	1.9999	0.5000
25	25251.170	0.0000	50500.340	0.0000	1.9999	0.5000
26	37876.750	0.0000	75751.500	0.0000	1.9999	0.5000
27	56815.130	0.0000	113628.300	0.0000	2.0000	0.5000
28	85222.690	0.0000	170443.100	0.0000	2.0000	0.5000
29	127834.000	0.0000	255666.100	0.0000	2.0000	0.5000
30	191751.100	0.0000	383500.100	0.0000	2.0000	0.5000

附录Ⅲ

国有资产评估管理办法

【中华人民共和国国务院令(第91号)1991年11月16日发布】

第一章 总 则

第一条 为了正确体现国有资产的价值量,保护国有资产所有者和经营者、使用者的合法权益,制定本办法。

第二条 国有资产评估,除法律、法规另有规定外,适用本办法。

第三条 国有资产占有单位(以下简称占有单位)有下列情形之一的,应当进行资产评估:

一、资产拍卖、转让;

二、企业兼并、出售、联营、股份经营;

三、与外国公司、企业和其他经济组织或者个人开办中外合资经营企业或者中外合作经营企业;

四、企业清算;

五、依照国家有关规定需要进行资产评估的其他情形。

第四条 占有单位有下列情形之一,当事人认为需要的,可以进行资产评估:

一、资产抵押及其他担保;

二、企业租赁;

三、需要进行资产评估的其他情形。

第五条 全国或者特定行业的国有资产评估,由国务院决定。

第六条 国有资产评估范围包括:固定资产、流动资产、无形资产和其他资产。

第七条 国有资产评估应当遵循真实性、科学性、可行性原则,依照国家规定的标准、程序和方法进行评定和估算。

第二章 组织管理

第八条 国有资产评估工作,按照国有资产管理权限,由国有资产管理行政主管部门负责管理和监督。

国有资产评估组织工作,按照占有单位的隶属关系,由行业主管部门负责。

国有资产管理行政主管部门和行业主管部门不直接从事国有资产评估业务。

第九条 持有国务院或者省、自治区、直辖市人民政府国有资产管理行政主管部门颁发的国有资产评估资格证书的资产评估公司、会计师事务所、审计事务所、财务咨询公司,经国务院或者省、自治区、直辖市人民政府国有资产管理行政主管部门认可的临时评估机构(以下统称资产评估机构),可以接受占有单位的委托,从事国有资产评估业务。

前款所列资产评估机构的管理办法,由国务院国有资产管理行政主管部门制定。

第十条 占有单位委托资产评估机构进行资产评估时,应当如实提供有关情况和资料。资产评估机构应当对占有单位提供的有关情况和资料保守秘密。

第十一条 资产评估机构进行资产评估,实行有偿服务。资产评估收费办法,由国务院国有资产管理行政主管部门会同财政部门、物价主管部门制定。

第三章 评估程序

第十二条 国有资产评估按照下列程序进行:
一、申请立项;
二、资产清查;
三、评定估算;
四、验证确认。

第十三条 依照本办法第三条、第四条规定进行资产评估的占有单位,经其主管部门审查同意后,应当向同级国有资产管理行政主管部门提交资产评估立项申请书,并附财产目录和有关会计报表等资料。

经国有资产管理行政主管部门授权或者委托,占有单位的主管部门可以审批资产评估立项申请。

第十四条 国有资产管理行政主管部门应当自收到资产评估立项申请书之日起10日内进行审核,并作出是否准予资产评估立项的决定,通知申请单位及其主管部门。

第十五条 国务院决定对全国或者特定行业进行国有资产评估的,视为已经准予资产评估立项。

第十六条 申请单位收到准予资产评估立项通知书后,可以委托资产评估机构评估资产。

第十七条 受占有单位委托的资产评估机构应当在对委托单位的资产、债权、债务进行全面清查的基础上,核实资产账面与实际是否相符,经营成果是否真实,据以作出鉴定。

第十八条 受占有单位委托的资产评估机构应当根据本办法的规定,对委托单位被评估资产的价值进行评定和估算,并向委托单位提出资产评估结果报告书。

委托单位收到资产评估机构的资产评估结果报告书后,应当报其主管部门审查;主管部门审查同意后,报同级国有资产管理行政主管部门确认资产评估结果。

经国有资产管理行政主管部门授权或者委托,占有单位的主管部门可以确认资产评估结果。

第十九条 国有资产管理行政主管部门应当自收到占有单位报送的资产评估结果报告书之日起45日内组织审核、验证、协商,确认资产评估结果,并下达确认通知书。

第二十条 占有单位对确认通知书有异议的,可以自收到通知书之日起15日内向上一级国有资产管理行政主管部门申请复核。上一级国有资产管理行政主管部门应当自收到复核申请之日起 30 日内作出裁定，并下达裁定通知书。

第二十一条 占有单位收到确认通知书或者裁定通知书后，应当根据国家有关财务、会计制度进行财务处理。

第四章 评估方法

第二十二条 国有资产重估价值，根据资产原值、净值、新旧程度、重置成本、获利能力等因素和本办法规定的资产评估方法评定。

第二十三条 国有资产评估方法包括：

一、收益现值法；

二、重置成本法；

三、现行市价法；

四、清算价格法；

五、国务院国有资产管理行政主管部门规定的其他评估方法。

第二十四条 用收益现值法进行资产评估的，应当根据被评估资产合理的预期获利能力和适当的折现率，计算出资产的现值，并以此评定重估价值。

第二十五条 用重置成本法进行资产评估的，应当根据该项资产在全新情况下的重置成本，减去按重置成本计算的已使用年限的累积折旧额，考虑资产功能变化、成新率等因素，评定重估价值；或者根据资产的使用期限，考虑资产功能变化等因素重新确定成新率，评定重估价值。

第二十六条 用现行市价法进行资产评估的，应当参照相同或者类似资产的市场价格，评定重估价值。

第二十七条 用清算价格法进行资产评估的，应当根据企业清算时其资产可变现的价值，评定重估价值。

第二十八条 对流动资产中的原材料、在制品、协作件、库存商品、低值易耗品等进行评估时，应当根据该项资产的现行市场价格、计划价格，考虑购置费用、产品完工程度、损耗等因素，评定重估价值。

第二十九条 对有价证券的评估，参照市场价格评定重估价值；没有市场价格的，考虑票面价值、预期收益等因素，评定重估价值。

第三十条 对占有单位的无形资产，区别下列情况评定重估价值：

一、外购的无形资产，根据购入成本及该项资产具有的获利能力；

二、自创或者自身拥有的无形资产，根据其形成时所需实际成本及该项资产具有的获利能力；

三、自创或者自身拥有的未单独计算成本的无形资产，根据该项资产具有的获利能力。

第五章 法律责任

第三十一条 占有单位违反本办法的规定，提供虚假情况和资料，或者与资产评估机构串通作弊，致使资产评估结果失实的，国有资产管理行政主管部门可以宣布资产评估结果无效，并可以根据情节轻重，单处或者并处下列处罚：

一、通报批评；

二、限期改正，并可以处以相当于评估费用以下的罚款；

三、提请有关部门对单位主管人员和直接责任人员给予行政处分，并可以处以相当于本人3个月基本工资以下的罚款。

第三十二条 资产评估机构作弊或者玩忽职守，致使资产评估结果失实的，国有资产管理行政主管部门可以宣布资产评估结果无效，并可以根据情节轻重，对该资产评估机构给予下列处罚：

一、警告；

二、停业整顿；

三、吊销国有资产评估资格证书。

第三十三条 被处罚的单位和个人对依照本办法第三十一条、第三十二条规定作出的处罚决定不服的，可以在收到处罚通知之日起15日内，向上一级国有资产管理行政主管部门申请复议。上一级国有资产管理行政主管部门应当自收到复议申请之日起60日内作出复议决定。申请人对复议决定不服的，可以自收到复议通知之日起15日内，向人民法院提起诉讼。

第三十四条 国有资产管理行政主管部门或者行业主管部门工作人员违反本办法，利用职权谋取私利，或者玩忽职守，造成国有资产损失的，国有资产管理行政主管部门或者行业主管部门可以按照干部管理权限，给予行政处分，并可以处以相当于本人3个月基本工资以下的罚款。违反本办法，利用职权谋私利的，由有查处权的部门依法追缴其非法所得。

第三十五条 违反本办法，情节严重，构成犯罪的，由司法机关依法追究刑事责任。

第六章 附 则

第三十六条 境外国有资产的评估，不适用本办法。

第三十七条 有关国有自然资源有偿使用、开采的评估办法，由国务院另行规定。

第三十八条 本办法由国务院国有资产管理行政主管部门负责解释。本办法的施行细则由国务院国有资产管理行政主管部门制定。

第三十九条 本办法自发布之日起施行。

附录Ⅳ

国有资产评估管理办法施行细则

(国资办发[1992]36号)

第一章 总 则

第一条 根据国务院发布的《国有资产评估管理办法》(以下简称《办法》)第三十八条的规定,制定本施行细则。

第二条 《办法》第二条所说的法律、法规另有规定,是指全国人民代表大会及其常务委员会发布的有关资产评估的法律和国务院发布的有关资产评估的行政法规。

第三条 《办法》所说的国有资产是指国家依据法律取得的,国家以各种形式的投资和投资收益形成的或接受捐赠而取得的固定资产、流动资产、无形资产和其他形态的资产。

第四条 《办法》第三条所说的国有资产占有单位包括:

一、国家机关、军队、社会团体及其他占有国有资产的社会组织;

二、国营企业、事业单位;

三、各种形式的国内联营和股份经营单位;

四、中外合资、合作经营企业;

五、占有国有资产的集体所有制单位;

六、其他占有国有资产的单位。

第五条 《办法》第三条规定的应当进行资产评估,是指发生该条款所说的经济情形时,除经国有资产管理行政主管部门批准可以不予评估外,都必须进行资产评估。

第六条 《办法》第三条所说的情形中:

一、资产转让是指国有资产占有单位有偿转让超过百万元或占全部固定资产原值20%以上的非整体性资产的经济行为。

二、企业兼并是指一个企业以承担债务、购买、股份化和控股等形式有偿接收其他企业的产权,使被兼并方丧失法人资格或改变法人实体。

三、企业出售是指独立核算的企业或企业内部的分厂、车间及其他整体性资产的出售。

四、企业联营是指国内企业、单位之间以固定资产、流动资产、无形资产和其他资产投入组成的各种形式的联合经营。

五、股份经营是指企业实行股份制,包括法人持股企业、内部职工持股企业,向社会公开发行股票(不上市)企业和股票上市交易的企业。

联营、股份经营的企业进行资产评估时,应对联营及合股各方投入的资产进行全面评估。

六、企业清算是指依据《中华人民共和国企业破产法》的规定,宣告企业破产,并进行清算；或 依照国家有关规定对改组、合并、撤销法人资格的企业资产进行的清算；或企业按照合同、契约、协议规定终止经济活动的结业清算。

第七条 《办法》第四条中所说的情形中：

一、抵押是指国有资产占有单位以本单位的资产作为物质保证进行抵押而获得贷款的经济行为。

二、担保是指国有资产占有单位以本单位的资产为其他单位的经济行为担保，并承担连带责任的行为。

三、企业租赁是指资产占有单位或上级主管单位在一定期限内，以收取租金的形式，将企业全部或部分资产的经营使用权转让给其他经营使用者的行为。

第八条 《办法》第四条规定可以进行资产评估，是指发生该条款所说的情形时，根据实际情况可以对资产进行评估或者不评估。但属于以下行为必须进行资产评估：

一、企业整体资产的租赁；

二、国有资产租赁给外商或非国营单位；

三、国家行政事业单位占有的非经营性资产转为经营性资产；

四、国有资产管理行政主管部门认为应当评估的其他情形。

第九条 《办法》第四条所说的当事人是指与上述经济情形有关的国有资产占有单位、行业主管部门、国有资产管理行政主管部门以及其他单位。

第十条 对于应当进行资产评估的情形没有进行评估，或者没有按照《办法》及本细则的规定立项、确认，该经济行为无效。

第十一条 依照《办法》第五条规定对全国或者特定行业的国有资产进行评估，其评估办法由国务院另行规定。

第十二条 《办法》第七条所说的国家规定的标准是指国家和地方人民政府以及中央各部门颁布的有关技术、经济标准。

第二章 组织管理

第十三条 《办法》第八条所说的国有资产管理行政主管部门是指各级政府专门负责国有资产管理的职能部门。中央是指国家国有资产管理局，地方是指各级国有资产管理局或国有资产管理专门机构。

第十四条 国家对资产评估工作实行统一领导、分级管理的原则。国家国有资产管理局负责组织、管理、指导和监督全国的资产评估工作。

地方各级国有资产管理行政主管部门按照国家政策法规和上级国有资产管理行政主管部门的规定，负责管理本级的资产评估工作。

上级国有资产管理行政主管部门对下级国有资产管理行政主管部门在资产评估管理工作中不符合《办法》和本细则规定的做法，有权进行纠正。

《办法》第八条第二款所说的国有资产评估组织工作由行业主管部门负责，是指各级政府的行业主管部门对所属单位的资产评估立项和评估结果进行初审，签署意见，并对本行业的资产评估工作负责督促和指导。

第十五条 《办法》第九条所说的资产评估公司、会计师事务所、审计事务所、财务咨询公司等资产评估机构，必须是经工商行政管理部门注册登记，具有法人资格，并持有国务院或省、自治区、直辖市(含计划单列市)国有资产管理行政主管部门颁发的资产评估资格证书的单位。只有同时具备上述条件的单位才能从事国有资产评估业务。

在发生《办法》第三条、第四条和本细则规定的应进行资产评估情形时，必须委托上述具有资产评估资格的评估机构进行评估。当事人自行评估占有的国有资产或者评估对方占有资产的行为，不具有法律效力。

第十六条 凡需从事资产评估业务的单位，必须按隶属关系向国务院或省、自治区、直辖市国有资产管理行政主管部门申请资产评估资格，经审查批准，取得资产评估资格或临时评估资格后方能从事国有资产评估业务，也可以从事非国有资产的评估业务。

计划单列市从事资产评估业务的单位，由省国有资产管理行政主管部门委托计划单列市国有资产管理行政主管部门审核其资产评估资格并颁发资格证书。

一、资产评估资格证书由国家国有资产管理局统一印制、盖章、编号。

二、中央管理的资产评估机构(包括在各地的资产评估机构)的评估资格证书由国家国有资产管理局审核颁发。

三、地方管理的资产评估机构(包括驻外地的资产评估机构)的评估资格证书，由省、自治区、直辖市国有资产管理行政主管部门审核颁发，并报国家国有资产管理局备案。由计划单列市国有资产管理行政主管部门颁发的资产评估资格证书，除报国家国有资产管理局备案外，还要报省国有资产管理行政主管部门备案。

四、国务院和省、自治区、直辖市以及计划单列市国有资产管理行政主管部门负责对已取得资产评估资格的评估机构每年进行一次年检(具体办法另定)。

第十七条 委托评估机构进行资产评估的委托方，一般是国有资产占有单位，也可以是经占有单位同意、与被评估资产有关的其他当事人，原则上由申请立项的一方委托。特殊情况由国有资产管理行政主管部门委托。

委托方、被委托方应签订资产评估协议书，协议书的主要内容包括：被评估项目名称、评估内容、评估期限、收费办法和金额、违约责任等。

第十八条 经济行为有关各方对委托资产评估机构有争议时，由国有资产管理行政主管部门指定双方可以接受的资产评估机构进行评估。

凡属重大的亿元以上资产评估项目和经国家计委批准立项的中外合资、合作项目的资产评估(含地方)，必要时，国家国有资产管理局可以直接组织资产评估机构进行评估。

第十九条 取得资产评估资格证书的资产评估机构，承担评估业务不受地区和行业限制，既可以承接本地和本行业的资产评估业务，也可以承接外地、境外和其他行业的资产评估业务。资产评估机构与被评估单位有直接经济利益关系的，不得委托该评估机构进行评估。

第二十条 凡经批准进行资产评估，资产占有单位必须如实提供评估所需的各种资料。资产评估机构应对所提供的资料保守秘密，不得向外泄露。

对资产评估中涉及的国家机密，有关各方均应严格按照国家保密法规的各项规定执行，必要时由国家国有资产管理局直接组织资产评估机构进行评估。

第二十一条　国有土地使用权价值的评估和国有房产价值的评估，都应纳入《国有资产评估管理办法》的管理范围。

从事国有土地使用权和国有房产价值评估的专业性资产评估机构，要依照《办法》和本细则的规定，向国家国有资产管理局或省、自治区、直辖市国有资产管理行政主管部门申请并取得资产评估资格证书后，才能从事资产评估业务。

第二十二条　按照《办法》第十一条规定，资产评估实行有偿服务。资产评估机构接受委托进行评估时，应依照国家规定的收费办法向委托单位收费，并与委托单位在评估合同中明确具体收费方法。

第二十三条　资产评估机构的评估收费办法，由国家国有资产管理局同国家物价局另行制定。

第三章　评估程序

第二十四条　国有资产占有单位发生《办法》第三条、第四条所说的经济情形时，应于该经济行为发生之前，按隶属关系申请评估立项。按照统一领导、分级管理的原则，中央管辖的国有资产的评估立项审批，由国家国有资产管理局负责办理；地方各级管辖的国有资产的评估立项审批，原则上由同级国有资产管理行政主管部门负责办理；尚不具备立项审批条件的地、县，可由上级国有资产管理行政主管部门根据《办法》和本细则作出具体规定。

重大的亿元以上资产评估项目和经国家计委批准立项的中外合资、合作项目的评估（含中央、地方国营企业和集体企业占有的国有资产），除报同级国有资产管理行政主管部门立项审批外，还须报国家国有资产管理局备案，必要时由国家国有资产管理局直接审批。

第二十五条　资产评估立项原则上应由被评估国有资产占有单位申报。

第二十六条　国有资产占有单位资产评估立项申请书，应经其主管部门签署意见后，报国有资产管理行政主管部门。在国家和地方计划单列的单位以及没有上级主管部门的单位，资产评估立项申请书直接报同级国有资产管理行政主管部门。

评估立项申请书包括以下内容：

一、资产占有单位名称、隶属关系、所在地址；

二、评估目的；

三、评估资产的范围；

四、申报日期；

五、其他内容。

资产评估立项申请书，应由申报单位和上级主管部门盖章，并附该项经济行为审批机关的批准文件和国有资产管理行政主管部门颁发的产权证明文件。国有资产管理行政主管部门收到立项申请书后，应在10日内下达是否准予评估立项的通知书，超过10日不批复自动生效，并由国有资产管理行政主管部门补办批准手续。

第二十七条　资产评估机构依据批准的评估立项通知书，接受评估委托，按其规定的范围进行评估。对占有单位整体资产评估时,应在资产占有单位全面进行资产和债权、债务清查的基础上,对其资产、财务和经营状况进行核实。

第二十八条 资产评估机构对委托评估的资产,在核实的基础上,根据不同的评估目的和对象,依照国家的法律、法规和政策规定,考虑影响资产价值的各种因素,运用科学的评估方法,选择适当的评估参数,独立、公正、合理地评估出资产的价值。

第二十九条 资产评估机构在评估后应向委托单位提交资产评估结果报告书,其内容包括正文和附件两部分。

正文的主要内容:

一、评估机构名称;

二、委托单位名称;

三、评估资产的范围、名称和简单说明;

四、评估基准日期;

五、评估原则;

六、评估所依据的法律、法规和政策;

七、评估方法和计价标准;

八、对具体资产评估的说明;

九、评估结论:包括评估价值和有关文字说明;

十、附件名称;

十一、评估起止日期和评估报告提出日期;

十二、评估机构负责人、评估项目负责人签名,并加盖评估机构公章;

十三、其他。

附件:

一、资产评估汇总表、明细表;

二、评估方法说明和计算过程;

三、与评估基准日有关的会计报表;

四、资产评估机构评估资格证明文件复印件;

五、被评估单位占有资产的证明文件复印件;

六、其他与评估有关的文件资料。

第三十条 国有资产占有单位收到资产评估报告书后提出资产评估结果确认申请报告,连同评估报告书及有关资料,经上级主管部门签署意见后,报批准立项的国有资产管理行政主管部门确认。

第三十一条 国有资产管理行政主管部门对评估结果的确认工作,分为审核验证和确认两个步骤,先对资产评估是否独立公正、科学合理进行审核验证,然后提出审核意见,并下达资产评估结果确认通知书。

第三十二条 国有资产管理行政主管部门从以下方面审核验证资产评估报告:

一、资产评估工作过程是否符合政策规定;

二、资产评估机构是否有评估资格;

三、实际评估范围与规定评估范围是否一致,被评估资产有无漏评和重评;

四、影响资产价值的因素是否考虑周全;

五、引用的法律、法规和国家政策是否适当;
六、引用的资料、数据是否真实、合理、可靠;
七、运用的评估方法是否科学;
八、评估价值是否合理;
九、其他。

第三十三条 资产评估报告凡符合本细则第二十九条、第三十条和第三十二条要求的,应予以确认,由负责审批的国有资产管理行政主管部门下达确认通知书;不符合要求的,分别情况作出修改、重评或不予确认的决定。

经国有资产管理行政主管部门确认的资产评估价值,作为资产经营和产权变动的底价或作价的依据。

第三十四条 资产占有单位对确认通知书有异议,或与经济情形有关的当事人以及资产评估有关各方因评估问题发生纠纷,经同级国有资产管理行政主管部门协调无效,可以向上级国有资产管理行政主管部门申请复议或仲裁。

第三十五条 资产评估的立项审批和评估结果确认一般应按本细则第二十六条、第三十三条规定办理。国有资产管理行政主管部门认为有必要时,也可以委托国有资产占有单位的主管部门或下级国有资产管理行政主管部门进行。被委托的部门应依照《办法》和本细则的规定,办理资产评估的立项审批和结果确认工作,并将办理结果报委托的国有资产管理行政主管部门备案。

第三十六条 经国有资产管理行政主管部门确认的资产评估结果,除国家经济政策发生重大变动或经济行为当事人另有协议规定之外,自评估基准日起1年内有效。在有效期内,资产数量发生变化时,根据不同情况可由原评估机构或资产占有单位,按原评估方法作相应调整。

第四章 评估方法

第三十七条 资产评估机构进行资产评估时,应根据不同的评估目的和对象,选用《办法》第二十三条所规定的一种或几种方法进行评定估算。选用几种方法评估,应对各种方法评出的结果进行比较和调整,得出合理的资产重估价值。

第三十八条 收益现值法是将评估对象剩余寿命期间每年(或每月)的预期收益,用适当的折现率折现,累加得出评估基准日的现值,以此估算资产价值的方法。

第三十九条 重置成本法是现时条件下被评估资产全新状态的重置成本减去该项资产的实体性贬值、功能性贬值和经济性贬值,估算资产价值的方法。

实体性贬值是由于使用磨损和自然损耗造成的贬值。功能性贬值是由于技术相对落后造成的贬值。经济性贬值是由于外部经济环境变化引起的贬值。

第四十条 现行市价法是通过市场调查,选择一个或几个与评估对象相同或类似的资产作为比较对象,分析比较对象的成交价格和交易条件,进行对比调整,估算出资产价值的方法。

第四十一条 清算价格法适用于依照《中华人民共和国企业破产法》规定,经人民法院宣告破产的企业的资产评估。评估时应当根据企业清算时其资产可变现的价值，评定重估价值。

第四十二条 资产评估机构接受委托进行资产评估时，选用的价格标准应遵守国家法律法规，并维护经济行为各方的正当权益。

在资产评估时，应根据不同的评估目的、对象、选用不同的价格标准。可以采用国家计划价，也可以采用国家指导价、国内市场价和国际市场价。

汇率、利率应执行国家规定的牌价。自由外汇或以自由外汇购入的资产也可以用外汇调剂价格。

国内各种形式联营（包括集团公司）、股份经营的资产评估，对联营各方投入的同类资产应该采用同一价格标准评估。

第五章 中外合资、合作资产评估

第四十三条 凡在中华人民共和国境内与外国公司、企业和其他经济组织或个人，开办中外合资、合作经营的企业，对中方投入的资产必须按规定进行评估，以确认的评估价值作为投资作价的基础。对外方投入的资产，必要时经外方同意也可以进行评估。

第四十四条 中外合资、合作的评估原则上应在项目建议书批准后可行性研究报告批准前进行，特殊情况下也可以在项目建议书审批以前或正式签订合同、协议前进行。

经国有资产管理行政主管部门确认的资产评估报告，作为计划部门批准可行性研究报告、经贸部门审批合同的必备文件；经国有资产管理行政主管部门确认的资产评估报告和出具的产权登记表（包括变更登记或开办登记）作为工商行政管理部门办理登记注册的必备文件。

第四十五条 已开办的中外合资、合作企业中方投资比例占 50% 以上（含 50%），发生《办法》第三条、第四条和本细则第八条的情形时，必须按规定要求进行资产评估。

第四十六条 开办前的中外合资、合作项目，中方资产的评估，原则上应委托中国有评估资格的资产评估机构评估。特殊情况下，经国有资产管理行政主管部门同意，也可以委托国外评估机构评估或中国评估机构和国外评估机构联合评估，其评估报告，须报同级国有资产管理行政主管部门确认。

第四十七条 国有资产占有单位与香港、澳门、台湾地区进行合资、合作经营，其资产评估比照本细则本章有关规定办理。

第六章 股份制企业资产评估

第四十八条 国有资产占有单位改组为股份制企业（包括法人持股、内部职工持股、向社会发行股票不上市交易和向社会发行股票并上市交易）前，应按《办法》和本细则规定，委托具有资产评估资格的机构进行资产评估。

第四十九条 国有资产占有单位改组为股份制企业的资产评估结果，须按规定报国有资产管理行政主管部门审核确认。未经资产评估或资产评估结果未经确认的单位，政府授权部门不办理股份制企业设立审批手续。

第五十条　国有资产管理行政主管部门确认的净资产价值应作为国有资产折股和确定各方股权比例的依据。

注册会计师对准备实行股份制企业的财务和财产状况进行验证后，其验证结果与国有资产管理行政主管部门确认的资产评估结果不一致需要调整时，必须经原资产评估结果确认机关同意。

国有资产占有单位改组的股份公司发生B种股票，若由外方注册会计师查验账目，其查验结果与国有资产管理行政主管部门确认的资产评估结果不一致，需要调整时，也要由原资产评估结果确认机关审核同意。

第五十一条　含有国家股权的股份制企业在经营过程中，发生《办法》第三条、第四条和本细则第八条的情形时，应按规定要求进行资产评估。

国家控股的股份制企业的资产评估，应按规定向国有资产管理行政主管部门办理资产评估立项和评估结果确认手续；非国家控股的股份制企业的资产评估，由董事会批准资产评估申报和对评估结果的确认。

第七章　法律责任

第五十二条　违反《办法》第三条和本细则的规定，对应当进行资产评估的情形而未进行评估的，应按《办法》第三十一条规定对有关当事人给予处罚，造成国有资产重大损失的，应追究有关当事人的法律责任。

第五十三条　国有资产占有单位、资产评估机构违反《办法》和本细则规定，弄虚作假，造成评估结果失实的，国有资产管理行政主管部门有权宣布资产评估结果无效，并根据失实的程度，责令限期改正或重新进行评估。重新评估的费用由违法单位支付。

第五十四条　资产评估机构应对其评估结果的客观、公正、真实性承担法律责任。

资产评估机构违反《办法》及本细则规定，除按《办法》第三十二条规定处罚外，还应没收违法收入，并视违法行为的情节轻重，对单位处以评估费用两倍以内、对个人处以3个月基本工资以内的罚款。也可给予通报批评或建议有关单位给予相应的行政处分。以上处罚可以并处。

第五十五条　被处以停业整顿的资产评估机构，在停业整顿期间不得承接资产评估业务。停业整顿期限不得少于3个月。停业整顿的资产评估机构经原颁发资产评估资格证书的国有资产管理行政主管部门审查合格后方可重新开展资产评估业务。

被吊销资产评估资格证书的资产评估机构，两年内不得重新发给资产评估资格证书。两年期满后，需按审批程序重新申请。

第五十六条　对国有资产占有单位及其责任人的罚款，由同级国有资产管理行政主管部门执行。对责任人的行政处分由同级国有资产管理行政主管部门提出建议，提请有关单位或其上级主管部门处理。

对资产评估机构的警告、停业整顿、吊销资产评估资格证书以及罚款，由颁发资产评估资格证书的国有资产管理行政主管部门执行。对直接责任人的处分，由发证机关提出建议，提请有关部门处理。

第五十七条 国有资产管理行政主管部门及受委托的部门对所办理的资产评估立项审批和结果确认负有行政责任。对违反《办法》及本细则规定的工作人员，按《办法》第三十四条规定处理。

第五十八条 国有资产管理行政主管部门收缴的罚款收入按国家有关规定上交国库。单位支付的罚款在企业留利、预算包干结余和预算外资金中列支，个人支付的罚款由本人负担。

第八章 附 则

第五十九条 国有自然资源资产价值评估，应在国有资产管理行政主管部门管理下进行。其评估办法及实施细则由国家国有资产管理局会同有关部门共同制定，报国务院批准执行。

第六十条 资产评估涉及到企业、单位资金增减变动的账务处理和评估费用的开支渠道，按财政部有关规定执行。

第六十一条 各地可根据《办法》和本细则制定具体实施办法，过去发布的有关资产评估的规定与《办法》和本细则相抵触的，均以《办法》和本细则的规定为准。

第六十二条 集体企业资产评估可参照《办法》和本细则规定办理。

第六十三条 本细则由国家国有资产管理局负责解释。

第六十四条 本细则自发布之日起执行。

附录 V

名词解释索引	页码
资产	1
资产评估	3
历史成本	5
重置成本	5
现行市价	5
收益现值	5
清算价格	5
货币时间价值	15
复利现值	17
普通年金	19
先付年金	19
递延年金	22
永久年金	23
收益现值法	25
现金产出单元	26
成本法	34
历史成本法	34
重置成本法	35
复原重置成本	35
更新重置成本	36
重置核算法	36
物价指数法	37
功能价值法	37
规模经济效益指数法	38
实体性贬值	39
功能性贬值	40
经济性贬值	41
成新率	41
观察法	41
使用年限法	41
修复法	42
现行市价法	44
市价折扣法	45
市价比较法	46
清算价格法	49

整体评估法	49
市价折扣法	49
模拟拍卖法	50
企业兼并	68
货币性流动资产	89
非货币性流动资产	93
基准地价	138
标定地价	138
交易底价	138
市场交易价	138
课税价格	138
路线估价法	148
预期开发法	149
残余估价法	154
上市股票	172
机会成本	177
最低收费额	178
长期待摊费用	185
人力资源评估价值	199
企业整体价值	204
β系数	209
市场类比法	214
市盈率乘数法	215
商誉	216
正商誉	216
负商誉	216
差额法	217
超额收益法	218
资产评估业务约定书	225
资产评估报告书	231

参考文献

1. 李金亮著．社会主义市场经济论纲．广州：中山大学出版社，2001
2. 顾凯主编．各种资产评估：方法、过程、案例．广州：中山大学出版社，2001
3. 顾凯主编．企业资产评估：运作技巧、案例分析．广州：中山大学出版社，2001
4. 于鸿君著．资产评估教程．北京：北京大学出版社，2000
5. 全国注册资产评估师考试办公室编．资产评估学．北京：中国财政经济出版社，2001
6. 格鲁宁·科思著．国际会计准则实用指南／(世界银行)．北京：中国财政经济出版社，2001
7. 张文贤主编．人力资源会计制度设计．上海：立信会计出版社，1999
8. 何承金主编．人力资本管理．成都：四川大学出版社，2000
9. [美]雅各布·明塞尔著．人力资本研究．北京：中国经济出版社，2001
10. 杨有红、张跃进主编．企业会计制度释疑．北京：中国物价出版社，2001
11. 孔清华等．资产评估理论与实践．北京：中国科学技术出版社，1993
12. 陈仲．无形资产评估导论．北京：经济科学出版社，1995
13. 姜楠．资产评估．大连：东北财经大学出版社，1998
14. 许晓峰．资产评估理论与实务．上海：立信会计出版社，1998
15. ACCA．Financial Management and Control．Foulks Lync Publishing，2001
16. John Alico．Appraising Machinery and Egaipment．Mc Grow – Hill，1998
17. 刘仲文．人力资源会计．北京：首都经济贸易大学出版社，1998
18. 谭劲松．马军舰．知识经济下的会计创新——初论建立以智力资本为中心的知识会计．会计研究，1996(2)